대학혁신 10대 이슈

대학리셋

박철우

이영민

백정하

주휘정

정동열

이삼열

조영임

이석열

홍성민

이병욱

조정윤

화산미디어

〈대표저자 약력〉

박철우

(현) 한국산업기술대학교(한국공학대학교'22.3) 교수
(전) 한국산업기술대학교 특임부총장
(전) 한국직업자격학회 회장
(전) 국가과학기술심의회 기초기반위원회 전문위원
(전) 경제사회발전노사정위원회 청년고용협의회 공익위원
(전) 미래창조과학부 여성과학기술인 육성위원회 위원
(전) 교육부 정책자문위원(고등교육정책 분과)

저서

- 고용창출형 혁신성장! 잡스경제(2021)
- 한국의 장년고용(2018)
- 한국의 청년고용 II(2017)
- 한국의 청년고용 I(2016)
- 산학협력의 내일 그 길을 말하다(2015)
- 생산가능인구 감소시대 인력정책 10대 이슈(2014)
- 시스템 어프로치! 생태계 전략(2013)
- 벌거벗은 공학교육과 산학협력(2008)
- 혁신주도 경제도약을 위한 신산학협력(2004)

대학리셋

초판 인쇄 2021년 12월 20일
초판 발행 2021년 12월 24일

저　　자 · 박철우 외 10인
발 행 인 · 현근택
발 행 처 · 화산미디어

주　　소 · 경기도 고양시 덕양구 용현로 10, 507-102 (행신동, 무원마을)
신　　고 · 2009년 2월 16일/제395-2009-000012호
전　　화 · 02-2608-6928
팩　　스 · 02-2608-6930
홈페이지 · www.hwasanm.com

정 가 30,000원
ISBN 979-11-5977-054-8 (93300)

서언

변화의 시기, 짐 클리프턴 갤럽 CEO는 빅 데이터 분석을 통해서 다가오는 3차 세계대전은 양질의 일자리를 차지하기 위한 글로벌 전면전이 될 것이라고 일찍이 예고한 바 있다. 국가는 좋은 일자리 창출을 통해 글로벌 전면전의 승자가 되어야 하고, 교육을 통해 필요 역량을 갖춘 미래 인재를 준비시켜야 한다는 "미래형 인재 양성" 필요성을 주장한 바 있다. 그릿(GRIT)의 저자 앤절라 더크워스는 누가 성공하는가? 라는 질문에 대한 답으로 IQ, 재능, 환경을 뛰어넘는 열정적 끈기의 힘을 강조하며, 겉으로 보이는 지식과 기술에 더하여 내면의 동기와 신념의 중요성을 주장한 바 있으며, 로베르타 골린코프・캐시 허시-파섹도 최고의 교육이라는 저서를 통해 4차 산업혁명 시대 미래형 인재를 만드는 교육 모델로, 6C모델을 제안하며, 역량 모델의 최고 단계는 리스크를 부담하고 도전하는 기업가정신이라고 하였다. 이렇게 교육혁신에 대한 요구와 새로운 인재상에 대한 다양한 시각이 제기되고 있다.

이러한 시기에, 우리는 10년 이상 오랫동안 대학구조조정을 추진해오면서도 완결하지 못한 숙제가 있다. 그 과정에, 누적된 대학사회 불만도 폭발 일보 직전이다. 그런데 또, 대학구조개혁을 주장한다. 아직 문제가 해결되지 못했기 때문이다. 해결 실마리도 만들어지지 못했기 때문이다. 오히려 대학이 처한 환경은 더욱 절박하다. 많은 요인이 있지만, 핵심 요인 중 하나는 저출산 문제이다. 2020년 합계출산율이 0.84명으로 전 세계 198개국 가운데 꼴찌 수준이다. 장기적으로 볼 때, 2100년경에는 1,650만 명으로 쪼그라들고, 2300년경이면 100만 명에 불과할 것으로 예측된다. 심각한 국가소멸 위기에 처해 있다. 인구감소는 소비시장에 악영향을 줄 뿐만 아니라 경제를 유지하는 생산가능인구나 우수한 인적자원을 확보하는 데도 어려움을 줄 수 있다. 그런데 '빠른 감소'는 이러한 상황에 대응하는 데 있어 정책수립 어려움을 더욱 가중시킨다. 뿐만 아니라 산업 및 사회변화의 속도도 매우 빠르게 진행되고 있어, 이에 대응하기 위한 노력도 분주하지만, 확실한 해법이 보이지 않는다. 누가 해결할 수 있을까? 그 답은 자명하다. 결국 이해당사자인 대학

서언

이 문제를 해결할 수밖에 없지 않을까? 그리고 지식인 집단으로 대표되는 대학이 해법을 찾지 못한다면, 누가 찾을 수 있을까? 대학에 대한 우리 사회의 기대도 저버릴 수 없다. 4차 산업혁명 등 새로운 기술의 출현으로 고용 없는 성장이 우려되고 있으며, 직업의 변화도 빠르게 진행되고 있고 평생직장의 개념이 퇴색되고 있는 이러한 변화의 시기에 지역경제를 살리는 역할, 새로운 변화를 담아낼 인재양성, 재교육 등 사회의 요구를 대학이 감내해야 할 것이다.

그러나 이 문제는 함께 해야 한다. 국가적으로 당면한 문제이기도 하지만, 각자 잘한다고 지금까지 해결하지 못 한 문제를 해결할 수 없다. 모든 문제들이 엮여 있기 때문에 서로를 이해하고, 협력하는 가운데 상생의 해답을 찾아갈 수 있다. 그 어느 때보다도 협력이 필요하다. 그리고 상아탑의 역할, 지식인들이 모여 있는 집단으로서 대학의 역할이 중요한 때이다. 이러한 시기에 대학 스스로가 아니라 누구에 의하여 대학이 좌지우지되는 것은 바람직하지 않다. 대학은 대학답게 이해집단의 요구를 정리하고, 스스로 방향을 찾아가는 야생성을 찾아야 할 때이다. 부족하지만, 이 저서에 담아낸 내용은 향후, 당면한 대학구조개혁 방향을 스스로 찾는 데 필요한 토론 기본 자료가 되기를 희망하면서 기쁜 마음으로 이 책을 세상에 내보낸다.

2021년 12월

저자를 대표하여, **박 철 우**

목차

목차

4부. 대학원 교육과 과학기술 인재육성

[폴리로그]

[프롤로그]

포스트 코로나 시대의 교육혁신

박철우(한국산업기술대)

1. 들어가며

교육혁신에 대한 요구는 다양한 시각에서 제기되고 있다. 가장 많이 제기되는 문제는 인구, 산업 및 사회변화 등에 따라 미래, 대학의 역할이 존재할 것인가? 하는 문제이다. AI가 일반화되면 개인맞춤형 교육이 이뤄짐에 따라 학교가 필요없어질 것이라고도 예측하고, 공동체 활동의 중요성을 제기하면서 대학은 어떤 형태로든 존재할 것이라는 주장도 있다. 이러한 논쟁이 활발하게 이뤄지는 이유는 최근 시대변화를 고려할 때, 아무래도 대학의 변화 노력이 필요하다는 것을 보여주는 증거이다. 그럼 어떤 이슈들이 제기되고 있을까? 관련 이슈들을 살펴보자.

현재, 우리에게 가장 절박한 이슈는 인구사회학적 측면에서 저출산 문제이다. 우리나라 2020년 합계출산율이 0.84명으로 전 세계 198개국 가운데 꼴찌 수준이다. 장기적으로 볼 때, 2100년경에는 1,650만 명으로 쪼그라들고, 2300년경이면 100만 명에 불과하리라 예측된다. 국가소멸 위기에 처한 것이다. 사실, 생산가능인구 감소와 인구감소는 경제 규모 축소로 이어질 가능성이 있다. 인구감소에 따른 경제 규모 축소는 급속한 노령화에 따른 복지재정 위기를 의미한다. 그래서 경제 규모 축소를 극복하고 더 성장을 이루기 위해서는 생산성을 높여가야 할 필요가 있고, 이를 추진해갈 인적자원의 중요성이 커지게 될 것이다. 인적자원 경쟁력은 교육이 좌우한다. 특히 고등교육의 중요성은 어느 때보다 중요하다. 그러나 우리나라의 고등교육도 입학자원, 대학재정 부족 등으로 위기에 직면해 있다. 특히, 저출산의 직격탄을 먼저 맞고 있는 곳은 지방이다. 가파른 학령인구 감소에 따른 지방대학의 극심한 경영난과 몰락 위기는 당면 과제다. 사실 지방대학의 몰락은 대학만의 위기가 아니라 대학이 속한 지역경제 침체를 초래하기 때문에 이에 대한 대책 마련이 절실하다.

정치, 사회, 산업기술 등 변화를 반영한 경제상황도 빠르게 변하고 있다. 현재, 글로벌 환경은 4차 산업혁명과 포스트 코로나 대응으로 위기와 기회가 공존한다고 평가받고 있으며 빠른 대응을 요구받고 있다. 한편에서는 고용 없는 성장에 따라 청년 일자리 문제의 심각성이 제기되는가 하면, 또 다른 한편에서는 빠른 산업변화에 따라 핵심 우수인력이 부족하다는 지적도 있다. 특히, 코로나19 팬데믹을 기점으로 디지털 사회로의 전환 등이 빨라짐에 따라 전문분야 우수인력에 대한 수요가 폭발적으로 증가하고 있으나 수급 한계를 보인다. 앞서 지적했던 것처럼 인구감소와 인재 부족 등 문제를 한꺼번에 해결하기 위해서는 인구감소시대, 보다 생산성 높은 인적자원을 확보하게 하기 위한 고등교육 경쟁력 확보가 필요하다는 지적이다. 그러나 등록금 인상 억제, 고등교육 재정지원을 수단으로 정부의 과도한 대학경영 개입 등 정부의 대학 운영 자율성 훼손에 대한 불만도 매우 심각해 고등교육 정책의 대폭적인 개편이 필요한 상황이다. 그러나 고등교육이 당면하고 있는 상황은 대학 서열주의, 학력·학벌주의, 지역 간·계층 간 교육양극화 등 갖가지 교육적·사회적 문제가 해결되지 않고 오히려 그러한 문제점이 더욱 심화하고 있다. 이를 해결해야 할 정부와 대학은 정부의 개입과 대학 자율 사이에 끊임없는 논쟁이 있다.

본서는 이러한 정치, 경제, 사회 등 외부환경 변화에 따른 고등교육 혁신 필요성과 지속가능한 대학경쟁력 확보, 특히, 국가소멸에 앞서 먼저 닥칠 지방소멸 위기 등 변화와 혁신의 절실함을 바탕으로 관련 전문가들이 모여 문제 인식을 공유하고, 해결방안을 찾고자 하였다. 본서의 구성은 거시환경 분석을 통해 대학에 영향을 미칠 수 있는 이슈들을 발굴하고, 이를 바탕으로 관련된 10가지 핵심 대학정책들을 발굴했다. 그리고 다시, 고등교육, 직업교육, 디지털 교육혁신과 AI, 대학원 교육과 과학기술 인재 육성 등 네 가지로 나눠, 영역별 핵심 이슈를 도출해 전체적으로 10대 이슈를 제기하고 파악하고자 하였다.

2. 메가트렌드와 핵심 이슈

이 절에서는 현재, 국내외적으로, 시계열적으로 급변하는 주변 환경과 여건을 고려하여 교육혁신 정책 방향을 효과적으로 탐색해보고자 한다. 이를 위해 주요국과 국제기구에서 제시한 미래전망 보고서에서 주요 변화 내용을 거시환경 분석 방법인 STEEP(Social, Technology, Economic, Ecological, Political의 약자)에 따라 메가트렌드별로 분류하여 살펴보고, 이 트렌드 변화에 따라 대학에 미치는 관련 이슈들을 찾아 대학이 나가야 할 정책 방향을 찾아보고자 했다. 물론 메가트렌드를 구체적으로 살펴본다면 매우 방대한 내용일 것이고, 이슈의 종류도 매우 많을 것이지만, 대학과 관계가 깊은 사항에 대하여 어느 정도 공감대를 이루고 있는 핵심적인 내용만 키워드 형태로 살펴보고, 이에 따라 대학에 영향을 미칠 수 있는 핵심 이슈 10가지를 찾아보고자 했다.

첫째, 사회적 변화를 살펴보자. 사회적 변화 측면에서의 메가트렌드는 인구구조, 공간구조, 사회의식의 변화 등이다. 인구구조의 변화는 저출산·고령화로 야기되는 문제이다. 이 문제는 장기적으로 국가 전체의 위기이지만, 지방은 저출산과 함께 수도권으로의 청년인구 유출 문제가 더해져 이미 위기 상황에 직면해 있다. 공간구조의 변화, 즉, 도시화의 문제는 일자리 자체, 또는 높은 소득의 일자리와 교육, 문화 등 삶의 질을 찾아 도시를 선호하는 사람들의 비중이 커지는 데서 발생하는 문제이다. 그런데, 이러한 도시화의 문제는 메가시티의 등장과 소도시의 몰락이라는 새로운 갈등 상황을 보여주고 있다. 이렇게 지방 소도시는 저출산·고령화, 청년인구 유출 등 인구구조의 변화와 도시 양극화에 따라 발생하는 쇠퇴 요인들이 중첩됨에 따라 이중 위기를 맞고 있다. 이러한 인구구조와 공간구조의 변화 속에 사회의식도 급변하고 있다. 1인 가구의 증가, 개인의 삶 중시, 공동체 와해, 세대 갈등의 증폭, 다문화사회로의 천이 등에 따라 가치관의 혼돈 시대를 경험하고 있으며, 관련하여 평생직장의 개념이 없어지고, 이에 대처하기 위한 개인의 역량에 대한 전반적인 관심과 여성의 사회참여 증대 과정에서 자연스럽게 발생하는 젠더 이슈가 디지털 사회로의 빠른 전환과 맞물려 크게 부상하였다.

둘째, 기술의 변화가 가속화되고 있다. '4차 산업 혁명'이라는 기술의 패러다임 변화를 통해 새로운 산업 성장과 고용 변화를 예상하며, 최근, 코로나19 팬데믹으로 인해, 디지털 사회로의 전환이 더욱 가속화되고 있다. 디지털 유목민, 디지털 원주민이라는 용어는 이러한 변화의 시대를 단적으로 표현한다고 볼 수 있다.

구분	메가트렌드	관련 키워드	고등교육 정책이슈
사회(S)	인구구조의 변화	지방소멸 수도권과 지방의 갈등	대학구조개혁
		외국인 증가, 다문화 정착	다양성 제고, 글로벌사회 협력역량 강화
	공간구조의 변화	메가시티 부상 축소도시	지방대학 경쟁력강화
	사회의식의 변화	공동체 와해 개인의 삶 중시	신가치관의 조화
기술(T)	기술혁신 가속화	과학기술인재의 고도화	학제개편
		미래신산업 경쟁력 확보	연구 및 산학협력강화
	디지털 전환	기술 융·복합	디지털교육혁신
경제(E)	고용없는 성장	청년실업 소득 불평등	일자리창출
	경제다극화	산업질서 재편	탈세계화, GVC재편
	네트워크 경제	플랫폼 경제	디지털 전환대책
환경(E)	기후위기 대응	탈 탄소 실현 신·신재생에너지 대책	신그리노믹스
	환경보건	질병이슈에 대한 관심 증대	전염병위기대응 환경안전
정치(P)	국제협력 변화	세계적 불안요인 증대	글로벌 인재육성
	거버넌스의 불확실성 확대	정부의 역할 변화 주체별 정치참여 채널 확대	온라인 참여문화

셋째, 경제적 변화는 고용 없는 성장, 경제 다극화, 네트워크 경제 등으로 나타나고 있다. 고용 없는 성장은 경제는 성장하지만, 고용은 늘지 않는 상태를 의미한다. 이러한 상태가 일반화되는 시대를 뉴노멀 시대라

고 규정하고 있다. 사실, 기술혁신이 가속화됨에 따라 생산성은 높아지지만, 고용은 오히려 줄어든다. 특히, 상품 시장의 국가 간 경계가 무너지고, 생산거점도 자유롭게 이전할 수 있어서 소비자는 꼭 국내에서 제조된 제품을 사지 않아도 되고, 기업은 임금이 낮은 곳을 찾아 생산기지를 자유롭게 이전하고 있으므로 내 곁에 일자리는 유동적일 수밖에 없다. 이러한 치열한 시장 경쟁 때문에, 일자리 경쟁은 심화하며, 이에 따라 개인소득은 정체되고 청년 일자리 문제 등이 발생하고 있다. 세계는 자국의 일자리를 지키기 위해서 탈세계화, GVC(Global Value Chain) 재편, 산업재구조화 등을 통해 산업경쟁력을 확보하고, 일자리 유지 및 창출에 매진하고 있다. 특히, 최근 디지털 산업 분야에서는 플랫폼 경쟁력을 확보해 미래 데이터 산업경쟁력 및 디지털 분야 일자리 창출을 위해 혈안이 되어 있다.

넷째, 환경적 측면의 변화는 크게 기후변화대응과 환경보건에 관한 관심이 높다. 기후변화대응은 탄소제로 선언과 함께 탄소제로 사회를 실현하기 위한 전방위 노력이 가속화되고 있다. 또한 환경보건 문제는 전염병 확산에 대응하고, 미세플라스틱 등 산업화로 인한 환경오염 물질의 확산에 대한 공동 대응 노력이 중요해진다.

다섯째, 정치적 측면에서의 변화는 국제적인 관계에서 국가 간 협력의 중요성이 증대되고 있고, 국내적으로는 온라인 정치참여 환경의 변화로 주체별 정치참여 다양성 및 참여율 확대 등으로 나타나고 있어, 이에 대응하고자 하는 정부의 역할도 크게 변화하고 있다.

지금까지 STEEP 분석에 따라 대학에 미칠 수 있는 다섯 가지 메가트렌드와 관련 핵심 이슈들을 다뤄보았다. 이를 통해 핵심적으로 다뤄야 할

10가지 고등교육 정책 이슈를 도출해 보았다.

우선, 첫째, 대학구조개혁 이슈는 변화에 대응하기 위한 당면 과제이다. 대학구조개혁은 국가 경쟁력 차원에서 검토할 문제이며, 인구구조변화와 산업 · 사회변화에 맞춰, 대학의 경쟁력을 확보하고, 개인의 역량을 최적화할 방법을 찾는 데 있다. 세부적으로 인적자원 수급 조절을 위한 정원설계,[1] 자원경쟁력을 확보하기 위한 대학 특성화와 인적자원 생산성 제고에 있으며, 이를 효과적으로 추진하기 위한 대학구조개혁의 주체, 교육혁신의 방향 등이 논의될 필요가 있다.

둘째, 학제 개편에 대한 논의와 사회적 합의가 필요하다. 논의 대상이 되는 학제 이슈는 총 수학기간 및 교육 단계별 수학기간 등의 문제라고 할 수 있다. 과거부터 논의되었던 학제개편 문제는 정부설립 초기, 충분한 논의 없이 받아들인 제도이기 때문에 우리에게 적합한 체계인지 의문에서부터 시작되었다. 수학기간에 대한 문제는 초중등 단계별 수학기간과 관계가 있다. 우리나라의 수학기간과 관계가 있는 6-3-3-4 학제는 1945년 광복 이후 미군정기(美軍政期) 당시 6(초)-6(중 · 고등)-4(대) 학제와 병행하다 정착된 제도로 반세기 넘게 지속되어 오고 있다. 학제 개편 논의는 2005년 9월 교육부총리가 "학교에서 직장으로, 직장에서 학교로의 이동이 원활하게 이루어질 수 있도록 일과 학습의 연계가 가능한 단계적 학제 개편 방안을 마련하기 위해 공론화 과정을 거치겠다."라는 발표로부터 시작되었다(김태완, 2013). 이후, 이를 위해 취학연령 만 5세

---

1) 정원 설계 문제는 최근, 발생하고 있는 수급 미스매치에 근본 원인이 있다. 대학이 새로운 산업변화에 능동적으로 대응하고 있지 못하다는 지적이 바로 그것이다. 그러나 대학의 정원조정과 교육 후 배출까지의 과정은 매우 긴 시간이 소요되기 때문에 현재 지적되고 있는 신산업에 대한 수급 문제는 시계열적 측면에서 학과 정원 설계, 즉, 산업별 인적자원미스매치 해소에 관한 내용이라고 할 수 있다.

로 하향, 초등 취학 직전 1년의 유아교육 의무 교육 추진, 수학연한 조정, 초중등 단계의 수학연한 조정, 9월 신학기제 도입 등이 논의된 바 있다. 결국 학제개편의 핵심은 노동시장 진입 시기를 앞당기자는 것과 국제 교류를 원활하게 할 수 있도록 만들자는 것이다. 그러나 최근 이러한 학제 개편 논의가 다시 불거지게 된 이유는 저출산·고령화 문제가 심화하고, 사회 및 기술변화가 빨라짐에 따라 학업 기간을 최대한 단축해 청년들의 빠른 노동시장 진입을 촉진하는 것이 도움이 될 것이라는 기대가 있기 때문이다(김영철외 4명, 2006). 그러나 본 저서에서는 학제 개편에 대한 내용을 깊이 다루지 않는다. 워낙 다양한 주장이 있고, 전문가들이 참여하는 별도의 논의 과정이 필요하다고 판단되기 때문이다.

셋째, 다양성을 포용할 수 있는 대학, 국제화 역량 제고가 필요하다. 이를 위한 이슈로는 9월 학기제 도입, 국제화 역량 제고를 위한 교육과정 및 환경, 다문화 환경조성 등이 있다. 9월 학기제는 학제 개편 논의에서도 다뤄지긴 했으나 수학기간 단축과는 관계가 없다. 이는 국제 교류의 문제이다. 2019년 초, 코로나19가 급속하게 확산하던 시기에 학교 수업이 어렵게 되면서, 아예 9월 신학기 체제로 전환하자는 주장이 제기되었는데, 대면 교육이 어렵다면, 이 시기에 9월 학기로 전환해 글로벌 표준 교육체제로 전환해 국제협력을 원활하게 하자는 취지였으나 여전히 학기 전환에 따른 사회적 비용 문제로 더 논의되지 못했다. 국제화 역량 제고 분야에서 다문화 환경조성은 외국 학생들이 국내 많이 거주하고, 앞으로 더 확대될 것으로 예상되기 때문에 국내 교육환경의 국제화, 사회인식 측면에서의 다양성과 포용성이 확대되어야 한다는 의미이다. 특히 국제결혼이 확대되어 국내에서도 다문화 가정의 학생들이 성장해 고등교육을 받는 상황이므로 더욱 개방적 교육문화의 정착이 요구된다. 연구 분야에선 국가 간 경계가 없어지고 새로운 기술에 대한 협력이 강화되면서 자체 연구역량 강화를 통한 해외 유학생들의 유입뿐만 아니라 협력 차원에서 상호 교류 가능한 학사구조, 교육 및 연구 환경 등 조성이 필요하다.

넷째, 지방대학의 경쟁력 강화 문제가 있다. 지방대학 문제는 지방대학만의 문제가 아니다. **수도권 집중과 지방소멸**에 대한 이슈이다. 따라서 단순히 대학 문제로 접근한다면 근본적인 문제해결이 어려울 수 있다. 특히 지방대학 문제는 대학의 유형에 따라서도 입장이 다소 다르다. 국립대학과 사립대학, 일반대학교와 전문대학 등 재정 여력과 입학자원 확보 경쟁력에 따라 생존을 위한 전략이 달라질 수밖에 없기 때문이다.

다섯, 대학원 혁신이 필요하다. 엄청나게 빠른 속도로 변화하는 미래사회를 내다보며 주요 국가들은 현존하지 않는 직업 세계에 필요한 역량을 재정의하고 미래 대비 교육에 총력을 결집하고 있다. 짐클리프턴 갤럽 CEO는 빅 데이터 분석을 통해서 다가오는 3차 세계대전은 양질의 일자리를 차지하기 위한 글로벌 전면전이 될 것이라고 일찍이 예고한 바 있다. 국가는 좋은 일자리 창출을 통해 글로벌 전면전의 승자가 되어야 하고, 교육을 통해 필요 역량을 갖춘 미래인재를 준비시켜야 한다는 논리는 왜 "미래형 인재양성"이 필요한가를 설득력 있게 뒷받침한다. 이러한 전면전에 대학원이 있다. 과학기술인재 육성을 위한 인재의 유입, 기술 융·복합 환경에 대응한 교육혁신이 요구되는 이유이다.

여섯, AI 기반 교육으로 인재 육성 환경을 구축해야 한다. 즉, 인적자원 생산성 제고 노력이 필요하다. 입학자원이 줄고 있으므로 적은 수의 인재가 입학해도 높은 인재 수준의 인재가 공급될 수 있도록 교육혁신이 필요하다. 노동시장 혁신도 필요하다. 노동시장에서 청년취업 현황을 보면 이공계 취업률은 높지만, 인문사회 및 예체능 계열의 취업률은 낮다. 수급 미스매치 현상이 있는 것이다. 그러나 이공계 정원을 늘리기도 어렵다. 학생의 선택권 문제이기 때문이다. 그래서 고등학교 단계에서 문·이과 구분을 폐지하자는 주장도 있다. 이 문제는 단순하지 않다. 수학이나 물리 등을 어려워해 문과를 선택하는 경우가 많은데 이공계 인력 유입을 위해 고교단계에서 과정을 쉽게 하고, 문·이과 구분을 폐지하면, 대학 단계에서 이공계에 필요한 수학, 물리 등을 쉽게 교육해야 해서 대학 교육과정에 큰 부담이 된다. 최근 이에 대응하는 방법으로는 AI 기반 교육, 온·오프라인 교육 조화가 해결방안이 될 수 있다는 주장이다. 최근 비대면 교육에 익숙해지고 일반화됨에 따라 이제 편리한 온라인 교육을 포기할 수 없다. 온라인으로 가능한 교육은 온라인으로 하고, 오프라인 교육이 필요한 것은 대면으로 진행하는 교육 수단의 복합화는 대세이다. 특히, AI 보조교사를 활용하여 교육격차를 해소할 수 있다는 사례도 보고되고 있으므로 적용방안을 고민할 시기다.

일곱, 산업변화에 따른 평생교육, 직업교육 플랫폼으로의 대학 역할이 요구된다. 사실 이러한 목적을 위해 만든 대학 유형이 산업대학((구)개방대학)이고 전문대학이었지만, 산업대학은 일반대학교로 전환 특례조치에 따라 이제 몇 개 남지 않았다. 전문대학도 직업교육으로의 특성화보다는 일반대학교로의 전환을 향해 전진하는 듯하다. 이렇다 보니, 평생교육은 대학 부설 평생교육원 수준에서 다뤄지거나 민간 학원에 의존하고 있다. 특히, 직업교육 분야는 고용노동부의 고용보험 기금을 활용한 직업교육에 깊게 의존하고 있어, 전문대학의 설 자리가 매우 불안하다.

그러나 입학자원 부족이 심화함에 따라 대학들이 직업교육기관으로 전화되어야 한다는 주장이 제기되고 있고, 산업변화에 따라 직업의 변화가 심해지기 때문에 노동전환 대응을 위해 평생교육, 직업교육 기능의 강화가 필요하다는 지적이다.

여덟, 산업변화, 미래사회 위기대응(기후변화대응, 환경보건 등)을 위해 선도적 연구역량을 강화해야 한다. '4차 산업혁명'으로 대변되는 새로운 패러다임 변화의 핵심은 과학기술이다. 세계경제포럼(WEF)은 2016년 다보스포럼에서 '일자리의 미래'란 보고서를 통해 '4차 산업혁명' 시대를 제기했다. 또한, 세계경제포럼 회장 클라우스 슈밥은 한국을 방문한 자리에서 4차 산업혁명은 "쓰나미(지진 해일)처럼 다가올 것이다." 라고 말하면서 '혁명'이란 말의 의미 그대로 변화의 시대를 예고한 바 있다. 물론, 가까운 시간 내에, 우리가 4차 산업혁명 시대를 경험하게 되는가? 라는 질문에 대하여 반드시 '그렇다'라고 이야기하기 어렵다. 아직도 4차 산업혁명의 개념에 대하여 논쟁이 많기도 하고, '산업혁명'의 의미 부여는 시장의 변화를 고려하여 후세대가 선택할 몫이기 때문이다. 그렇지만 현재 과학기술의 변화를 보면, 우리가 변화의 시대에 접어든 것만은 분명하게 느낄 수 있다. 과학기술이 4차 산업혁명 시대를 열고 있는 것은 사실이다. 그렇다면, 과학기술이 열어가는 4차 산업혁명은 어떻게 진행될까? 과학기술을 토대로 4차 산업혁명의 미래는 크게 산업, 일자리, 개인의 직무역량 측면에서 큰 변화를 가져올 것으로 예측된다. 과학기술이 변화의 중심에 있는 것이다. 이러한 과학기술의 기반은 인적자원이 모여 있는 대학, 자유로운 사고를 통해 새로운 것을 만들어가는 대학이 중요한 역할을 해낼 수밖에 없다는 것은 자명하다.

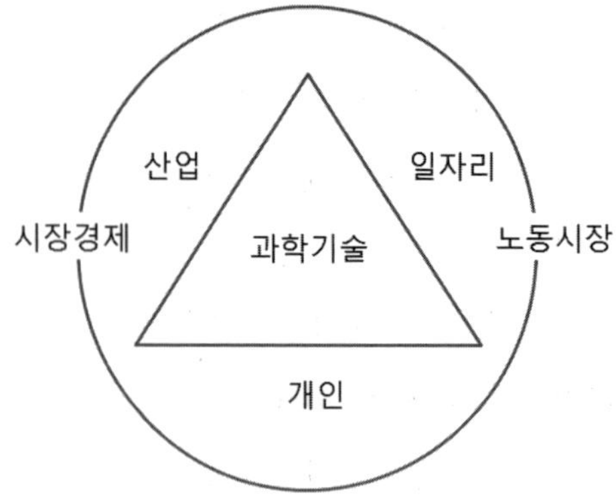

[그림 1] 과학기술과 산업–일자리–개인 관계도

아홉, 일자리를 창출하는 대학 캠퍼스가 되어야 한다. 중세시대 최초의 대학이라고 일컬어지는 이탈리아 볼로냐 대학은 법학 연구로 명성이 높았고, 법을 배워 실제 생활에 이용하고, 직업을 구하는 등의 초기 대학 모형은 실물 경제를 이해하기 위한 교육모델이었다고 한다(신현철, 2017). 그리고 교육 방법도 스승과 제자 간 도제교육이 핵심 모델이었다고 한다. 결과적으로 보면, 대학은 지식에 대한 욕구 충족을 위한 '학문'을 이야기하지만, 원초적인 측면에서 보면, 생존 경쟁력을 얻기 위한 배움의 과정이 학문이라고 할 수 있다. 대학에서는 학문 중심 대학과 직업교육 대학으로 나누지만, 어느 정도 시간을 갖고 준비할 수 있는가? 직업이 얼마나 확정된 모델인가? 에 따라 나뉘는 인위적인 구분이라는 것도 대학설립 규정을 통해 알 수 있다. 이러한 대학에 대한 이해와 최근 불어닥치고 있는 산업의 변화에 따라 발생하는 일자리 위기를 고려할 때, 일반대학이 추구해야 할 핵심 방향 중 하나는 창업을 기반으로 하는 일자리를 창출과 지역경제를 뒷받침하는 기반이 되어야 할 것임을 알 수 있다.

열 번째, 고등교육재정 혁신이 필요하다. 고등교육재정 문제는 크게 두 가지로 요약된다. 첫째, 확대가 필요하다. 둘째, 자율성이 확보되어야 한다. 재정 문제를 살펴보면, 우리나라 고등교육재정은 OECD 평균과 비교하여 낮은 수준이다. 우리나라의 GDP 대비 고등교육비 비중은 OECD 평균보다 높게 나타나지만, 학생 1인당 고등교육 공교육비 수준은 OECD 평균의 65.1%에 불과하며, 학생 1인당 고등교육 공교육비 중 정부 투자액은 한국이 4,041불(PPP)로 OECD 평균 11,102불(PPP)의 36.4%('17년 기준)에 불과해 정부의 고등교육 재정 확대가 필수적이다. 정부 재정 집행의 자율성에 대한 평가는 매우 낮다. 사실, 대학사회는 획일적인 대학기본역량진단(대학구조개혁평가) 체제에 길들어져 있다. 대학기본역량진단을 받기 위해서는 자체평가보고서를 작성해야 하며, 다양한 분야에서 정해진 기준에 따라 대학 운영 전반을 준비하다 보면 모든 대학이 같게 된다는 점이다. 결국 특성화가 없어지고 서열화만 존재하게 되는 것이다. 그래서 창의가 숨 쉬어야 할 대학캠퍼스에 자율이 없다고 주장한다. 정부는 이를 반영해 고등교육 주체가 지원 재정을 자율적으로 설계하고 집행할 수 있도록 정책 변화가 필요하다.

3. 정리하며

본 저서에서는 다수의 전문가가 참여하여 위에서 언급한 다양한 교육혁신 이슈를 공유하였으며, 이를 아래 4가지 영역으로 나눠 각자 전문성을 바탕으로 더욱 심화된 내용을 다루고자 했다.

고등교육

고등교육 혁신과 관련된 논쟁 이슈로는 '대학구조개혁의 의미와 정책 방향', '지방대학 경쟁력 강화방안', '고등교육 재정 문제' 등에 대한 논의를 진행하였다. 특히, '인적자원 생산성과 기업가정신'에 대한 내용으로 대학 교육혁신이 지향해야 할 방향을 별도의 장으로 다뤘다.

평생 · 고등직업교육

직업교육 이슈는 빠른 산업변화, 노동전환에 대처하기 위하여 평생교육 체제를 어떻게 혁신할 것인가? 그리고 직업교육의 핵심 수단인 자격제도를 어떻게 개편할 것인가? 등에 관한 내용을 다루고자 하였다. 특히, 노동전환은 생애 걸쳐 빈번하게 다가올 것이며, 이에 대처하기 위한 고등교육 생태계 변화에 대해서도 고민해 보았다.

디지털 교육혁신과 인공지능AI

코로나19 팬데믹이 발생함에 따라 자연스럽게 비대면 교육 시장이 빠르게 다가왔다. 사실 온라인 교육은 수단이다. 교육소화력을 높여 누구나 우수 인재로 성장할 수 있도록 기존 교육을 돕는 역할을 해 왔고, 그런 기능을 충실히 했다. 그러나 미래엔 수도권과 지방, 대학 간 보였던 교육환경 격차를 단숨에 극복할 방법이 될 수 있다. 특히 AI의 발전이 급속하게 진행됨에 따라 지금까지 생각했던 온라인 교육의 수준을 넘어선 교육개혁의 기회가 찾아올 수 있다. 시 · 공간을 넘어선 편리함과 AI라는 첨단 기능으로 오프라인 교육으로는 도저히 해낼 수 없었던 개인단위 학습지도와 역량평가, 피드백 지원을 가능하게 해 교육소화력을 극대화 시킬 수 있는 미래 교육 가능성을 찾아보고자 한다.

대학원 교육과 과학기술인재 육성

산업의 변화에 따라 대학원의 역할이 중요하다. 다시 말하면, 대학원의 연구경쟁력 강화와 연구 결과물의 기술이전·사업화 성과가 중요하다고 할 수 있다. 특히, 산업과 사회변화가 가속화됨에 따라 산업의 바탕이 되는 미래 기술을 연구하고, 복잡한 사회변화를 해석해 미래 산업 및 사회경쟁력을 확보해야 하기 때문이다. 특히, 대학은 대학이 위치한 지역에서 지방 도시를 유지하는 인구 경쟁력이다. 그뿐만 아니라 대학원의 연구 결과를 사업화해 창업과 지역 기업의 성장을 지원하는 기반이 되기 때문이다. 따라서 이러한 대학원 혁신 현황을 파악하여, 보다 성과를 높일 수 있는 방향을 찾고, 이를 바탕으로 지역의 일자리 창출 전략을 고민하는 것은 매우 중요하다. 그러한 차원에서 우리나라 대학원 현황에 관한 내용과 반성을 바탕으로 과학기술인재 육성 방향에 관한 내용을 다루고자 하였다.

폴리로그

마지막으로 '폴리로그'에서는 본문에서 다룬 네 가지 영역별 내용을 기반으로 본문 원고에 못다 담은 내용을 필자들이 자유롭게 질문과 토론을 거치면서 부족한 부분을 찾고자 했다.

참고문헌

김태완. (2013). 대한민국의 6-3-3-4학제 이대로 좋은가(늙은 대한민국 학제에 갇히다!), 월간조선 2013년 4월호.

김영철 · 박재윤 · 김홍주 · 윤종혁 · 김태은. (2006). 미래사회에 대비한 학제 개편 방안, 한국교육개발원.

신현철. (2017). 대학론, 대학을 공부하다, 소명출판, 2017. 3. 5.

1부
고등교육

I

대학구조개혁의 의미와 정책 방향

박철우(한국산업기술대)

Ⅰ. 대학구조개혁의 의미와 정책 방향

박철우(한국산업기술대)

1. 들어가며

인구구조, 산업 및 사회변화에 따라 대학구조개혁은 당면한 이슈를 넘어 절박한 이슈로 부상하였다. 그러나 많은 주장과 정책들이 있었음에도 아직 완전한 해결은 이루어지지 않았고, 계속 진행 중이다. 그래서 이 절에서는 대학구조개혁이 무엇이고, 다뤄야 할 이슈들은 어떤 것들이 있는지 정리하고, 대학구조개혁의 방향을 찾는 데 지혜를 모아 보고자 하였다. 우선, 용어에 대하여 정리해보고자 한다. 반상진(2015)은 '대학구조조정'과 '대학구조개혁'은 유사 개념으로서 학자마다 혼용하여 사용함으로써 개념 구분 없이 서로 혼란스럽게 사용하고 있다고 지적하며, 대학구조조정(restructuring)은 조직의 효율성 가치를 강조하면서 대학의 통폐합 및 인원 감축 등 다운사이징(downsizing)에 초점을 둔 개념으로 정의하고, 대학구조개혁은 조직의 효율성 제고와 대학교육의 질적 향상을 통해 대학의 근본적인 경쟁력을 갖추는 데 역점을 둔 개념으로 정의한 바 있다. 그러나 지금까지 진행되는 과정에서 볼 때, 여전히 대학구조조정과 대학구조개혁의 개념을 명확히 구분하고 있지 않아 보인다. 그래서 필자는 현실적인 상황을 고려하여 '대학구조개혁'의 개념을 '대학구조조정'

의 의미를 일부 포함하여 다시 정의하였다. '대학구조개혁'이란 인구구조, 산업 및 사회변화 등에 따라 대학과 대학에 속한 개인이 수요변화에 대응하기 위한 정원정책(정원감축과 수급 조절 등)과 미래 경쟁력을 높이게 하기 위한 대학 특성화, 교육 생산성 제고 등 인적자원 경쟁력을 높이는 데 있다고 할 수 있다. 이러한 노력은 사회적 측면에서 대학의 설립목적이라고 볼 수 있으며, 그 성과는 대학 브랜드와 직접적인 관계가 있다. 그리고 대학구조개혁이라는 용어에는 '대학'이라는 정책의 대상 또는 주체, '구조개혁'이라는 수단 또는 과정이 함께 포함되어 있다. 즉, 이 용어엔 궁극적으로 대학의 경쟁력을 확보하기 위한 정책적 의도가 담겨 있다.

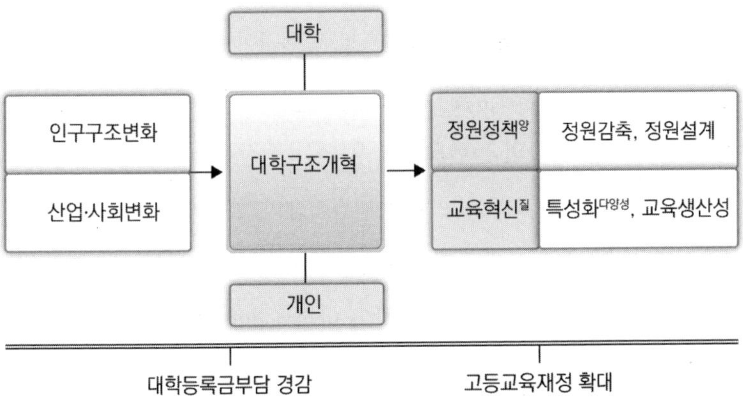

[그림 1] 대학구조개혁의 개념

그런데, 왜 이 시기에 대학의 변화를 고민하고, 구조개혁 촉진을 추진해야 하는가? 요약하면, 우리 사회에서 대학이 차지하고 있는 역할과 대학이 처한 절박한 환경 때문이다. 대학은 국가경쟁력을 좌우하는 고등교육의 산실이다. 우리나라의 경우, 가진 것이라고는 인적자원밖에 없다는 이야기가 있을 정도로 국가경쟁력에서 인적자원의 중요성은 크고, 미래사회에서 그 중요도는 더욱 높아질 것이다. 그런 대학이 변화의 소용돌이에 있다. 우리나라 인구구조의 변화는 매우 심각하다. 저출산(저출생)에 따른 인구의 감소가 절벽 수준이다. 인구의 감소는 소비시장에 악영향을 줄 뿐만 아니라 경제를 유지하는 생산가능인구나 우수한 인적자원을 확보하는 데도 어려움을 줄 수 있다. 그런데 '빠른 감소'는 이러한 상황에 대응하는 데 있어 정책 수립에 대한 어려움을 가중시킨다. 그럴 뿐만 아니라 산업 및 사회변화의 속도도 매우 빠르게 진행되고 있어, 이에 대응하게 하기 위한 노력도 분주하지만, 확실한 해법이 있지 않고 그나마 추진되는 정책도 현장에서 비효율이 야기된다고 지적한다. 그래서 기존 교육체제와 개인의 역량을 어떤 방향으로 맞춰가야 할지? 어떻게 하면 사회적으로 인적자원 생산성을 더 높일 수 있을지? 에 대한 고민이 필요하다. 사실 새로운 기술의 출현으로 고용 없는 성장이 우려되고 있으며, 직업의 변화도 빠르게 진행되고 있고 평생직장의 개념이 퇴색되고 있는 이러한 변화의 시기에 학생들 등록금으로 유지되는 대학이 지금까지 해왔던 대로 교육체제를 유지할 때, 대학이 미래사회에 대처할 선도 기관으로서의 경쟁력을 지속할 수 있을까? 학생들이 대학을 선택할 것인가? 하는 질문에, 대학관계자들은 적극적으로 답을 찾아야 할 때이다.

2. 핵심 이슈

지금까지 정부가 오랫동안 추진해왔던 대학구조개혁 방향이 정답인가? 하는 점을 깊이 생각해볼 필요가 있다. 정부는 대학구조개혁에 대한 명분으로 대학경쟁력과 대학교육의 질을 내세우며 대학 통폐합, 대학평가를 통한 정원감축 등 축소 지향적 구조개혁을 추진해왔다. 학령인구 감소 현상에 대한 대책이라고 하지만, 향후, 노동시장 수급 전망, 산업 및 사회변화 수요를 고려한 대책으로 적절했는지 되돌아봐야 한다. 사실 디지털 사회로의 전환 시대엔 중간 수준의 인력보다 석·박사급의 우수 인력들이 더 많이 필요한 것으로 예측되기 때문에 오히려 감축보다는 수요에 대응하기 위한 전략으로 고등교육을 장려해야 할 상황이다. 더구나 입학자원 자체가 자연 감축되고 있어서 의도적인 감축 정책보다는 교육의 질 제고를 좀 더 고민해야 하는 시점이다. 이렇게 합리적인 정책 방향을 모색하기 위해서는 다양한 시각에서 대학구조개혁의 방향을 바라볼 필요가 있으며 본 절에서는 대학구조개혁 과정에서 발생하고 있는 다양한 이슈들을 정리해보고자 한다.

인위적 정원감축? 정부 주도 vs. 대학 자율

학령인구감소에 대응하기 위한 본격적인 대학구조개혁은 이명박 정부 때 시작되어, 박근혜 정부를 거쳐 지금에 이르는 등 상당히 오랜 시간 지속된 주제이다. 지금까지 진행 과정에서 불거진 핵심 이슈는 대학구조개혁의 주체(정부 vs. 대학 자율), 인위적 정원감축의 필요성 등이다. 이 두 가지 주제는 사실상 하나로 묶여 있는 주제이다. 이슈를 보다 구조화하기 위하여 지금까지 이뤄진 대학구조개혁에 대한 평가를 살펴보자. 결론은 정원감축 효과는 있었으나 기존 방식의 대학구조개혁은 폐지되어야 한다는 것이 대학사회 주장이다. 이렇게 대학사회가 정부주도형 대학구조개혁을 비판적으로 평가하는 이유는 다양하다. 지금까지의 구조개혁이 첫째, 미래 대학경쟁력을 높이기보다는 대학 서열화를 고착화하고, 둘째, 대학 특성화를 훼손하였으며, 셋째, 대규모 대학보다는 소규모대학에 불리하고, 넷째, 수도권 대학과 지방대학의 갈등을 조장했다는 지적이다.

첫 번째 대학 서열화에 대한 지적은 대학평가를 위해 도입한 대학평가지표와 관계가 있다. 퇴출 대학을 선별하기 위해 정량적인 평가지표를 도입하고, 정량 점수에 따라 대학을 서열화해 등급을 발표함으로써 대학 간 격차를 더욱 심화시켰다는 지적이다. 특히 규모가 있는 대학은 좋은 평가를 받아 정부 재정지원 사업에서 더 많은 재정을 지원받고 더 경쟁력을 높여가는 빈익빈 부익부 현상이 발생하고 있다고 지적한다. 두 번째, 특성화 훼손에 관한 내용은 정부의 기본역량평가 등 평가 기준이 제시됨에 따라 모든 대학이 이 기준에 맞춰 대학을 개편하고 운영함에 따라 대학이 획일화되고 있다는 지적이다. 대학은 평가·감사 등 규제 완화를 요구하고 있으나 획일적인 통제는 여전하다. 교육 규제 완화에 대한 역사는 오래되었다. 1995년 문민정부에서 '5.31 교육개혁 방안'을 발표한 이래, 역대 정부에서는 정권이 바뀔 때마다 교육 규제 완화를 교육체제 운영의 중요 원리 중 하나로 강조하고 지속해서 추진해 왔다. 하지만, 1990년대 중반 이후 출범한 역대 정부에서 모두 교육규제 개혁을 국정운영의 핵심 과제의 하나로 추진해 왔음에도 불구하고, 다른 분야와는 달리 고등교육 분야에서는 현장에서 체감하는 교육 규제의 효과는 상대적으로 크지 않다. 그 이유는 대학평가, 감사 등 명시적으로 법령에 규정되어 있지 않은 관행적인 정부의 간섭과 규제가 여전히 일선 대학들에 직간접적으로 영향을 미치고 있어 실제 대학이 체감하는 자율성의 정도는 그다지 크게 느껴지지 않기 때문이다. 그래서 최근 제4차 산업혁명이란 단어가 상징적으로 보여주는 급격한 환경변화에 대응하기 위해서는, 중앙 정부의 획일적 통제보다는 개별 대학들의 창의적이고 유연한 대처가 필수적이기 때문에 대학의 자율이 필요하다. 따라서 서로 다른 환경에 직면하여 서로 다른 역할과 임무를 수행해야 하는 수많은 고등교육 기관들의 특성과 여건을 제대로 고려하지 않고, 정부가 중앙에서 설정한 특정 목적을 달성하기 위해 일괄적으로 규제하는 경우 전체 사회의 관점에서 볼 때 득보다는 실이 훨씬 많을 것이라고 주장한다(변기용, 2020). 실제, 실패 사례도 다수 찾을 수 있다. 예를 들어 과거 산업 수요변화에 쉽게 대응하고, 융·복합인재의 필요성을 주장하며 대학이 이에 대응하도록 학과제도에서 학부제를 도입하도록 유도했다가 포기한 사례, 취업률 지표를 비중있게 평가함에 따라 취업률이 낮은 비인기 학문의 붕괴를 초래하고, 대학을 직업교육기관으로 변모시켰다는 비판 등 다수 사례가 제기되고 있다. 세 번째, 대규모 대학에 비교해 소규모대학이 불리하다는 의미는 대학 재정 여건과 관련이 있다. 지금까지 대학구조개혁은 대학평가를 통해 입학정원 감축을 추진해왔으며, 수단으로 정부 재정지원사업 참여 제한, 국가장학금 미지급, 학자금 대출 제한, 퇴출 유도 등의 조처를 했다. 정원감축도 등록금 수입과 직접적으로 관련되어 있고, 특히, 국가장학금 미지급이나 학자금대출제한 등도 학생들이 대학을 선택하지 않는 요인이 되기 때문에, 결국, 전부, 대학 운영 재정과 관련되었다고 볼 수 있다. 한 번 좋지 않은 평가를 받으면 재정위기로 인해 교육투자가 소홀해질 수밖에 없어서 퇴출 가능성이 커진다. 그런데, 정원감축이 진행됨에 따라 중소규모 대학의 경쟁력 저하는 큰 대학에 비해 더욱 심각하다. 네 번째, 구조개혁 평가 결과, 퇴출 대학이 지방에 집중됨에 따라, 지방대학의 불만과 위기

감을 고조시키는 계기가 되었으며, 수도권대학과 지방대학의 갈등 구조를 증폭시키는 계기가 되었다. 지방대학 위기는 중소규모 대학에 더 집중되어 있다. 지방 중소규모 대학은 인구감소가 심화함에 따라 기존 남아있는 정원을 채우기도 어려운 상황이기 때문에 충원율 격감에 따른 대학 재정위기로 인한 교육의 질 저하가 우려스럽다. 교육의 질 제고를 위해서는 규모의 경제가 요구된다. 사실, 대학은 다양한 교양교육 등 기본적으로 갖춰야 할 여건들이 있고, 규모가 작을수록 갖추기 어렵다. 작은 대학일수록 교육의 다양성이 적어질 수밖에 없다는 것은 누가 봐도 예상할 수 있다. 따라서 지금까지 정부의 대학구조개혁 기조는 중소규모 대학, 특히 지방 중소규모 대학에 불리한 방향이며, 대학구조개혁을 통한 교육의 질 제고라는 논리 측면에서도 허점을 보인다. 그럴 뿐만 아니라 구조개혁이 장기간 진행되면서 중소규모 대학의 투자 부족으로 인한 피해는 퇴출당하기 전까지 재학한 학생들이 고스란히 받아왔다고 볼 수 있다. 이런 점에서 대학구조개혁을 장기간에 걸쳐 추진해 온 것과 임계 규모를 고려하지 못하고 숫자만 줄이는 정책은 사회적 측면에서 인적자원 생산성 저하 문제의 소지가 있다.

결과적으로 부정적인 평가를 받는 정부주도형 대학구조개혁은 대학자율혁신으로 대체될 필요가 있다. 지금까지 대학구조개혁의 성과라고 할 수 있는 정원감축도 어차피 입학자원이 줄어 자연 감축되나 대학평가를 통해 인위적으로 몇 년 앞당겨 감축하나 그 차이는 미미하다는 평가다. 사실 어렵게 감축하고 있는 정원 내 감축과 달리, 농어촌전형, 계약학과 등 정원 외 입학 비중은 무시 못 할 규모로 많이 증가한 상황임을 고려할 때, 인위적인 정부주도형 정원감축은 큰 의미가 없다는 지적이다.

이러한 비판적 성과를 바탕으로, 일부에서 대학구조개혁평가는 교육부가 부처 차원의 생존을 위해 만든 전략이라는 주장이 설득력을 얻는다. 사실 교육부에서 초중등 정책을 지방교육청으로 이양한 지 오래되었다. 남아 있는 역할이 대학정책밖에 없어 고등교육 정책에서 교육부의 존재 이유를 키우기 위해 인위적으로 만들어낸 전략이 바로 대학구조개혁이라는 이야기도 많이 회자 되고 있다. 이렇게 교육부가 대학구조개혁이라는 수단을 놓지 않고 통제함에 따라 교육부에 대한 반감도 크다. 반상진(2015)에 의하면 교육부의 대학구조개혁 추진계획에서 밝힌 법적 근거를 마련하기 위해 지난 2014년 4월 30일 국회 교문위원회 소속이었던 김희정 의원이 「대학 구조개혁 및 평가에 관한 법률(안)」을 제출하였다. 형식상으로는 의원 발의이지만, 내용상 정부 입법안이라고 보아도 무방하다. 이 법률안의 주요 내용은, 법률안 10조에 대학평가위원회 설치, 18조에 대학구조개혁위원회 설치, 17조에 모든 대학을 평가하여 대학구조개혁의 자료로 활용한다고 정의하고 있다. 여기서 활용이란 평가에 따른 학생정원 감축·조정, 정부 재정지원의 제한 등 내용을 담고 있다. 26조엔 정원감축에 따른 재산 및 회계 특례(정원감축에 따른 기준 초과 유휴 교육용 기본재산을 수익용 기본재산으로 용도변경 허용 등)에 대하여 규정하고 있다. 제23조엔 학교법인 자진 해산 시 잔여재산의 전부 또는 일부를 공익법인·사회복지법인·직업능력개발훈련법인 등에 대한 출연 등의 방법으로 처분하는 내용을 담고 있다. 이 법안에 대해, 일부 학자들은 법률의 목적과 수단 사이의 괴리, 잔여재산 귀속의 특례, 교육용 기본재산의 수익용 기본재산으로의 용도 변경, 법률 체계상의 문제 등의 문제점을 제기하고 있다. 이 법안은 진정한 대학구조개혁과는 무관한 대학평가에 의한 대학정원 감축 유도와 사학재단에게 특혜를 주는 등의 문제점을 안고 있어 대학의 입장에서는 받아들이기 어려운 법안 내용이라고 주장하였다. 이후, 대학사회의 반발 때문인지 국회에서 통과되지 못했다. 단순히 퇴출 사립대학의 자산처리 귀속 문제에 대한 부정적인 여론뿐만 아니라 교육부가 대학평가 수단을 통해 대학위에 군림한다는 대학사회의 부정적 시각이 영향을 미친 부분도 있는 듯하다. 이러한 반감은 대선 때마다 교육부 폐지 문제를 단골 메뉴로 등장시키는 이유이기도 하다.

인적자원 수요 미스매치, 수급 조절 기능의 부재

지금까지 국가 단위에서 이뤄지는 인적자원 수급 조절 정책은 대학구조개혁으로 대표된다. 정부의 대학구조개혁은 대학기본역량평가 등의 방법을 통해 특별한 이의제기(잡음) 없이 정원을 감축하는 데 있었다고 볼 수 있다. 그래서 타당하게 보이는 매우 복잡한 평가 기준을 만들고 대학으로부터 자체평가서를 받아 서열화된 평가서를 작성한 후, 이를 기반으로 정원을 감축해온 것이 일반적인 방법이었다. 그러나 시장변화에 따라 인적자원 수급 조절을 신속하게 만들어가는 것은 쉽지 않다. 시장변화에 대응한 인적자원 수급 조절은 산업, 지역 등 다양한 요소를 바탕으로 이루어지는 의사결정이다. 의사결정이 잘못될 경우, 노동시장에서의 수급 미스매치가 발생하기 때문에 국가경쟁력 손실일 뿐만 아니라 개인에게는 불행이 될 수 있다. 그래서 현재 단계 미스매치 해소를 위한 과거의 정원 설계 의사결정은 매우 신중하게 이뤄져야 한다. 정부에서도 이 문제에 대한 심각성을 알고는 있다. 국가 단위 인적자원 육성계획에 그러한 필요성이 강조되어 있기 때문이다. 그러나 정교하게 목표가 설정되고 관리되고 있다고 보기 어려운 것 같다. 정부 부처는 매년, 또는 수년 단위로 기본 계획들을 수립하고는 있지만, 시장에서 미스매치 현상이 계속되고 있기 때문이다. 시스템이 제대로 구축되지 않고 있는 상황에서 수년 간격으로 담당 공무원이 바뀌는 것을 생각하면 당연한 귀결인지도 모르겠다. 사실, 고등교육 정원 정책은 이미 실패를 경험한 바 있다. 대학설립준칙주의를 전후해 많은 대학이 신설되고 증원된 바 있다. 그 당시 이뤄진 지방대학 정원 증가가 지금 지방대학 정원감축의 부메랑으로 다가온 것이다(박철우 · 반상진 외, 2014). 인구구조학적으로 이미, 대학 입학자원 감소가 예상됐음에도 불구하고, 대학 신설 및 증원 허가를 내준 의사결정을, 이후 정원을 다시 줄이겠다고 모든 대학을 대상으로 평가를 추진하고 있다. 백년대계를 바라보는 교육정책이 돼야 했는데 30년 앞을 바라보지 못한 듯하다. 현재, 다시 미래를 위한 중요한 선택의 귀로에 서 있다. 과잉 배출이라는 평가를 받는 상황이지만 저출산으로 인구가 감소하고 있어서 앞으로 고등교육 정책은 단순히 정원감축을 생각하기 전에 국가경쟁력 차원에서 중장기 수급 계획 적절성을 판단할 필요가 있다. 고등교육 정책은 학업 기간과 군 복무 등 사회진출을 위한 준비기간을 고려할 때, 시장에 영향을 주는 시기까지는 상당한 시간이 소요된다. 따라서 고등교육 정책은 중장기 로드맵을 바탕으로 체계적으로 이뤄져야 하며, 일시적인 수급 불안정 등은 단기적인 인적자원 수급 정책으로 대응할 필요가 있다. 지금까지 대학구조개혁 추진 문제점을 살펴보면, 인적자원 수급 정책은 몇 가지 문제가 있다. 첫째, 입학자원 감소에 따라 정원감축에 높은 비중을 두고 있으며, 국가경쟁력 차원에서 중장기 로드맵을 바탕으로 종합적이고, 장기적인 수급 대책 전략이 미흡하다. 둘째, 체계화된 산업별, 지역별 인적자원 수급 조절 시스템을 찾아보기 어렵다. 셋째, 신속한 단기 인적자원 시스템 구축이 미비하다.

첫 번째 문제는 감축이 최우선인가? 하는 의문이다. 산업의 고도화에 따라 고등교육 인재 수요는 증가할 것으로 예상되는데, 감축하다 보면 그 수요를 맞추기 어려운 시기가 올 수 있기 때문이다. 또한 통계적으로 많은 인원을 배출하고 있다고 하더라도 실제, 그 분야를 선택하는 인적자원 수요는 적을 수 있다. 특히, 사회변화에 따라 개인의 선택권이 중요한 시대가 다가옴에 따라 인적자원 수급 계획은 매우 정교해야만 하고, 미래 인적자원 수요에 대한 예측과 사회의식의 변화까지도 고려해 고등교육 인재 수급 정책이 마련될 필요가 있다. 따라서 정원감축 정책이 아니라 수급 조절 차원의 정원설계 정책으로 전환되어야 한다. 두 번째 문제는 대학이 학문 단위 정원설계를 어떻게 추진해 나가야 할지는 매우 신뢰도 높은 산업별, 지역별 현황자료를 바탕으로 의사결정이 이뤄져야 하고, 지속적인 관리를 위해 산업현장을 모니터링 할 수 있는 시스템이 필요하다. 지역단위 인적자원 수급 조정 과정에서 나타날 수 있는 문제점을 살펴보자. 정부의 대학구조개혁과 함께 정원을 감축할 때, 대학 단위에서는 소위 경쟁력이 낮은 학과의 정원을 줄이게 된다. 경쟁력이 낮다는 평가는 입학자원 충족 여부와 취업률 등 두 가지가 있다. 이 두 가지 문제는 지역의 인구 및 일자리 문제, 대학의 양적 규모와 관련 학과의 정원 등과 관계가 있다. 그렇지만 대학이 지역대학인가? 전국대학인가? 에 따라서도 이 평가 기준은 달라질 수 있다. 입학자원 확보를 위한 대상 범위의 문제와 졸업 후 대상으로 하는 취업시장의 범위가 어떻게 되는가? 에 따라 달라지기 때문이다. 때에 따라서는 지역에 일자리가 없어도 대학이 창업을 통해 지역의 일자리를 선도하기 위해 특별한 교육과정을 둘 수 있다. 즉, 이 문제는 대학의 특성화 전략과도 관계가 깊다. 이런 여러 가지 문제 때문에 지역단위 인적자원 수급 조절 정책을 수립하고 추진하는 것은 매우 어렵다. 그래서 정부도 방향만 제시할 뿐 명확하게 지침을 주기 어렵다. 교육부는 대학기본역량평가를 위한 자체평가보고서 내용에 지역별 산업수요를 반영했는지를 통해 수급 문제를 간접적으로 유도하고 있으나 전체 평가 점수에서 차지하는 비중은 그리 높지 않다. 사실 대학 단위에서 산업수요를 충족하고 있는지, 학생들이 지역 노동시장에 진출을 잘하고 있는지, 어느 정도 비율로 취업이 되고 유지되는 것이 적정한지? 대학 자체 통계만으로는 알 길이 없다. 그런 시스템이 국가적으로, 지역단위에서 원활하게 작동하고 있다는 증거도 없다. 우리나라 인적자원 수급 정책에서 가장 아쉬운 점은 대학사회가 자율적으로 정원을 조정할 수 있도록 올바른 통계와 대학 간 협업체계를 마련하고 있지 못하다는 점이다. 결과적으로 현재 대학구조개혁은 산업별, 지역별 인적자원 수급 최적화 측면에서 성과는 미미하다. 오직 서열화를 통한 정원감축 명분을 찾는 데 모든 관심이 집중되어 있다는 비판이 적절하다. 세 번째 이슈는 산업변화에 따라 신속하게 대응할 수 있는 단기 인적자원 수급조절 체제 구축과 기업의 역할이 필요하다. 사실 한·일반도체 분쟁, 한국판 뉴딜 등 국가적, 산업적 이슈가 있을 때만 정부 재정 투입을 통해 인력양성을 추진하는 대응 방식은 시장변화에 늦다는 지적을 받고 있다. 그뿐만 아니라 정부는 단기 인력수급 대책을 추진하는 과정에서 대학의 학문단위 정원 조정에 영향을 미치려 한다. 앞서 설명한 것처럼 대학의 학과 정원은 중장기적으로 접근할 문제인데, 정부는 단기 인력양성사업을 지원하면서 학과의 정원을 바꾸려고 시도한다. 그럼 정부 지원이 끊어지면 그 학과는 어떻게 생존하란 말인가? 이런 시각에서 볼 때, 일시적인 이슈들은 고정된 정원설계와 무관한 방법으로 접근할 필요가 있다. 또한 우리나라의 경우, 기업의 공교육에 대한 역할도 개선될 필요가 있다. 산업화 시기, 정부는 인적자원을 대량 공급하고, 기업은 넘치는 인력 중에서 선별해 채용하던 시기를 거쳐 왔다. 그 당시 산업의 구조는 단조로웠고, 일자리가 귀한 상태였다. 따라서 인력양성 설계도 복잡하지 않아 교육기관이 대응하기 쉬웠다. 그러나 산업이 다양해지고 첨단화되며, 변화가 빨라짐에 따라 기업은 신속하게 전문화된 기업 맞춤형 인재를 요구하지만, 대학은 산업변화를 파악하기 쉽지 않고 모든 기업에 맞춤 인재를 공급하기 위해선 여러 가지 여건상 투자가 어렵다. 이를 극복하기 위해서는 기업이 산업수요를 발신하고, 필요한 교육 인프라를 지원하거나, 직접적으로 대학과 기업 간 매칭을 통해 키다리 아저씨의 역할을 해낼 필요가 있었으나, 기업의 인적자원개발에 대한 사회적 기여 문화가 부족한 것이 현실이다.

대학 특성화, 다양한 인재 육성을 위한 고등교육체제

미래사회에 요구되는 인재는 어떤 모습일까? 과거와 같이 산업현장에 필요한 인재로만 규정될 수는 없을 것 같다. 고용 없는 성장, 뉴 노멀 시대에는 인재의 다양성이 높아져야 한다. 상품시장이 개인맞춤형 제품이나 서비스로 옮아감에 따라 기업의 유형도 분화되고 비즈니스 모델 다양성도 높아져 필요한 인재도 매우 다양해졌기 때문이다. 이러한 변화는 과거와 같이 대학에서 포드식(대량공급방식) 교육과정을 이수한 졸업생 역량으로는 시장변화에 적응하기 어렵다는 것을 의미한다(신현철, 2017).

그래서 인재의 다양성뿐만 아니라 변화에 강건한 역량을 보유한 인재를 확보하게 하기 위한 고등교육 정책에 관한 관심이 높아졌다.

〈표 1〉 대학특성화의 개념

<table>
<tr><th></th><th>방향</th><th>정의</th><th>내용</th></tr>
<tr><td rowspan="3">특성화 유 형</td><td>전문화 (Specialization)</td><td>비교우위가 있는 학문분야 전문화</td><td>대학특성화를 비교우위가 있는 학문분야에 역량과 자원을 집중함으로써 대학경쟁력을 높이는 과정(예: 단과대학, 학과 등)</td></tr>
<tr><td rowspan="2">차별화 (Differentiation)</td><td>역할과 기능관점의 차별화</td><td>대학의 특성에 따라 다른 대학과 차별화된 역할과 기능을 선택해 역량을 집중(예 : 연구중심, 산학협력중심 등)</td></tr>
<tr><td>프로그램, 교육방법, 학사운영의 차별화</td><td>독특한 학사관리 방식과 교육방법 등을 통한 차별화(예: 교양교육 강화, 국제화, 교육프로그램, 산업체 밀착교육 등)</td></tr>
</table>

자료 : 교육부, 2005. 11. 29.

이러한 다양성을 위해 대학은 대학 단위, 학부·학과 단위 특성화를 추진해 오고 있다. '특성화는 대학발전 비전을 성취하기 위하여, 수립된 발전전략을 바탕으로 비교우위가 있는 기능과 분야를 전문화(Speciali-zation)와 차별화(Differentiation)를 통하여 대학경쟁력을 높이는 일련의 과정'으로 정의할 수 있다. 대부분 대학들이 10년 단위로 '대학발전 비전과 전략'을 수립하고, 하부계획으로 5년 단위(2년+3년) 특성화 계획을 수립하고 있으며, 2~3년 단위로 '대학자체평가보고서' 분석 결과를 바탕으로 특성화 전략을 재수정하는 것이 일반적이다. 그러나 이러한 대학의 특성화가 제대로 지켜지지 못하고 있다는 심각한 문제가 있다. 문제점을 고려하기 전에 국가 단위 대학 유형 분류와 대학이 자체적으로 추진하는 특성화를 구분하여 생각할 필요가 있다. 국가 단위 대학 유형 분류를 특성화의 유형으로 구분할 수 있으나 이는 정부 제도적인 것으로 대학의 자율적인 특성화와 구분하는 것이 혼동을 줄일 수 있다. 우선 국가 단위에서 대학의 유형은 고등교육법과 고등교육법 시행령에 바탕을 두고 있다. 이에 따르면 학부는 대학(일반 4년제 대학), 산업대학, 교육대학, 전문대학, 기술대학 및 이에 준하는 학교 등으로 나누며, 교육 방법을 고려하여 방송대학・통신대학・방송통신대학 및 사이버대학[1])으로 구분하고 있다. 사실 고등교육법과 시행령에 대학에 대한 특성과 정부의 기본적인 관리 방침이 반영되어 있다. 이 규정과 시행령에는 인적자원 육성 목표를 담은 설립목적과 대학 운영에 대한 차별화, 전문화 요소를 담고 있으나 시간이 지남에 따라 실질적으로 대학 유형에 따른 특성 구분이 모호해지는 경향이 발생하였다. 이는 산업대의 일반대학으로의 전환 사례에서 볼 수 있는 것처럼 정부가 유형별 대학을 관리하고 지원하는 과정에 입시 및 정원제도, 대학을 바라보는 시각 등 대학 관리 과정에서 대학의 유형을 제도적으로 지켜주지 못하고 스스로 무너뜨린 책임이 있으며, 법에 규정한 대학 유형을 발전시켜 특성화된 대학 유형으로, 차별화된 브랜드 있는 대학으로 자리 잡을 수 있도록 교육혁신을 위한 충분한 재정지원을 이루지 못한 데 있다고 볼 수 있다. 특히, 대학구조개혁을 위해 대학기본역량평가와 대학혁신지원사업 등과 같이 대학평가 및 재정지원 과정에 정형화된 지침을 제시함으로써 대학이 스스로 만들어갈 수 있는 대학 단위 특성화를 훼손하고 있다는 비판도 있다. 대학원도 마찬가지다. 대학원 유형은 일반대학원, 전문대학원, 특수대학원 등으로 나뉘며, 학부가 없는 대학원

1) 총칭하여 원격대학이라 한다.

대학이 별도로 규정되어 있다. 3개 대학원의 설립 특성이 분명히 다르지만, 핵심 문제는 대학원 정원만으로는 유지되기 어려운 환경이라는 점이다. 대학원 경쟁력에 관련된 본질적인 문제 해소 없이 관리적 측면에서만 접근하다 보니 대학원 부실이 야기되었다는 지적도 있다. 그러나 이번 저서에서는 대학원에 관한 내용은 연구개발 및 기술이전 사업화 측면에서만 다루고, 특성화 정책 방향 모색은 학부 중심으로 바라보고자 한다.

교육 생산성

인적자원 생산성은 교육단계, 입직단계, 재직단계로 이어지는 3단계 과정을 생각할 수 있다. 교육 생산성은 교육단계 교육소화력을 핵심으로 생각할 수 있지만, 입직 및 재직단계로 이어져 배출인력의 사회적 역량 발휘 성과도 포함한다. 대학 단위로 국한하여 생각하면 교육 생산성은 교육소화력으로 좁혀서 생각해도 좋다. 다만, 교육의 성과가 사회적 영향으로 나타나지 않기 때문에 의미는 다소 축소된다.

교육 생산성 제고를 위한 정책의 핵심은 역량기반교육체제로의 전환이다. 역량기반 교육은 한 마디로 학습자 관점 교육시스템을 의미한다. 기존 교육체제가 지식과 기술의 공급에 초점을 두고 있다면, 역량기반 교육체제는 학습자 관점에서 후천적으로 얻을 수 있는 지식과 기술의 습득뿐만 아니라, 선천적으로 개인이 가지고 있는 내재적 특질, 선천적 기반 및 후천적 차원에서 만들어진 신념 등이 학습 환경 및 미래 일자리 환경과 융합되어 실제 생산적인 역할을 실현할 수 있도록 하는데, 필요한 역량을 갖추도록 지원하는 역할과 제도이다. 더욱 구체적인 개념 정의와 정책적 제안은 별도의 장에서 다루고자 한다.

무상교육, 대학등록금 부담경감 어디까지?

국가장학금 제도는 학생들의 학비 경감을 지원하기 위하여 설계한 제도로서 Ⅰ, Ⅱ 유형으로 나뉜다. Ⅰ 유형[2]은 저소득층의 고등교육 비용을 실질적으로 경감 하기 위해 소득 8구간(최고 10분위) 이하 학생을 대상으로 소득 구간별로 차등 지원하는 제도이다. 연간 지원 금액은 소득 구간별로 차등 지원하고 있으며, 등록금 범위 내 필수경비(입학금, 수업료)만 지원하고 있다. 기초생활수급자와 차상위계층의 경우 최고 연 520만 원을 지원하고 있다. 지원 기간은 선정된 해당 학기에 지원하되, 최대 지원 횟수 내에서 지원하고 있다. 일반대학은 최대 8회(4년제)까지 지원 가능, 의·치학 계열 12회(6년) 및 건축학 계열 10회(5년)까지 지원할 수 있다. 전문대학은 최대 4회(2년제), 6회(3년제), 8회(4년제)까지 지원할 수 있다. 재학생·편입생은 최대 지원 횟수에서 기 수혜 횟수를 차감한 범위 내에서 지원하고 있으며, 일정한 성적 기준을 마련하고 있다. 국가장학금 Ⅱ유형[3]은 대학에서 자체기준을 마련하여 선발·지원하는 제도이다. 자체 지원기준 수립 시 국가장학금 1·2유형과 교내·외 장학금을 통해 저소득층부터 등록금 대비 일정 규모 이상의 장학금이 우선 지원될 수 있도록 제도적 설계를 권장하고 있다. 지역인재 장학금 지원 범위는 기초~기준중위소득 100%는 재학 기간 내 등록금 전액 지원, 기준중위소득 100% 초과~8분위는 1년간(2학기) 등록금 전액을 지원하고 있다. 이렇게 국가장학금 대상 대학은 대학 자체 노력과 연계하여 지원(등록금을 인하·동결 및 장학금 유지·확충 등의 자체 노력 이행 대학)하고 있다. 결과적

---

2) https://www.gov.kr/portal/service/serviceInfo/SD0000004587.

3) https://www.gov.kr/portal/service/serviceInfo/SD0000004585.

으로 보면, 기초생활수급자, 차상위계층(소득분위 1구간)과 중위소득(I유형 기준 현재 3분위)까지는 국가장학금 Ⅰ로 연 520만 원 정도 받고 있으며, Ⅱ 유형을 통해 대부분 기준중위소득까지 100% 무료교육이 가능한 수준이다. 즉, 취약계층을 위한 교육 사다리는 구축되었다고 볼 수 있다. 또한 최근 정부의 휴먼뉴딜사업의 일환으로 추가 교육비 부담 경감방안이 추진되고 있는 등 보장의 실효성도 높아지고 있다. 내용을 보면, 국가장학금 지원 한도는 인상[4]하고, ICL[5] 지원 대상을 대학원생까지 확대하며, 저소득층·다자녀 가구 학생 대출 이자 면제[6] 등을 추진하고 있다(관계부처합동, 2021).

이러한 상황에도 불구하고, 정치인들은 무료교육을 주장하고 공약으로 발표하고 있다. 그런데 고등교육재정 투자의 제로섬 상황을 고려할 때, 무료교육은 한정된 고등교육재정이 교육혁신 투자보다는 장학금 지원으로 집중되어 교육의 질 제고에 도움이 되지 못할 것이라는 비판이 많다. 무엇보다, 인구감소 등에 의해 경제 규모가 축소되었을 때, 국가재정 부담이 커질 수밖에 없고, 무료교육을 철회하기 어렵기 때문이다. 오히려, 변화의 시기에 대학의 재구조화를 추진하고, 교육혁신 투자를 통해 양질의 인재가 육성되어 미래를 준비하도록 하는 것이 고등교육 정책의 바른 방향이라는 주장이 일반적이다.

4) [기초·차상위] 520만원→ 첫째 700만원/둘째 이상 등록금 전액, [다자녀] 8구간 이하 셋째 이상 520~450만원 → 등록금 전액, [5~8구간] 368~67.5만원→390~350만원.
5) 취업 후 학자금 상환 대출.
6) 등록금·생활비 대출 재학 중 이자 면제.

고등교육 재정 vs. 등록금 동결

대학 단위 특성화, 교육혁신을 위해서는 대학 운영을 위한 재정투자가 필수적이다. 대학운영비는 교육활동을 위해 기본적으로 소요되는 재원을 의미한다. 운영비는 국립과 사립의 경우 다소 다르게 구성된다. 국립대학은 정부의 운영비 지원과 학생들의 등록금으로 구성되며, 사립대학은 기본적으로 학생등록금이 대부분을 차지하고 정부 보조금, 기부금, 법적으로 규정된 재단전입금 등으로 구성된다. 그런데 국·사립을 떠나 대학 모두 사정이 어렵다. 정치인들이 던진 반값 등록금 정책 때문에, 지난 십수 년 간 등록금 동결에 따른 재정 악화에 시달리고 있기 때문이다. 단순히 등록금 동결뿐만 아니라 입학금 제도 폐지, 재정지원사업과 연계한 대학부담 장학금 증액 요구 등으로 인한 경영 부담 가중, 전임교원 확보율 및 강사제도 대응 등 정책을 반영하느라 고정비용 부담은 커져 왔다. 등록금은 물가상승률 분을 고려하여 일부 증액할 수 있도록 제도화되어 있으나 국가장학금제도, 정부 재정지원사업 평가 반영 등 우회 규제 정책 때문에 사실상 불가능하다. 결국 대학정책은 겉으로는 자율, 실제로는 통제 상황이다. 결과적으로 정치인은 반값 등록금 정책으로 표를 구걸하고, 교육부 공무원은 대학 재정지원사업 예산을 확보하고, 대학을 지원하고 있다는 명분을 내세워 교육부 폐지보다는 교육부의 존재가 더 도움이 된다는 논리로 존재의 의미를 피력하고 있다. 그렇지만 재정지원은 규제를 통한 감소된 등록금 액수와 비교할 때 매우 적고 안정적이지 않다고 볼 수 있으며, 사용 비목의 한계 등을 고려하면 미래를 위한 교육투자는 절대적으로 부실하다.

지금까지 고등교육예산의 규모는 수치상으로 매년 증가하나, 교육예산에서 차지하는 비중은 감소하고 있다. 실질 고등교육예산 규모는 '11년 4조 2,532억 원에서 '19년 6조 3,878억 원으로 1.5배 증가하였으나, 예산 비중은 '11년 10.2%에서 '19년 8.5%로 1.7% 감소하였다. 2019년 고등교육예산은 교육예산의 14.2%이나, 개별 대학생의 복지지원비인 국가장학금 예산을 제외한 실질 고등교육 예산은 교육예산의 8.5%에 해당한다. 반면에 국가장학금 예산 규모의 변화를 보면, '11년 8,186억 원에서 '19년 4조 2,378억 원으로 5배 이상 증가하였다. 좀 더 살펴보면, 학생 1인당 고등교육 공교육비 중 정부 투자액은 한국이 4,041불(PPP)로 OECD 평균 11,102불(PPP)의 36.4%에 불과('17년 기준)하다. 우리나라의 GDP 대비 고등교육비 비중은 OECD 평균보다 높게 나타나지만, 학생 1인당 고등교육 공교육비 수준은 OECD 평균의 65.1%에 불과하다. GDP 대비 고등교육 공교육비 비율과 변화 현황을 살펴보면, OECD 평균은 정부 부담 0.9%(2016)에서 1.0%(2017)로 증가하였고, 민간부담 0.5%(2016)에서 0.4%(2017)로 감소하였다. 우리나라는 2016년 정부 부담 0.7%, 민간부담 1.1%이고, 2017년 정부 부담 0.6%, 민간부담 1.0%로 정부보다 민간부담이 크다. 결과적으로 고등교육재정은 반값 등록금 정책으로 장학금만 증가하고, 교육혁신을 위한 투자는 오히려 후퇴했다고 보는 것이 정확할 것이다. 이러한 환경 속에서 정부의 운영지원이 있는 국립대학보다 사립대학은 더 심한 재정압박에 시달리고 있다. 대학등록금 동결로 대학재정 악화가 지속되어, 현재 초·중등 학생 1인당 교육비보다 낮은 대학생 1인당 교육비를 보여주고 있다. 2014년에 초등학생 1인당 교육비가 $10,464로 높아져 대학생 $9,570을 크게 앞지르기 시작했다. 반면에 대학은 재정 수입의 감소, 고정비용 지출의 증가로 기계기구매입비, 연구비, 실험실습비, 도서구입비 등 교육여건 개선을 위한 직접 교육비의 지출을 위축시켜 교육의 질적 저하를 초래하고 있다. 그 결과, IMD(스위스 국제경영개발원) 국가경쟁력 순위[7]에서 한국의 대학교육 경쟁력은 '11년 39위에서 '13년 41위, '17년 53위, '19년 63개국 중 55위로 하락하는 등 부정적인 평가로 나타났다. 결론적으로 대학재정에 대한 획기적인 변화가 없다면, 우리나라 인적자원 미래는 암울하다.

3. 정책 방향

대학구조개혁의 기본 방향은 변화하는 시대, 인재를 육성하고 창의적 역량이 발휘될 수 있는 생태계를 조성하여, 개인이 행복하고, 선도적인 산업 및 사회 경쟁력을 쟁취해 좀 더 밝고 따뜻하며, 부강한 국가체제를 구축하는 데 있다. 한 문장으로 표현하자면, 대학구조개혁의 목표는 '국민과 국가의 미래 경쟁력 강화를 위한 고등교육'이 되어야 할 것이다. 이러한 방향으로 한 걸음 내딛기 위해, 미래를 대비한 대학의 재구조화, 효율적인 인적자원 수급 조절 생태계 조성, 미래사회를 선도하는 창의적 인재 육성을 위한 대학 특성화와 교육 생산성 제고, 이를 뒷받침하기 위한 고등교육 혁신 투자와 제도 정비가 필요하다.

---

7) IMD 교육경쟁력 분석보고서(국가지표체계: http://www.index.go.kr/).

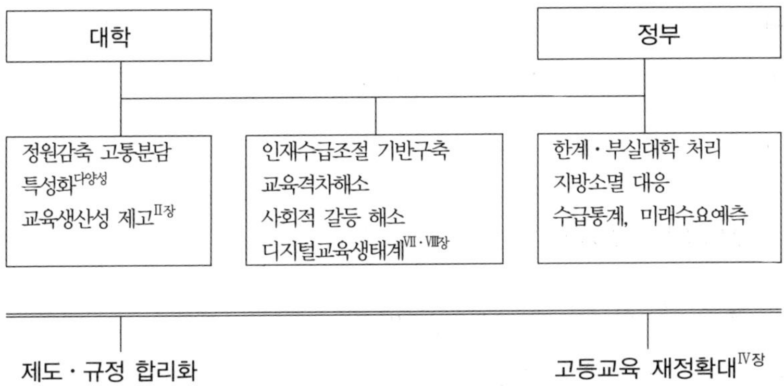

[그림 2] 대학구조개혁을 위한 대학과 정부의 역할

1 대학의 재구조화

고등교육체제 재구조화의 핵심은 산업 및 사회변화의 시급성을 고려하여, 단기 및 중장기 등으로 나눠 지속 가능한 대학혁신전략을 마련하여야 한다. 이를 위한 대학구조개혁의 실행 방향은 몇 가지로 요약될 수 있다. 첫째, 대학구조개혁은 대학 자율을 기본으로 하되, 정부는 최소개입 역할을 할 필요가 있다. 둘째, 인구감소에 따라 발생하는 지방대학 문제는 지방소멸 차원의 종합적인 대책으로 접근할 필요가 있으며, 지방사립대학 퇴로설계를 제도적으로 뒷받침할 필요가 있다. 셋째, 전문대학의 위기 상황과 직업교육의 중요성을 고려할 때 전문대학에 대한 종합적인 차별화 전략이 추진될 필요가 있다.

넷째, 대학구조개혁을 신속하고, 효과적이며, 지속해서 추진하기 위해서는 정부의 대학 관리 차원에서의 대학협의체[8] 구성뿐만 아니라 정부

8) 고등교육법 제10조(학교협의체)에서는 대학·산업대학·교육대학·전문대학 및 원격대학 등은 고등교육의 발전을 위하여 각 학교의 대표자로 구성하는 협의체(協議體)를 운영할 수 있도록 규정되어 있다.

와 대학 간, 지자체와 지역대학, 지역대학협의회 등 수평적 논의 구조를 바탕으로 대학사회의 갈등을 해소해 지속 가능한 발전을 이루는 고등교육 혁신 협업체계를 구축할 필요가 있다.

정부의 최소개입 대학구조개혁대학자율>정부개입

누가 시켜서 하는 변화, 마지못해 하는 개혁은 성과를 내기 어렵다. 대학 자율적인 개혁이 선행되어야 한다. 이를 위해 대학 서열화, 대학 획일화의 주범으로 지적받고 있는 대학 기본역량평가 제도는 폐지되어야 한다. 사실, 필자의 관점에서 볼 때 정부에서 시행하는 관리 차원의 '대학 기본역량진단'이 아니라 대학교육협의회의 '대학기관평가인증'제도와 같은 주기적이고, 컨설팅 형식의 성찰 평가는 필요하다고 판단된다. 자율적 역량을 갖춘 우수대학이라고 하더라도 주기적으로 한 번씩 자신의 교육프로그램과 실천을 종합적으로 성찰해 보는 것은 반드시 필요하기 때문이다. 그러나 지금과 같이 전국단위 모든 대학이 참여해 자체평가보고서를 제출하고 평가받는 방식은 폐지되어야 한다. 대학의 미래는 대학이 스스로 개척해 갈 수 있도록 대학혁신을 대학에 전적으로 맡길 필요가 있다. 정부는 양질의 교육시장 제고를 위해 경영위기 대학의 신속한 조정 등 제한적 범위에서 시장에 개입할 수 있도록 할 필요가 있다.

이 두 가지 방안을 종합하여 「정부의 최소개입 대학구조개혁 제도」를 제안한다. 이 제도는 대학정보공시(대학알리미)[9] 등 상시 모니터링 자료를 바탕으로 대학종합경쟁력을 평가하되 부실대학 및 한계대학만을 선별하여 예비구조조정대학으로 지정한 후, 정밀한 정성적 평가과정을 통해

9) https://www.academyinfo.go.kr/index.do.

정상복귀, 통폐합, 자진폐교, 용도전환 등 구조조정을 시행하는 제도이다. 본 제도의 제안 목적은 대학들이 평가 준비에 쏟던 시간과 재정을 본질적인 대학 특성화, 교육혁신에 집중할 수 있도록 대학 자율성을 높이는 데 있다. 특히, 본 제도가 성공하기 위해서는 대학 특성화에 장애가 되지 않도록 부실대학 및 한계대학을 찾아내는 지표를 최소화할 필요가 있으며, 예비구조조정대학 지정 후 구조조정 유형에 따른 적절한 조치와 후속 대책이 빠르게 이어질 수 있도록 제도적 기반이 마련되어야 할 것이다. 특히, 사립대학이 대학 자율에 따라 자진 폐교 신청을 추진할 경우, 설립자에게 일부 재산의 귀속을 허용하는 구조조정 인센티브 제도나 지자체와 공동으로 신속한 용도 전환 대책을 마련하도록 하는 등 지역경제 공백을 빠르게 해소할 지자체의 지역대학 구조개혁 개입 구조에 대한 공론화 및 제도적 장치를 마련할 필요가 있다.

대학 자율에 근거한 고통 분담형 정원감축

지금까지 대학구조개혁은 대학구조조정으로 불려왔고, 교육의 질적 제고보다 정원감축에 보다 초점이 맞춰져 있었다. 그러나 앞서 주장처럼 의도적인 정원감축과 인구감소에 따른 자연스러운 감소가 시장에 미치는 영향이 큰 차이가 없다는 점을 들어 정원감축 문제는 시장에 맡겨야 한다는 필자의 기본 입장이다. 그러나 사실 대학 정원감축 여부에 대한 의사결정은 쉽지 않다. 누구도 미래 시장이 어떻게 변화될지 예상하기 어렵기 때문이다. 일부에서는 대학 정원과 관련하여 아예 정원통제를 철폐하자는 주장도 있다. 경쟁력 있는 대학은 정원을 늘려 더욱 경쟁력을 갖고 한계대학은 수요자의 선택 여부에 따라 더 빠르게 퇴출당하도록 하자는 주장이다. 상당히 공감이 가기는 하나, 그 위기 대학이 지방에 몰려있을 가능성이 커 지역의 반발을 극복하기 어려워 보인다. 그래서 의도적인 정원감축이 추진되어야 할 경우, 다음과 같은 방법을 고민하게 된다.

대학의 정원감축은 크게 두 가지로 구분될 수 있다. '정부주도형'과 '민간자율형'이다. 정부주도형은 지금까지 해왔던 것처럼 교육부 주도하에 대학평가를 통한 방식이다. 민간자율형은 시장의 기능에 맡기는 방식이다. 그러나 한 쪽을 택하기 어려운 것이 현실이다. 그래서 이 둘을 조합한 '대학 자율에 근거한 고통 분담형 정원감축'을 제안해본다. 이 방안은 향후 3차 학령인구 위기가 도래하는 2036년까지(15년간) 감축해야 할 규모를 기준으로 대학 자율과 정부개입 역할을 나누자는 주장이다. 예를 들어 감축량의 절반[10)]은 대학들에 균등하게 배분하고, 로드맵에 따라 감축하며, 나머지 절반은 정부가 한계·부실대학을 가려내 시장에서 퇴출하는 방식이다. 정부는 이 과정에 권역별 인구구조와 지방소멸 대책(국가위기 지역 설정 등)을 연계하여 권역별 감축량, 대학의 폐교 여부 등을 다르게 설계할 수 있다.

정원감축 대책과 별도로 정원 외 모집제도 개선이 필요하다. 완전 폐지보다는 정원 외 모집 비율 조정과 지역 내 대학 한정 등이 합리적이다. 사실 과다한 정원 외 모집은 대학구조개혁에 의한 정원감축 효과를 반감시키기 때문이다. 그럴 뿐만 아니라 수도권 유명대학 선호로 지방대학에 불리하다. 현재, 정원 외 모집은 농어촌 및 도서 지역, 사회적 배려대상, 특성화고졸 5.5%, 재직자 전형 포함 시 11%에 이른다. 수도권 주요 대학의 경우 실제 5~6% 수준에서 선발하고 있다. 그리고 재외국민 전형 등

10) '절반'은 임의로 정한 것이며, 대학사회가 논의 과정을 통해 결정할 필요가 있음.

은 실제 수도권 몇 개 대학에서만 인기가 있다. 다만, 재직자 전형과 같은 특성화고 졸업 후 3년 이상 기업재직자 대상 전형의 경우 산업 맞춤형 계속 교육과 신규 대학입학자원 개발이라는 차원에서 유지 또는 확대 필요성이 있다.

지방사립대학 퇴로지원

현재, 대학구조개혁에 관한 법률안이 국회에 계류되어 있다. 제안 핵심 내용은 대학 법인 해산의 경우, 사립학교법 35조를 개정해 매각으로 인한 설립자의 재산 일부 환수를 허용하여 자발적 퇴출, 통폐합, 형태 전환을 지원하기 위한 법적 근거이다. 그리고 지방사립대학 매각, 통폐합(동일법인 등), 전환(직업교육 등), 캠퍼스 재개발 등 방안을 모색하기 위해「지방사립대학 재산처리기구」설치하도록 규정하고 있다. 법안 내용 중에 교육부의 대학평가 부분도 있으나, 앞서 제시한 바와 같이 대학구조개혁을 위한 평가는 최소개입을 전제로 지방사립대학 퇴로지원이 마련될 필요가 있다.

국·공립 고등직업교육전문대학

현재, 전문대학은 입학자원 감소 위기를 절감하고 있다. 특히, 지방 전문대학은 그 위기를 온전히 느끼고 있다. 매우 어렵다. 사실 이러한 위기를 예상하고 오래전부터 전문대학은 전문대학교육협의회를 중심으로 위기를 극복하는 방안을 모색해왔다. 그러나 지금까지 추진되어온 상황을 보면, 문제가 해결되리라 믿기 어렵다. 무엇보다, 정부의 전문대학에 관한 관심은 일반대학에 비해 낮아 보인다. 교육부 고등교육재정지원 규모를 봐도 대학유형별로 비교할 때 낮은 수준이다. 특히, 정부 재정지원을 받아 저렴한 등록금과 비교적 양호한 인프라를 지역마다 구축하고 있는 고용노동부 산하 한국폴리텍대학과 경쟁 구도를 형성하며, 입학자원 모집 경쟁을 하고 있어 불공정하다고 느끼고 있다. 이러한 상황 때문인지 교육부도 전문대학이 제안하는 제도적 요구는 수용하는 경향을 보인다. 대학을 대학교로, 학장을 총장으로, 2년제 과정에서 3년제, 4년제 심화과정까지 계속해서 일반대학화가 진행되고 있다. 그뿐만 아니라 교육부는 '21년에 직업교육 석사 학위제도인 전문기술 석사과정 제도를 도입하고, 전문대학에 제도를 개방했다. 사실상 전문대학을 위한 제도이다. 이러한 교육부의 정책변화를 보면, 제도적으로 만들어 놓은 대학 특성화를 교육부 스스로 무너뜨려 가는 것은 아닌지 의심스럽다. 이러한 진행이 오랫동안 진행되어 옴에 따라 사실상 전문대학의 많은 학과가 일반대학과 구별이 없는 경우가 대부분이다. 고등교육법에서 대학을 구분하고 있는 '전문대학'의 정체성이 모호해지고 있다. 일부 규모가 큰 전문대학은 일반대학으로 전환을 원한다. 이렇게 전문대학이 일반대학과 무한 경쟁을 하게 되면, 일반대학과 비교해 정원 규모가 작은 전문대학의 재정 경쟁력은 상대적으로 취약해 위기에 약할 수밖에 없다. 이를 극복하기 위한 정부의 정책이나 전문가들의 주장을 보면 전문대학을 지역 평생교육기관으로의 전환을 이야기한다. 그러나 전문대학 관계자들은 일반대학으로의 전환을 좀 더 희망하는 것으로 보인다. 그리고 실제 지역 평생교육기관으로 전환한다고 해도, 그 수요가 얼마나 될지? 대학 운영을 위한 충분한 수입원이 될지? 정교하게 구체적으로 설계해본 사례가 없다. 현재 평생교육 상황으로 볼 때 대부분의 대학 운영이 쉽지 않아 보인다.

이러한 문제점을 고려하여 전문대학 재구조화 관련 몇 가지 정책이 고려될 수 있다. 첫째, 직업교육 학위제도 도입이다. 현재 교육부 산하에서는 전문대학의 정체성이 명확하게 구별되지 않는다. 오히려 직업교육 학위제도를 도입하면서 전문대학의 관리·운영체계를 고용노동부 산하로 바꾸는 것도 고려해 볼 수 있다. 둘째, 전문대학을 고등직업교육 기관으로써 위상을 확립하기 위해 제도적으로 '국·공립대학'으로 일괄 전환하는 것이다. 생존 때문에 일반대학 화 하는 것을 국가지원으로 막아보자는 의미다. 현재, 공영형 사립대학(길용수, 2020) 개념이 제안되어 있지만, 지금까지 논의되고 있는 내용을 고려할 때, 위상이나 재정지원 규모 측면에서 한계가 있어 보인다. 따라서 일본 사례처럼 전문대학을 국·공립대학으로 전환하면서, 지자체가 참여하는 대학 운영체계를 생각해 볼 수 있다. 물론 이 과정에서 선결 조건은 학문교육과 직업교육의 더욱 차별화된 개념 정의가 필요하다.

지방대학 위기의 해법

지방대학의 위기를 극복하기 위해서는 첫째, 입학자원 부족에 따른 충원률 문제에 대처해야 한다. 인구감소에 따른 대학입학자원의 감소뿐만 아니라 대입단계, 대졸단계에 발생하고 있는 수도권으로의 인구 유출 등에 원인을 분석해 대처할 필요가 있다. 둘째, 수도권과 비수도권 대학 간의 교육격차에 대응할 필요가 있다. 셋째, 개인과 노동시장 수요변화에 능동적인 대처가 필요하다. 특히, 졸업 후 지역 내 일자리 부족 문제로 인한 수도권으로의 청년인구 유출(강동우, 2019) 문제는 대학이 주도적인 역할을 추진할 필요가 있다. 넷째, 지역대학 육성을 위해서는 교육

혁신 및 연구개발 진흥 등에 과감한 지방대학 재정투자가 필요하다.

첫 번째, 충원율 문제는 지역 자원의 감소에 따라 대학의 정원 감소는 의도와 관계없이 이뤄질 수밖에 없다. 그러나 감축해야 한다면, 정부와 협의 하에 권역별로 쿼터를 정해, 지역 내에서 대학들 스스로 정원조정을 협의하여 나갈 수 있도록 협력 체제를 구축할 필요가 있다. 또한 지역 국립대학은 거점대학 기능을 강화할 필요가 있다. 오히려 전국으로부터의 자원모집을 확대하여 지역에서 지역으로 입학하는 자원 비중을 낮출 필요가 있다. 이를 위해 국립대학은 학·석사통합과정으로 전환하여 학부 정원은 축소하고, 학문 단위 특성화를 통해 대학 브랜드를 강화하며, 국립대학 명칭을 지역 명칭에서 파리1대학, 파리2대학 등과 같이 지역색이 없는 통일된 명칭으로 전환하는 것도 고려할 필요가 있다. 그리고 지역 내 대학 간 서열화를 극복해야 한다. 지역에서 지역으로의 입학자원 비중이 높은 지역 대학은 지역 내 출혈경쟁보다는 대학 간 학과(학부) 스와프 등을 통해 전문화하여 지역 내 대학 서열화를 극복하는 것은 물론, 저마다의 전문화된 영역에서 지역 내 최고 대학이 되어야 한다. 인문·사회, 예체능, 이공계 등 단과대학 단위로 대학을 재구조화하는 것도 특성화의 방안이 될 수 있다. 이러한 대학의 재구조화에 공익적 목적을 고려해 정부투자가 필요하며, 또한 임계 규모 달성을 위해 대학 통합과 대학 연합 캠퍼스 조성 등에 투자해 대학 운영 최적화를 지향할 필요가 있다.

두 번째, 교육격차에 대한 해법은 무엇일까? 지역대학 스스로 교육과정을 O2O 방식 공유플랫폼을 통해 상호 교류함으로써 교육의 다양성 제고와 질을 높일 필요가 있다. 특히, 중소규모 대학교육의 질적 향상을 위해서는 전국단위 또는 학문 단위 전문성 있는 온라인 공유교육플랫폼 등을 설계하고 참여하도록 해 투자 대비 교육성과 제고 노력이 추진될 필요가 있다. 더욱 구체적인 내용은 제Ⅱ장에서 논의하고자 한다. 세 번째, 수요에 능동적인 대응 방안이 필요하다. 우선, 수요반영을 위해 학부제 또는 자율 전공제, 탄력 정원제 등 대학입시에서 학과 단위 정원모집을 유연하게 대처하는 방법도 고려될 필요가 있다. 그리고 궁극적인 지역인재 유출 문제의 핵심인 일자리 문제에 대처해야 한다. 지역 일자리 문제는 지역단위에서 국가 균형발전의 성장동력으로서 지방대학 육성과 지역 일자리 창출 생태계 조성을 병행할 필요가 있다. 지역 일자리 창출 선도하는 지역 대학을 스타트 업(Start Up) 거점, 스케일 업(Scale Up) 혁신 플랫폼으로 구분하여 추진할 필요가 있다. 이를 위해 앞서 제시한 바와 같이 국립대학의 학·석사 통합을 통해 지역단위에서 지역 거점별 국제 경쟁력 있는 창업 지향형 대학원 중심대학으로 특성화할 필요가 있다. 연구비를 집중 투자해 연구 결과물의 기술이전 사업화를 강화하는 등 대학 캠퍼스를 창업을 기반으로 한 사이언스파크로 조성하는 등 대학을 창업캠퍼스로 육성하고, 대학이 속한 도시가 창업 도시로 성장할 수 있도록 제도적 여건을 마련하여야 한다. 그 외 지역 대학들도 산학협력중심대학, 생활산업특화대학 등으로 차별화하여 지역경제 일자리를 균형있게 전담하는 지역 협력체계를 구축할 필요가 있다(박철우외, 2021). 이외에도 혁신도시 공공기관 등에 지역인재 할당제 확대가 논의되고 있는데, 현재 정치권에서는 지역 대학 출신 30% 채용에서 50%까지 확대를 공약하고 있다. 그러나 수도권 지역에 대한 역차별이라는 주장과 함께, 지연 관계로 인한 관련 공공기관의 경쟁력 약화 등을 우려하고 있다. 일반적인 여론은 일부 순기능이 있을 수 있으나 무리하게 확대할 경우, 오히려 지역기업, 또는 기관의 경쟁력이 취약해질 수 있어서, 적정 수준을 찾는 것이 필요하다는 여론이다(한국대학신문, 2020). 마지막으로 지방대학 교육혁신 및 연구개발에 대한 과감한 투자가 필요하다. 상대적으로 열악한 지방대학의 발전을 위해 낙후도를 극복할 수 있는 과감한 고등교육예산 배정이 필요하다. 또한, 수도권 대비 열악한 연구개발비 투자도 필요하다. 오세홍·안지혜·유지은(2021)은 지역대학 위기와 새 정부 고등교육 정책 거버넌스 방향이라는 이슈페이퍼를 통해 연구개발 투입 요소의 격차는 연구펀딩 루프를 통해 인력양성과 지식전달 등 지역대학이 기본 기능을 상실하도록 악순환을 초래한다고 지적하였다. 특히, 교육·연구기능을 상실한 지역대학은 다른 지역으로의 우수인력 유출, 창업 및 산업기반 악화 등 인력수급 및 지식 전달 루프의 장애로 작용한다고 지적하였다. 그리고 수도권 연구개발비는 전체 연구개발비의 절반 이상(69.9%)인 반면, 비수도권 연구개발비는 전체의 1/5(21.5%) 수준에 불과하다는 점을 지적하고 있다. 이렇게 균형발전이 되기 위해서는 연구개발비 외에도 대학교육 혁신을 위해 기존 불균형을 해소할 수 있는 투자 확대가 필요하다. 그래서 균형 투자보다는 지역대학 육성을 위한 불균형투자촉진 지원제도가 추진될 필요가 있다. 기존 사업에서 일률적으로 나눠주던 고등교육예산을 지역 낙후도에 따라 낙후도가 심한 지역의 대학에 확대 지원하는 방식이다. 이를 통해 지역 대학이 지원 예산을 미래 신산업 육성을 위한 교육혁신에 과감하게 투자하도록 해야 한다.

2 인적자원 수급 조절 생태계

인구감소와 산업 및 사회변화에 따라 수요를 바탕으로 효과적인 인적자원 수급 조절의 필요성이 더욱 커졌다. 이를 효과적으로 반영할 수 있는 인적자원 수급 조절 생태계 조성이 요구된다. 그리고 미래 수요를 고려한 중장기 인적자원 로드맵 작성과 함께, 단기 수요에 대한 대응 체제 구축, 노동시장에서의 미스매치 최소화를 위해 산업 및 개인 수요변화에 능동적인 학사제도를 운용하며, 역량 발휘 환경 조성 측면에서 학생들의 선택권이 강화될 수 있도록 체제 변화가 필요하다.

산업별, 지역별 인적자원 수급 조절

현재, 정부 차원의 대학 구조개혁의 핵심 이슈는 정원감축이라고 할 수 있다. 그러나 정원감축은 시장 기능에 맡겨두고, 좀 미래지향적 측면에서 인재 수요 이슈에 관심을 둔다면, 미래 닥쳐올 산업별, 지역별 인적자원 수급 조절에 좀 더 관심을 가져야 한다. 즉, 산업별, 지역별 인적자원 수급 현황을 바탕으로 지역단위에서 대학의 정원설계 최적화가 체계화될 필요가 있다. 그림에서처럼 지역단위에서 산업별 규모(기업 수, 종사자 수, 매출액 성장 등)와 성장률을 고려하고, 미래 인재 수요를 반영하여 지역단위 인력양성 규모를 지속해서 수정하는 정원설계 체계가 필요하다.

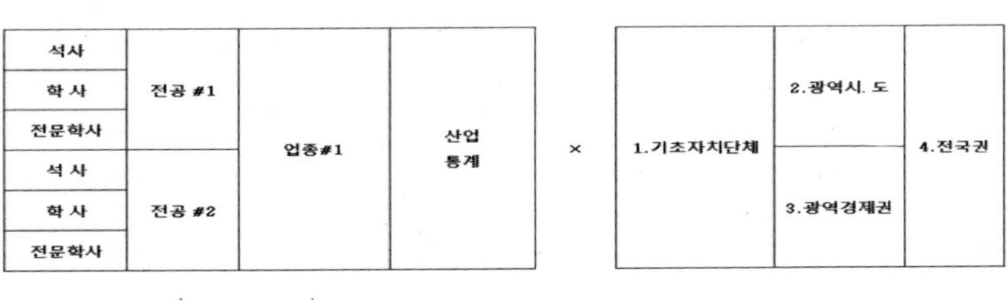

[그림 3] 정원설계모형

정원설계

수급 조절 측면에서, 대학 정원에 영향을 미칠 수 있는 정책으로 몇 가지 제도적 유연화가 필요하다. 첫째, '탄력적인 대학입학정원 제도'를 생각할 수 있다. 대학별 총 정원 내에서 자유롭게 입학생을 선발할 수 있도록, 학과별 입학정원을 폐지하자는 주장이다. 사실, 한국과 일본을 제외하면, 대부분 나라에서는 대학 입학정원 개념이 없다. 지금과 같이 외부 평가에 의한 입학정원조정은 부작용이 크기 때문에 학과별 입학경쟁력에 따라 자발적 구조조정을 유도하자는 주장이다. 산업 수요변화에 능동적인 제도가 될 수 있을 것으로 기대된다. 둘째, 학부–대학원 간 정원 조정 비율 개선이 필요하다. 대학의 자발적인 정원조정을 유도하기 위해서는 학부와 대학원 간의 전임교원 가중치 비율에 따른 정원 이관 비율 산정방식(학부:일반/특수대학원=1.5:1, 학부:전문대학원=2:1)은 개선될 필요가 있다. 즉, 대학이 현재 확보한 정원 내에서 학부와 대학원 간 정원조정을 '학부:대학원=1:1'로 정원조정을 가능하게 하여 학부 정원감축에도 기여하고, 대학원 중심, 학부 중심의 대학별 특성화 계획 추진을 유도할 필요가 있다. 학부 정원감축 방식으로 학부:대학원=1:1 정원조정에 따른 학부 및 대학원 간 정원 증감이 이루어진 경우, 학령인구 변화 등 환경변화에 따른 증원한 대학원 정원을 학부 정원으로 환원할 수 있도록 제도적 연계가 필요하다. 학부와 대학원 간의 정원 이동 유연성 확보는 수도권 대학의 학부 정원감축을 촉진하는 매개체 역할을 할 수 있고, 지역대학 육성에도 도움이 될 수 있다. 특히 지방 국립대학을 학・석사 통합과정으로 전환하면, 지역 다른 대학의 입학자원 모집에 긍정적 효과를 줄 수 있으며, 거점국립대학의 연구역량도 강화되어 창업 등을 통한 지역 일자리 창출에도 효과적일 것으로 판단된다.

단기 수요대응을 위한 유연한 학사제도

산업 및 사회변화에 따라 노동시장에서의 미스매치를 최소화하기 위해서는 대학 내부 갈등과 제도적 제약을 극복할 수 있는 능동적 학사제도를 적극적으로 활용할 필요가 있다. 구체적인 방안은 제Ⅱ장에서 다루는 것으로 하고, 간단하게 방안을 요약하면, 첫째, 지역에서 산업 수요가 적거나 변화가 심한 경우 학과단위 모집보다는 학부제, 또는 자율 전공제를 채택할 수 있다. 둘째, 학생들의 산업변화 수용성 제고를 위해 기존 학과제도와 연계할 수 있는 다전공제도를 확대할 필요가 있다, 셋째, 지속가능한 정원설계가 필요한 경우 대학 내부 갈등을 피해 빠르게 학과를 신설할 수 있도록 제도적 측면에서 편입학제도를 활용한 정원 배정 및 학과 신설을 생각할 수 있다. 넷째, 빠른 미래 산업 수요변화를 수용하기 위해 정규교육 +알파 교육시스템으로 대응할 필요가 있다.

3 미래사회 다양한 인재 육성 대응을 위한 대학 특성화

미래사회의 다양한 인재 수요에 대응하기 위하여 정부의 제도적 대학 유형 분류와 관계없이, 대학 자율로 이뤄지는 대학 단위 특성화가 더욱 다변화되고 강화되어야 한다.

대학 자율적인 특성화

지금까지 고등교육법, 대학설립 운영·규정 등에 반영된 대학유형별 대학 특성화가 제대로 추진될 수 있으려면, 대학관리의 차별화 세부조치 구체화, 임계 규모 이상의 재정지원 등이 뒤따라야 한다. 사실, 기존 대학의 유형은 인적자원의 유형을 고려하여 일반대학, 산업대학, 전문대학 등으로 구분하고 있으나 설립목적의 구분이 무색할 정도로 차별화되어있지 못하다. 미래사회 다양성에 대응하기 위해서는 보다, 시장과 연계한 방식으로 대학의 설립목적을 반영한 대학단위 특성화를 현실화할 필요가 있다. 즉, 다양한 인재수요에 대응하고 시장변화에 능동적인 고등교육체제를 구축하기 위해서 대학 단위 특성화가 더욱 적극적으로 추진될 필요가 있으며, 정부의 대학 유형 분류만으로는 한계가 있어서 대학 자율 차원의 특성화가 이뤄질 수 있도록 진흥 환경을 조성할 필요가 있다. '특성화'는 말뜻에서 알 수 있는 것처럼, 차별화된 전략과 실천을 통해 브랜드화를 통해 지속할 수 있는 경쟁력을 확보하겠다는 의미를 담고 있다. 대학 특성화 범위는 국가 단위(일반대학, 산업대, 전문대학 등), 대학 단위, 중간 단위(학문 단위 등), 학과 단위로 수립될 수 있다. 세부특성화 전략 수립 범위는 '학문 분야 전문화', '역할 · 기능관점 차별화', '프로그램 · 교육 방법 · 학사 운영 차별화' 등 영역으로 나눠 접근하고 있으며, 많은 대학이 '단과대학 단위' 또는 '중간단위(학문 단위 등)' 유형에서 특성화 전략을 수립하는 경우가 많다. 특성화는 대학의 서열화를 극복하고 미래를 대비하는 차원에서 다양하게 이뤄질 필요가 있다.

본 절에서는 대학구조개혁을 위한 대학 재구조화 측면에서 대학 특성화를 제안해보고자 한다. 고등교육법에 정한 대학 유형은 일반대, 산업대, 전문대 등으로 구분되고 있는데, 일반대의 경우, 다른 일반대보다 대학원이 강점이 있다. 이러한 경우를 고려하여 학 · 석사통합과정으로 전환하여 대학원 규모를 키워 대학원대학(연구중심대학)으로 특화하거나 정부 출연연과 전문대학원 통합모델, 정부 출연연과 대학원 연구센터 연계모델 등의 방식으로 연구기반을 강화할 필요가 있다. 이러한 바탕 위에 연구개발 결과물의 기술이전·사업화를 촉진하고, 사이언스파크형 캠퍼스 특성화 전략으로 지역 일자리를 선도하는 모델로 추진할 필요가 있다. 그 외 일반대의 경우 지역기업 성장 촉진을 지원하는 산학협력특성화대학 등으로 특화하거나 산업단지캠퍼스 모델 등 지역인재 수급 허브로 육성할 필요가 있다. 전문대학의 경우는 직업교육 허브기관으로 생활·서비스산업을 지원하는 역할로 일반대학과 완전히 차별화하는 것을 제안해 본다.

4 교육생산성

인구감소에 따라 교육 생산성을 높이는 노력과 함께, 수도권-지방 등 교육격차 해소를 위한 방법이 고안되어야 한다. 또한 산업변화에 따라 잦은 이직과 직무 전환 요구 등 노동 전환 시대 늘 배움 환경을 조성해 일과 배움을 자유롭게 넘나드는 고등교육 및 평생교육 생태계를 구축할 필요가 있다. 이를 위한 종합적인 방안이 O2O 교육생태계이다.

O2O 교육생태계

스마트폰이 일반화되고 디지털시대로의 전환이 가속화됨에 따라 교육시장도 O2O 서비스[11]체제가 정착되고 있다. 그러나 지금까지 교육은 기존 오프라인 교육을 온라인으로 옮겨놓은 것에 불과하다는 점 때문에

11) O2O는 Online to Offline 또는 Offline to Online의 약자.

온라인 강의가 쉬운 일부 분야에만 적용된 것이 사실이다. 그러나 코로나 19 전염병 확산으로 인해 비대면 교육이 일반화되고 교육소화력 제고를 위한 다양한 도구와 방법들이 고안되면서 고등교육에도 이를 활용하기 위한 노력이 진행되고 있다. 특히, 비대면 교육은 공간적, 시간적 제약을 극복할 수 있어서 대학 간 협력이 가능한 장점이 있다. 그럴 뿐만 아니라 교육과정에 AI를 적용하면 개인단위 학습지원이 가능해 교육소화력을 높일 수 있다는 보고도 있어 앞으로 확산될 것으로 예측된다. 이와 관련하여 3부 Ⅶ장과 Ⅷ장에서 구체적으로 다루고자 한다.

노동 전환 시대를 대비한 늘 배움 생태계

산업변화가 빨라짐에 따라 직업 이전의 기회가 많아졌고, 이러한 시대에 경쟁력을 확보하기 위해서는 기존 학교 교육만으로는 평생 대응하기 어려운 실정이다. 이를 타개하기 위하여 고등교육과 직업교육 생태계에서는 평생교육, 재직자 교육, 전직 교육 등의 이름으로 교육시장을 형성하고 있으나 국민입장에서 불편함을 느끼고 있다. 예를 들어 학위나 자격은 부처별 따로 관리되기 때문에 공통된 교육과정이 상호 교차 인정되지 않는다. 자격이 학점으로 학점이 자격취득을 위한 이론교육 면제 등으로 원활하게 인정되지 않는다는 것이다. 거꾸로 진행 과정도 마찬가지다. 이 때문에 학습자인 개인입장에서는 시간, 비용 등을 추가로 부담해야 한다. 그뿐만 아니라 재직자의 일·경험은 학위나 자격취득 시 과정의 일부를 생략 가능하나 그 과정이 쉽지 않다는 점과 이 때문에 산업변화에 따라 추가 교육이 이뤄질 때도, 전 과정을 모두 들어야 하는 경우가 일반적이기 때문에 교육 선택이 쉽지 않다. 그리고 어떻게 하면 전 국민이 언제, 어디서나 교육을 받을 수 있을까? 물론, 지금도 의지를 갖고 있다면 가능하다. 사이버대학 등이 다수 존재하기 때문에 시·공간적인 장애는 크지 않다. 그런데 매번 절차를 밟아 입학하고 정해진 기간 학습하고 졸업 절차를 밟는 등 반복적인 불편을 감내하긴 어렵다.

그래서 교육부의 고등교육과 고용노동부의 직업교육 생태계를 크게 묶어, 늘 배울 수 있는 체제 구축은 불가능할까? 관련하여 새로운 시스템 구축을 제안해본다. 우선, 첫째, 학점제도와 자격제도 관리체계를 상호 연계할 수 있도록 체제를 정비할 필요가 있다. 현재, 교육부 산하 국가평생교육진흥원에서는 학점은행제, 독학학위제도(독학사 취득)를 운영하고 있어 비용이나, 시간적 부담도 줄일 수 있다. 본 제도는 국가평생교육진흥원이 지정한 평생교육기관[12]의 학점은행제를 통해 일정 학점을 취득하고, 자유롭게 독학사 시험에 응시하면 학위 취득이 가능하다. 직업교육훈련 분야에서는 고용노동부 산하 한국산업인력공단이 자격제도(국가자격, 민간자격 등)를 운영하고 있다. 자격은 교육훈련, 일·경험을 바탕으로 검정형자격(시험평가 통과된 자에게 부여), 과정평가형 자격(지정된 직업교육훈련기관에서 교육훈련 수료자에게 부여)을 취득할 수 있다. 즉, 학위와 자격, 이 두 가지 체제를 자유롭게 연계할 수 있다면, 문제 해결에 다가설 수 있다. 자격-학위 연계제도는 박근혜정부 초기, NCS(국가직무능력표준) 제도를 채택하고, 산업 수요기반 교육 표준화를 통해 직업능력의 결과물인 자격을 고등교육시스템의 학위로 연계하는 국가적 체제(NQF)를 지금까지 추진해 왔다. 중앙 정부의 의지만 있다면, 체제 정비

---

12) 학점은행제 운영기관(직업교육기관, 대학 평생교육원 등)은 일정 수준 교육기관(직업교육기관, 대학의 평생교육원 등)을 대상으로 국가평생교육진흥원이 평가하여 지정.

는 가능할 것이다. 둘째, 일·경험을 인정할 수 있는 제도 정비가 필요하다. 직장에서의 일·경험을 학점이나 자격의 일부 훈련항목으로 인정해주는 제도이다. 현재 대학에서는 RPL 제도를 바탕으로 재직자의 대학 입학 시 학점을 인정해주고 있으나 제한적이다. 이를 종합적으로 평가·인정해주는 (가칭)한국경력인정대학 설립이나 전국에 산재한 한국폴리텍대학 등에 기능을 부여하는 방법, 또는 지금과 같이 교육기관이나 관리기관에서 별도의 절차를 통해 인정해주되, 공통된 가이드라인을 도입하는 방식도 활용될 수 있다. 셋째, 개방적인 온라인 및 오프라인 교육체제가 구축될 필요가 있다. 일과 학습이 병행되는 생태계를 위해서는 시·공간 접근성이 우수해야 한다. 이를 위해 온라인 교육이 채택될 수 있으며, 필요에 따라 가까운 곳에서 오프라인 교육을 받을 수 있어야 한다. 이를 위해 온라인 교육은 사이버대학 등 체제를 활용할 수 있고, 오프라인 교육은 전국에 산재한 고등교육 네트워크를 활용할 수 있도록 만들 수 있다. 넷째, 교육과정 유연성과 수요변화를 반영할 수 있는 콘텐츠를 확보해야 한다. 최근에는 교육부가 K-MOOC 사업과 나노디그리(매치업) 사업을, 고용노동부는 한국기술교육대학 온라인직업교육플랫폼(STEP)을 정비하고 디지털 교육훈련 서비스를 제공하고 있으며, 권역별로 센터를 지정해 디지털 전환시대를 준비하는 K-Digital 사업 등 단기 교육훈련 사업을 제공하고 있어 변화의 방향은 바람직하며, 개인들에게 선택의 범위는 넓어지고 있다. 이러한 교육 콘텐츠를 더욱 다양하게 확보하고, 자율적으로 참여할 수 있도록 개방적인 플랫폼으로 설계해야 한다. 마지막으로, 교육 및 경력 데이터 관리를 위한 표준화된 e-평생학번 도입과 관리시스템 개발, 공유 환경 등이 필요하다. 개인의 교육 및 일·경험이 표준화되고 교육과정의 장벽을 넘기 위해서는 데이터관리와 공유 환경 설계가 매우 중요하다. 정부 부처 산하 기관의 관리 · 운영 장벽과 학위와 자격의 경계를 넘어 생애주기 교육과 일 · 경험을 넘나드는 생태계 구축을 위해서는 표준데이터 설계기반이 통합의 첫걸음이 될 것이다.

5 튼튼한 교육사다리와 교육혁신투자를 위한 고등교육재정 확대

무상교육 No! 고등교육 바우처 제도 도입

2022년 3월 대선에 앞서 여야 대선후보들의 고등교육 정책에 대한 공약이 발표되고 있다. 그중에서 가장 먼저 다가오는 공약이 고등교육 무상교육이다. 과거 반값 공약에서 더 진화하여 고등교육까지 국가가 부담하겠다는 주장을 다수 접할 수 있다. 이러한 주장이 바람직한가? 국가재정이 충분하다면 모르겠지만, 국가부채가 1,000조 원을 바라보는 시기에 그렇지 않다는 것은 모든 국민이 알고 있는 사실이다. 또한, 가까운 미래, 저출산 · 고령화에 따라 청년세대가 부담해야 할 복지재정이 만만치 않을 것임을 고려할 때, 지금 이 시대 청년들에게 무상교육을 제도화하는 것은 조삼모사 정책은 아닐까? 의구심이 든다. 결국, '표'를 매개로 후보들을 자극하는 것이 결국 대학관계자들이다. 저마다의 입장에서 고등교육 국가부담 필요성을 제기한다. 지방 국립대학은 수도권을 제외한 국립대학만을 대상으로 무상교육을 주장한다. 전문대학은 저출산 위기를 먼저 맞서고 있다는 점과 전문대학 졸업 후 일반대학으로의 진학을 주장하며, 직업교육에 대한 무상교육 필요성을 주장한다. 사립대학은 반값 등록금 정책으로 취약해진 대학재정을 이유로 사립대학에 대한 고등교육재정지원 주장을 하고 있다. 지방대학은 지방대학 위기를 고려해 지방대학에 대한 무상교육이 필요하다는 점을 주장하고 있다.

그러나 국가재정 문제와 우리 사회가 안고 있는 다양한 문제를 해소하기 위해서 등록금 무료화는 매우 신중할 필요가 있다. 단순히 등록금 무료화는 교육의 질을 높이는 것과 직접적인 관련성이 낮다. 지금도 국가장학금 Ⅰ, Ⅱ유형으로 기초생활대상자 뿐만 아니라 기준중위소득 이하의 학생들은 대부분 전액 등록금 지원을 받고 있어서 등록금 무료화가 절실한 정책은 아니다. 오히려 섣부른 대학등록금 무료화는 우리 대학사회가 안고 있는 문제를 해소할 수 있는 수단을 버리는 것이 될 수 있다. 오히려 기초생활수급자, 차상위계층의 경우, 학업 기간 등록금, 주거비, 생활비를 전액 지원하는 제도를 도입하는 것이 교육 사다리 측면에서 긍정적이다. 사실, 취약계층 청년의 경우, 아르바이트를 통해 주거 및 생활비를 해결하고 있어 학업 몰입도가 저하되기 때문이다. 더욱 적극적인 지원을 통해 빈곤의 대물림을 끊어냈으면 한다.

1인당 고등교육 표준교육비 산정

대학관계자들이 고등교육재정 정책에서 100% 동의하는 것은 OECD 평균 수준으로 고등교육재정을 확대하자는 주장이다. 교육의 질적 제고를 위한 투자 재원 마련 때문이다. 그러나 고등교육재정 확보와 함께 더욱 관심 있게 준비해야 할 것들이 있다.

무엇보다 선행되어야 할 것은 첫째, 고등교육재정의 합리적인 집행을 위하여 '1인당 고등교육 표준교육비 산정'이다. 지금도 대학평균치를 가지고 계산하나, 일반적으로 대학정보공시에 대학의 전체 비용을 재학생 수로 나누는 방식의 '1인당 교육비' 즉, 단순 평균에 불과하다. 사실, 계열별, 또는 학과마다 다르게 투입되는 세부 비용을 따지는 등 원가 개념으로 1인당 교육비를 산출한 사례는 거의 없다. 이를 고려하여 한국교육개발원(서영인, 2019)은 '고등교육 정부 재정 확보 방안 연구' 보고서에서 2009~2017년 전체 대학들의 회계자료를 모아 인건비·교비회계·산단회계·도서구입비·기계기구매입비 등 비목별로 표준 원가를 추정해 본 사례가 있었는데, 그 결과 사립 일반대학의 1인당 교육비는 최대 1,242만 원으로 산출되었다. 이러한 원가 개념은 고등교육에 대한 현재의 투자 수준을 정확히 판단하여 적정한 투자 규모를 결정하는 근거로 쓰일 수 있다. 그동안 적정 고등교육재정 규모에 대해 "국내총생산(GDP) 대비 1.1%" 등 총괄 비율만 이야기했으나 제대로 된 교육재정을 확보하고 집행하기 위해 과학적인 방법으로 필요한 표준 원가를 분석할 필요가 있으며, 빅 데이터 분석에 기반을 두고 지속적인 관리가 필요하다. 이를 기준으로 국·공립대학 등에 대한 재정지원체계를 마련하여야 할 것이다. 그래야만 수도권 대규모 사립대학에 비해 열악한 교육환경에 있는 국립대학의 정상화가 가능하다.

둘째, 국·공립과 같이 국민 세금을 지원받는 학생들이 감사한 마음을 갖도록 지원체계를 전환할 필요가 있다. 지금 국·공립대학에 들어가면, 모두가 반값이다. 어떤 대학은 반의반 값이다. 그렇지만 감사하지 않는다. 왜 학생들이 이러한 세금 지원에 무디게 되고, 사립대학에 다니는 학생들은 이러한 불평등을 당연한 것으로 여길까? 사회적으로 형평성에 어긋나는 것은 물론, 교육적이지도 않다. 오히려, 국·사립 상관없이 모든 대학은 교육 원가 수준으로 등록금을 책정할 필요가 있다. 그리고 취약계층을 위해서는 소득분위를 고려해 감면 비율을 설계하고, 일정액의 대학등록금 바우처(이용권)를 지급해, 국공립이든 사립이든 상관없이 대학을 선택하도록 하고 그 장학 혜택을 바우처를 제출해 받도록 해야 한다. 이렇게 되면, 개인 진로 선택을 할 때 신중해질 수밖에 없다. 그리고 대학도 학생모집을 위해 노력하게 될 것이다. 셋째, 등록금 지원을 국가적 문제를 해결하는 수단으로 활용해야 한다. 산업 수요가 부족한 영역에 대해서는 교육비뿐만 아니라 생활비 혜택을 부여하는 방법도 있을 수 있고, 수도권과 지방대학의 교육·연구격차를 극복하기 위해서 기초과학 분야의 학부와 대학원생 등록금을 지원하는 것도 문제를 해결하는 수단이 될 수 있다. 넷째, 지방대학 진흥을 위해 지역 낙후도에 따른 대학등록금 또는 대학재정지원 규모 차등화도 연계할 수 있다. 이렇게 다양한 수단으로 활용될 수 있는 등록금 지원 수단을 표 얻는 수단으로 '무상'이라는 포퓰리즘에 맡길 수 없다.

대학특별회계 도입으로 고등교육재정 획기적 확대

대학 재구조화, 대학 특성화, 교육혁신(교육체제, 교육과정, 교육방법 등) 등 분야에서 실현 가능한 교육개혁을 위해서는 고등교육재정의 확대와 기존 정책의 개편이 필요하다. 첫째, 우선 고등교육재정의 획기적 확대가 필요하다. 둘째, 구조조정과 연계하여 공공부담 확대 구체화 전략이 추진될 필요가 있다. 셋째, 교육비 현실화 및 미스매치 해소를 위한 장학금 제도 개편이 필요하다. 넷째, 재정지원사업을 포뮬러 펀딩으로 전환될 필요가 있다. 다섯째, 대학구조개혁을 충분하게 추진할 수 있도록 임계규모 이상, 집중 투자할 필요가 있다.

우선, 첫째, 고등교육 재정의 획기적 확대가 선행되어야 한다. 현재, 고등교육 예산은 GDP 대비 고등교육 정부투자 0.6% 수준이다. OECD 평균 1% 수준으로 고등교육 정부 재정투자를 확대할 필요가 있다. 지속가능한 재원 확보 제도로는 재원 확보 방법에 따라 여러 가지 이름으로 불리는데, 「고등교육재정교부금법(안)」 또는 「고등교육특별회계법(안)」 등 대학재정지원특별법 도입이 고려될 수 있다(이정미, 이길재, 2019).

둘째, 구조조정과 연계하여 공공부담 확대 구체화 전략이 추진될 필요가 있다. 사실 지방대학의 폐교는 지역경제에 악영향을 미칠 수 있어 충원율이 낮다고 무조건 폐교하는 것은 바람직하지 않을 수 있다. 이럴 경우를 대비하여 지역 사립대학 구조조정 과정에 지자체와 연계하여 국공립 또는 공공대학으로 전환하는 등의 전략을 통해 정부의 고등교육에 대한 공공부담 투자 비중을 높여갈 필요가 있다. 과거 국공립대학의 비중을 높이고, 사립대학의 비중을 줄이는 방법으로 대학설립 주체의 다변화를 통해 대학 체제의 다양화와 특성화 방안을 제안했던 사례가 있다. 부실한 사립대학의 경우 공적 자원을 지원하여 법인과 정부가 공동으로 설치·운영하자는 "공영형 대학"이 바로 그것이다. 그러나 이 개념은 민간이 투자한 재산을 손쉽게 국가가 취득해 투자는 국립보다 적게 하겠다는 의미를 내포하고 있어 대학의 실질적인 경쟁력엔 큰 도움이 되지 않을 우려가 있다. 차라리 기존, 국립이나 공립으로 전환하여 정부나 지자체가 책임지는 방식으로 확실한 자세 변화가 요구되며, 지역의 문제라는 측면에서 지자체가 거버넌스에 참여하는 공립대학체제가 대학 특성화 또는 퇴로설계 측면에서 대안이 될 수 있다.

셋째, 교육비 현실화 및 미스매치 해소를 위한 장학금 제도 도입이 필요하다. 수요가 많은 곳은 민간에 자율에 맡겨도 된다. 그러나 뿌리산업, 소프트웨어 전공 등과 같이 산업 수요는 많지만, 지원자가 적은 경우, 국가가 개입할 필요가 있으며, 장학금 제도 또는 생활비 지원을 통해 인재 유입을 유도할 수 있다. 일부에선 지방대학의 위기를 해소하기 위해 무상교육을 주장하지만, 개인적으로 국공립과 관계없이 교육비용을 현실화하고 장학금 제도를 정비할 때, 지방대학, 지역소멸의 문제도 극복할 수 있다고 판단된다.

넷째, 재정지원사업을 포뮬러 펀딩으로 전환할 필요가 있다. 앞서 지적한 바와 같이 기존 재정지원사업은 획일적인 지침에 따라 대학의 특성화를 훼손하고 있다는 지적이다. 이를 해소하기 위해서는 과거 대학에 자율에 맡겼던 포뮬러 펀딩 재정지원방식으로 전환하여 대학 자율로 계획하고, 집행할 수 있도록 하는 것이 효율적이라고 판단된다.

다섯째, 대학구조개혁을 충분하게 추진할 수 있도록 임계 규모 이상, 집중적으로 투자할 필요가 있다. 지금과 같이 정원감축을 위한 인센티브나 거의 모든 대학이 혜택을 받는 보조금 지원방식은 대학구조개혁을 더디게 할 수 있다. 오히려 보편적 지원이 아니라 대학 통폐합, 학과 스와프, 캠퍼스 이전 등 과감한 투자가 이뤄질 수 있도록 단기적으로 임계 규모 이상 집중 투자될 필요가 있다. 고등교육재정 확대는 이렇게 종합적인 차원에서 검토될 필요가 있다.

6 법과 제도 정비

법과 제도 정비는 크게 두 가지 방향으로 논의되고 있는데, 규제완화 이슈와 미래 변화 대응 법적 기반 마련에 관한 내용이다. 두 가지가 서로 상충하는 것으로 보이나 방향은 명확하다. 대학 특성화와 발전을 저해하는 규제는 완화하고, 대학 재구조화 및 고등교육 혁신 투자 확대 등 당면한 문제 해결을 위한 재정적·제도적 장치 마련으로 귀결된다. 여기서는 대학구조개혁과 관련된 내용 중심으로 정리해보고자 한다. 사실, 대학구조개혁을 빨리 정비하고 미래를 위한 인재 육성에 집중하기 위해서 고등교육재정 확대와 대학 운영 효율화를 위한 법과 제도 정비가 당면 과제이다. 대학과 관련된 법과 제도에 대한 개선 요구는 다양하다. 크게 나누면, 대학구조개혁에 관련된 법과 재정지원, 효율적인 대학 운영에 관련된 것으로 나눌 수 있다.

사립대학 퇴로 설계

당면한 과제는 사립대학 퇴로 설계이다. 관련하여 대학구조개혁에 관련된 법은 2014년 4월 30일 국회 교문위원회 소속이었던 김희정 의원이 제출한 「대학구조개혁 및 평가에 관한 법률(안)」이 있다. 이 법안은 대학평가에 의한 강제적 대학 정원 감축과 잔여재산 귀속의 특례와 교육용 기본재산의 수익용 기본재산으로의 용도 변경 조항 등 사학재단에게 일부 재산을 귀속할 수 있도록 하는 내용이 담겨 있다. 핵심 내용을 보면, 대학 법인 해산의 경우, 사립학교법 35조를 개정해 매각 시 설립자의 재산 일부 환수를 허용해 자발적 퇴출, 통폐합, 형태 전환을 지원하기 위한 법적 근거와 이를 추진하기 위한 추진체계로 「지방사립대학 재산처리기구」 설치를 명시하고 있다(법제처, 2014). 본 법안에는 대학구조개혁 관련 평가도 포함되어 있는데, 대학평가와 통합처리보다 사립대학 퇴로 관련 사항만 별도 처리가 필요하며, 사립대학총장연합회가 주장하는 「사립대학법」 등에 반영하는 것도 방법이 될 수 있다.

고등교육재정

대학이 새로운 변화에 대응하기 위해서는 투자가 필요하다. 그러나 대학은 정치인들이 만들어 놓은 반값 등록금 프레임에서 벗어나지 못하고 있다. 13년째 등록금 동결은 물론, 입학금 폐지, 강사법 대응 등으로 미래를 위한 투자가 어려운 상황이다. 기부금 제도는 사회적 반발과 유명대학만 수혜가 갈 것이라는 비판 때문에 언급도 어렵다. 그래서 대학들이 한목소리로 고등교육법에 명시된 고등교육 재정지원 조항(「고등교육법」 제7조1항)의 구체화와 국가의 고등교육 재원 총량 규모 확대를 요구하고 있다. 안정적인 고등교육 재원 확보와 효율적인 배분을 위해서는 제도적 틀이 필요한 것이다. 그래서 「고등교육재정교부금법(안)」 제정 필요성을 주장하고 있다. 제정목적은 등록금 인상 억제, 고등교육의 외부효과, 고등교육의 공공성, 고등교육의 경쟁력 제고, 고등교육의 균형발전 등이다. 그리고 법 제정 이유는 교육기본법이나 사립학교법, 고등교육법에 고등교육 재정에 대한 국가의 책임을 명시한 규정이 없고 포괄적으로 지원할 수 있다는 규정만 있기 때문이다. 특히, 사립대학에 대해서는 재정지원 여부와 지원 규모가 국가의 재량 사항에 속해 있다. 일본의 경우는 사립대학 설치 학교법인에 대하여 당해 학교 교육 또는 연구와 관련되는 경상적 경비의 2분의 1 이내를 국고 보조할 수 있도록 규정(사립학교진흥조성법 제4조)하여 사립대학 등록금의 반액을 국가가 지원하는 목표를 설정한 바 있다. 제안된 법안의 핵심 내용은 아래와 같다(이정미, 이길재,

2019).

핵심내용

고등교육법 제7조(교육재정) 1항 : "국가와 지방자치단체는 학교가 그 목적을 달성하는 데에 필요한 재원을 지원하거나 보조해야 한다."
사립학교법 : "제43조의2(사립대학에 대한 지원) 국가는 보조를 신청한 사립대학에 대하여 보조금을 교부하거나 기타의 지원을 해야 한다."

그러나 배분 방식에 대해서는 목소리가 다양하다. 법안에 정부의 교육재정 배분 구조 개선, 설립별 재정지원 차별 시정, 고등교육재정 지원 방식 개선 등 다양한 요구를 담아야 한다는 주장이다. 더 구체적인 내용은 별도의 장에서 다루고자 한다.

국・사립 요구법안

국립대학 관련 제안된 법으로는 2014년 7월 17일에 교육문화위원회 소속 정진후 의원이 대표 발의한 「국립대학법(안)」이 있다. 우리나라 국립대학은 그 설치에 관한 입법적 장치가 없는 상태이고, 대통령인 설치령에 근거하고 있다. 설치령도 '서울대학교 설치령'은 독자적으로 존재하고 있으나, 기타 국립대학은 국립대학이 아닌 '국립학교 설치령'으로 국립의 초・중등학교까지 포괄하는 대통령령에 포함되어 있다. 이와 같은 별도의 설치령 운영은 국민의 평등권, 특수계급제도 불인정(헌법 제11조 1항, 2항)이라는 헌법 정신에 어긋나고, 위헌 소지의 여부가 있어서, 국립대학 설치・운영에 관한 법적 장치의 필요성은 오래전부터 제기되어 왔다. 이에 대해 전국 국・공립대학교 교수회연합회[13]에서는 국립대학의 법적 근거 마련을 위해 고등교육법 개정을 요구하고 있다. 그러나 별도의 국립대학법 제정에 관련하여 사립대학의 입장은 국립대학법이나 국립대학 무상교육법은 국립대학 위주의 재정지원을 심화시켜 사립대학의 붕괴로 이어질 것이라는 우려를 표하고 있다.

사립대학은 사립대학 지원 관련 법안 마련을 위해 오래 전부터 논의해 왔지만 '사립'이라는 이유로 벽을 넘지 못했다. 그러나 사립대학은 설립은 민간이 했지만, 운영의 목적은 공공성이 있다. 제도적으로도 공공적 목적으로 이용될 수 있도록 규정되어 있다. 그래서 사립대학은 공교육을 담당한다는 점을 고려하여 경쟁방식 사업지원이 아니라 학생 수나 교원 수 등을 포함한 대학의 기본 지표에 근거하여 일반 경상비를 보조(formula grants)해줄 것을 요구하고 있다. 이를 안정적으로 제도화하기 위해 「사립대학 운영 지원에 관한 법(안)」 또는 「사립대학진흥법(안)」을 제안하고 있다. 한국과 유사한 사립학교법 체계를 가지고 있고, 또한 사립대학의 비중도 비슷한 일본의 경우, 1970년 사립대학에 대한 경상비 보조금 제도를 도입했고, 1975년에는 「사학진흥조성법」을 제정해서 시행 중이다. 이 법에는 국가 및 공공단체의 사립학교 진흥은 사학 경영의 건전성 향상, 교육여건의 유지 및 향상, 학생과 관련되는 학업상의 경제적 부담경감 등 3대 목표에 기초하여 내용이 작성되어 참고되고 있다. 하지만, 대학의 장기적인 발전을 위해서는 국·공립대학과 사립대학 모두를 「대학발전지원법(안)」이 제정되고, 그 이후 세부적인 지원을 위한 법적 장치로서 국립대학법안, 사립대학지원법안 등이 제정되는 것이 법의 논리성에 적합하다고 주장한다. 「대학발전지원법(안)」에 대한 세부적인 내용은 추가적인 논의가 필요하겠지만, 현재 문제가 되는 「대학구조개혁

---

13) http://www.nupa.kr/index.php?device=pc.

및 평가에 관한 법률(안)」의 대체 입법의 방향성으로도 고민해 볼 여지가 있다고 생각한다.

대학설립 · 운영 규정

대학 운영의 효율성 보장을 위한 대학설립 · 운영 규정 4대 요건의 획기적 개선에 대한 제안도 있다. 「대학설립 · 운영 규정」은 대학설립에 필요한 요건을 제시한 것으로 제4조(교사)와 제5조(교지), 제6조(교원), 제7조(수익용기본재산)에 대한 규정을 말한다. 최근 제기되고 있는 내용 중 하나는 유휴부지 관련 제안이 있다. 대학에서 법정 기준을 초과하는 유휴 교육시설을 수익용으로 전환하여 대학 재정 확충에 이바지하도록 관련 법령을 개정해주기를 희망하고 있다. 사립대학이 학령인구 감소에 따라 학생정원감축을 통한 구조조정 등으로 각종 교육용 기본재산이 법적 기준을 초과하여 유휴시설이 발생하고 있음에도 현행 법령에서는 이를 수익용으로 전환할 수 없도록 금지하고 있기 때문이다. 따라서 교육용 시설 중 법정기준을 초과하는 유휴시설을 수익용으로 전환, 수익을 창출한 후, 이를 대학재정에 보탬이 되도록 하는 등 재산의 효율적인 활용 방안이 고려될 필요가 있다. 이외에도 사립대학의 경우, 설립자가 학교 운영에 손을 떼고 학교 운영을 구성원에 맡겨 영향을 미치지 않는 경우, 공공대학으로 볼 수 있으므로 4대 요건 중 법인수익용 자산 확보 및 전입금에 대한 미적용 필요성이 제기되기도 한다. 또한 대학 기부금 활성화를 위해 대학 기부자에 대한 면세제도 등도 제안되고 있다.

7 혁신의 주체

마지못해서 하는 개혁은 성과를 내기 어렵다. 그래서 대학구조개혁은 대학 자율에 기반을 두고, 정부개입은 제한적 범위에서 이뤄져야 한다. 그러나 지금까지 부족했던 부분은 정부와 대학 사이에 역할 체계상 뭔가 부족한 점이 있었던 것으로 판단된다. 대학교육협의회, 전문대학협의회, 국립대학총장협의회, 사립대학총장협의회 등 대학생태계를 둘러싸고 많은 네트워크가 결성되어 있지만, 제대로 된 성과를 내지 못하고 있다. 대학 스스로 개혁안을 내고 협의 과정을 거쳐 실질적인 방향을 찾아가는 노력과 전문성이 부족했다. 대학의 문제가 잘 해결되지 않는 이유는 대학마다 각자의 주장은 있으나 이를 지혜롭게 종합하고, 방향을 모색하고 조정하는 힘이 약했기 때문이다. 오히려 교육부의 대학 행정에 끌려다니거나 종속적인 모습을 보이기도 했다. 협의회 차원의 슬기로운 역할이 부족했던 것은 아닌지 고민해 볼 시점이다.

4. 정리하며

인구 구조학적 변화, 산업 및 사회변화와 함께 대학구조개혁은 눈앞에 다가왔다. 그러나 이 문제는 각 대학만의 문제가 아니라 국가적으로 당면한 문제이기 때문에 각자 잘한다고 미래에 대처할 수 있는 문제가 아니다. 서로를 이해하고, 협력하는 가운데 상생의 해답을 찾아갈 수 있다. 그 어느 때보다도 상아탑으로써의 역할, 지식인들이 모여 있는 집단으로서 대학의 역할이 중요한 때이다. 이러한 시기에 대학 스스로가 아니라 누구에 의하여 대학이 좌우되는 것은 바람직하지 않다. 이제 대학구조개혁의 중심은 대학이 되어야 한다. 미래를 생각하는 마지막 지성, 양심으로서 미래를 준비해야 한다. 대학은 이해집단의 요구를 정리하고, 스스로 방향을 찾아 문제를 해결할 때이다. 대학은 대학다워야 한다.

참고문헌

길용수. (2020). 공영형 사립대학 운영모델·가이드라인 연구–사학혁신 선도대학 중심으로–. 한국사학진흥재단, 2020. 12.

강동우. (2019). 지방소멸 위험과 지역고용의 상관관계 분석. 월간 노동리뷰, 2019년 5월호.

반상진. (2015). 대학구조개혁정책의 쟁점과 대응 과제에 관한 연구(학령인구 감소에 대한 새로운 대학구조개혁 패러다임 탐색). 공학교육연구 제18권 제2호, pp. 14–26, 2015–3.

박철우외. 12명 (2014). 생산가능인구 감소시대 인력정책 10대 이슈. 도서출판 푸른사상사, 2014년 10월 30일.

박철우. (2021). 고용창출형 혁신성장, 잡스경제. 도서출판 화산미디어, 2021년 10월 5일.

변기용. (2020). 포스트 코로나 시대의 대학 운영과 규제 개혁–저비용·고효과 교육체제 구축을 중심으로–, 한국대학교육협의회 2020 고등교육 현안 정책자문 자료집, 2020. 12. 31, pp. 207–252.

법제처. (2014). 대학평가 및 구조개혁에 관한 법률안의 주요 내용, 2014. 7. 23.

신현철. (2017). 대학론, 대학을 공부하다. 소명출판, 2017년 3월 5일.

서영인, 최상덕, 김지하, 문보은, 김병주, 신재영, 박상미. (2019). 고등교육 정부 재정 확보 방안 연구. 한국교육개발원, 2019년, RR2019–17 (RR).

이정미, 이길재. (2019). 미래사회 대비 고등교육 혁신을 위한 고등교육

재정 확보 방안, 한국대학교육협의회 2019 정기총회 고등교육미래위원회 발표 자료집, 2019. 1. 23.

오세홍, 안지혜, 유지은. (2021). 지역대학 위기와 새 정부 고등교육정책 거버넌스 방향, KISTEP Issue Paper, 2021-11(통권 제311호).

정부부처합동. (2021). 휴먼 뉴딜 추진현황 및 계획. 한국판 뉴딜 실무지원단, 2021. 11. 3.

한국대학신문. (2020). 정치권 '공공기관 지방대 채용 50% 확대'…여론 '갑론을박'. 2020. 11. 5.

Ⅱ

교육혁신-인적자원 생산성과 기업가정신

박철우(한국산업기술대)

Ⅱ. 교육혁신-인적자원 생산성과 기업가정신

박철우(한국산업기술대)

1. 들어가며

인구가 감소함에 따라 지금 경제 규모를 유지하기 위해서는 각자 분담해야 할 역할이 커질 수밖에 없다. 특히, 이 때문에 우수 인재에 대한 요구는 어느 때보다 더 커지고 있다. 어느 시대나 인재는 중요하다. 삼국지에서도 유비가 좋은 인재를 얻기 위해 삼고초려(三顧草廬)했다는 이야기는 잘 알려진 내용이다. 정치권에서도 정당을 혁신한다고 하면서 좋은 인재 모시기를 이미지 쇄신 전략으로 삼기도 한다. 그만큼 인재의 중요성은 아무리 강조해도 지나치지 않다. 인재! 어떤 의미를 담고 있나? 인재를 의미하는 용어를 다양하게 살펴볼 수 있다. 우선, '선천적인' 의미를 담고 있는 소질(素質, capacity)과 재능(才能, talent 〈 gift)이 있다. 소질은 '인간이 본래 타고난 기질과 특성'을 의미한다. 유사하지만 다소 다른 의미를 갖고 있는 재능의 의미는 '매우 어려운 일을 해낼 수 있는 타고난 능력'으로 정의되고 있다. 즉, 특정 업무에 대한 기대감이 담겨있는 단어라고 할 수 있다. 선천적인 의미도 있지만, 사회적 관계 측면에서 발현되었다는 의미로 인성(人性, personality, human nature)이라는 단어가 있다. 인성은 '각 사람이 가지고 있는 성품, 사고, 태도, 행동 특성'을 의미하며 사회적 관계 측면에서 우수하다는 의미를 담고 있다. '후천적인' 노력의 의미를 담고 있는 단어도 있다. 실력과 숙련이 그것이다. 실력(實力, tested competence or ability)은 '타고난 또는 개발된 능력이 실제적, 명시적, 객관적, 계량적으로 발현된 상태'를 의미한다. 성과로 나타난 사실이 있는 경우를 의미한다. 유사하게 숙련(熟練, skill)의 경우는 '시간과 노력을 투입하여 특정한 과업을 체계적, 지속적, 반복적, 효율적, 효과적으로 수행할 수 있는 능력'을 의미하고, 후천적으로 얻어진 것을 의미한다. 우리가 일반적으로 사용하는 능력(能力, capability[1])이라는 단어는 좀 더 복합적이다. 그 의미는 '타고난 인지능력을 바탕으로, 학습을 통해 숙련된 인지적, 정의적, 심동적 능력을 조합・활용하여, 특정한 과업을 수행할 수 있는 힘'으로 정의된다. 능력의 유사 개념으로 역량(力量, competence,[2] competency[3])이 있다. 북미권에서는 '탁월한 사람이 특정한 직무를 수행하는데 필요한 지식, 스킬, 태도 등의 조합체(≒직무 + 핵심역량)'로 정의하고 있고, 유럽/호주권에서는 '모든 사람들이 사회의 구성원으로서 공통적으로 갖춰야 할 능력과 자질 등(≒기본, 공통역량)'으로 정의하고 있다. 역량에는 개인역량, 조직역량, 사회역량 등으로 구분하여 사용하고 있는데 사람들이 활동하는 영역과 관계가 깊다.

---

1) Capacity : inborn metal(cognitive) ability
Ability : learned capacity
Capability : capacity+cognitive, affective, psychomotor(Physical) domains ability.

2) competence: an ability or capacity acquired through learning, exposures to the tasks, and series of training.

3) competency: an in-born skills or talents of a person.

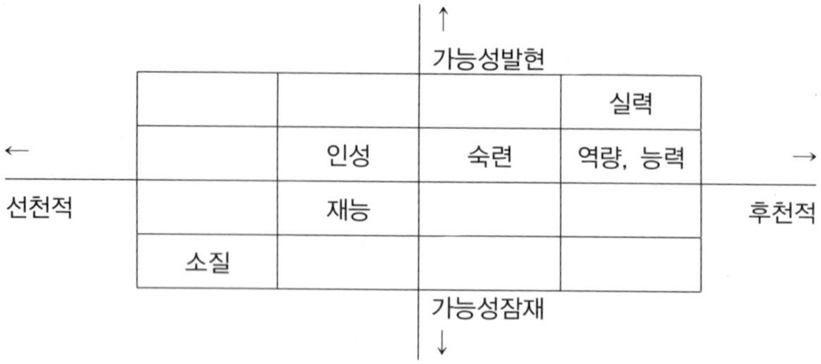

[그림 1] 인재를 표현하는 용어 개념의 이해

여기서, 일반 사회 활동에 필요한 일반적인 역량을 기본역량 또는 공통역량으로 정의하며, 일반적으로 지식(Knowledge), 기술(Skill), 태도(Attitude) 등의 구조화된 형태로 표현된다. 직업기초능력과 핵심역량은 일반 사회생활을 기반으로 특정 직무를 수행하는데 필요한 일반역량으로 정의된다. 직업기초능력은 직무수행을 위해 필요한 일반역량으로 해당 직무를 수행하는 데 있어 최소기준, 또는 평균 수준으로 정의되며, 분해 가능한 최소단위 요소로 역량을 정의하고 있다. 핵심역량은 특정 직무분야에서 고성과를 추구하기 위해 도입한 일반역량의 일종으로 일반역량 세부 항목(요소)을 그룹화하거나 수준을 고려하여 특정 목적에 맞게 새롭게 조합하여 정의한 역량을 의미한다. 직업기초능력과 비교하면, 직무유형에 따라 역량요소의 수준 강도가 다르게 나타날 수 있다. 관련 내용은 다음 절에 담았다.

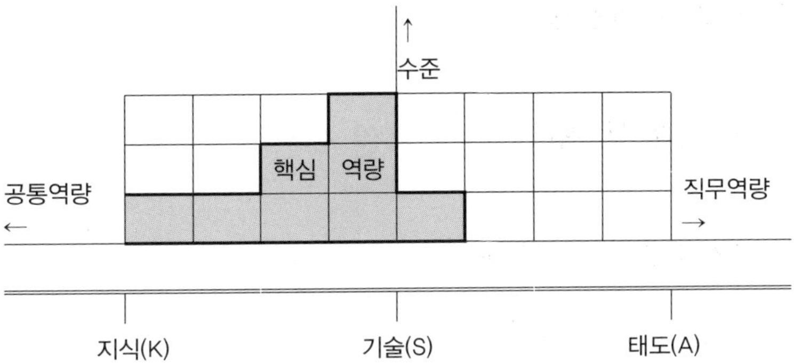

[그림 2] 역량의 비교

사실, 이 장에서 이야기하고 싶은 내용은 바로 인구가 감소하고, 4차 산업혁명 등 산업의 변화가 급속히 진행되는 시기에, 어떻게 하면 보다 나은 인재를 육성하고, 각자의 역량을 키우고 발휘될 수 있는 환경을 조성해 모두가 행복한 사회를 만들 수 있을까? 어떻게 국가경쟁력을 확보할 것인가? 하는 문제의 중요성을 다뤄보고자 했다. 결국, 이 문제를 풀어가기 위해서는 감소하고 있는 인적자원을 지금보다 더 창의적으로 육성하고, 창의적 역량이 더 효율적으로 발휘될 수 있는 환경을 조성하는 것이 되어야 할 것이다. 바로 그것이 우리가 다루고자 하는 '인적자원 생산성' 이슈이다. 인적자원 생산성은 협의의 의미와 광의의 의미로 나눠 생각할 수 있다. 먼저 협의의 의미는 교육과정의 결과물로서 학습자의 교육성과를 투입한 노력으로 나눈 값이다. 교육소화력의 문제로 귀결된다. 광의의 의미에서는 이렇게 육성된 인재들이 사회로 나가 개인의 목표를 성취하거나 경제적 성과를 실현하는 것이라 할 수 있다. 본 원고에서는 이러한 인적자원 생산성에 대한 개념 정의와 대학 환경과 관련된 분야를 중심으로 인적자원 생산성 논의를 해보고자 한다.

2. 개인의 역량과 인적자원 생산성

인적자원 생산성의 개념

인적자원 생산성은 교육단계, 입직단계, 재직단계로 이어지는 3단계 과정별로 생각할 수 있다. 재직단계인 기업에서의 노동생산성은 명확하다. 금액을 기준으로 투입대비 산출로 표시된다. 기업의 생산시스템 또는 비즈니스 모델을 바탕으로 산출된 부가가치를 참여 인원으로 나눈 값이다. 그러나 교육단계에서 생산성이란 그 대상이 사람이고, 단순히 매출로 표현될 수 있는 것이 아니다. 교육적이지도 않다. 그래서 인재 육성 측면에서는 다소 의미가 축소되기는 하나 교육 생산성보다는 교육소화력으로 표현될 수 있다. 입직단계는 개인과 기업 간 매칭 효율성을 의미한다. 개인은 각자 원하는 일자리를 찾아가는 것, 기업은 원하는 사람을 채용하는 것으로 볼 수 있다. 이렇게 단계별 인적자원 생산성을 높여 국가적으로 경제성장을 이루고, 국가에 속한 국민이 행복하면 생산성은 높다고 할 수 있다.

변화 요인	인구감소 산업환경변화(다양화, 융복합화, 글로벌화)

↓

교육 역할	전문역량(전공능력, 직무능력, 하드스킬) 제고 변화대응역량(직업기초능력, 핵심역량, 소프트스킬) 제고
사회 역할	인적자원 미스매치 및 사회적 손실 최소화 시스템 구축 창의성 발휘 생태계 조성

↓

기대 효과	국가단위-경제성장 기업단위-노동생산성 향상 개인단위-교육소화력 제고, 능동적인 일자리 대응, 소득 및 삶의 만족 실현

[그림 3] 인적자원 생산성의 목표

인적자원 생산성 논의가 필요한 이유는 인구구조의 변화와 산업변화가 매우 빠르고 정도가 심해지고 있기 때문이다. 국가와 개인 입장에서 이러한 변화에 대응할 필요가 있다. 앞서 설명하였듯이 변화 과정에서 개인에게 요구되는 역량은 크게 두 가지로 구분될 수 있다. 바로 하드스킬과 소프트스킬이다. 하드스킬은 특정 분야의 전문성을 의미하고, 이하에서 설명하는 지식과 기술(스킬) 등 직무역량(또는 전공능력)과 유사하며, 소프트스킬은 변화에 대응하는 일반역량(직업기초능력, 핵심역량)과 유사하다. 그러나 이러한 역량을 바탕으로 역량이 발현되어 성과를 내기 위해서는 개인의 의지도 매우 중요하다.

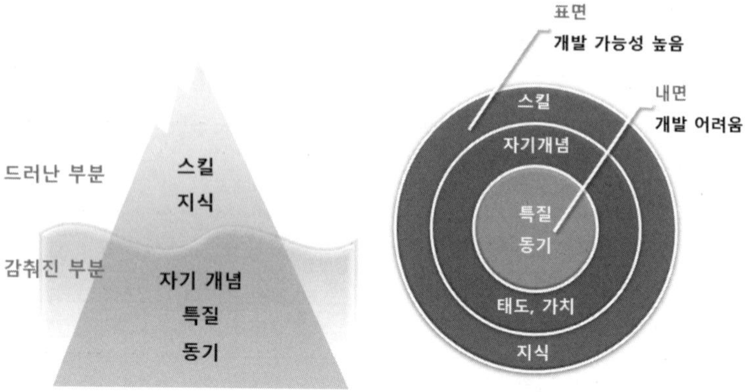

(a) 빙산모형(McClelland, 1973)

(b) 과녁모형(Spencer & Spencer, 1993)

[그림 4] 역량모델링

개인의 역량과 성과제고 환경

McClelland(1973)는 역량의 구조와 특성 설명을 위해 '빙산모형'을 활용한 바 있다. 역량이 드러난 부분은 지식과 기술로 비교적 역량의 보유 여부 파악이 쉽고, 개발이 용이하다. 그러나 수면 아래 가라앉은 부분, 내적 특성들은 지식과 기술을 습득하게 하는 원동력으로 작용하거나, 이미 습득한 지식과 기술을 활용하여 실생활에서 문제를 해결하도록 하는 촉진제 역할을 한다. 그러나 행동과 사고, 가치관 그리고 기본적 동기 부분은 보유 여부의 파악이 힘들고, 개발하거나 변화시키기도 쉽지 않다. Spencer & Spencer(1998)도 과녁모형으로 유사한 설명을 한 바 있다. 역량은 특정한 상황이나 직무에서 준거에 따른 효과적이고 우수한 수행의 원인이 되는 개인의 내적인 특성(underlying characteristics causally related to criterion-referenced effective and/or superior performance)

으로 McClelland와 유사하게 역량의 구조를 표면과 내면으로 구분하여 설명하고 있다. '표면'의 지식과 기술은 비교적 가시적이며 표면적 특성이다. '내면'의 동기, 자기개념, 태도는 중심부에 위치하며 잘 드러나지 않는 역량이다. 역량에는 수행과 관련된 행동을 유발하고 촉진시키는 동기나 특질이 포함된다고 설명한다. Spencer & Spencer(1998)는 동기(motives), 특질(traits), 자기개념(self-concept)을 통해 기술(skill)적인 행동을 예측할 수 있고, 이러한 기술적 행동은 업무성과로 이어진다고 주장했다.

Richard Boyatzis(1981)는 286개의 역량모델에서 나타나는 모든 행동지표를 정리하여 760가지의 행동유형을 규명하였다. 21가지의 역량을 정의하는 360가지 행동지표가 각 실증 모델에서 보고하는 행동의 80~98%를 차지한다고 보았으며 일반역량(Generic Competencies)으로 정의하였다. 나머지 400여 개의 행동지표는 흔치 않은 역량에 해당한다고 하여 특이 역량(Uniques)으로 구분하였고, 이들 데이터베이스를 기반으로 일반역량에 대한 역량사전을 제안한 바 있다.

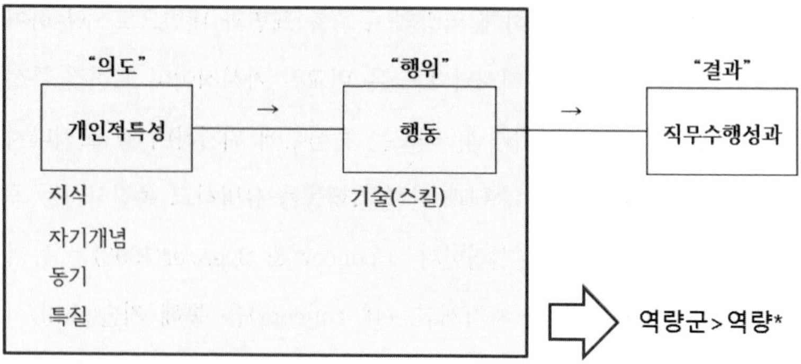

* 각 역량은 3~6개의 행동지표(Behavioral Indicators) 또는 해당직무에서 보이는 구체적인 행동에 대한 묘사로 구성.

[그림 5] 역량과 직업수행성과의 관계

보야치스는 직종에 따라 역량군과 역량수준, 행동지표를 구조화하여 역량을 모델링하였다. 여기서 역량군은 내적인 의도 수준에서 역량들을 범주화한 것이다. 의도는 특정한 상황을 배경으로 하며, 근원적인 동기나 성격에 비해 일시적이고 피상적인 속성을 가지고 있다고 하였다. 행동은 한 가지 또는 그 이상의 사회적 동기가 결합되어 유발된다고 하였다. 그는 역량마다 척도가 존재하며, 척도의 폭은 역량에 따라 달라진다고 하였다. 일부 역량의 척도는 상대적으로 세분화, 척도 내의 각 수준은 강도, 복잡성 등의 차원에서 서열화 되어 있으며, 각 수준은 변별이 가능한 정도로 구분될 수 있도록 하였다.

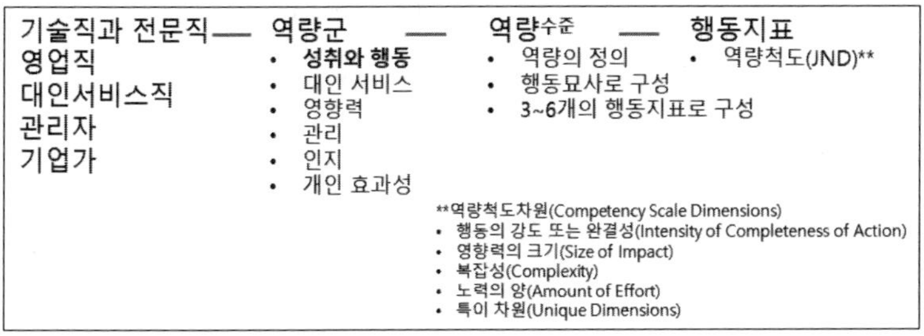

[그림 6] 역량모델링 개념도

이렇게 생산성과 역량에 대하여 구체적으로 살펴본 것은 관계가 깊기 때문이다. 표면적으로 보이는 역량을 갖추고 있다고 해서 성과로 이어지는 것은 아니다. 개인이 갖추고 있는 보이지 않는 내면적 역량으로 목표를 향해 적극적으로 행위를 할 때, 성과를 얻을 수 있으며, 적극적인 행위는 개인의 의지뿐만 아니라 외부에서의 자극과 환경이 조성되어야만 하기 때문이다. 즉 인적자원 생산성은 교육단계, 입직단계, 재직단계로 이어지는 과정에서 개인의 역량이 최적화되고, 발휘될 수 있는 기회가 주어져야 하며, 발휘될 수 있는 환경이 조성되어야만 극대화될 수 있다.

3. 정책방향

인적자원 생산성 제고는 크게 3단계로 나눠 방향을 모색할 수 있다. 첫 번째 단계는 우수인재 육성 단계이다. 고등교육과정에서 어떻게 하면 산업 및 사회변화와 개인의 발전 욕구에 맞춰 교육과정을 설계하고, 프로그램을 운영하여 교육수요자(기업과 학생)의 만족도를 제고 할 것인가에 관한 내용이다. 두 번째 단계는 진로선택·입직단계라고 할 수 있다. 여기서 입직단계는 기업고용을 중심으로 하되, 창업·창직, 공익적 목적의 사회적 활동을 포함한다. 이 단계는 지금까지 쌓아온 역량을 발휘할 수 있는 직무적합도와 관련성이 높은 일자리를 선택하는 단계이다. 세 번째 단계는 갖춰진 역량을 발휘해 성과를 내는 단계이다. 이는 개인의 역량을 발휘할 수 있는 기업문화와 관계가 깊은데, 두 번째 단계의 진로 선택과도 관련성이 높다. 본 원고에서는 대학이 수행할 수 있는 범위로 한정하여 학생들이 배운 내용을 바탕으로 창업이라는 성과로 이어지는 공간기반 산학협력 정책으로 제한하여 정책을 제시하고자 한다.

[1] 1단계

산업변화를 반영한 교육

대학에서의 인적자원 생산성 제고는 인구가 줄고, 대학 입학자원이 줄고 있어서 과거와 같이 많은 자원 중에서 상위 우수 인재를 발굴해 수요에 대응하겠다는 개념에서, 적은 자원이라도 소중하게 교육하고 학생 스스로 교육내용을 잘 습득해 우수 인재로 성장하도록 하는 것이 필요하다는 의미를 담고 있다. 결국 대학에서의 인적자원 생산성은 교육소화력 제고로 볼 수 있다. 그러나 교육소화력은 입학자원 모집단계부터 중요하다. 수요자가 원하는, 수요자가 원하는 방향과 가장 적합한, 수요자를 보다 가치 있는 방향으로 유도할 수 있는 학과(또는 전공) 선택이 재직 시 만족도와 성과 제고에 영향을 미치기 때문이다. 따라서 대학에서의 인적자원 생산성 제고를 위한 활동으로는 시대변화를 잘 읽어내 수요변화에 맞춰 교육과정을 설계·제공하는 것이 중요하고, 이미 선택이 이뤄져 재학할 때는 교육에 참여한 인재들이 시대가 필요로 하는 인재로 잘 성장해 목표하는 시장으로 원활하게 진입하도록 하는 데 있다.

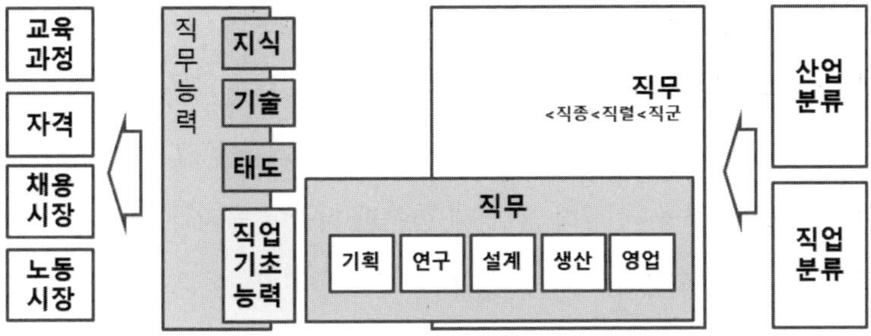

[그림 7] 대학교육과정과 산업수요와의 관계도

시장변화에 능동적인 학사제도

산업 및 사회변화에 따라 노동시장에서의 미스매치를 최소화하기 위해서는 우선, 대학 내부 갈등과 제도적 제약을 극복할 수 있는 능동적 학사제도를 적극적으로 도입할 필요가 있다. 방안으로 첫째, 지역에서 산업수요가 적거나 변화가 심한 경우 학부제와 자율전공제를 채택할 수 있다. 둘째, 지속가능한 정원설계가 필요한 경우 제도적 측면에서 편입학제도를 활용한 정원배정 및 학과신설을 생각할 수 있다. 셋째, 학생들의 산업변화 수용성 제고를 위해 다전공제도를 활용할 필요가 있다, 넷째, 빠른 미래 산업수요변화를 수용하기 위해 정규교육에 더하여 유연한 단기교육 프로그램으로 대응할 필요가 있다.

첫째, 학부제와 자율 전공제는 시장의 수요와 학생 개인의 선택권을 모두 충족시킬 수 있는 대안이다. 요즘같이 초중등 단계에서 진로를 제대로 선택하지 못한 사람들에게는 대학단계에서 방향을 찾게 된다. 미리, 특정 학과를 지정하기보다 학문 분야를 폭넓게 선택하고, 대학 재학 중에 방향을 찾는 것이다. 제조업 공동화가 발생했던 미국에서 많은 대학들이 리버럴 아츠(Liberal Arts) 교육으로 전환했던 경험이 있다. 국내에서 교양 또는 인문학으로 흔히 오역되곤 하는데, 가르치는 과목이 어학, 문학, 철학, 수학, 그리고 일부 자연과학을 가리킨다. 최근에 그 범위가 넓어져서 경제학, 역사학, 인류학 등 근대 학문과 더불어 물리학, 화학, 생물학 등도 포함하게 되었다. 이런 경향을 볼 때, 실제 기초학문과 사실상 같은 뜻이라 할 수 있다. 미국의 대학이 리버럴 아츠를 도입하게 된 또 다른 이유로는 학부에서는 기초학문을 하고, 대학원에서 전공교육을 하겠다는 의미로도 볼 수 있다. 그리고 국내에서 도입하고 있는 학부제를 기반으로 고학년에서 전공을 찾아가는 자율 전공제는 지역 내 일자리가 없거나 일자리 변화가 심한 경우 노동시장 변화에 맞춰 전공 방향을 찾아갈 수 있는 장점이 있다. 따라서 리버럴 아츠 교육과 연계한다면 폭넓은 시장변화 대응이 가능하다.

둘째, 편입학정원을 활용한 첨단학과 신·증설 사례는 대학 내 정원 조정 갈등을 극복한 좋은 사례이다. 새로운 산업분야 인재양성을 목적으로, 교육부가 편입학정원을 활용한 첨단 분야 학생정원 증원 사례가 있다. 본 제도는 교육부가 2020년 4월 29일 제4차 사회관계장관회의에서 '첨단 분야 인재 양성 추진' 관련 정책을 발표[4]하면서 추진되었다. 교육부는 급변하는 사회변화에 능동적으로 대응할 수 있도록 대학의 첨단학

4) 교육부, 제4차 사회관계장관회의 겸 제2차 사람투자인재양성협의회 개최, 2020. 4. 24.

과 신·증설을 통해 2021학년도부터 미래 첨단 분야 학생정원 8천 명 증원, 2025년 이후 십 년간 8만 명 양성하겠다고 발표했다. 이후 정부는 미래 인재 양성 추진을 위해 법령(「고등교육법시행령」, 「대학설립운영규정」 등) 개정안을 마련하여 대학(전문대학)의 정원 관련 규제 개선을 추진하는 동시에 2021학년도 대학 첨단 분야 학생정원 조정을 진행한 바 있다. 제도적으로 대학 내 갈등을 최소화하면서 새로운 학과를 도입한 사례로 긍정적 모델이다.

셋째, 시장변화에 대응하는 방법으로 다전공제도를 적극적으로 활용할 필요가 있다. 이미, 대학에서는 부·복수제도와 함께 연계·융합전공 등 다양한 다전공제도를 개설하고 있다. 이를 활용하여 최근 4차 산업혁명 관련 전공도 다수 개설하고 있다. 4차 산업혁명 관련 융합기술교육에 대한 사례조사 및 산업체 수요조사 연구[5]에 의하면 대학 학부 과정에서 가장 적합한 융합교육 방법은 연계·융합전공 비율이 높았다고 한다(진성희, 2019).

넷째, 빠른 시장변화에 대응하는 방법으로 기존 정규교과에 더하여 별도의 단기 교육프로그램으로 대응할 수 있다. 나노디그리와 나노디그리를 벤치마킹한 교육부의 매치업 프로그램은 추가 교육 프로그램의 사례이다. 나노디그리(Nano degree)는 한 마디로 '정규학위 없는 온라인 단기 학위제도이다'라고 할 수 있다. 나노디그리는 일반적인 4년제 혹은 2년제 제도권 대학의 형식이 아니다. 특정 분야, 특정 기술에 한정해 단기간 학습과 훈련 과정을 제공한다. 나노디그리는 2014년 유다시티

5) 진성희, (2019), 4차 산업혁명 관련 융합기술교육에 대한 사례조사 및 산업체 수요조사 : 전자, 소프트웨어, 자동차 중심의 융합교육 중심으로, 한국콘텐츠학회논문지 44 '19 Vol. 19 No. 2.

(Udacity)를 중심으로 본격화됐다. 일반 MOOC와 나노디그리의 가장 큰 차이점은 기업과 연계한 강의라는 점이다. 나노디그리는 유수 기업과의 연계로 강의 기획부터 인증까지 협력해 정규학위의 대안으로서 역할을 하고 있다. 평균 6개월에서 1년 과정으로 개설되는 나노디그리는 사회와 산업의 빠른 변화를 요구하는 기술을 반영한 형태로 운영 중이다. 국내에서는 교육부와 국가평생교육진흥원(국평원)이 공동으로 2018년 한국형 나노디그리를 표방한 '매치업(Match業)[6]' 사업을 시작했다. 온라인 강의 방식, 6개월 미만의 이수 기간, 기업의 참여라는 점에서 해외의 나노디그리 방식과 유사하지만, 민간이 아닌 관이 주도하고 예산을 지원하는 방식이란 점에서 차이가 있다. 매치업은 4차 산업 혁명 분야의 직무능력 향상을 희망하는 대학생, 구직자, 재직자 등을 위한 산업 맞춤 단기 직무인증 과정이다. 필요한 강좌를 선택해 이수하면 대표기업의 평가를 통해 관련 분야에 대한 직무능력 인증을 받게 된다. 나노디그리가 대학교육 대체제는 아니지만, 보조제로서의 실효성이 있다고 판단된다. 그러나 아직 국내 나노디그리의 인식과 위상은 미미한 수준이다. 사내 교육용 혹은 취업이나 이직을 준비하면서 필요한 일종의 인증서 수준으로 활용되는 정도다. 또한 기업보다는 정부 주도로 운영이 이뤄지고 있어 기업의 참여와 협조가 가장 필요한 것으로 지적되고 있다.

미래 사회가 요구하는 인재

시장수요변화에 따라 교육과정이 설계되고 학과 또는 전공을 선택했다는 의미는 특성 산업분야 지식과 기술을 습득할 준비가 되었다는 의미

6) https://www.matchup.kr/main/mainView.do?ssoCheckYn=Y.

로 생각할 수 있다. 그러나 동일한 전공을 이수해도 노동시장에서는 자꾸 우수 인재, 창의적 인재를 이야기한다. 어떤 관점에서 어떤 인재를 채용하고 싶은 것인지 알아보고자 한다. 앞으로 미래 사회가 요구하는 인재는 어떤 인재인가? 세계경제포럼(WEF) 2016년 보고서에 의하면, 제4차 산업혁명은 고용 인력의 직무역량 안정성(Skills Stability[7]))에도 영향을 미치고, 산업 분야에서 요구하는 주요 능력 및 역량에도 변화가 생겨 '복합문제 해결능력(Complex Problem Solving Skills)' 및 '인지능력' 등에 대한 요구가 높아질 것으로 전망하고 있다. 또한, GE 2016년 보고서[8])에 의하면, 미래 사회의 고용 인력은 새로운 역할과 환경에 적응할 수 있는 유연성과 더불어 지속적인 학제 간 학습(Interdisciplinary Learning)이 필요하고, 다양한 하드스킬[9])을 활용할 수 있어야 한다고 주장하고 있다. 2015년 Boston Consulting Group 보고서에서는 로봇이나 기계를 다루는 전문적인 직업 노하우를 정보통신기술(ICT)과 접목할 수 있는 역량과 더불어 다양한 지식의 활용을 기반으로 소프트스킬[10])이 미래 사회에서 더욱 중요한 역량이 될 것으로 주장하고 있다(차두원, 2017). 송재덕(2017)은 4차 산업혁명에 의한 사회변화와 관련된 인재 역량을 도출한 바 있다. 핵심역량을 가운데 두고, 사회분야, 과학기술 및 정보통신, 경

---

7) 직무역량 안정성(Skills Stability)은 기술발전 및 산업변화에 따른 고용 인력에게 요구되는 역량의 변화 정도 또는 이미 확보하고 있는 역량의 유통기한의 변화 정도를 의미한다.

8) https://www.ge.com/investor-relations/annual-report.

9) 하드스킬(Hard Skills)는 전문지식 및 기술적 능력을 의미한다.

10) 소프트스킬(Soft Skills)은 변화에 대한 유연성 및 다양한 기술의 활용능력 또는 조직 내 커뮤니케이션, 협상, 팀워크, 리더십 등을 활성화할 수 있는 능력을 의미하며, 우리가 쉽게 접할 수 있는 용어로는 직업기초능력, 일반역량 등으로 표현될 수 있다.

제 및 산업구조, 일자리 환경 등 4개 분야의 미래 변화를 고려하여 전략역량을 도출하였다. 주요 전략역량으로는 컴퓨팅 사고역량, 인지적 유연성 및 학습역량, 네트워킹 및 커리어 역량, 혁신 및 실천역량을 제시하였다.

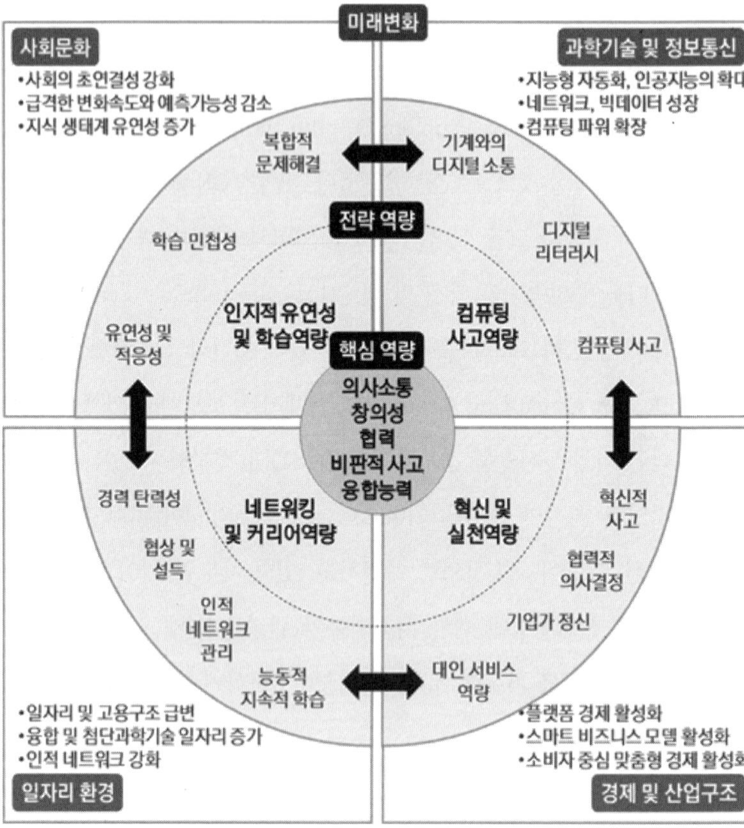

[그림 8] 제4차 산업혁명에 의한 사회변화와 인재 역량(송재덕외, 2017)

이러한 트렌드 때문에, 기업과 사회에서 미래 사회 변화에 필요한 인재를 위하여 대학교육의 역할 변화를 요구해 왔다. 기업에서도 단순한 지식(What you know?)보다 수행력(What you can do?)을 중시하는 '역량 중심' 인재 선발 방식의 확산으로 이어지고 있는데, 이는 앞서 살펴보았듯이 4차 산업혁명 등 대외 환경변화에 기인한다. 즉, 지속적인 환경변화에 대응하기 위해서는 비판적 사고와 창의적 혁신 인재로서의 성장, 변화에 능동적이고 모험을 감수할 수 있는 자신감을 가진 인재 육성 체제를 갖출 필요가 있다(로베르타 골린코프·캐시 허시-파섹, 2018). 한 마디로 기업가정신 교육이라고 표현할 수 있다.

〈표 1〉 6C역량과 각각의 발달 단계

단계	협력 (Collaboration)	의사소통 (Communication)	콘텐츠 (Content)	비판적 사고 (Critical Thinking)	창의적 혁신 (Creative Innovation)	자신감 (Confidence)
4	함께 만들기	공동의 이야기 하기	전문성	증거 찾기	비전품기	실패할 용기
3	주고받기	대화하기	연관 짓기	견해 갖기	자신만의 목소리 내기	계산된 위험 감수하기
2	나란히	보여주고 말하기	폭넓고 얕은 이해	사실을 비교하기	수단과 목표 갖기	자리 확립하기
1	혼자서	감정 그대로	조기학습과 특정상황	보는 대로 믿는	실험하기	시행착오 겪기

자료: 로베르타 골린코프, 캐시 허시-파섹(2018).

정리하면, 창의적 인재로서의 성장은 기존 단순문제해결형, 전문지식형 인재보다는 '개방, 창조형' 인재, '융합 및 문제해결형' 인재를 요구하고 있다. 대학에서도 이러한 추세를 반영하여 최근, 대학 기본역량 평가, 대학혁신지원사업 등을 통해 역량기반교육체제를 구축해오고 있으며, 교육의 질을 평가할 수 있는 객관적인 체계도 적용하고 있다. 그러나 교육학 전공자가 아닌 교·강사들은 역량기반교육이 무엇인지? 기존 교육과정과 어떻게 다른지? 기존 교육과 어떻게 다른지? 구체적으로 배운 적이 없다. 그래서 교육현장에서는 큰 변화가 없다. 오히려 부담만 늘었다는 주장도 있다. 이 때문에 역량기반 교육은 재정지원사업의 트렌드일 뿐이라는 주장과 교육학 전공자를 위한 일자리 창출 전략으로 만들어진 정책이라는 지적도 공공연하게 회자하고 있어 필요성에 대한 설명과 현장 적용을 위한 노력이 필요하다.

역량의 개념과 역량기반교육

앞서 설명한 바와 같이 역량(Competency)은 업무 수행과 관련하여 개인 성과를 예측하거나 설명할 수 있는 다양한 행동적 특성으로 지식, 기술, 태도, 동기 등의 요소를 포함한다. 역량기반교육(Competency-Based Curriculum)은 사회가 필요로 하는 역량을 갖춘 인재를 보다 효과적으로 양성하기 위한 목적으로 도입한 전략이며, 효과적인 추진을 위해 유연한 변화대응체제 구축이 요구된다. 역량기반 교육은 한 마디로 학습자 관점 교육시스템을 의미한다. 기존 교육체제가 지식과 기술의 공급에 초점을 두고 있다면, 역량기반 교육체제는 학습자 관점에서 후천적으로 얻을 수 있는 지식과 기술의 습득뿐만 아니라, 선천적으로 개인이 가지고 있는 내재적 특질, 선천적 기반 및 후천적 차원에서 만들어진 신념 등이 학습 환경 및 미래 일자리 환경과 융합되어 실제 생산적인 역할을 실현할 수 있도록 필요한 역량을 갖추는데 제공하는 역할과 제도이다. 수요자 측면에서 대학의 긍정적 변화라고 볼 수 있으며, 지속적으로 확대될 필요가 있다.

〈표 2〉 기존교육과 역량기반 교육의 비교

구분	As-Is	To-Be
제도관점	공급자 관점 교육 -지식, 기술의 습득에 초점	학습자 관점 교육 -지식, 기술의 습득과 발현
교육특징	학력	수행력
	~을 배울 수 있다 ~알고 있다	~을 할 수 있다

대학은 역량기반교육을 체계적으로 구축하기 위해서 대학의 '인재상'에 산업수요와 사회변화를 반영하고, 설립자의 설립목적 가치를 담아낸다. 그리고 '인재상' 실현을 위해, 수 가지의 '인재육성목표'를 마련하고, 이를 달성하기 위한 핵심역량지표를 설계한다. 핵심역량지표는 최소단위로 세분화된 일반역량지표들을 대학의 인재상과 특성에 맞게 조합하고, 재구조화해 관리하게 된다. 핵심역량지표를 도입하는 이유는 대학 단위에서 특성화된 인재를 육성하면서, 제대로 교육하고 있는지를 평가하고, 시스템을 지속적으로 개선하는 데 목적이 있다. 역량기반교육체제를 도입하고 있는 대학들은 일반적으로 교양교육 과정을 통해 핵심역량을 견인하고자 하는 경향을 보인다. 물론, 전공교육과정을 통해서도 핵심역량을 키울 수 있지만, 교육과정 설계 관점에서 그런 비중을 보인다.

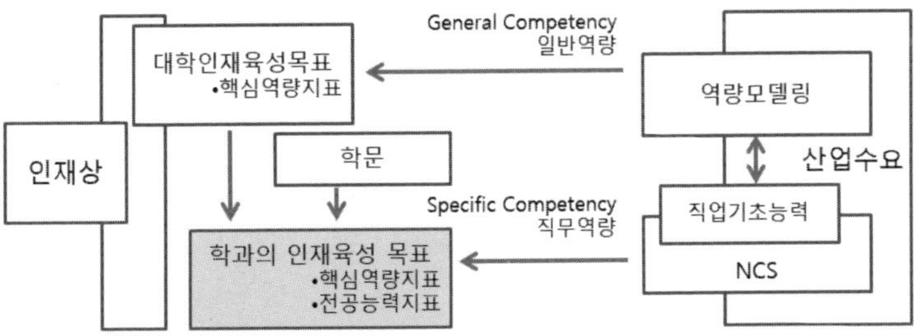

[그림 9] 대학에서의 역량기반교육 반영개요

직무역량은 특정 기업, 그리고 관련 직무를 수행하기 위한 역량을 의미한다. 매우 구체적인 역량을 의미한다. 사실 전공능력과는 다소 갭이 있다. 전공능력은 기초학문 분야를 심화하는 과정에 필요한 역량과, 특정 산업 분야에서 수행할 직무역량을 고려하여 포괄적이고, 복합적으로 정의되는 역량을 의미한다. 전공능력을 학문과 산업의 중간위치에 둔 것은 대학의 역할을 현재 시점에서 주력산업 경쟁력을 위한 역량과 미래 신성장동력 · 신산업을 진흥할 수 있는 리더십 역량을 갖추는 데 있다. 이 전공능력은 일반적으로 학과교육 또는 전공교육을 통해 습득하도록 설계되었다. 전공능력은 대학의 인재상을 반영한 학과의 인재육성 목표를 수립하고 교육과정 성과를 모니터링할 수 있는 전공능력지표를 도입하여 관리하게 된다. 이공계 공학교육의 경우, 공학교육인증제도를 운영하고 있는데, 공학교육인증제도가 제시하는 두 가지 중요한 성과는 교육목표(Program Educational Objectives, PEO) 달성도와 학습성과(Program Outcomes, PO)이며, 전공능력지표를 PO 값으로 대체할 수 있다.

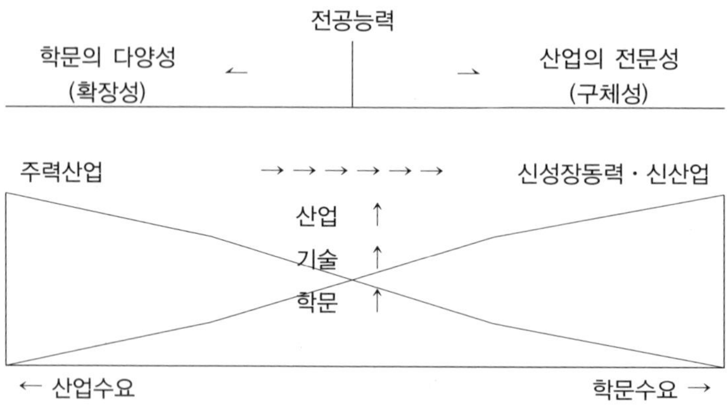

[그림 10] 직무능력으로서의 전공능력의 위치

역량기반교육체제를 다시 정리하자면, 역량기반교육체제는 대학의 인재상을 실현하기 위하여, 수요자인 학생의 '역량'을 구조화하고, 이를 성과지표로 한 수요자지향 교육과 목표를 달성하고자 하는 성과기반 교육체제를 의미한다. 특히, 학과 단위에서 살펴보면, 목표에 대한 설정-운영-평가-개선으로 이루어지는 요소 간의 상호작용성과 일련의 절차적 체제를 말한다.

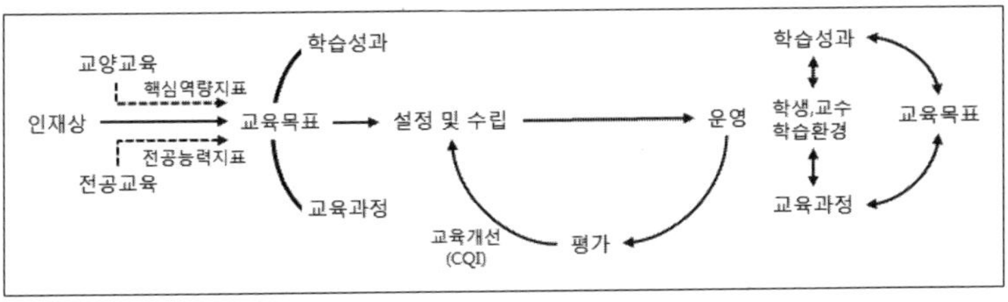

[그림 11] 학과 단위 역량기반교육체제

특히, 전공, 교양, 비교과 간 상호 보완적 교육과정 지원을 통해 균형적인 역량을 증진하고, 교육의 과정 및 성과 평가 결과의 환류(교과단위, 학과단위, 대학단위 등)를 통한 교육체제 정비를 지속적으로 추진하는 제도와 환경을 의미한다.

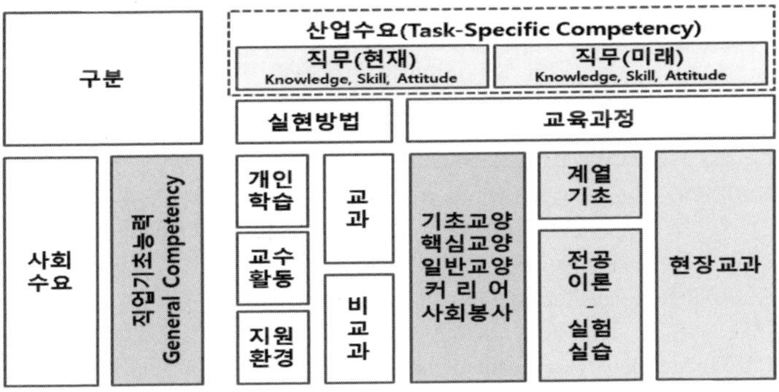

[그림 12] 역량제고를 위한 교육과정 현황

대학 단위에서 역량기반교육을 도입하는 목적을 다시 요약하면 다음과 같다. 첫째, 역량기반교육은 학생들의 역량증진을 핵심으로 두는 교육과정이다. 즉, 사회가 필요로 하는 일반역량(≒직업기초능력 등 공통역량)과 직무역량(≒전공능력 등)을 고루 갖춘 인재양성을 위해 역량기반 교육과정 설계, 수업방법 개선, 역량진단 결과활용(피드백) 등을 통해 산업 및 사회가 요구하는 인재를 육성하는데 있다. 둘째, 개인별 역량 진단 결과를 통해 스스로 학습활동을 계획하도록 함으로써 자기주도 학습능력 향상을 유도하는 데 있다. 셋째, 역량개발을 위해 교육과정 및 수업방법을 개선, 적용함으로써 대학교육의 경쟁력 제고에 있다.

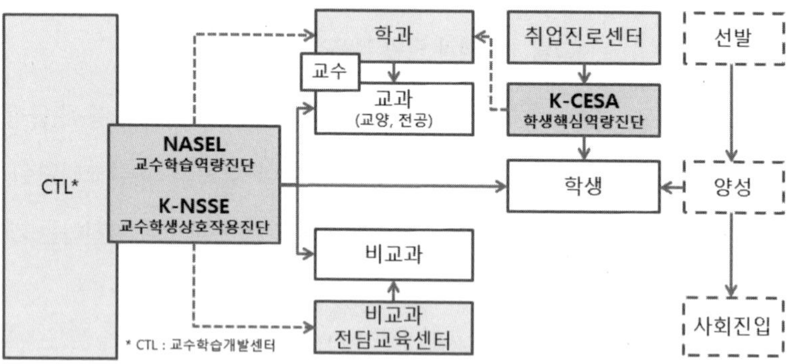

[그림 13] 교육과정 환류체계[11)12)13)]

11) K-CESA(Korea Collegiate Essential Skills) : 자기관리능력 등 학습자의 역량을 진단하고 전공, 교양, 비교과 등 교육과정 참여방법 개선을 통해 학습자의 역량을 강화하도록 설계, 지도.

12) K-NSSE(National Survey of Student Engagement) : 학습자의 학업성과, 진로계획, 토론 등 교수, 학생 상호작용에 대해 진단하고 확대방안에 대해 설계, 지도.

13) NASEL(National Assessment of student Engagement in Learning) : 교수-학습 과정에 대한 인식, 학습자의 학습활동 분석 등을 통해 전공, 교양 등 교육과정별로 질 제고를 위한 개선점을 도출.

결국 역량기반교육체제는 대학설립 목적을 명확히 하고 관리체계를 과학화하는 것을 의미하기 때문에 사회적 측면에서, 학습자 관점에서 더욱 확대하고, 강화할 필요가 있다.

2 2단계

인적자원 생산성 제고를 위해서는 두 번째 단계에 해당하는 진로선택·입직단계가 중요하다. 모든 대학 졸업자를 미래지향적으로 '청년혁신가'라고 하면, 청년혁신가의 진로는 몇 가지 유형으로 생각해볼 수 있다. 크게 현장형 인재, 청년창업가, 사회혁신가로 구분해볼 수 있다. 많은 사람이 대부분 취업을 선택하며, 최적의 만족을 위해 산업분야, 직무분야 등의 선택이 중요하지만, 고용없는 성장시대 창업·창직 활성화도 필요하다. 또한 사회가 다양화됨에 따라 공익적 목적의 사회적 활동도 포함해 미래 진로를 준비할 필요가 있다.

[그림 14] 개인의 진로

청년고용시장의 최적화를 위해서는 양적 및 질적 미스매치 해소, 장기근속 및 이직 최소화를 위한 고용환경 개선 등으로 나눠 접근 할 필요가 있다. 양적 미스매치는 과거 정원설계에 따라 현재 시점에 발생하는 산업별, 지역별 미스매치와 정보 미스매치에 의해서도 발생한다. 질적 미스매치는 교육 수준 및 소화력과 관계된다. 이러한 미스매치를 일부 보정하기 위한 방법으로 택한 프로그램이 현장 체험교육이다. 사실 개인의 진로 선택은 경험하기 전후로 많이 달라질 수 있다. 생각한 것과 경험한 것이 차이가 날 때, 이직을 결심하거나 다른 직업 경로를 선택할 수 있다. 우리 사회가 안고 있는 큰 문제들이 바로 잦은 이직과 다른 분야로의 이탈 등으로 인한 인적자원 손실이다. 이러한 손실을 어떻게 보완할 수 있을까? 이를 위해 대학은 산업현장 체험교육 프로그램을 도입하고 있다. 현장실습, 코업, 샌드위치제도, 인턴 등 다양한 이름으로 불리고 있으나 핵심 내용은 자신의 직업 비전을 기업 현장에서 확인하고, 자신이 배운 내용이 어떻게 적용되는지 이해하는 데 있다. 대학에서는 산학협력의 차원에서 이들 제도를 도입하고 있으나 학생들에게 충분히 필요성을 설명하고, 교육 효과를 얻을 수 있는 우수한 기업을 발굴하여 매칭하고 있는지에 관한 질문에는 꼭 그렇다고 답하기 어렵다. 좋은 사례도 있으나 부정적인 사례도 많기 때문이다. 이러한 프로그램이 제대로 설계되고 작동할 수 있도록 끊임없는 관심과 노력이 요구된다. 다만, 이러한 필요성을 바탕으로 자꾸 대학 외부에 별도의 협・단체를 신설하려는 대학관계자도 있으나 현장체험은 대학의 특성에 맞게 다양한 방법으로 이루어질 수 있고, 신설 조직이 모든 대학의 수요를 반영할 수 없기 때문에 정부 차원에서 직접 나서 매칭하는 조직을 만드는 것은 부정적이다.

3 3단계

공간기반 산학협력

기업에서의 인적자원 생산성은 직무성과로 평가된다. 기업에서의 고성과자에 관한 내용은 다양한 많은 사례가 있으나 본 원고에서는 대학에서 모니터링 가능한 범위로 한정하여 살펴보고자 한다. 대학이 인재를 육성하고, 그 결과를 바로 볼 수 있는 방법은 직접적인 창업이나 산학공동연구 등에 참여하여 연구개발 성과를 내는 산학협력을 통해서이다. 이러한 성과들이 공간적으로 나타나 대학의 경쟁력을 높여가는 과정이 공간기반 산학협력이라고 할 수 있고, 대학의 유형, 특성화 방향에 따라 몇 가지 방향으로 나뉜다.

대학특성화 유형은 대학원중심대학, 산학협력중심대학, 생활산업중심대학 등으로 나눌 수 있다. 대학원 중심대학은 전체 학생 중에서 대학원 비중이 높은 대학을 의미한다. 이러한 대학의 경우, 대학원 연구결과를 바탕으로 창업이 이루어지는 사이언스파크 모델이 공간기반 산학협력 모델로 채택된다. 창업으로 지역이 브랜드화 되는 등 공간적 차별화가 이뤄지기 위해서는 대학원 규모가 클 필요가 있으며 대규모 대학에 적합하다. 대학구조개혁과 관련하여 생각해볼 때, 지방거점국립대학의 경우 학부 정원 일부를 대학원 정원으로 전환하거나 국립대학 간 통합, 학·석사 통합과정 신설 등을 통해 사이언스파크 모델을 추진해볼 필요가 있다. 중규모대학의 경우, 기업집적지와 연계한 산학연클러스터모델이 효과적이다. 국내에서는 산학융합지구·산단캠퍼스 모델을 설계하여 지원하고 있다. 최근에는 IT등 도심산업을 지원하기 위하여 혁신도시 내 대학을 위치시키는 혁신도시 산학융합지구 모델도 고려되고 있다고 한다. 생활산업대학은 국내 정책적으로 지원된 사례는 없으나 생활서비스산업, 직업교육 차원에서 특성화 모델로 제안해본 것으로 전문대학에 적합하다. 현재, 전문대학의 특성화 모델로 직업교육특화대학, 고등직업교육 플랫폼 등이 논의되고 있는데, 노동생산성이 중요한 서비스산업에 관한 관심이 필요하다. 생활산업대학은 도시재생, 또는 소멸가능성이 높은 소도시 등에 대학도시 모델로 추진해볼 수 있는 모델이다. 실제, 도심 내에서 대학이 직접 일터를 조성하고 교육과 일·경험을 병행하며, 일반적인 도시 상가와 연계되는 상생모델이다. 기존 학교기업 모델을 프랜차이즈로 발전시켜 지역 생활서비스산업을 진흥하는 산학협력 모델로 발전시킬 수 있을 것으로 판단되며, 새로운 구조개혁 방향으로서 전문대학의 역할을 기대해본다(김주훈외 2010; 심지현외, 2018).

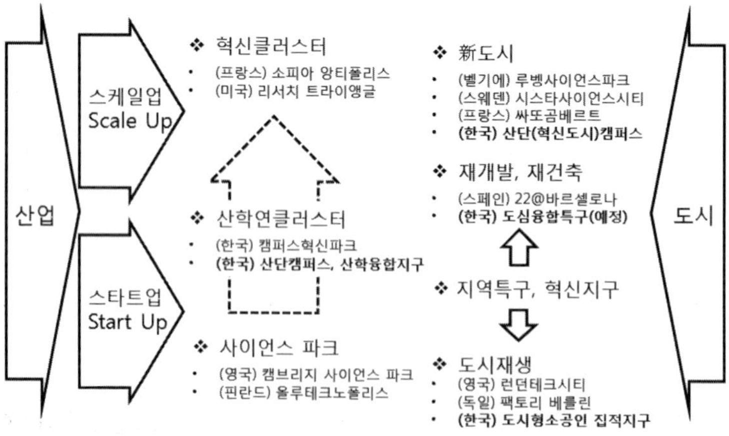

[그림 15] 산업 및 도시 관점에서의 대학도시(박철우외, 2021)

4. 정리하며

앤절라 더크워스(2016)은 그릿(GRIT)이라는 책을 통해서 IQ, 재능, 환경을 뛰어넘는 열정적 끈기의 힘을 강조했다. 천재보다 매일 조금씩 될 때까지 탁월성을 추구하는 사람이 성공한다고 했다. 즉, 우리가 일반적으로 습득한 지식과 기술에 더하여, 이 지식과 기술을 성취하고자 하는 목적을 위해 끊임없이 노력하는 의지와 자세, 바로 이것이 미래 사회가 요구하는 역량이다. 로베르타 골린코프·캐시 허시-파섹(2018)이 제안한 6C 모델을 기반으로 한마디로 정의한다면 기업가정신 교육이라고 할 수 있다. 그래서 역량기반 교육이 필요하다. 시험점수만 높은 사람, 학점만 높은 사람이 아니라 성취하고자 하는 욕구, 지속적인 도전 의지, 이러한 욕구를 행동으로 실현하는 사람을 키워야 한다. 그래야만 격변의 시기, 이 어려운 시대를 살아갈 수 있을 것이다. 대학교육의 도전은 바로 이 목적을 실현하기 위해 기존 교육방식을 넘어서야 하는 새로운 도전 앞에 서 있다.

참고문헌

김동일, 오헌석, 송영숙, 고은영, 박상민, 정은혜. (2009). 대학 교수가 바라본 고등교육에서의 대학생 핵심역량-서울대학교 사례를 중심으로. 아시아교육연구, 10(2), 195-214.

김봄이, 박선규, 이종수. (2017). 4차 산업혁명 시대의 스마트비즈니스 분야 핵심역량 분석 및 인재육성 방안 연구. 한국직업능력개발원.

김진용. (2017). 신입 과학기술 인력의 창의성 및 핵심 직무역량 수준 진단과 시사점. ISSN 2586-2235. 한국과학기술기획평가원, ISSUE WEEKLY 2017-07.

김주훈 외. (2010). 글로벌 금융위기 이후 한국경제의 발전방향-〈제2권〉 새로운 성장동력의 창출-, 한국개발연구원, 2010년 6월 25일.

권영섭, 신정철. (2006). 지방도시의 경쟁력강화를 위한 지역혁신사업의 효율적 추진방안 연구, 국토연구원.

로베르타 골린코프, 캐시 허시-파섹. (2018). 4차 산업혁명시대 미래형 인재를 만드는 최고의 교육. ㈜예문아카이브, 2018년 1월 22일.

박철우 외. (2021). 고용창출형 혁신성장, 잡스경제. 도서출판 화산미디어, 2021년 10월 1일.

심지현, 박철우, 박문수. (2018). 학교기업 지원사업 발전방안 연구, 숙명여자대학교 산학협력단·교육부, 2018. 8.

송재덕 외. (2017). 제4차 산업혁명에 의한 사회 변화와 인재 역량, 과학기술정보통신부, 2017.

이민정. (2016). ACE사업 참여 대학의 핵심역량 및 실천 전략에 관한 연구. 경남대학교대학원 박사학위논문.

이정재, 서은영, 이원홍, 황덕규. (2017). 기업이 바라본 미래 과학기술 인재상 변화 및 시사점. ISSN 2508-7622. 한국과학기술기획평가원, ISSUE PAPER 2017-11.

이하원, 이화선. (2017). 대학생용 핵심역량 진단 검사(K-CCCA)의 개발. 교양교육연구, 11(1), 97-127.

진미석, 손유미, 주휘정, 오석영. (2011). 2011년도 대학생 핵심역량 진단체제(K-CESA)구축사업, 한국직업능력개발원.

진성희. (2019). 4차 산업혁명 관련 융합기술교육에 대한 사례조사 및 산업체 수요조사 : 전자, 소프트웨어, 자동차 중심의 융합교육 중심으로, 한국콘텐츠학회논문지 44 '19 Vol. 19 No. 2

차두원. (2017). 4차 산업혁명 기술과 인간은 어떻게 공존할 것인가. 포커스인-기술발전과 일자리, 2017.

최상덕. (2015). 미래인재양성을 위한 핵심역량 교육(Ⅲ). 한국교육개발원.

한진영, 이현정, 최영완. (2018). 융합교양교육이 공학인재의 소프트스킬 향상에 미치는 효과. 교양교육연구, 12(2), 287-306.

한국공학교육인증원. (2016). "프로그램 학습성과 평가를 위한 교과기반 평가의 이해와 적용", 2016. 1. 15., 한국공학교육인증원, pp. 117-118

한국산업기술대. (2019). 대학역량기반 교육체제 설계, 2019. 12. 한국산업기술대학교 교육혁신원.

Duckworth, A (2016). 그릿. (김미정 역). 서울: 비즈니스북스. (원전은 2016년에 출판).

III

지방대학의 위기와 대전환을 위한 과제

이영민(숙명여자대학교)

Ⅲ. 지방대학의 위기와 대전환을 위한 과제

이영민(숙명여자대학교)

1. 프롤로그

지방대학이 사라지고 지역이 소멸하는 시대에 직면해 있다. 우리 사회가 직면한 다양한 문제들 중 고령 인구 증가에 따른 고령화와 이와 관련된 지역소멸은 국가적인 난제가 되고 있다. 농촌을 중심으로 고령화가 급격히 진행되고, 외부로부터 유입되는 인구가 줄어들면서 지역 자체가 사라지는 상황에 직면한 것이다. 그런데, 이러한 지역소멸의 또 다른 가속화 요인은 지방대학 위기이다. 지역의 고령화 비율을 낮추고, 청년들을 지역으로 유입시키고, 지역생산과 경제활동을 유지하는 데 중요한 역할을 담당했던 지방대학이 사라질 위기에 처한 것이다.

지방대학이 위기에 처한 요인들은 매우 복합적이다. 단기간의 처방을 통해 현재의 문제를 해결하기도 어렵다. 특히, 만 18세 이상 대학에 진학하는 학령인구는 2020년 51만 2천명에서 47만 6천명으로 급격하게 감소하였다. 더욱 심각한 문제는 이러한 학령인구가 2040년경에는 28만 4천명으로 감소하여 입학 가능인구 자체가 감소하게 된다. 이때가 도래하면, 현재의 대학 정원이 유지될 경우, 대학 입학정원의 12만명이 부족한 상태가 될 것이다. 대학에 가고 싶은 모든 사람이 대학에 진학한다고 해도,

대학 정원을 채우기 어려운 상황이 다가오고 있다.

지방에서 대학이 차지하는 위상과 역할은 분명하다. 지방대학은 지역에 위치하면서 소비를 통해 지역경제 활성화에 이바지한다. 학생들이 정주와 통학을 하면서 소비하는 식음료 서비스 외에도, 원룸 임대. 여가와 위락시설 활용, 지역민의 일자리 제공 등을 통해 지역경제 유지와 발전의 기반이 된다. 또한, 지역에 있는 기업들에 우수한 인재를 공급하고, 산학협력을 통해 기술지원과 연구개발 활동을 통해 지역산업 발전에도 이바지한다. 지방대학은 사회공헌 활동과 봉사를 통해 지역사회 취약계층에 대해 지원도 하며, 지역주민의 예술문화 기회도 제공한다.

역대 정부들에서도 지방대학에 대한 정책적인 지원을 계속해 왔다. 김영삼 정부는 대학설립준칙주의를 통해 지역주민의 대학교육 참여 기회를 확대하고, 대학재정을 확대하였다. 다만, 대학 정원 자율화와 대학설립 인가기준의 완화는 현재의 지방대학 위기의 원인을 제공하였다. 김대중 정부는 지방사립대학을 중심으로 대학 정원을 급격히 확대하였고, 지방자치에 입각한 대학교육과 국립대학 개혁 등을 추진하였다. 노무현 정부는 대학경쟁력 강화방안을 발표하고, 수도권대학의 정원감축과 지방대학 육성을 위한 다양한 사업들을 추진하였다.

이명박 정부는 대학재정지원사업과 대학구조개혁을 통해 학령인구 감소에 대응하고자 했으며, 경영이 부실한 대학을 퇴출하는 정책을 추진하였다. 박근혜 정부는 고등교육 개혁을 위한 정부의 역할을 강조하면서 대학의 정원감축을 가장 중요한 정책 방향으로 설정하였고, 대학구조개혁 평가를 통해 재정지원 제한을 추진하였다. 별도의 지방대 육성정책과 사업을 추진했음에도 불구하고, 성과 위주 지표로 인한 구조조정이 오히려 지방대학의 위기를 가중했다는 평가도 있다. 문재인 정부에서는 대학 스스로 정원감축 여부를 결정하고, 대학혁신지원사업을 통해 재정지원제한대학의 정원을 감축하는 방식을 적용하였다. 대학의 공공성을 강조한 정책 방향을 수립하였으나, 급격한 학령인구 감소에 대응하기에는 과감한 정책이 필요하다는 주장들이 제기되었다.

지방대학의 위기가 지속해서는 안된다는 사회적인 공감대가 있고, 지역대학의 특성화를 통해 자생적인 발전이 가능하도록 정부가 더욱 적극적인 지원을 해야 한다는 주장들도 제기되고 있다. 한편으로는, 자체적인 생존 가능성이 작고, 부실한 대학교육을 제공하는 지방대학을 통폐합하거나 강한 구조조정을 통해 위기를 기회로 전환해야 한다는 주장들도 있다. 지방대학을 살려야 한다는 방향성에는 모두 공감하지만, 이를 추진하기 위한 방향과 성과 관리에 대해서는 이견들이 존재하고 있다.

이 논고에서는 지방대학이 현재 위기 상황인지를 보다 객관적으로 살펴보고, 이러한 원인이 나타나게 된 원인을 경제적, 사회적, 지역적, 심리적 관점 등으로 진단해 보고, 지방대학이 지속 가능한 발전을 이루기 위한 전체적인 방향과 적극적으로 추진해야 할 과제들을 제안하였다. 무엇보다도, 지방대학의 문제를 대학 자체의 문제로 간주하거나, 수도권과 지역의 이분적인 분할관점에서 살펴보기보다는 대한민국 사회에서 지방대학이 차지하는 위상과 역할을 강화하고, 연대와 상생이라는 관점에서 지방대학이 대한민국 발전의 견인차로 자리매김할 방안들을 모색하였다.

2. 위기 상황에 대한 진단

지방대학의 위기는 현재 진행형이다. 2021년 대학수학능력시험의 응시자는 42만 명 수준이었는데, 이 숫자는 해마다 감소하고 있다. 4년제 대학과 전문대학을 포함한 전체 대학 정원이 55만 명인데, 정원을 채우기도 어려운 상황이다. 대학 입학을 희망하는 응시자 수는 2021년 42만 수준에서 2024년에는 37만 명으로 급감할 것으로 예상된다. 특히, 지방대학의 정시 경쟁률은 2.7대 1인데, 이는 최종 합격률을 고려할 때 미달 수준이라고 볼 수 있다. 과거 경쟁률은 2019년 4.5대 1에서 실질 경쟁률 1대 1도 안되는 상황이 발생한 것이다.

그 결과, 2021년 전국대학의 충원률은 91.4%이고, 충원이 안된 인원은 4만 명에 이르렀다. 미충원 인원의 75%인 3만 명은 지방대학에서 충원이 안되었다. 또한, 추가모집 인원의 91.4%는 지방대학에서 이루어졌는데, 이마저도 정원을 채우지 못한 지방대학들이 상당히 많았다. 지역의 거점 국립대조차도 이러한 상황을 피 하기 어려웠고, 지방의 명문 사립들도 적게는 수십 명에서 많게는 수백 명의 학생을 모집하지 못했다. 지방대학은 학과 통폐합, 정원감축, 신입생 모집중단 등 선제 구조조정에도 불구하고, 상당한 규모의 학생들을 충원하지 못하였다.

지방대학에서는 학생 모집률과 충원율을 높이고자 모집 방법 변경, 선제 정원감축을 시도하였고, 수도권대학의 편입학 규제 확대, 3주기 대학기본역량진단의 권역 분리 등을 정부에 요구하였다. 먼저, 수도권대학의 우수학생 선점과 모집에 대응하고자 2021년 수시모집 인원을 전체 정원의 86.1%까지 확대하였다. 수도권대학의 모집 인원에서 수시모집은

64.7%, 정시모집은 35.3%인데 반해, 비수도권 대학의 수시모집은 86.1%, 정시모집은 13.9%로서 비수도권 대학의 모집은 수시모집에 절대적으로 치우쳐진 상태이다. 그런데도, 지방대학은 수시모집 인원을 모두 충원하지 못하고 정시모집으로 이월하는 상황이 나타났다.

지방대학은 자체적으로 대학 정원 자체를 감축하였다. 경북지역의 경우, 2013년부터 2018년까지 7천명, 전북은 5천명, 경남은 4천명, 전남은 3천 명 정도의 입학 정원을 감축하였다. 충남지역을 제외한 전국 시도 단위에서 정원감축이 나타난 경우는 대다수가 지방대학 사례였다. 이러한 자체적인 정원감축에도 불구하고, 대학입학 응시자 수의 급격한 감소로 인해 10만 명 이상의 학생 미충원이 나타날 것으로 예상한다. 이에 따라, 지방대학들은 수도권대학의 편입학생 수 제한과 3주기 대학기본역량진단을 통해 수도권대학 자체의 정원감축을 요구하였다.

그러나 지방대학의 위기는 모집과 충원에서만 나타나는 것이 아니다. 해마다 1만명 가까운 재학생들이 학교를 자퇴, 휴학하는 등 중도 이탈하고 있다. 지방대학이 충원유지율은 해마다 감소하고 있고, 지방대학의 존립을 위협하고 있다. 지방 4년제 대학 학생들의 학업 중단율은 매년 4% 이상인데, 이는 수도권대학보다 현저히 높은 수준이다. 지방 거점 국립대에서도 매년 수백 명의 학생의 자퇴하고 새로 대학 입시를 준비하거나 수도권대학 편입학을 하는 실정이다. 특히, 이러한 중도 탈락 학생들은 고학년보다는 저학년 시기에 주로 나타나고 있고, 수시 입학생들의 중도 탈락률이 정시모집 입학생들보다 높은 상황이다. 성적이 높은 재학생도 편입 준비를 위한 목적으로 성적관리를 하는 경향이 높은 편이다.

3. 위기의 원인

수도권 집중과 대학교육

지방대학 위기의 원인은 복합적이고, 점점 더 지속하여 왔다. 일차적인 원인으로는 인구구조의 변화, 수도권과 지방의 양극화, 지역 인구감소와 소멸, 산업육성과 일자리의 격차 등 수도권 집중도와 관련이 있다. 서울, 인천, 경기를 포함한 수도권의 면적은 14,270.8 km^2로서, 대한민국 전체 면적의 11.8%지만, 인구수는 2천 600만 명으로서, 대한민국 총인구의 50.28%를 차지하고 있다. 국토 면적의 10%에 전체 인구의 과반수가 몰려 살고 있어 집중도는 여타 국가와 대도시의 인구 집중도를 상당히 웃돌고 있다. 2020년 지역내총생산(GRDP)의 경우에도 수도권 비중이 48%에 이르는 등 수도권의 경제력 집중도 심화하고 있다.

수도권 집중 현상은 최근 일이 아니다. 역사적으로 서울을 중심으로 정치, 경제, 사회, 문화적인 집중이 이루어져 왔고, 역사적 전환의 시기에도 독점적인 경제구조와 배타적인 사회계층이 형성되었고, 권력과 부를 승계하면서 그 위상을 유지하였다. 근대와 현대사회에서 서울 중심의 대학교육은 매우 특수하게 이루어졌고, 지방대학의 설립 이전에 이미 많은 수의 대학들이 서울에 위치하여 교육을 해왔다. 수도권 중심의 대학교육은 보편성이나 형평성 측면과 아울러, 대학교육을 통한 권력과 부의 세습, 특수한 사회계층 형성도 촉진하면서, 지방 대학교육과는 차별화해 왔다.

일자리와 대학 선택

고등학생들의 대학 선택은 대학의 역사와 전통, 대학의 사회적 위상과 평판, 대학교육의 만족도와 자부심 등과 관련이 있다. 그러나 무엇보다도 대학에 입학하고자 하는 학생들은 그 대학을 졸업하여 자신이 종사하고 싶은 직업, 일하고자 하는 직장, 달성하고자 하는 사회적 지위에 더욱 관심이 높다. 특히, 취업을 원활하게 하여 노동시장으로 이행하고 높은 임금을 받는데 유리한 학교, 전공일수록 학생들이 선호하고 진학을 희망한다. 요컨대, 대학 선택의 중요한 결정요인은 취업과 일자리이며, 성공에 대한 기대이다.

그런데, 지방대학에 진학한 학생들은 일자리 측면에서 불만과 좌절감을 느끼기 쉽다. 본인이 진학한 학교에서 원하는 전공을 이수했을 때, 일할 기회가 제약되어 있을 뿐만 아니라, 취업 눈높이에도 맞지 않기 때문이다. 학교 인근에 괜찮은 기업들이 부족할 뿐만 아니라, 본인이 이수한 전공을 바탕으로 일할 수 있는 직장을 찾기도 어렵고, 설령 일할 기회를 확보했다고 할지라도 임금이 낮거나 경력개발 가능성이 작아서 계속해서 일해야 할 동기를 갖기 어렵다. 간혹 선배들중에 사회적으로 성공한 사람들을 보더라도 수도권 기업에 입사하여 승승장구하며 성공 가도를 달리던 선배거나, 창업을 통해서 새로운 비즈니스 기회를 얻게 된 사람들을 보게 되어, 미래 진로나 직업을 고려할 때 도움을 받기 어렵다.

지역에서 경제적인 사정으로 혹은 직업이나 진로를 고려하여 지방대학에 진학한 학생들은 사회적 평판이 일부 낮더라도 이를 극복하고 좋은 직장에 취업할 수 있는 희망을 품는 예도 있으나, 대체로 대학 진학 시부모나 고등학교 선생님의 권유 혹은 성적으로 입학하는 경우가 다수라서 취업에 대한 기대나 준비도 미흡한 편이다. 지역의 고등학생들의 인근 지역대학을 기피하고 수도권대학으로 진학을 준비하는 중요한 이유는 지역 내에서 계속 경제활동을 영위할 수 있는지에 따라 달라질 수 있다.

수도권의 일자리 집중과 지역에서 괜찮은 일자리의 부족도 지방대학 기피의 주요 원인이 되고 있는데, 이는 다시 지역산업 구조가 취약하고, 수도권 본사와 연구개발부서 및 지역 생산시설 중심으로 이원화된 조직 운영에 따라 괜찮은 일자리가 부족하다. 지방대학에서도 특정 학과를 졸업할 경우, 취업이 보장되거나 맞춤형 취업이 이루어지는 예도 있으나 이는 매우 특수하거나 일부 학과에 한정되어 있다. 또한, 지방대학 학과들 중 인문사회 및 예체능계열 학과를 졸업한 경우 원서를 제출할 취업 기회조차 부족하여 일자리 부족에 대한 절망감이 큰 상황이다. 지방대학생들은 구직 기회 외에도 취업 과정에서의 차별도 심각하다고 인식하고 있다.

미약한 연구인프라

정부가 국공립대를 비롯하여 지방사립대학들을 육성하기 위해, 다양한 연구지원금 및 인프라 구축 재정을 투입했다. 그런데도, 지방대학의 연구인프라는 여전히 미흡한 상황이다. 우수한 교수와 대학원생들이 수도권대학으로 유출되고 있으며, 대학원생도 외국 학생들이 다수를 차지하는 등 연구인프라를 구축하고 유지하는데 장애가 발생하고 있다. 중대형과제 및 연구예산을 별도로 할당하여 지방대학의 우수인력 양성과 활용을 촉진하고자 했으나, 연구를 수행할 인력도 부족하고, 우수한 연구자를 채용하여 활용하는 데도 한계가 있다.

이러한 연구인프라의 미흡으로 인해 우수한 인력을 유치하고, 대학원 교육을 제대로 할지라도 장기간 지속성이 높지 않으며, 지역의 기업들과의 네트워킹을 통한 산학협력도 한계가 있다. 우수인력의 유출이 연구성과 부족으로 나타나고, 연구성과 부족으로 인해 추가 연구기회 확보와 연구예산 확충도 어렵고, 연구 특성화와 역량을 확보하는데도 한계가 나타나고 있다. 또한, 교수 수준의 평준화에도 불구하고, 연구비 수혜는 수도권 대형 연구중심 대학에 집중되고 있는데, 이는 우수 연구인력과 대학원생의 확보뿐만 아니라, 연구기획과 연구 수주를 위한 정보 용이성 측면에서도 지방대학이 불리한 여건이 놓여 있는 근거가 될 수 있다.

지역과 학문의 공동화 현상

연구인프라 구축에도 언급하였듯이, 우수한 연구인력과 교수자원의 확보는 지방대학의 경쟁력과 장기적인 발전에도 중요한 과제이다. 지방대학에서는 우수한 교수들을 선발하여 연구기회를 확대하고 있는데, 신임 교수에 대해서는 지방 거주를 강제적으로 의무화하는 수준의 조치를 하고 있다. 신임 교수 채용 과정에서도 정주환경과 가족 이주를 질문하는데, 거주이전의 자유를 보장하지 않는 위헌적인 조치라고도 볼 수 있다. 그러나 지방대학 입장에서는 교수진의 잦은 이직으로 인해 학생 관리에 소홀하고, 역량이 축적된 인재가 유출되면서 겪을 수 있는 캠퍼스의 공동화 현상을 우려한 조치라고 볼 수도 있다.

캠퍼스의 공동화는 학문공동체의 공동화로도 연결되고 있다. 지역에서 우수한 연구자들이 모인 대학집단의 구성원들이 상호교류하거나 공동연구를 확대하는 것은 대학 본연의 연구 활성화에도 이바지할 뿐만 아니라, 지역학문의 특성화와 지역자원의 효율적 활용이라는 측면에서도 중요하다. 그런데, 이러한 학문공동체가 이루어지지 않을 경우, 일부 교수들의 개별적인 연구만으로는 대형연구 과제 수주가 어렵고, 학교의 연구 역량도 축적될 수 없다. 아울러, 연구 결과를 대학생, 대학원생들과 공유할 기회도 감소할 것이다. 캠퍼스의 공동화가 학문공동체의 공동화를 넘어서 대학의 연구인프라를 훼손하는 계기가 될 수 있다.

일관성 없는 지방대학 육성정책

과거 정부에서는 경제적, 산업적 관점에서 지방대학을 중요한 성장의 원동력으로 간주해 왔다. 대학교육에서도 지역 산업적인 여건을 고려하여 학과편성과 운영, 교육과정 개편, 맞춤형 교육과정과 실습 활성화, 지역 기업체로의 취업장려 등을 강조해왔다. 백화점식 학과 운영보다는 선택과 집중을 통해 산업적 수요를 반영하고 미래 산업구조 재편에 대응할 수 있도록 대학에 재정 투입을 확대해 왔다. 또한, 지역 균형 발전정책과 지방대학육성정책을 통해 여러 부처의 재정지원사업들을 통해 지방대학을 육성하고자 했다. 지방대학의 여건을 고려하여, 재정 투입 시에 다양한 요건들을 완화하거나 면제하는 방식도 활용하였다.

역설적으로 이러한 투자와는 별개로 성과평가를 통해 대학구조개혁을 통해 지방대학의 정원을 감축하는 정책들이 이루어졌다. 1주기 대학구조개혁평가를 통해 2주기 대학기본역량진단으로 명칭을 변경하였을 뿐, 재정지원과 연계한 대학 정원감축은 지속적으로 이루어졌다. 대학구조개혁을 통해 적정 대학과 학생 수를 유지하고 교육의 질적 제고를 달성한다는 목적으로 평가를 통해 정원감축을 중요한 목표로 설정하게 되었다. 2021년 3주기 대학기본역량진단을 통해 전국을 권역별로 구분하고 평가를 통해 일반재정지원대학과 재정지원제한대학을 구분하고 정원감축을 유도하도록 하였다.

지방대학 지원정책과 재정제약 원칙들이 충돌하고, 획일적으로 지역을 구분하여 평가하여 인위적인 정원감축을 유도하면서까지 전체 대학의 적정 규모를 유지하겠다는 목적의식에도 불구하고, 이러한 정책의 연속성이나 지속 가능성에 대한 비판들도 제기되고 있다. 2030년 이후 학령인구는 상당 폭으로 감소할 것으로 예상하는데, 현재의 정원감축씩 구조개혁만으로는 대학의 경쟁력 확보뿐만 아니라 대학교육의 질을 담보하기도 어렵다는 인식이다. 또한, 정부의 과감한 투자가 없이, 대학의 자구책만 요구하고 정원감축에 따른 재정 한계를 간과할 경우, 오히려 지방대학의 위기는 심화할 것이다.

획일적인 대학재정지원사업

정부는 대학재정지원사업을 통해 지방대학의 경쟁력을 높이고자 예산을 투입했다. 수도권대학의 역차별이라는 반발에도 불구하고, 학부 교육, 대학원교육, 연구개발, 산학협력, 대학혁신 등의 사업을 통해 예산을 확대해 왔다. 대학재정지원사업에서는 각각 달성하고자 하는 목표가 뚜렷하게 있었으나, 예산 투입 기간이 짧고, 성과 관리가 적절하게 이루어지지 않았을 뿐만 아니라, 명칭만 다를 뿐, 사업의 목적과 내용이 유사한 사업들이 반복적으로 이루어져 왔다. 또한, 각 재정지원사업의 달성목표가 차별화되어 있더라도 이에 대한 성과지표는 유사하게 설정됐다. 예컨대, 학부 교육 선진화, 산학협력 선도, 대학 특성화, 산업수요 연계, 국립대학육성, 대학혁신을 위한 사업들의 목표는 서로 다르나, 취업률, 학생 유지율, 교육 만족도 등의 성과지표는 일률적으로 설정되어 있다.

정부가 재정지원사업을 통해 지방대학을 육성하고자 하는 것은 지방 분권과 지역 발전이라는 가치에도 부합하고, 대학교육의 질적 향상을 통해 국가 경쟁력을 높이겠다는 의지에도 부합하는 방향이다. 다만, 정부가 재정지원사업의 목적이나 내용을 지나치게 세분화, 구체화함으로써, 지방대학들이 자신의 여건에 맞게 자율적으로 사업을 기획하고 성과를 관리할 기회가 제약되고, 대학교육과 연구의 특성화 취지에도 부합하지 않을 수 있다. 지방대학이 위기라는 공통의 인식을 토대로, 지방대학이 처지와 여건에 맞는 발전전략을 수립하는 기회를 제공하는 것이 바람직하다는 주장들이 제기되고 있다.

지방대학과 지방자치단체의 관계

지방대학이 발전하는 데 중요한 지원과 협력을 담당하고 있는 것은 해당 지방대학이 위치한 자방자치단체이다. 지방대학과 지방자치단체는 지역 발전의 운명 공동체와 같은 관계이다. 지역의 문제를 해결하는데 지방대학은 중요한 이바지를 할 수 있고, 마찬가지로 대학발전을 위한 규제를 해소하고, 재정적인 지원과 협력사업을 할 수 있는 주체도 지방자치단체이다. 양측은 지역의 경제발전을 선도하고, 지역주민들의 삶의 질과 만족도를 높이며, 지역 출신의 우수 고등학생들이 타지로 유출되지 않고, 지역에 정주하면서 지역 발전에 이바지하도록 해야 할 사명도 있다. 특히, 지역 청년들이 해당 지역에서 의식주를 해결하고, 일자리에 종사하고, 지역 소비를 촉진하여 지역 경제가 지속적으로 유지되도록 해야 한다.

그런데, 지방대학과 지방자치단체의 협업은 만족할만한 수준에 이르지 못하고 있다는 비판도 있다. 특히, 지방대학 육성의 책임이 교육부에 집중되어 있어 예산 확충과 지방대학 특성화가 지체되고 있다는 주장들도 있다. 교육부 자료에 따르면, 2020년 대학재정지원사업의 총액은 13.52조인데, 이중 교육부가 9.06조원, 기타 부처가 3.98조원을 투자한 데 반해, 지방자치단체는 0.47조원만 투자하여 대학에 대한 지방자치단체의 참여가 제한적이었다. 지역소멸 위기 속에서 지역의 지속 가능한 성장이 가능하기 위해서는 지방자치단체 재정투자를 보다 확대할 필요가 있다.

변화에 대한 적응과 대응

경제, 산업, 사회, 인구구조가 급변하고 있다. 그러나, 현재 지방대학은 경직적인 학사 운영, 전통적인 교육방식, 시설과 장비 노후화, 변화 적응 노력의 미비 등으로 위기의 상황에 노출되어 있다. 지역의 산업과 밀접한 관련을 맺고 발전한 지방대학도, 한국 산업구조의 재편으로 인해 위기의 상황에 직면해 있다. 전통적인 제조업 중심의 산업구조에서 IT를 기반으로 하는 융복합산업의 출현, 기후변화 대응과 탈탄소 전략에 따라 제품과 서비스의 생산방식이 급격하게 변화할 것으로 예상하는 상황에서, 지역산업의 재편은 지방대학교육의 재편과 밀접하게 연결되어 있다.

경제 방향과 산업구조 재편에 따라 새로운 인력에 대한 수요가 증가하고 있다. 차세대반도체, 차세대 디스플레이, 사물인터넷, 증강현실을 비롯하여 인공지능, 빅 데이터, 클라우드 기술 등 IT 분야의 인력 수요가 대폭 확대될 것이다. 지역산업을 중심으로 이러한 인력에 대한 수요가 급격히 증가할 것이므로, 지방대학에서는 지역산업의 동향과 수요에 맞게 학사체계를 개편하고, 미래사회에 맞는 융복합 교육을 할 수 있도록 준비해야 한다. 특히, 이러한 과정을 통해 지역산업을 혁신할 수 있는 우수한 인력을 양성하고 배출하게 된다면, 지방대학의 취업률 제고에도 이바지할 수 있을 것이고, 연구역량도 제고할 수 있으며, 산학협력도 활성화할 수 있을 것이다.

4. 대전환을 위한 과제

자율과 책무에 기초한 대학교육정책

지방대학의 위기를 극복하기 위해서는 먼저 정원감축 중심으로 이루어지고 있는 정부의 과도한 개입을 줄이는 노력이 필요하다. 학령인구 감소라는 수요 조건에 대응하기 위해서 입학정원 감소라는 공급 통제 방식을 활용하기보다는 수요를 확대해 나가면서 대학 자율로 필요에 의해 정원을 통제할 수 있도록 책무성을 높이는 것이 필요하다. 고등학교를 졸업한 자원들을 대상으로만 입학 관리와 대학 정원통제를 하기보다, 대학교육 혹은 대학 수준의 재교육이 필요한 사람들에게 대학교육을 제공하는 방식의 열린 대학교육으로 수요를 확대할 필요가 있다.

학령인구 감소의 대응을 입학정원 축소로 대응하기보다는 대학교육 수요에 대한 신규 수요를 발굴하여, 이에 대한 규제들을 해소하여 다양한 교육 방법과 학력 인증이 가능하도록 제도를 개선할 필요가 있다. 지역산업 구조가 전환되면서 발생할 수 있는 신규 실업자에 대한 교육뿐만 아니라, 기업에 재직하고 있는 사람들에 대한 재교육 수요를 지방대학으로 흡수할 수 있는 체제를 구축하는 것이 중요하다. 또한, 고령화에 따른 고용연장이나 정년연장에 대응하여, 퇴직예정자들에 대한 교육수요를 지방대학에서 교육으로 제공할 수 있도록 할 필요가 있다.

지역주민들의 다양한 교육수요를 발굴하여 지방대학 교육으로 제공하는 것도 중요하다. 무엇보다도 지역기업의 수요에 맞는 산업과 기업 맞춤형 교육을 통해 지방대학 수요를 확대할 필요가 있다. 이를 위해서 대학교육의 정책은 자율과 책무에 기반을 둔 방식으로 전환할 필요가 있다. 입시 위주의 입학관리와 경직적인 학사구조를 대학이 자율적으로 혁신하고, 지역산업에 부합하는 방법으로 자유롭게 교육할 수 있도록 해야 하며, 이에 대한 성과 관리와 모니터링만 정부에서 실시하는 것이 바람직하다.

아울러, 정부의 계획된 재정지원보다는 지방대학이 수립한 자율적인 목표와 사업에 맞게 재정지원을 하고, 반드시 지방자치단체와 예산 매칭을 하도록 하여 책무성을 공유할 수 있도록 해야 한다. 궁극적으로는 지방자치단체가 대학 운영과 관련된 각종 거버넌스를 구축하고, 관련 법령들을 집행할 수 있도록 권한을 부여하는 것도 고려할 필요가 있다. 지방대학의 공영화라는 관점에서, 공공자원을 투입하여 대학의 공공성을 높이고, 지방자치단체의 책무성을 높이는 방안들도 마련할 필요가 있다. 이를 통해, 지방대학이 폐교되거나 해산을 할 때도 지방자치단체의 역할을 기대해 볼 수 있을 것이다.

지방대학을 산업과 창업의 중심으로 육성

지방사립대학을 중심으로 천편일률적인 학과들을 지역경제와 산업구조에 맞게 재편해야 한다. 지방대학의 설립목적과 운영을 지역특화에 두고, 지역산업에 맞는 전문적인 인력을 양성하여 공급하도록 학사제도를 개편해야 한다. 만약, 사회, 경제, 과학기술의 변화에 따라 지역의 산업이 재편될 경우, 재편의 과정에서 나타날 수 있는 잠재적인 실업자를 재교육시켜 다시 산업현장으로 배치하는 것도 지방대학이 해야 할 중요한 과업이 될 것이다. 지방대학이 지역산업에 더욱 밀착할 수 있도록 각종 대학 관련 규제들을 해소하고, 자율성과 책무성에 기초하여 학교 운영을 할 수 있도록 해야 한다.

지방사립대학은 신산업과 미래산업을 육성할 수 있도록 창업 기능을 대폭 확대해야 한다. 창업을 통해 새로운 산업을 육성할 수 있는 계기가 되고, 지역산업 발전의 새로운 기회가 될 수도 있다. 현재 수도권을 중심으로 이루어지고 있는 창업 관련 인프라 구축, 교육프로그램 제공, 창업자금 지원정책들을 지방사립대학을 중심으로 대폭 확대하고 지원해야 한다. 창업을 통해 지방이라는 지리적 한계를 극복하고, 지방대학생들의 새로운 고용창출 기회를 마련할 수 있을 것이고, 지방사립대학의 재정확충에도 이바지할 수 있을 것이다. 지방사립대학 중에서 창업스쿨로 완벽하게 전환할 경우, 이를 획기적으로 지원하여 지방대학 육성의 패러다임을 전환할 수 있는 사례로 활용해야 한다.

지방국립대학의 위상과 기능 회복

먼저, 지방 거점 국립대학을 설립할 때의 역사적 맥락 아래에서 그 위상과 기능을 회복할 필요가 있다. 지방거점국립대들이 수도권 명문대학들과 경쟁을 하고, 글로벌 대학으로 위상을 높이기 위한 노력을 하기보다, 국가 개입을 통한 대학교육의 확대, 공정하고 형평성 있는 대학교육 기회 제공, 지역주민의 대학교육 수요 부응, 지역 경제발전의 기여 등과 같은 목적을 달성할 수 있도록 해야 한다. 지방거점국립대들은 양질의 대학교육을 통해 사회적, 경제적으로 취약하나 우수한 학생들의 자립 기회를 확대하고, 이를 통해 지역사회 발전에 이바지하는 선순환의 구조를 구축하기 위해 노력할 필요가 있다. 경쟁과 효율보다는 공정과 형평의 관점으로 대학교육을 확대하고, 사회적 성과를 창출할 수 있도록 학교 운영 방침을 수립해야 한다.

아울러, 중소국립대학들의 경우, 지방거점국립대학과는 차별화된 발전전략을 수립할 필요가 있다. 중소국립대학들이 위치한 지역도 중소도시인 경우가 많으므로, 해당 지역산업에 맞는 숙련된 인력을 공급하기 위한 산학협력과 직업훈련 중심으로 기능을 전환할 필요가 있다. 즉, 기초적인 대학교육과 취약계층에 대한 대학교육 기회 확대는 거점 국립대의 역할과 상정하고, 지역의 중소국립대학들은 지역산업에 더욱 밀착하여 산학협력과 직업훈련을 확대하여 위상을 확보할 필요가 있다. 이들의 주요 입학자원도 지역의 특성화고나 마이스터고와 같은 직업계고 학생들을 중심으로 선취업 후학습의 형태로 학교운영 모델을 구축하는 것도 바람직하다.

대학도시를 넘어서는 지방대학 혁신 클러스터 조성

지방대학은 지역의 생존과 밀접한 관련을 맺고 있다. 지방대학의 위기는 곧 지역 생존과 소멸의 문제와 직결된 상황이다. 현재 폐교가 이루어진 지방대학이 위치한 지역들의 경우, 지역경제가 일시에 위협받는 상황에 직면해 있다. 대학과 연계된 각종 서비스 분야뿐만 아니라, 대학에 종사하며 생계를 유지하던 사람들까지 생존의 위협을 받고 있다. 또한, 폐교 지역은 재생할 수 없을 정도로 황폐해지고, 지역의 가치도 낮아지고 있으며, 각종 법 제도의 규제로 매각도 불가능한 상황이라 슬럼화가 진행되고 있다. 이에 따라, 지방대학을 살리기 위한 다양한 아이디어들이 논의되고 있으나, 이는 각 주체에 따라 다른 목적으로 이루어져서 시너지를 기대하기 어려운 상황이다.

지방대학을 발전시키기 위해 가장 먼저 추진해야 할 과제는 대학도시를 넘어서는 지방대학 혁신 클러스터를 지정하는 것이다. 지방대학을 지역 내 특정 위치에 소재하도록 할 필요가 없이, 지역사회 곳곳의 건물을 활용하도록 하고, 기업과 산업단지 인근에도 설치하여 지역 자체가 지방대학 혁신 클러스터화하는 방안을 모색할 필요가 있다. 해외 유명대학들은 해당 지역이 곧 대학 명칭과 같을 정도로 연관성이 매우 밀접한데 반해, 우리나라의 지방대학들은 지역사회와는 격리된 섬과 같이 위치하고 외연을 갖추고 있다.

지방대학 혁신 클러스터의 개념을 구체화하고 이를 통해, 지역과 대학의 상호 의존도를 보다 높일 방안을 모색할 필요가 있다.

대학재정의 확충과 선별적 지원확대

지방대학을 육성하기 위한 다양한 시도들을 하면서 재정도 확대하고 있으나, 여전히 미흡한 수준이다. 국가 GDP 5% 수준까지 고등교육재정을 확충하면 좋겠으나, 재정 여력이 충분치 않은 상태이다. 고등교육재정을 확충하기 위해 직접세 방식을 도입해서 운영해 볼 수도 있으나, 국민적인 합의가 전제되어야 할 것이다. 학령인구 감소에 따라 지방재정교부금을 지방대학 중심으로 확대 개편하는 것도 하나의 아이디어가 될 수 있을 것이다. 이처럼, 지방대학 발전을 위한 재정확충은 매우 중요한 사안임이 틀림없다.

그런데, 대학재정 확충 이상으로 중요한 것은, 이러한 재정을 언제, 어떻게 활용할 것인가 하는 문제이다. 생존이 어려운 부실한 지방대학에 재정을 지원할 경우, 국민의 세금을 낭비하는 결과를 초래할 수 있을 것이고, 천편일률적으로 재정을 지원할 경우, 선택과 집중의 효과가 없이 성과를 관리하기 어려울 것이다. 이를 개선하기 위해서는 지방대학재정 지원을 선별적으로 마중물의 성격으로 활용해야 한다. 혁신하고자 하는 지방대학들을 선정하여 이들의 혁신을 지원하고, 성과에 따라 인센티브를 제공하는 방식으로 지방대학 재정지원의 패러다임을 전환할 필요가 있다.

지방대학의 평생직업능력개발 기능 강화

전국민의 언제 어디서나 학습할 기회를 제공할 필요가 있다. 특히, 사회문화적으로 소외되어 있을 가능성이 큰 지역주민들을 대상으로 질 높은 고등교육 기회를 제공하는 것은 필요한 일이다. 다만, 지역의 기업에 재직하고 있는 근로자들을 중심으로 생애경력개발 차원에서 직업능력을 향상할 기회를 제공하는 것이 필요하다. 지역의 경우, 직업능력개발 시설이 부족하거나, 인프라가 노후화되어 있거나, 양질의 교・강사를 확보하지 못해 고급기술을 익힐 기회가 부족하다. 대학의 평생직업능력개발 기능을 강화해야 할 필요성이 충분히 있다.

기존에 문화, 교양, 취미를 목적으로 이루어진 대학평생교육원의 기능을 평생직업능력개발 기능 위주로 재편하고, 이를 학점화하여 학위로 연결할 수 있도록 하고, 생애경력개발 차원에서 평생학습이 이루어지도록 하는 방안이 필요하다. 만약, 정부의 재정지원을 통해 지방대학의 평생직업능력개발 기능을 강화한다면, 산학협력, 기업 네트워크 구축, 연구개발사업 활성화, 지방대학의 교육자원 확보 측면에서도 유용한 기회들이 확대될 것이다. 대학의 평생직업능력개발 기능은 지역의 산업과도 밀접한 관련을 맺을 가능성이 커서 향후 대학의 정체성이나 발전 방향에도 큰 영향을 미칠 것이다.

지방대학 자원의 공유화

지방대학을 연합화하거나 통합하여 하나의 단일 법인으로 만들려는 시도들이 있다. 그런데, 이러한 취지와 목적은 지방대학의 설립목적이나 방향성에 비추어 볼 때, 바람직하지 않거나 현실성이 그다지 높지 않은 방안이 될 수 있다. 특히, 지방국립대를 네트워크 형태로 대학교육의 평준화를 추구하거나, 연구중심 대학과 직업 중심 대학으로 구분하는 등의 방향은 대학의 자율성과 책무성 관점에서 적절하지 못한 방향이 될 수 있다. 개별 대학과 지역의 특수성을 고려하면서, 지방대학이 발전할 수 있는 네트워크형 대학의 새로운 개념이 필요하다.

일차적으로는 대학 간 연합을 통해 학사과정을 공동으로 운영하거나 대학자원과 인프라를 공유하거나, 공동연구 활동을 통해 자원 배분의 효율성을 극대화하는 방향에 집중할 필요가 있다. 다음으로는, 기회 확대라는 측면에서 대학의 자원을 디지털화하고, 원격강의와 자료들을 공유하고 이를 개방하는 체제를 구축할 필요가 있다. 이후에는 방송대학과 같이 지역별 학습관의 관점에서 지방대학의 자원을 네트워화된 지방대학생 누구나가 공유할 수 있는 개방형 체계를 구축할 필요가 있다. 이런 과정에서, 대학의 특성에 맞게 가상의 연합대학 체제를 구축하되, 자원공유를 효율화하는 데 초점을 둘 필요가 있다.

참고문헌

고영구. (2021). 균형발전과 공공성 확보를 위한 대학정책의 전환, 지역사회연구, 29(2), 1-29.

김경희 외. (2021). 지역협업센터(RCC)를 활용한 대학과 지방자치단체의 연계사업 분석. 경영컨설팅연구, 21(1), 353-362.

김영기. (2021). 지방 공과대학 신입생의 대학과 전공선택 확신 유형에 따른 사회적응 및 학업적응에 있어서의 차이: A대학교를 중심으로. 한국지식정보기술학회 논문지, 16(1), 163-173.

김진성. (2021). 빅 데이터 분석기법을 이용한 대학생 중도 탈락 행태와 영향요인에 대한 분석. 한국지능시스템학회 논문지, 31(2), 150-157.

이건근. (2021). 사례로 본 공영형 지방사립대학 제도 도입의 필요성과 조건. 인문사회 21, 11(1), 321-330.

이상엽. (2021). 소셜 빅 데이터 분석을 통한 지방대학의 위기 분석과 그 극복 방안, 한국비교정부학보, 25(2), 215-252.

이형철. (2021). 국가 균형발전과 지방대학 육성: 국립대학 육성 방안, 지역사회연구, 29(2), 57-85.

임재홍. (2021). 지방사립대학의 위기와 대학정책, 지역사회연구, 29(2), 31-55.

장우근. (2019). 저출산과 지방대학재정의 동태적 관계, 한국시스템다이내믹스 연구, 20(1), 59-79.

Ⅳ

고등교육재정의 현황과 방향

백정하(한국대학교육협의회)

Ⅳ. 고등교육재정의 현황과 방향

백정하(한국대학교육협의회)

1. 고등교육재정 확대의 필요성

세계경제포럼(WEF: World Economic Forum)에서 4차 산업혁명이 화두로 제시되면서 고등교육의 역할과 중요성이 어느 때보다 커지고 있다. 미래 사회는 4차 산업혁명의 영향으로 사회구조 및 경제구조의 변화를 초래하며, 사회에서 필요로 하는 인재에게 요구되는 능력도 변화할 것이다. 세계경제포럼(WEF)에서는 4차 산업혁명의 영향으로 710만 개의 일자리가 소멸되고 200만 개의 일자리가 새로 만들어질 것으로 전망하고 있다(WEF, 2016).

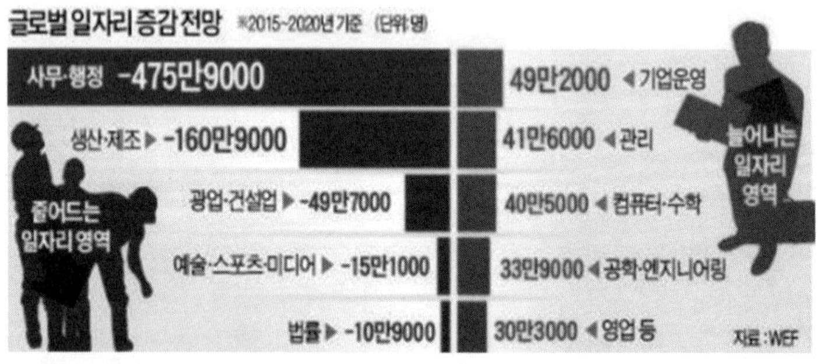

출처: WEF(2016), The Future of Jobs.

[그림 1] 2015~2020년 직군별 고용 증감규모 추정

이 과정에서 산업체 및 직업에서 필요한 직무역량의 변화가 나타나게 된다. 미래 사회의 인력은 새로운 역할에 신속히 적응할 수 있는 유연성 및 학제 간 학습(Interdisciplinary Learning) 능력, 다양한 하드스킬(Hard Skills)과 로봇 또는 기계를 활용하는 기술과 정보통신기술(ICT)을 접목할 수 있는 역량, 다양한 지식의 활용을 기반으로 한 소프트스킬(Soft Skills) 등이 요구된다(Boston Consulting Group, 2015).

우리 사회는 초저출산과 고령화로 인한 학령인구 감소와 더불어 생산가능인구의 감소로 저성장의 위기에 직면하고 있다. 초저출산 시대에서도 4차 산업혁명을 주도할 우수 인력은 필요하다. 초저출산으로 많지 않은 인력을 우수 인력으로 육성하기 위해서는 개인 개인의 역량 개발과 낭비없는 학습이 이루어지는 교육의 혁신과 향상이 절실하다. 특히, 미래 사회에 대비하여 고급 인재를 육성하기 위해서는 고등교육을 혁신하고, 사회변화에 따른 유연성과 창의성을 갖춘 인재를 육성하는 것이 필요하다. 이는 고등교육에 대한 재정 투자와 지원을 요구한다.

생산가능인구의 감소에 대응하여 교육을 통한 노동생산성의 질적 향상 추구 이외에도 저성장과 양극화 현상을 극복하고 고등교육의 미래 교육제체로 전환 및 삶의 향상을 위한 투자 측면에서도 고등교육에 대한 투자가 중요하다. 국내 대학들은 학령인구 감소와 등록금 동결 등으로 인해 재정 악화와 발전 동력의 저하가 초래되고 있다. 13년간 지속된 대학등록금 동결은 재정 결손을 심화시키고 있어서 대학의 개혁과 운영에 있어서 커다란 장애 요인으로 작용하고 있다. 미래 사회에서 필요로 하는 융복합 인재, 문제해결형 인재, 타인과 소통·협력하는 전인적 인재 등을 양성하기 위해서는 대학교육과정의 변화, 학문 분야 간 융합, 교육방법의 변화 등이 필요하다. 국내 대학들이 사회에서 요구하는 역할을 수행하며, 국가경쟁력 제고에 기여하기 위해서는 사회 요구에 부응할 수 있도록 교육의 혁신과 질적 향상과 더불어 재정 투자와 지원 확대가 절실히 필요하다.

고등교육의 경쟁력이 국가경쟁력이 되면서 세계적으로 고등교육 패러다임 전환을 위한 다양한 노력들이 이루어지고 있다. 세계 각국에서는 자국의 고등교육의 경쟁력 제고를 위해 노력하고 있으며, 고등교육에 대한 재정 투자 확대와 지원 방식에 대한 관심이 높아지고 있다. 고등교육의 대중화와 더불어 많은 국가들이 고등교육에 대한 정부 재원의 확대와 효율적인 재정 지원을 통해 대학 발전을 꾀하고 있는 것이다. 국내에서도 대학경쟁력을 제고하기 위한 정부차원의 노력이 이루어지고 있는데, 고등교육재정의 확보와 효율적인 지원 방안을 더 적극적으로 모색할 필요가 있다.

2. 정부의 고등교육재정 지원 정책

1 고등교육재정 지원 정책의 변천[1)]

1994년 이전 : 미약한 대학재정 지원과 균등 지원

국가 경제 규모가 크지 않고 어려운 상황에서 대학 진학률이 높지 않은 엘리트 단계의 국내 고등교육에 대한 정부의 재정 지원 규모는 미미하

1) 임후남(2012), 도종환(2016), 이수연(2017), 임은희(2021) 등의 자료를 재구성함.

였다. 국내 대학의 재정 운영과 지원은 기본적으로 '설립자 부담의 원칙'과 '수익자 부담의 원칙'에 기반하여 추진되어 왔다. 그 결과 1990년대까지 대학에 대한 정부의 재정 지원은 국·공립대학에 집중되었으며, 사립대학은 학교법인이 재정적 책임을 담당하도록 하였다. 사립대학에 대한 정부의 재정 지원은 미약해 결과적으로 사립대학은 대학등록금을 중심으로 운영되었다.

국립대학에 대한 재정 지원은 정부 예산편성과정의 일환으로 진행되었고, 사립대학은 이공계 대학 시설확충을 위한 교육차관을 주선하거나, 학생장학금 지원 정도였다. 사립대학에 대해서는 1990년 '공·사립대학 시설·설비 확충 사업'을 추진하면서 정부가 재정 지원을 실시하기 시작하였다. 당시 지원 방식은 열악한 교육여건을 개선하고 조성을 위한 일률적인 균등 지원이 기본 방향이었다.

1994년~2003년 시기 : 평가기반의 차등지원 도입 및 확대

1993년까지만 하더라도 사립대학에 대한 정부의 재정지원 사업은 공·사립대학 시설·설비 확충 사업이 유일했으며, 경쟁지원이 아닌 학생 수를 기준으로 균등하게 배분되었다. 1994년 '국·공립대학 자구노력 지원사업'과 '공과대학 중점 육성 지원 사업'을 시작으로, 1995년 '대학원 육성 지원 사업', 1996년 '교육개혁 우수대학 지원 사업' 등은 국·공·사립대학 모두를 지원 대상으로 하였다. 평가 결과에 따라 차등적이고 선별적인 재정지원을 시작한 것이다.

1995년 5월 31일 교육개혁안에서는 고등교육분야 중점개혁과제를 제시하면서 '대학평가에 따른 차등적 행·재정 지원 체제 확립'을 제안하였다. 이후 정부는 대학의 설립유형에 차별을 두지 않고 대학 간의 경쟁을 통해 재정을 배분하기 시작했다. 그 동안 설립자 부담 원칙에 의해 정부의 재정지원 사업에서 배제되어 왔던 사립대학들이 선별적이지만 재정지원을 받을 수 있게 된 것이다. 이 시기에 균등하게 배분이 이루어지던 '일반재정지원 사업'도 평가에 의한 재정지원 방식이 적용되면서 특수목적지원 사업의 비중이 증가했다

2004년~2007년 시기 : 선별적 재정지원 전면 실시 및 정원 감축 연계

2003년 8월 참여정부의 교육혁신위원회가 '교육인적자원개발 혁신 로드맵'을 발표하면서 정부는 모든 대학에 지원하는 일반지원 방식을 폐지하고 선택과 집중에 의한 선별지원 방식으로 전환한다. 이후 모든 고등교육 재정지원 사업에 평가가 도입되어 선별적, 차등적 재정지원이 전면 실시되었다. 결과적으로 특수목적지원 형태의 재정지원은 확대되었으며, 교육부의 일반재정지원은 2006년 이후 거의 사라지게 된다.

2003년 11월에는 '대학경쟁력 강화 방안'이 발표하면서 고등교육 재정지원의 규모가 확대되고 대학 구조조정과 연계하였다. 교육부는 2004년 대학 구조개혁 방안으로 정원 감축과 연계하여 재정지원 사업을 실시하면서 국립대학은 대학 간 통합시 특별재정 지원을 하였다. 그 결과 산업대학과 전문대학의 기능과 역할을 정립하기보다는 국립대학의 수를 몇 개로 축소하였다는 성과에 치중하였다. 사립대학은 10% 학생정원 감축 시 재정지원 사업에 참여할 수 있도록 하였다.

2008년~2013년 시기 : 포뮬러 펀딩 방식 도입과 대학 구조개혁 연계 활용

2008년부터는 대학교육의 질 개선과 우수 인력 양성을 위한 '대학 교육역량강화 사업'을 실시하면서 '포뮬러 펀딩' 방식을 도입하여 재정을 총액으로 배분하고, 대학이 자율적으로 집행할 수 있도록 하였다. 기존의 정부 재정지원 사업이 사업계획서 작성 등으로 대학의 행정 부담을 가중시키고, 지원 예산의 용도 지정으로 대학의 자율성과 재정 운용의 효율성을 저해한다는 지적이 있었다. 이를 개선하기 위해 교육역량강화사업에서는 '포뮬러 펀딩' 방식을 도입한 것이다. 대학의 교육여건 및 성과를 측정할 수 있는 객관적이고 정량적인 지표로 공식을 만들어 선정·지원하고, 지원된 예산은 대학이 자체 사업계획에 따라 투자·활용할 수 있도록 하였다.

이 시기에는 대학평가를 토대로 재정지원을 감축하며, 대학 구조개혁과 재정지원 사업을 연계하여 운영하였다. 정량적 지표를 중심으로 전체 대학에 대한 상대평가를 통해 하위 15% 대학을 선정하여 정부 재정지원 사업에서 일괄적으로 배제하는 정부재정지원 제한대학으로 구분하였다. 이들 대학 중 일부 대학에 대해서는 학자금대출을 제한하는 '학자금대출 제한대학'과 '경영부실대학'을 선정하여 단계적 퇴출시스템을 도입하였다. 단계적 퇴출시스템과 함께 2012년에는 학생 지원과 등록금 부담 완화를 위해 국가장학금 지원제도를 도입하였다.

2014년~2018년 시기 : 재정지원 사업과 대학 구조조정 연계 강화

대학 구조개혁평가의 도입으로 대학 구조개혁과 대학 재정지원 사업 간의 연결이 강화되었다. 대학 구조개혁평가의 결과를 토대로 재정지원 제한 대학을 선정하였으며, 국가장학금 및 학자금 대출까지 제한하는 등 연계를 강화하였다.

2014년 정부는 '대학 구조개혁 추진 계획'을 발표하면서 정부의 모든 재정지원 사업 평가에 입학 정원 감축 계획을 반영하도록 하였다. 또한, 정부는 '사회수요 맞춤형 인재 양성 사업'을 추진하면서 대학의 학과구조 개혁과 정원 조정을 실시하였다. 사회수요 맞춤형 인재 양성 사업은 산업 인력의 미스매치를 해소하기 위해 정부가 제시한 산업별, 직업별 인력수급 전망에 따라 학사구조를 개편하고, 정원을 조정하는 대학에 재정을 지원하는 것으로 다양한 사업을 진행하였다. 사회수요 맞춤형 인재양성 사업은 크게 산학연계 교육활성화 선도대학 육성 사업(PRIME 사업), 대학 인문역량 강화 사업(CORE 사업), 평생교육 단과대학 육성 사업(평단사업)으로 구분된다.

2019년 이후 : 외형상 일반재정지원 재도입과 재정지원 사업 단순화

2019년부터는 대학 재정지원 사업의 운영에서 발생하는 문제가 지적되면서, 이를 개선하기 위한 재정지원 사업의 재편성 및 재분류가 이루어졌다. 정부중심의 재정지원 사업 추진으로 대학 자율성이 저해되고, 다양한 재정지원 사업이 추진되는 과정에서 대학은 재정지원을 받기 위해서 개별사업에 맞춰 분절적으로 접근하여 실질적인 대학경쟁력 제고에 도움되지 못하는 문제가 제기되면서 개선하기 위한 시도였다.

교육부의 주요 재정지원 사업들은 국립대학 육성을 위한 사업, 일반재정지원 사업인 대학혁신지원 사업, 산학협력과 대학(원)연구지원을 위한 특수목적지원 사업으로 단순화되었다. 그러나 대학혁신지원 사업을 일반재정지원 사업으로 추진하지만, 특수목적지원 사업과 동일하게 평가를 통한 선별적 재정지원은 변함이 없다. 다만, 재정지원과 연계하던 입학 정원 감축 등 대학 구조개혁에 대한 부담이 완화되어 이루어지는 실정이다.

2 정부의 재정지원 사업 현황

많은 나라에서 고등교육의 향상을 위해 노력하듯이 우리 정부도 대학의 경쟁력 확보 및 제고를 위해 대학 지원 사업을 추진하고 있는데, 역대 정부마다 다양한 지원 사업을 수행하여 왔다. 대학에 대한 재정지원 사업은 대학원 연구인력지원 사업(BK21)과 같이 장기적이고 지속적인 사업도 있지만, 일반적으로는 정부 출범에 따라 변화가 크다.

정부는 2000년대 초부터 대학 재정지원 사업을 크게 확대하기 시작하였고, 2016년에는 큰 규모의 사업들이 신설·추진되었다. 다양한 재정지원을 통해 국공립대학 및 사립대학 간 재정구조의 불균형을 완화하고자 시도하였고, 정부의 대학 재정지원 사업 규모는 계속 확대되고 있는 상황이다.

〈표 1〉 역대 정부의 주요 재정지원 사업

구분	김대중 정부	노무현 정부	이명박 정부	박근혜 정부	문재인 정부
연구	BK21	BK21	2단계 BK21 세계수준의 연구중심대학(WCU)	BK21 플러스	BK21 플러스
교육	교육개혁추진우수대학 지방대학특성화지원 지방대학육성지원 지역우수대학육성	지방대학 혁신역량강화(NURI) 수도권대학특성화 구조개혁선도대학지원	대학 교육역량강화 학부교육선도(ACE) 광역경제권인재양성 입학사정관제지원	대학특성화(CK) 대학자율역량강화(ACE+) 산업연계교육활성화 선도대학(PRIME) 대학인문역량강화(CORE) 여성공학인재양성(WE-UP) 평생교육단과대학 고교교육정상화기여대학	대학혁신지원 지자체-대학협력기반 혁신지원(RIS) 고교교육기여대학지원 대학구조개혁지원
국립대	국립대 구조조정	국립대학 통폐합지원	국립대학 구조개혁지원	국립대학 혁신지원(PoINT)	국립대학 육성
산학		산학협력중심대학(HUNIC)	산학협력중심대학(HUNIC) 산학협력선도대학육성(LINC)	산학협력선도대학육성(LINC)	사회맞춤형산학렵력선도대학육성(LINC+)
전문대	전문대학 다양화 특성화	전문대학 특성화	전문대 교육역량강화	전문대 특성화(SCK)	전문대 혁신지원

출처 : 임은희(2021). 대학 재정지원 사업 방향 재구성.

다양한 재정지원 사업이 추진되면서 평가에 의한 선택과 집중이 이루어져 선별적 지원 및 경쟁이 심화되었다. 대학 자율성의 저해 문제가 제기되었으며, 대학의 기본역량, 인프라의 개선은 없고 대학의 실제 경쟁력은 제자리인 지원 방식의 비판과 개선의 필요성이 제기되었다. 이 과정에서 대학의 인프라가 상대적으로 우수하고, 학생 충원과 취업이 용이한 대학을 중심으로 지원이 편중되는 현상도 문제로 지적되었다. 특정 분야와 영역을 지원하는 대학자율역량강화지원 사업(ACE+), 대학특성화 사업(CK), 대학인문역량강화 사업(CORE) 등은 대학에 대한 총체적이고 자율적인 혁신을 유도하기에는 미흡하다는 한계가 지적되었다.

정부는 대학 재정지원 사업의 재구조화를 시도하였다. 교육부에서 운영하던 주요 재정지원 사업들을 3개 유형(국립대학지원, 일반재정지원, 특수목적지원)과 4개 사업(국립대학육성, 대학혁신지원, 산학협력, 연구)으로 구조화하면서 단순화하였다. 대학혁신지원사업은 다양하게 추진되어 오던 ACE+(자율역량), CK(특성화), PRIME(산업연계), CORE(인문역량), WE-UP(여성공학) 사업을 통합하여 신설하였다. 대학의 기본역량 제고를 위한 일반재정으로 지원하며, 대학 기본역량 진단 결과에 따라 '자율개선대학'을 선정하여 지원하는 방식으로 전환하였다. 산학협력(LINC+)과 대학원 연구지원(BK21+) 사업은 특수목적지원 사업으로 통합하였다.

최근에 정부는 대학이 지역 경제·산업·사회·문화 발전의 기초가 되는 인적·물적 자원의 집약체로서 지역혁신의 중추적 역할을 하도록 '지자체-대학 협력기반 지역혁신 사업(RIS: Regional Innovation Strategy)'을 일반재정지원 사업으로 신설하여 추진하고 있다.

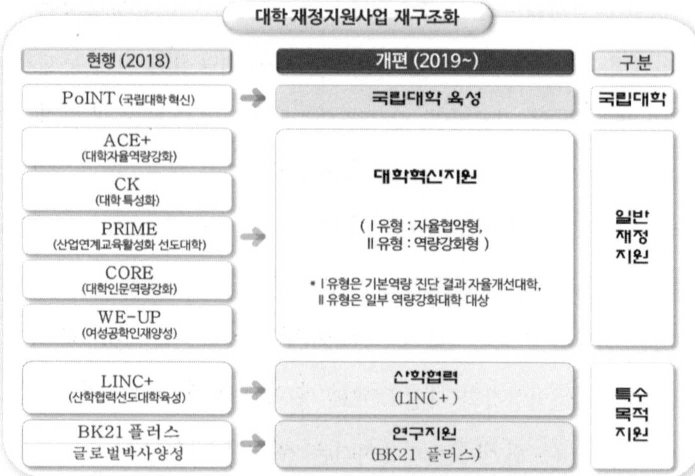

[그림 2] 대학 재정지원사업의 재구조화 및 개편 내용(2019)

3. 국내 고등교육재정 현황

1 고등교육재정 일반 현황

고등교육 지원 규모 증가대비 실질 고등교육예산 감소

국내 고등교육에 대한 정부 예산, 교육부 예산의 변화를 보면, 예산 규모는 총량 측면에서 전체적으로 증가한 것을 알 수 있다. 그러나 고등교육재정의 증가는 2012년 이후 국가장학금 도입에 따른 증가분이 반영되고, 2015년 국립대학의 기성회계 폐지 및 대학회계 도입에 따른 기성회비 통합 징수로 학생등록금의 국고납입액이 포함된 것으로 실제적으로 대학이 체감하는 지원 규모의 증가는 작은 실정이다. 즉 우리나라 고등교육 예산은 총량 측면에서는 증가하였으나, 이 중 대부분이 반값등록금 정책에 의한 학자금지원 예산 증가로 대학생 개개인에 대한 지원이었지 고등교육기관에 대한 실질적인 투자는 아니었다고 볼 수 있다.

결과적으로 고등교육예산은 증가하였지만, 전체 고등교육예산 중 국가장학금 비중이 증가하고, 상대적으로 실질 고등교육예산 비중은 감소하였다. 2019년 고등교육예산은 교육부 예산의 14.2%이나, 개별 대학생의 복지지원비인 국가장학금 예산을 제외한 실질 고등교육예산은 교육부 예산의 8.5%에 불과하다. 외형적으로 고등교육예산의 규모는 매년 증가하나, 교육부 예산에서 차지하는 비중은 감소하고 있다. 실질 고등교육예산 규모는 2011년 4조 2,532억 원에서 2019년 6조 3,878억 원으로 1.5배 증가하였으나, 예산 비중은 2011년 10.2%에서 2019년 8.5%로 1.7%p로 감소하였다. 그 사이에 국가장학금 예산 규모는 2011년 8,186억 원에서 2019년 4조2,378억 원으로 5배 이상 증가하였다.

〈표 2〉 교육부 소관 고등교육 예산 규모 현황

(단위: 억 원, %)

회계연도		교육예산	고등교육							고등교육 예산비율(실질고등교육 예산 비율)
				국가장학금		실질고등교육예산				
								국립대학 운영지원		교육예산 대비
		(A)	(B)	(C)	C/B*100	D=B−C	D/B*100	(E)	E/D*100	
2011		417,123	50,908	8,376	(16.5)	42,532	(83.5)	23,504	(55.3)	12.2 (10.2)
2019		750,398	106,256	42,378	(39.9)	63,878	(60.1)	31,907	(50.0)	14.2 (8.5)
2011년 대비 2019년 증감률	예산	(179.9)	(208.7)	(505.9)		(150.2)		(135.8)		−
	비중	−	−	23.4%p		△23.4%p		△5.3%p		△2.0%p

자료: 김병주 외(2020). 대학유형별 재정구조 및 운영 현황 분석 재구성.

등록금 동결로 인한 대학 재정의 악화

2009년부터 시작된 대학등록금 동결이 13년째 지속되면서 대학 재정 악화 상태가 지속되고 있다. 대학등록금 동결과정은 대학에서 물가인상률을 넘는 과도한 인상이 이루어지고 IMF로 인한 경제상황에서 발생한 측면이 있다. 당시 서울대 이장무 총장은 등록금 동결 방침을 밝히며 "등록금 동결은 몇몇 대학으로 족하고 확산되는 것은 바람직하지 않다. 오히려 정부가 어려운 대학을 도와주고 발전시킬 방안을 내놔야 한다"고 지적한 바 있다(연합뉴스, 2008. 12. 7.). 그렇지만, 2011학년도부터 법적으로 직전 3개 연도 평균 소비자 물가상승률의 1.5배를 초과하지 못하게 되었고, 현실적으로는 등록금 인상이 억제되고 있는 상황이다.

물가인상률도 반영하지 못하는 등록금 동결로 대학은 운영상 어려움이 가속되고 있다. 2011년 이후 등록금 상한제에서 허용하는 법적 범위 내의 등록금 인상을 가정했을 때, 등록금 인상 상한제 적용 등록금과 현재 등록금(경상가)의 차이인 등록금 인하 효과는 2019년 기준 국·공립대학 26.8%, 사립대학 24.8%인 것으로 나타나고 있다.

〈표 3〉 설립유형별 대학 등록금 인하 효과

(단위: 천 원)

구 분		2010	2011	2012	2013	2014	2015	2016	2017	2018	2019
물가인상률		2.9	4.0	2.2	1.3	1.3	0.7	1.0	1.9	1.9	0.4
등록금 인상 상한제		–	5.3	4.9	4.6	3.8	2.4	1.7	1.5	1.8	2.3
국·공립	등록금 (A)	4,225	4,357	4,109	4,075	4,064	4,063	4,062	4,042	4,076	4,085
	인상 상한제 (B)		4,449	4,667	4,882	5,067	5,189	5,277	5,356	5,452	5,578
	매년 인하 효과(C=(A-B)/B*100)		-2.1	-12.0	-16.5	-19.8	-21.7	-23.0	-24.5	-25.2	-26.8
사립	등록금(경상가)	7,221	7,401	7,129	7,094	7,101	7,109	7,129	7,161	7,185	7,167
	인상 상한제		7,604	7,976	8,343	8,660	8,868	9,019	9,154	9,319	9,533
	매년 인하 효과(C=(A-B)/B*100)		-2.7	-10.6	-15.0	-18.0	-19.8	-21.0	-21.8	-22.9	-24.8

출처: 김병주 외(2020). 대학 유형별 재정구조 및 운용 현황 분석, p. 34, 한국대학교육협의회.

입학금 폐지에 따른 수입의 감소

2018년 국공립대학을 시작으로 대학입학금의 전면 폐지 및 단계적 축소가 이루어지고 있다. 정부는 2022년까지는 입학금의 실비용에 대해 국가장학금으로 지원하고, 2022년 이후부터는 신입생 등록금으로 포함하되, 해당 등록 금액만큼 국가장학금으로 지원하여 학생 부담을 해소할 계획이다. 교육부는 모든 대학들이 합의내용에 따라 입학금 전면 폐지 또는 단계적 폐지 이행에 동참함으로써 학생·학부모의 학비 부담이 크게 줄어든 것을 홍보하고 있지만, 대학입장에서는 커다란 수입 감소이다.

입학금 폐지에 따른 대학재정의 수입 감소 규모를 추정해 보면, 2019~2021회계연도 4년제 일반 사립대학 수입 감소 규모는 2,912.8억 원으로 나타나고 있다. 정부는 입학금 폐지와 관련해 앞으로 고등교육의 큰 축을 담당하고 있는 대학이 세계 수준의 경쟁력 있는 대학으로 성장할 수 있도록 다양한 행정적·재정적 지원방안을 적극적으로 마련하겠다고 밝혔는데, 실제적인 지원이 이루어지고 있는지 의문이다.

〈표 4〉 대학 입학금 폐지에 따른 사립대학 수입 감소 규모

(단위: 천 원)

회계연도	학생 1인당 입학금			입학금 폐지에 따른 수입 감소금액	
	평균	최소	최대	총계(억 원)	전체 총액(억 원)
2019	498	0	696	1,344.6	2,912.8
2020	361	0	532	973.3	
2021	231	0	368	594.9	

자료: 대학정보공시.

정부의 교내장학금 확대 요구로 대학의 재정 부담 가중

정부는 국가장학금을 지원하면서 대학의 적극적인 등록금 부담 완화와 참여를 독려하기 위해 교내장학금 유지·확충을 국가장학금 2유형 지원 대상 대학의 자격 조건 및 기본역량진단 평가 항목에 반영하고 있다. 국가장학금 2유형은 대학연계지원방식을 채택하고 대학의 자체노력과 연계하여 지원하는 장학금이다. 등록금이 전년도보다 인상되거나 장학금 지원이 감소하는 대학은 국가장학금 2유형 심사 대상에 우선적으로 제외된다.

학생들의 국가장학금 혜택과 연결되어 있어서 대학들은 등록금 동결 속에서도 교내장학금을 지속적으로 유지 및 확대해야 하는 상황이다. 대학들이 법적으로는 교내장학금은 10% 이상만 확보하면 되지만, 상대평가로 인한 불이익을 고려하여 계속적인 확대가 이루어지고 있다. 이는 대학의 부담으로 작용하고 있다. 사립대학의 경우, 2019년 기준 학부등록금 수입의 18.6%를 학부 교내장학금으로 배정하고 있다. 이로 인해 교내장학금 규모는 2010년 11,074억 원에서 2019년 15,059억 원으로 증가하면서 3,985억 원의 추가적인 재정 투자가 발생하였다.

〈표 5〉 사립대의 연도별 교내장학금 현황

(단위: 천 원, %)

회계연도	교비회계 총액				장학금 총액					
		등록금 및 수강료 수입					교외장학금		교내장학금	
			학부등록금 수입					국가장학금		
	(A)		(B)	(B/A*100)	(C)	(C/A*100)			(D)	(D/B*100)
2010	163,906	106,503	84,832	(51.8)	15,001	(9.2)	3,927	3,105	11,074	(13.1)
2019	185,718	104,942	80,961	(43.6)	37,261	(20.1)	22,202	21,077	15,059	(18.6)

출처: 김병주 외(2020). 대학 유형별 재정구조 및 운용 현황 분석.

공교육비에 대한 낮은 수준의 정부 투자

국내 대학 재정의 큰 문제는 국가 경제 규모에 비해 정부의 지원 규모가 열악하다는 것이다. 정부의 재정 지원이 꾸준히 증가하고는 있지만, 2017년 기준으로 고등교육에 대한 정부차원의 공공재원 수준은 GDP 대비 0.6%로 OECD 평균 1.0%에 못 미치고 있다. 우리나라 대학생 1인당 고등교육 공교육비는 $10,633로 OECD 평균 $16,327의 65.1% 수준이며, 대학생 1인당 공공(정부)재원 투입액은 $4,041로 OECD 평균인 $11,102의 36.4%에 불과하다.

〈표 6〉 고등교육부문에 대한 투자현황 국제비교(2017년 기준)

(단위: %, US $ PPP환산액)

구분		OECD 평균	한국	미국	캐나다	영국	일본	프랑스
■ GDP대비 고등교육 공교육비(%)		1.4	1.6	2.6	2.3	2.0	1.4	1.5
- 공공재원		1.0	0.6	0.9	1.2	0.5	0.4	1.1
- 민간재원		0.4	1.0	1.7	1.1	1.4	1.0	0.3
■ 고등교육 공교육비에 대한 공공·민간투자 상대적 비중(%)	공공재원	68.2	38.1	35	54	25	31	77
	민간재원	28.6	61.9	65	46	71	69	21
■ 학생 1인당 고등교육 공교육비		16,327	10,633	33,063	24,671	28,144	18,839	16,952
- 학생 1인당 공공재원 투입액		11,102	4,041	11,572	13,322	7,036	5,840	13,053

출처: OECD Education at a Glance(2020).

2017년 기준으로 학생 1인당 연간 고등교육 공교육비가 가장 높은 국가는 룩셈부르크로 $52,089이며, 다음으로 미국 $33,063, 영국 $28,144

순으로 나타나고 있다. 국내 대학생 1인당 연간 고등교육 공교육비를 가장 높은 국가인 룩셈부르크와 비교하면 20.4% 수준이다.

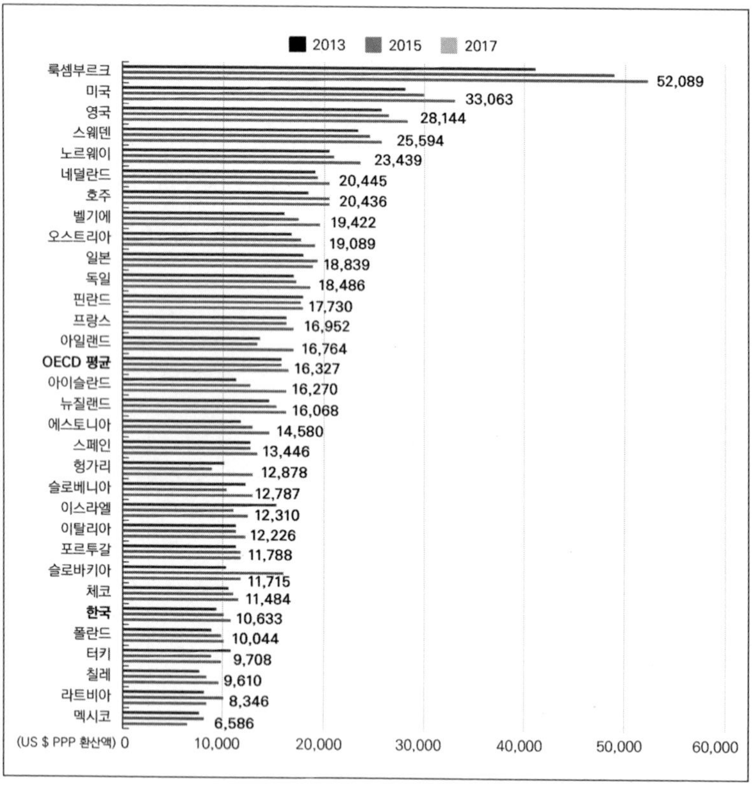

출처: OECD(각 연도). Education at a Glance: OECD Indicators.

[그림 3] 대학생 1인당 공교육비의 국가 비교(2013, 2015, 2017)

2 열악한 대학재정의 결과

초·중등학생 1인당 교육비보다 낮은 대학생 1인당 교육비

국내 초·중등교육의 재원은 내국세의 20.79%를 지방교육재정교부금으로 확보되어 안정적인 반면에 고등교육은 매년 국가의 재정여건에 따라 불안정하게 확보되고 있다. 이로 인해 2000년 학생 1인당 교육비는 대학생이 $6,118이고, 초등학생 $3,155, 중등학생 $4,069였으나, 2013년에는 중등학생 1인당 교육비가 $9,913로 대학생 $9,353보다 높아졌다. 2014년에는 초등학생 1인당 교육비가 $10,464로 높아져 대학생 $9,570을 앞지르기 시작하였다.

대학생 1인당 교육비를 OECD 평균과 비교하면, 2000년에는 $6,118로 OECD 평균 $9,571의 63.9%였다. 2010년에 73.7%까지 격차가 좁혀졌으나, 2013년과 2014년에는 오히려 59.3%까지 격차가 벌어졌다. 2017년 국내 대학생 1인당 교육비는 $10,633로 OECD 평균 $16,327의 65.1%에 불과한 실정이다.

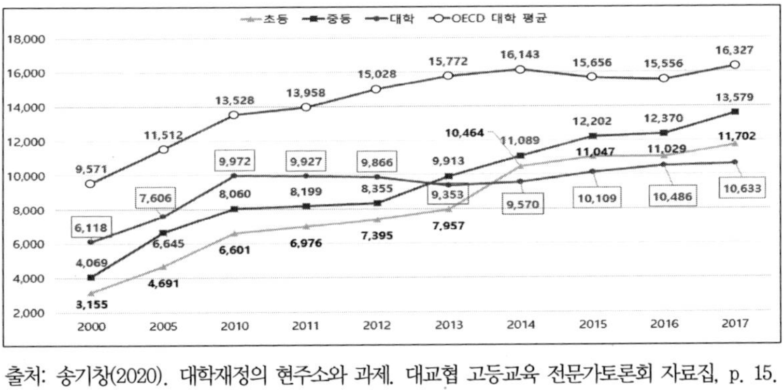

출처: 송기창(2020). 대학재정의 현주소와 과제. 대교협 고등교육 전문가토론회 자료집, p. 15.

[그림 4] 학교급별 학생 1인당 교육비 추이

사립대학의 교육여건 악화와 투자 감소

사립대학의 재정 수입 감소와 지출의 증가는 교육여건에 대한 투자를 위축시키고 있다. 대학의 교육과 연구를 위해서는 기계기구매입비, 연구비, 실험실습비, 도서구입비 등 교육여건에 대한 투자가 필수적이다. 현재 대학의 재정 상태는 교육여건 개선을 위한 지출을 위축시키고 있으며, 대학경쟁력 하락과 교육의 질적 저하로 이어지고 있다. 사립대학의 경우, 2011년 대비 2020년 교육여건 개선을 위한 투자 규모는 약 1.7조원에서 약 1.3조원으로 3,872억 원이 감소하며, 21.9%가 줄어든 것으로 나타나고 있다.

〈표 7〉 사립대학 교육여건 관련 재정 투자액 증감 현황

(단위: 억 원, %)

구분		등록금 및 수강료 수입	학생 지원비	기타 학생경비	연구비	실험 실습비	기계기구 매입비	도서 구입비	소계
2011(A)		110,285	3,133	1,871	5,397	2,145	3,622	1,511	17,680
2020(B)		102,872	2,268	1,339	3,944	1,491	3,650	1,116	13,808
증감 (B−A)	금액	△7,413	△865	△532	△1,453	△654	28	△395	△3,872
	비율	△6.7	△28.4	△28.4	△26.9	△30.5	0.8	△26.1	△21.9

출처: 한국사학진흥재단 사립대학회계정보시스템.

대학교육 경쟁력 하락

국내 대학의 경쟁력은 스위스 국제경영개발원(IMD)에서 발표한 국가경쟁력 순위에 의하면, 2011년 39위에서 2019년 63개국 중 55위로 하락하였다. 세계경제포럼(WEF)의 세계경쟁력 순위에서도 '대학교육 시스템의 질'에 대한 국내 순위는 2011년 55위에서 2016년에는 75위, 2017년

81위로 하락하고 있다. 이렇듯 국내 대학은 열악한 고등교육재정 실태와 투자 속에서 대학교육의 경쟁력이 지속적으로 추락하는 추세이며, 이는 [그림 5]에서 잘 보여주고 있다.

최근에는 조선일보와 영국의 글로벌 대학평가기관 QS가 공동으로 실시하는 '아시아 대학 평가'에서 우리나라 대학들이 최근 2년 연속 10위 안에 들지 못하고 있다. 2021년 아시아 대학 평가 결과에 의하면, 고려대가 13위로 국내 대학 가운데 최고 순위로 나타났으며, 카이스트(14위), 연세대(16위), 성균관대(17위), 서울대(18위)가 아시아 톱 20에 들었다. 2009년 아시아 대학 평가가 시작된 이래 서울대가 18위까지 하락한 것은 처음이다(조선일보, 2021. 11. 3).

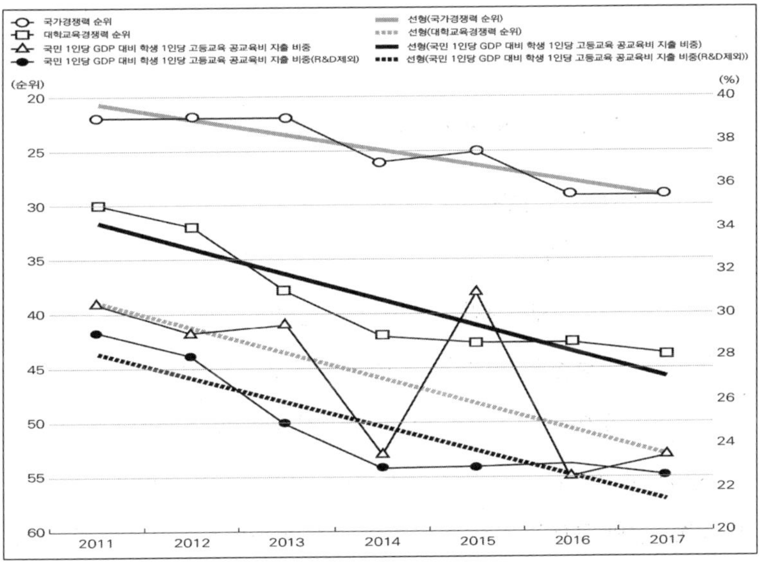

출처: 김병주 외(2020). 대학 유형별 재정구조 및 운용현황 분석, p. 67, 한국대학교육협의회.

[그림 5] 고등교육 공교육비 지출 비중과 국가경쟁력, 대학교육경쟁력 순위 추세 (2011~2017)

4. 우리나라 고등교육재정의 특징과 문제

1 학령인구 감소와 등록금 인상 규제로 재정 감소

저출산으로 인한 학령인구 감소로 대학의 입학자원이 부족하여 등록금 의존도가 높은 국내 대학들은 커다란 위기를 맞고 있다. 그 속에서 13년간 등록금 동결은 대학의 재정과 운영을 더욱 어렵게 하고 있다. 등록금 의존도가 높은 사립대학이 등록금 수입 감소로 열악한 운영 상황에서 2022년 이후 입학금마저 완전 폐지되면 대학의 재정난은 더욱 심각해질 것이다. 물가인상률도 반영되지 않는 등록금 동결 및 입학금 폐지 등으로 2021년 대학의 재정은 2011년 대비하여 6,951억 원 규모의 수입 결손이 추정되고 있다.

2 고등교육재정 확보의 안정성 미흡

초·중등교육의 경우는 투자되는 교육예산의 규모가 지방교육재정교부금법으로 법제화되어 있어서 교육재정의 안정적인 확보가 가능하다. 반면에 고등교육은 재정지원을 위한 근거 법령이 부재하다. 이로 인해 국가예산 편성 과정을 통해 예산 규모가 확정되고, 사업지원 방식으로 지원되는 측면이 있어서 고등교육재정의 안정적 확보에 어려움이 있다.

사업별로 예산을 확보해야 함에 따라 관련 부처와 부서의 역량에 따라 재정지원의 규모가 결정된다. 사업 중심의 지원 방식은 어느 한 사업의 예산이 증액되면 다른 사업의 예산이 감축되는 구조를 가지고 있어 재원 확보의 안정성을 저해한다. 또한 정부의 정책 기조에 따라 재정지원

사업이 변동됨에 따라 재정지원의 지속성을 예측하기 어렵고, 대학현장에서는 일관되고 안정적인 사업추진이 곤란하다.

[3] 국가장학금 확대로 인한 고등교육예산 규모 증가

정부의 고등교육에 대한 지원은 지속적으로 증가하고 있으며, 이로 인해 GDP대비 고등교육 공교육비의 정부부담 비율도 증가하고 있다. 그러나 국내 고등교육재정 규모의 증가는 전체 고등교육예산 중 학생들에게 지원되는 국가장학금 사업 규모의 증가에 기인한 것이다.

대학에 지원되는 일반지원 사업 규모의 증가는 크지 않으며, 반값등록금 정책의 일환으로 지원되는 국가장학금의 비중 증가로 고등교육예산 규모는 매년 증가하고 있다. 외형적으로 지원 규모는 증가하는 것으로 보이나, 실질적인 고등교육예산 비중은 감소하고 있는 것이다. 2019년 고등교육예산은 교육부 예산의 14.2%이나, 개별 대학생에게 지원되는 국가장학금 예산을 제외하면 실제 고등교육예산은 교육부 예산의 8.5%에 불과하다. 국가장학금은 개별 대학생이 복지지원비 성격을 갖고 있어서 고등교육예산 및 대학 운영에 실제적인 도움이 안 되는 상황이다.

[4] 민간재원 중심의 낮은 대학생 1인당 공교육비

국내 대학생 1인당 교육비 수준을 OECD 국가들과 비교해보면, 우리나라는 고등교육 공교육비의 정부부담 비율이 낮고 민간부담 비율이 높은 국가에 속한다. 우리나라 2017년 고등교육 공교육비 비율은 GDP 대비 1.6%로 OECD 평균 1.4%보다 높은 국가이다. 그렇지만, 고등교육 공교육비에 대한 공공(정부)·민간투자의 상대적 비중은 공공(정부)재원이

38%, 민간재원 62%로 민간부담의 비중이 높은 상황이다. OECD 평균은 공공(정부)재원 68%, 민간재원 29%를 나타내고 있어 우리는 민간재원 비중이 OECD 민간재원 비중의 2배 수준이다. 대학생 1인당 공교육비는 대학교육의 질을 가늠할 수 있는 주요한 지표이다. 대학생 1인당 공교육비가 낮다는 것은 우리나라의 대학들이 선진국만큼 교육의 질을 담보할 수 있는 여건을 갖추고 있지 못하다는 것을 의미한다(김병주, 2007).

5 지자체의 고등교육 투자 미미

정부의 고등교육에 대한 투자에 비하여, 지자체의 고등교육 투자 규모는 미미한 수준이다. 과거에 비해 지자체의 투자가 증가하는 추세이나 전체 고등교육재정 규모에 비추어보면 아직도 많이 부족하다. 2019년 중앙정부 및 지자체의 고등교육 재정지원 총규모는 14조 2,292억 원이다. 이 중에서 중앙부처의 지원액은 13조 7,520억 원으로 96.6%를 차지하고 있는데 비하여, 지자체지원액은 4,772억 원에 불과하다. 중앙정부, 지방정부, 기초자치정부의 고등교육 투자 비중에 대한 OECD 평균과 비교하면 우리나라의 중앙정부 지출 비중은 OECD 주요국 중 가장 높고 지방 및 기초자치정부의 지출 비중은 최저 수준이다.

6 지속적인 인건비 및 연구학생경비 비중 증가

국내 대학들은 등록금 수입의 계속적인 감소 속에서도 인건비와 같은 경직성 경비의 비중은 증가하고 있다. 특히 사립대학은 수입 감소로 인한 열악한 재정 속에서 인건비의 부담이 증가하고 있다. 교비회계 자금지출의 항목 비중 변화를 보면, 사립대학 인건비는 2011년 37.9%에서 2018

년 42.5%까지 증가하고, 2019년 41.6%로 다소 완화된 것으로 나타나고 있다. 국립대학도 인건비 부담이 있지만, 국가로부터 인건비 지원을 받아 사립대학보다 운영상의 부담이 적은 편이다. 대학구성원들의 보수 및 인건비 증가는 대학재정에서 경직성 운영비 비중이 커지는 것으로, 이 비중이 높아질 때 대학재정 운영에 어려움이 발생하게 된다. 이런 상황에서 연구학생경비 지출도 지속적으로 증가하여 2011년 22.0%에 불과하던 것이 2018년 31.7%까지 증가하였으며, 2019년 30.6%를 나타내고 있다.

7 교내 장학금 확충 부담과 재정 압박 심화

국내 대학들은 등록금의 인하·동결로 인한 재정 압박 속에서도 학생들의 장학금을 확대하기 위해 노력하고 있다. 대학들은 등록금 동결과 장학금 확충 등의 대학 자구노력을 요구하는 국가장학금 2유형뿐만 아니라 대학 재정지원 사업의 선정 과정에서 평가지표에 장학금 지급률이 반영됨에 따라 교내 장학금을 확충해야 하는 상황이다. 대학입학 자원의 감소와 학생 일탈로 어려움을 겪고 있는 비수도권 중소규모 사립대학에서 장학금 확충을 위한 노력을 상대적으로 더 많이 기울이는 경향이 있다.

정부의 교내 장학금 확대 요구로 교내 장학금 규모는 2010년 11,074억 원에서 2019년 15,059억 원으로 확대되면서 3,985억 원이 증가하였다. 대학생 교내 장학금의 확대는 바람직하고 필요한 것이지만, 지난 13년간 지속되어 온 등록금 인상 제한으로 열악해진 대학재정으로 운영의 부담이 심한 가운데 장학금 확충 압박은 대학들의 재정난을 가중시키는 주요한 요인이 되고 있다.

5. 고등교육재정 확충과 활용

1 고등교육재정의 확충 방안

법률상 인정된 등록금 자율책정권 보장

현재와 같은 정부 주도의 대학 간 경쟁기반 재정지원 정책, 정원감축 중심의 대학구조개혁, 국가장학금 위주의 고등교육예산 확대와 대학의 등록금 동결 규제 정책 등은 대학 혁신의 자율적 교육역량을 저해하고, 실제적인 교육여건 개선에 도움되지 않는 측면이 있다. 결국은 대학의 국제경쟁력을 약화시킬 것이다. 만일 정치·경제적 여건으로 현재의 정책을 유지해야 한다면, 정부는 고등교육기관 지원을 위한 실질적 재정 투자를 확대하고 재원을 안정적으로 확보하기 위한 과제를 해결해야 한다. 이런 측면에서 법적으로 보장되어 있는 등록금 자율책정권에 대한 규제를 철폐할 필요가 있다.

「고등교육법」 제11조에 의하면, 직전 3개 연도 평균 소비자 물가상승률의 1.5배 범위에서 등록금 인상을 보장하고 있다. 그러나 실제적으로는 등록금 인상률을 정부 재정지원 사업의 참여 조건, 국가장학금 2유형 지원 대상대학의 자격 조건 등으로 활용함으로써 등록금 자율책정권을 보장받지 못하고 있다. 법률상 보장되어 있는 것을 행정적으로 규제하고 있는 실정이다. 기본적으로 해당 법률이 취지에 맞게 준수될 수 있도록 모든 대학을 대상으로 등록금 인상을 허용하는 것이 필요하다.

모든 대학에 대해 등록금 자율책정권을 보장하기 어렵다면, 연구중심과 교육 및 직업중심, 정부재정 지원대학 및 미지원대학을 구분하고, 연구중심 혹은 정부재정 미지원대학에 한하여 법정 한도 내 등록금 인상을 허용할 필요가 있다. 국고지원을 받는 사립대학에 대해서는 교육부의 지도와 감독을 허용하되 충분한 재정지원을 할 필요가 있다. 국고지원을 받지 않는 사립대학에 대해서는 등록금인상 제한 규제를 폐지하고, 자유롭게 등록금 인상을 허용함으로써 세계 대학과 경쟁할 수 있는 체제를 갖추도록 해 주어야 한다.

고등교육재정 지원을 위한 법적 기반 마련

국내 고등교육에 대한 정부의 투자는 낮은 수준이며, OECD 대비 평균보다 낮은 수준의 정부 투자로 대학재정 악화 상태가 지속되고 있다. 대학이 사회적으로 요구되는 역할을 수행하며, 국가경쟁력 제고와 사회발전에 기여하기 위해서는 대학재정의 악화 상태를 개선하고 실질적 재정 투자를 확대하기 위한 방안 모색이 필요하다. 초·중등교육이 학생 수 감소라는 환경의 변화 속에서도 교육재정을 안정적으로 확보하는 것은 지방교육재정교부금의 법적 기반이 마련되어 있기 때문이다.

고등교육에 대한 재정 투자 확대를 위해서도 합리적 법적 근거를 마련하는 것이 필요하다. 고등교육재정 확보의 법적 근거가 부재하여 재정지원의 예측 가능성을 보장하지 못하고 안정적이며 일관성 있는 재정지원을 어렵게 하고 있다. 법적 기반 마련으로 국가의 재정여건에 따른 불안정성을 개선하고, 고등교육의 공공성 확보와 경쟁력 강화를 위한 안정적이고 지속적인 고등교육 재정을 확보할 필요가 있다. 고등교육재정의 규모는 대학생 1인당 고등교육 정부부담 수준을 OECD 평균 수준인 GDP 1.1% 확보를 목표로 추진될 필요가 있는데, 고등교육재정 지원을 위한 법률 및 지원 방식은 다음과 같이 다양하게 생각해 볼 수 있다.

첫째 방안은 고등교육재정교부금법 제정이다. 고등교육에서도 지방교육재정교부금에 의해 확보되는 유·초·중등교육재원과 동일하게 안정적인 확보 구조가 필요하다는 제안이 과거도 많이 있었지만, 칸막이 예산 운영이라는 거부감으로 진척되지 못하고 있다. 그러나 반값등록금 정책으로 강력하게 등록금을 억제하며, 설립구분 없이 진행 중인 구조개혁 등은 사립대의 공적 성격을 강화하는 것이다. 이는 사립대학에 대하여 국·공립대학에 준하는 정부 재정지원의 필요성을 말해준다(나민주, 2017)

둘째 방안은 고등교육특별(회계)법 제정이다. 고등교육교부금법 제정의 부담을 완화하며, 고등교육의 경쟁력 제고 및 수도권과 비수도권의 균형발전을 지원하기 위해 5년 한시적인 법 제정으로 대학에 대한 집중 투자를 수행할 필요가 있다. 유아교육과 관련하여 누리과정 문제를 해결하기 위해 유아교육지원특별회계가 설치된 사례가 있다.

셋째 방안은 고등교육에 대한 법 개정으로 관련 법령에 대학 재정지원을 명시화하는 것이다. 법적으로 고등교육예산의 확보 수준을 제시하여 정부의 고등교육재정 일정 비율 확보를 강제하고, 이를 기반으로 고등교육 지원 계획을 수립하고 추진할 필요가 있다. 고등교육법, 사립학교법에 고등교육 재정에 대한 국가의 책임을 명시한 규정이 없고 포괄적으로 지원할 수 있다는 규정만 있다. 특히 사립대학에 대해서는 재정지원여부와 지원규모가 국가의 재량 사항에 속하고 있다. 일본의 경우는 사립대학 설치 학교법인에 대하여 당해학교 교육 또는 연구와 관련되는 경상적 경비의 2분의 1 이내를 국고 보조할 수 있도록 규정(사립학교진흥조성법 제4조)하여 사립대학 등록금의 반액을 국가가 지원하는 목표를 설정하고 있다. 이를 통해 일본은 1970년대 사립대학에 대한 경상비 보조금제도를 신설한 이래 2010년까지 총 9조 8,802억 원(한화 약 138조원)을 지원하였다.

넷째 방안은 고등교육발전기금 마련을 통한 지원이다. 대학에 대한 지속적이고 안정적인 지원을 위한 특별기금을 마련하고, 계속적인 적립과 운영을 통해 고등교육재정을 확충하고 지원하는 것이다. 현재 사학진흥재단에서 운영하는 사학진흥기금을 포함하여 다양한 기금을 연계·출연해 볼 수 있다. 기본적으로 기금은 원금 운영을 통해 이자를 활용하는 것이라 기금의 규모가 매우 중요하다. 고등교육발전기금의 경우는 기금 규모를 확대하는데 한계가 있으므로 이자뿐만 아니라 일정 범위 내에서 원금을 고등교육에 활용할 수 있도록 할 필요가 있다.

마지막으로 사립대학진흥법 제정을 생각할 수 있다. 국립대학은 국가가 설립하여 운영에 필요한 경비를 지원하고 있지만, 사립대학은 등록금 동결 등으로 재정이 열악한 상황이다. 사립대학의 안정적인 지원과 발전을 촉진하며 재정적 어려움을 완화하기 위해 사립대학진흥을 위한 법 제정을 통해 지원 근거와 재원을 마련할 필요가 있다. 국내 고등교육 진학률은 엘리트단계를 벗어나 보편화단계에 진입해 있다. 마음먹으면 대학 진학이 가능한 시대에서 대학 설립유형을 구분하여 지원을 차별할 필요가 없으며, 국민의 세금을 국립대학만 지원하는 것도 적절하지 않다.

국가장학금에 대한 규제완화를 통한 재정 확충 지원

대학에 대한 직접적인 재정 지원이 어렵다면, 규제완화 및 세제 혜택 등을 통한 간접적 재정 확충 지원 방식도 고려할 필요가 있다. 정부의 고등교육예산은 연간 4조원에 달하는 국가장학금으로 인해 고등교육분야 예산의 경직성이 확대되고 있어서 기존 사업의 확대 및 신규 사업 투자에 어려움이 발생하고 있다. 더불어 국가장학금 2유형 참여를 위해서는 등록금 인하·동결 및 교내장학금 유지·확충 등 자체노력이 요구되며, 국가장학금 2유형 참여가 각종 대학 재정지원사업의 전제조건이 되는 상황이라 대학의 재정 부담을 가중시키고 있다.

대학재정을 직접적으로 지원하기 어렵다면, 국가장학금 2형 지원 대상대학의 자격 조건 완화 등을 통해 간접적으로 지원하며 재정 부담을 완화시켜 주는 것이 필요하다. 「대학등록금에 관한 규칙」 제3조 제2항은 등록금 면제 범위를 전체 학생이 납부해야 할 등록금 총액의 10% 이상으로 하고 있다. 이를 기준으로 교내장학금 확보 정도에 대해 절대평가를 실시하고, 충족한 경우로 자격 조건을 완화할 필요가 있다. 또는 국가장학금 2유형을 국가장학금 1유형과 통합하여 국가장학금 사업을 통한 대학의 등록금 동결·인하 등의 자구노력 요구를 폐지함으로써 대학의 재정 확충을 지원할 필요가 있다

2 확충된 고등교육재정의 활용

고등교육재정의 확보도 중요하지만, 재정의 활용도 중요하다. 확보된 대학재정은 대학 운영, 학생 지원, 인프라 개선 등에 투자되어 국내 고등교육의 질과 여건 개선에 활용되며, 대학경쟁력을 제고할 필요가 있다. 정부 재정지원과 관련해서는 투자 및 지원 과정에서 대학의 자율적인 활용이 이루어지도록 운용 자율성을 확보해주는 것이 필요하다. 확보된 재정과 관련하여 다음과 같은 활용방안이 모색될 수 있다.

첫째, 대학의 인건비 등 운영비 지원이다. 대학들은 등록금 동결과 입학금 폐지 등으로 수입이 감소하여 전반적인 운영의 어려움이 발생하고 있다. 대학 운영에 있어서 가장 큰 부담이 되는 것은 인건비 등 고정성 경비이다. 국립대학은 정부지원으로 인건비 문제를 해소할 수 있지만, 사립대학들은 물가인상률을 반영한 봉급 인상도 어렵고, 근속에 의한 자연 증가분만 반영되는 실정이다. 이런 대학 운영의 어려움을 해소하고 완화하기 위해 대학의 운영에 대한 지원과 재정활용 범위를 확대할 필요가 있다. 더불어 대학의 커다란 부담으로 작용하는 인건비 중에서 정부정책에 의한 강사제도 개선으로 발생하는 강사비에 대한 부담을 지원하는 것이 모색될 필요가 있다.

둘째, 대학의 인프라 개선이 필요하다. 최근 대학들은 열악한 재정으로 교육 및 연구 인프라에 대한 투자가 제대로 이루어지지 못하고 있다. 결과적으로 실험실습 기자재 노후화가 발생하고 있으며, 원격수업시스템 미흡 등으로 인한 대학의 교육 및 연구에 어려움이 발생하고 있다. 교육과 연구를 위한 실험실습기자재 구입, 학습관리시스템(LMS: Learning Management System) 구축 등 인프라에 대한 투자와 지원이 이루어져야 한다. 특히, 코로나19로 인한 교육 혁신 및 미래 대학 교육을 위해서 강의실 개선과 투자가 이루어져야 한다.

셋째, 대학(원)생에 대한 지원이 필요하다. 국내 고등교육에 대한 재정 지원은 대학생에 치중하고 있다. 대학원에 대한 지원은 대학원생 연구인력 지원을 중심으로 이루어지는 BK21사업 이외에 없는 상황이다. 대학생에 대한 지원도 개별 복지측면에서 이루어지는 학자금 지원이 중심인 상황이다. 대학에 대한 지원을 법인 혹은 대학을 위한 지원으로 인식하는 경향이 있는데, 이런 인식에서 탈피하고 대학생 및 대학원생에 대한 지원을 확대하는 것이 필요하다. 대학(원)생에 대한 지원도 학자금차원의 지원에서 벗어나 학생들에게 필요한 다양한 지원이 이루어질 필요가 있다.

대학(원)생들은 취업·진로에 대한 관심과 고민이 많은 상황이다. 이에 대한 지도뿐만 아니라 학습지도 및 역량 개발과 경험 기회 강화 등이 이루어지도록 투자와 지원이 이루어져야 한다. 최근에는 대학생들의 심리·정서 발달 문제가 심각해지고 있다. 이들의 정신건강을 위한 심리·정신건강 지원과 더불어 개인별 맞춤형 지원 등이 이루어지는 것이 필요하다.

넷째, 전자저널 구입 등 교육 및 연구를 위한 지원이 이루어져야 한다. 과거 대학도서관이 독서실측면에서 운영되어 왔다면, 최근 대학도서관은 변화하고 있다. 책을 보관하던 곳에서 정보를 활용하는 곳으로 진화하고 있다. 이 과정에서 운영비 부담이 발생하고 있다. 고등교육재정이 확충되면 교육 및 연구를 지원하는 여건 개선으로 도서관 지원이 필요하다.

대학들은 교육 및 연구 활동을 강화하기 위해 전자저널 라이선스 구입을 확대하고 있는데, 대학들의 전자자료 및 전자저널 구입 부담이 증가하고 있다. 대학의 전자자료 구입비는 2008년 565억 원에서 2019년 1,623억 원으로 증가하였는데, 2019년 기준 자료구입비 총액의 67.3%를 차지하고 있다. 결국 열악한 대학 재정 상태에서 다른 자료구입의 어려움이 발생하게 되어, 이를 개선하기 위한 지원이 필요하다.

참고문헌

교육부 · 한국교육개발원(2020). OECD 교육지표.

김병주. (2007). 대학재정 확충 방안. 대학교육 제150호. 한국대학교육협의회.

김병주 · 구성우 · 김민희 · 나민주 · 신재영 · 이정미. (2020). 대학유형별 재정구조 및 운영 현황 분석. 한국대학교육협의회.

나민주. (2008). 지자체의 고등교육 투자 확대 방안. 대학교육 제153호. 한국대학교육협의회.

나민주. (2017). 새로운 대학, 고등교육의 미래를 위한 재정지원 방안. 대학교육 제197호. 한국대학교육협의회.

도종환. (2016). 대학 재정지원사업 현황과 개선방안. 2016년 국정감사 정책자료집.

반상진. (2021). 고등교육재정 확충 방안. 고등교육재정TF 3차 회의자료.

송기창. (2020). 대학재정의 현 주소와 과제. 한국대학교육협의 고등교육전문가토론회 자료집.

송기창 · 김병주 · 백정하. (2008). 대학재정 확충 및 활용 방안에 대한 연구–고등교육재정교부금법제정을 중심으로, 한국대학교육협의회.

연합뉴스. (2008). 대학들 "등록금 동결해도, 안 해도 고민", 2008. 12. 7.

이수연. (2017). 대학 재정지원 정책 평가의 대안. 한국정책학회, 대학과 정책 제1호. pp. 125-148.

이정미 · 이길재. (2018). 미래사회 대비 고등교육의 혁신을 위한 고등교육 재정 확보 방안, 한국대학교육협의회.

임은희. (2021). 대학 재정지원사업 방향. 고등교육재정TF 3차 회의자료.

임후남. (2012). 고등교육재정 지원 현황 분석 연구. 한국교육개발원.

조선일보. (2021). 2류로 추락하는 국내 대학... 논문수 톱 100에 중, 일 49곳, 한국 5곳, 2021. 11. 3.

한국대학교육협의회. (2020). 고등교육 재정 통계자료.

WEF. (2016). The Future of Jobs.

2부
직업교육

V

고등직업교육 혁신의 방향과 과제

주휘정(한국직업능력연구원)

V. 고등직업교육 혁신의 방향과 과제

주휘정(한국직업능력연구원)

1. 머리말

현재 우리 사회는 비상이다. 코로나19는 태풍의 눈처럼 정치・사회・경제 전반을 소용돌이로 휘감아 슈퍼 태풍으로 발달 중이다. 모두가 힘을 모아 이번 위기를 극복하더라도 예전 같은 경제 호황기를 다시 누리긴 어려울 것 같다. 경제성장의 핵심 요소인 미래 노동인구가 줄어들고 있기 때문이다. 저출산 고령화 현상의 심화로 2017년 출생아 수가 40만 명 이하로 떨어진 후, 3년 만에 다시 27만 2천 400명으로 감소하여, 1970년 이래로 가장 낮은 수치를 보이고 있다(통계청, 2020).

1990년대부터 학령인구 증가와 높은 교육열에 부응하며 대학 설립준칙주의와 정원 자율화 조치를 통해 국가 경제 발전을 뒷받침할 우수한 인적자원을 확보해 왔다. 2001~2018년 동안 우리나라의 노동생산성은 연평균 1.07% 증가하였고, 이 중 0.61%는 교육의 질적 향상에 기인한 것으로(유혜미, 2020), 그간의 고등교육 확대에 힘입은 바가 크다. 그러나 대학설립이 유행처럼 늘어나던 1990년대 중반 발표한 5.31 교육개혁에서도 학령인구 감소는 이미 예견된 미래였다(김선희, 2018). 학령인구 감소에 대비하여 연이어 출범한 정부들은 대학 구조개혁의 고삐를 놓지 않았다.

1997년 IMF 외환위기 이후 김대중 정부는 공공부문 효율화의 하나로 국립대학 구조조정 평가사업을 시행하면서 양적 팽창에 제동을 걸었다. 동시에 대학의 질적 경쟁력을 높이기 위해서 BK21 사업을 시작하였고, 노무현 정부는 NURI 사업(지방대학혁신역량 강화사업)을 시행하며(최강식 · 이보경, 2017), 정부 주도의 '당근과 채찍'의 대학 구조개혁이 추진됐다.

그럼에도 불구하고 지속된 경기침체, 대졸 청년취업난, 학령인구의 가파른 감소에 비추어 볼 때, 대학 구조개혁은 시대를 앞서 가진 못했다. 이명박 정부는 부실 대학 및 지방 전문대학 폐교에 초점을 두고, 국립대학 통폐합을 추진하였다. 또, 박근혜 정부는 대학 구조개혁평가로 A~D 등급 중 B 이하는 정원감축과 재정제한 조치를 취했다. 문재인 정부도 대학 구조개혁 정책은 지속 · 유지하고 있고, 앞선 정부와 마찬가지로 재정지원과 연계한 대학평가를 실시하되, 대학 자율로 정원 조정할 수 있도록 자율화 정책 기조를 강화했다.

지난 20여 년간의 대학 구조개혁으로 모든 대학이 내외적으로 큰 진통을 겪었지만, 상대적으로 대학 서열 하단의 전문대학은 매년 존폐의 기로에 섰다. 2010년 일반대학 정원은 31만 4천 명에서 2020년 31만 3천 명으로 감소하였고 같은 기간 전문대학은 29만 4천 명에서 16만 2천 명으로 13만 2천 명이 줄었다(KEDI, 2021a). 이를 학생정원 2천 명의 중규모 전문대학으로 환산하면 66개 교로, 17개 지자체 당 3~4개의 대학이 문을 닫은 셈이다. 전문대학은 1980년대 전체 128개(국공립 36)였고, 1999년 161개(국공립 16개)로 정점에 달하였다가 132개로 매년 많게는 6개 적게는 1개씩 줄어들었고, 공공부문에서 도립대학이 7개 교가 남아있다(KEDI, 2021b).

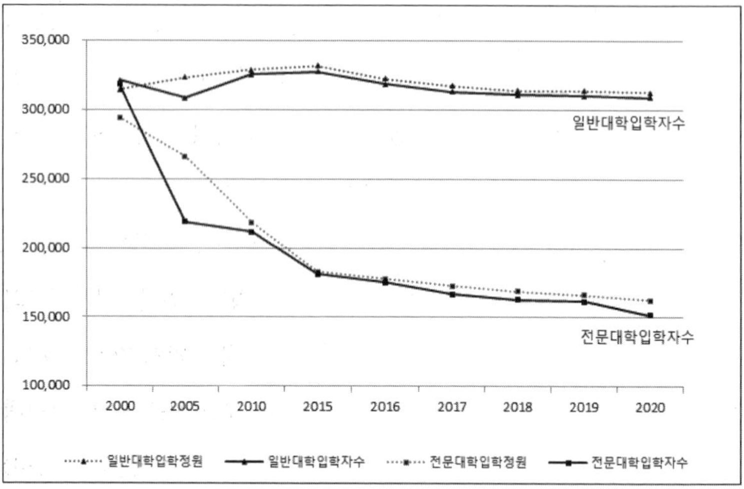

[그림 1] 연도별 신입생 충원현황

주 : 일반대학, 전문대학 발췌하여 그래프 재작성.
자료: KEDI(2021c). 교육통계 연도별 신입생 충원 현황.
출처: 주휘정 · 양정승(2021). 학령인구 감소시대 고등직업전문기관의 역할 강화 방안 연구, p. 4.

학령인구가 대입 정원에 못 미치는 대학의 포화상태가 지속되는 레드오션은 사실상 제로섬 게임의 양상으로 흘러갈 수밖에 없다. 수도권 집중화와 직업교육 기피 심화로 양적 지표 기반 대학 구조개혁 평가에서 결국 지방 전문대학이 '먼저'의 순으로 구조개혁의 대상이 되어 왔다. 그러나 우리나라 전체 기업종사자의 10명 중 9명이 중소기업에서 일하고 전문대학 졸업자가 주로 중소기업에 취업하는 점을 감안하면, 전문대학 소멸은 중소기업, 나아가 또 다른 국가적 위기가 될 것이다. 모든 대기업과 혁신기업은 한 때는 중소기업이었음을 잊지 말아야 하며, 혁신의 출발점에 선 이들에 대한 응원이 필요하다. 그러므로 눈앞에 닥친 코로나 실업을 해소하고 미래의 씨앗이 될 기업들을 지원하기 위한 고등직업교육 기관의 역할을 재고해야 할 것이다.

그간 전문대학은 학령인구 감소, 등록금 동결, 재정 악화로 현재 대학평가와 대학 재정지원사업을 대학 경영의 중심에 두고 구조개혁의 생존게임에서 살아남기에 급급했다. 대학기본역량진단을 기반으로 자율적 구조개혁을 시행하고 있지만, 체제 전환의 기폭제가 되진 못한다. 제 살 깎기식의 정원감축과 정부 재정지원사업에 대학의 사활을 거는 방식이 아닌 미래지향적인 국가발전을 위한 고등직업교육 혁신의 방향을 모색해야 할 것이다. 다음에서는 국내외 전문대학의 현황을 진단하고, 일본 사립대학의 공립화 사례를 분석하여 고등직업교육의 경쟁력 강화를 위한 전문대학 혁신의 방향과 과제를 논의하였다.

2. 고등직업교육의 현황

전문대학의 학생

전문대학의 입학자 수는 감소 추세로, 대학 정원조정에도 불구하고 신입생 충원율은 지속적으로 감소하고 있다. 일반대학에 비해 전문대학의 입학자 수는 크게 줄어들었고, 20년 전의 절반에도 못 미치는 수준이다. 일반대학과 전문대학의 입학자 수와 신입생 충원율을 살펴보면 다음과 같다(KEDI, 2021c). 일반대학의 입학자 수는 2000년 32만 1천 명으로 신입생 충원율은 102%였고, 2020년 입학자 수는 30만 9천 명으로 신입생 충원율은 99%였다. 최근 20년 간 일반대학의 입학자 수는 1만 2천 명 줄어들었고, 신입생 충원율은 3%p 낮아졌다. 전문대학의 입학자 수는

2000년 31만 8천 명으로 신입생 충원율은 108%에서 2020년 입학자 수는 15만 2천 명으로 신입생 충원율은 94%였다. 지난 20년 간 입학자 수는 16만 6천 명이 줄어들었고, 신입생 충원율은 14%p 낮아졌다.

〈표 1〉 연도별 신입생 충원 현황

(단위: 천 명, %)

구분		2000년	2005년	2010년	2015년	2016년	2017년	2018년	2019년	2020년
일반대학	입학정원	314.4	323.5	329.0	331.9	322.4	317.4	314.0	313.9	312.7
	입학자 수	321.4	308.7	325.5	327.6	318.8	313.3	311.1	310.2	309.1
	충원율(%)	102	95	99	99	99	99	99	99	99
전문대학	입학정원	294.2	266.1	218.5	183.0	177.9	172.6	168.7	166.2	162.3
	입학자 수	318.1	218.8	211.6	181.3	175.1	166.9	162.8	161.7	152.1
	충원율(%)	108	82	97	99	98	97	97	97	94

주: 1) 입학정원: 모집 내 정원 인원.
2) 입학자 수: 정원 내 입학자 수.
자료: KEDI(2021c). 교육통계 연도별 신입생 충원 현황.
출처: 주휘정 · 양정승(2021). 학령인구 감소시대 고등직업전문기관의 역할 강화 방안 연구, p. 4.

전문대학 유형과 지역에 따른 학생 충원율의 차이를 분석한 결과를 살펴보면(주휘정 · 양정승, 2021), 재학생 충원율은 전문 3년제 이상 유형이 가장 높은 91.84%, 폴리텍대학은 90.75%, 전문 2년제는 90.60%로 전문대학 유형 간 차이는 없었다. 신입생 충원율은 폴리텍대학이 가장 높은 97.38%, 전문 3년제 이상 95.84%, 전문 2년제 95.46%로 전문대학 유형 간 큰 차이는 없었다.

그러나 전문대학 지역별 학생 충원율은 차이가 있다. 전문대학 학생 충원율은 수도권이 가장 높고, 대경권이 가장 낮았다. 재학생 충원율은 대경권 88.46%, 수도권 93.71%이었고, 신입생 충원율은 대경권 93.08%,

수도권 98.10%였다. 지역에 따라 학생 충원율은 차이가 있으며 수도권과 대경권 간 차이는 5%p로 지역 간 차이가 있다. 학생 충원율은 전문대학의 유형보다는 지역의 여건에 따라 차이가 있는 것으로 보아 전문대학의 구조조정, 신규 통・폐합, 정책지원 사업에서 고려되어야 필요성이 있다.

〈표 2〉 전문대학 유형별 재학생 충원율과 신입생 충원율 차이 분석

<table>
<tr><th colspan="2">구분</th><th>수</th><th>평균</th><th>표준편차</th><th>최대</th><th>최소</th><th>F</th><th>비고</th></tr>
<tr><td rowspan="3">재학생 충원율</td><td>전문 2년제</td><td>66</td><td>90.599</td><td>7.221</td><td>50.867</td><td>99.633</td><td rowspan="3">0.376</td><td>a</td></tr>
<tr><td>전문 3년제 이상</td><td>65</td><td>91.841</td><td>5.551</td><td>69.000</td><td>101.533</td><td>a</td></tr>
<tr><td>폴리텍대학</td><td>24</td><td>90.746</td><td>3.706</td><td>84.000</td><td>97.467</td><td>a</td></tr>
<tr><td rowspan="3">신입생 충원율</td><td>전문 2년제</td><td>66</td><td>95.461</td><td>6.953</td><td>53.300</td><td>100.000</td><td rowspan="3">0.713</td><td>a</td></tr>
<tr><td>전문 3년제 이상</td><td>65</td><td>95.843</td><td>6.960</td><td>59.800</td><td>100.000</td><td>a</td></tr>
<tr><td>폴리텍대학</td><td>24</td><td>97.376</td><td>5.568</td><td>79.400</td><td>100.000</td><td>a</td></tr>
<tr><td rowspan="5">재학생 충원율</td><td>대경권</td><td>26</td><td>88.455</td><td>9.215</td><td>50.867</td><td>99.533</td><td rowspan="5">4.073**</td><td>b</td></tr>
<tr><td>부울경</td><td>24</td><td>90.799</td><td>5.348</td><td>75.733</td><td>97.133</td><td>ab</td></tr>
<tr><td>수도권</td><td>49</td><td>93.707</td><td>4.842</td><td>69.000</td><td>99.633</td><td>a</td></tr>
<tr><td>전라권</td><td>25</td><td>90.724</td><td>5.056</td><td>80.933</td><td>101.533</td><td>ab</td></tr>
<tr><td>충청권</td><td>31</td><td>89.946</td><td>4.658</td><td>78.333</td><td>96.600</td><td>ab</td></tr>
<tr><td rowspan="5">신입생 충원율</td><td>대경권</td><td>26</td><td>93.077</td><td>9.626</td><td>53.300</td><td>100.000</td><td rowspan="5">3.557**</td><td>b</td></tr>
<tr><td>부울경</td><td>24</td><td>93.807</td><td>7.080</td><td>74.400</td><td>100.000</td><td>ab</td></tr>
<tr><td>수도권</td><td>49</td><td>98.097</td><td>6.342</td><td>59.800</td><td>100.000</td><td>a</td></tr>
<tr><td>전라권</td><td>25</td><td>97.319</td><td>3.227</td><td>88.833</td><td>100.000</td><td>ab</td></tr>
<tr><td>충청권</td><td>31</td><td>95.358</td><td>5.042</td><td>84.067</td><td>100.000</td><td>ab</td></tr>
</table>

주: 1) p〈.001***, p〈.01**, p〈.05*
　2) 비고는 Scheffe 검증 결과 집단 표기.
출처: 주휘정・양정승(2021). 학령인구 감소시대 고등직업전문기관의 역할 강화 방안 연구 중 도표 발췌하여 재작성.

생애 첫 전문대학 입학연령 분포를 OECD 자료에서 살펴보면(OECD, 2020), 우리나라의 전문대학 입학자는 초기 청년기에 집중되어 있다. 2018년 기준 OECD 평균 전문대학 입학연령 중위수는 25.29세, 우리나라는

22.45세였다. 프랑스는 우리나라보다 낮은 21.21세, 호주는 좀 더 높은 26.15세였다. 반면 상위 80%는 호주가 가장 높은 37.43세였고, 영국 36.53세였으나 우리나라는 24.47세로 비교 대상국 중 다소 낮은 편이었다.

〈표 3〉 생애 첫 전문대학 입학생 연령 분포(2018)

국가	20%	중위	80%
Australia	20.29	26.15	37.43
Germany	23.67	25.73	28.10
OECD average	22.10	25.29	32.37
United Kingdom	19.96	23.38	36.53
Korea	20.84	22.45	24.47
France	20.14	21.21	23.38

자료: OECD(2020). Education at a Glance, p. 218.

학생 1천 명당 외국인 학생 수를 OECD 자료에서 살펴보면(OECD, 2021) 비교 대상국 중 미국이 가장 많아 977명이고, 다음으로 호주 509명, 영국 489명이었다. 아시아 국가 중 일본은 인구 1천 명당 외국인 학생 수가 203명으로 우리나라 99명의 두 배 수준이다. 박사과정에서 외국인 유학생 비율이 높은 국가는 영국 41%, 프랑스 38%, 호주 36%, 미국 25%이고, 우리나라는 14%였다. 석사과정에서 외국인 유학생 비율이 높은 국가는 호주 56%, 영국 36%, 독일 16%이고 우리나라는 10%였다. 대학(학부)과정에서 외국인 유학생 비율이 높은 국가는 호주 17%, 영국 15%, 미국 4%이고, 우리나라는 3%였다. 전문대학 과정에서 외국인 유학생 비율이 높은 국가는 호주 33%, 일본 9%이고, 우리나라는 1%였다.

〈표 4〉 학생 1천 명당 외국인 유학생 수와 교육과정별 외국인 유학생의 비율(2020)

국가	학생 1천명당 외국인 학생 수	전문대학 (%)	대학 (%)	석사 (%)	박사 (%)
Australia	509	33	17	56	36
France	246	3	7	13	38
Germany	333	0	7	16	12
Japan	203	9	3	10	20
United Kingdom	489	4	15	36	41
United States	977	2	4	13	25
Korea	99	1	3	10	14
OECD total	4193	3	5	14	22

자료: OECD(2021). Education at a Glance, p. 222.

우리나라의 외국인 유학생 현황을 살펴보면 다음과 같다(KEDI, 2021d). 학위과정과 비학위과정을 모두 포함하여 우리나라 외국인 유학생 수는 2020년 기준 전체 15만 3천 695명이다. 학제별로는 일반대학 10만 797명(65.58%)으로 가장 많았고, 대학원 3만 9천 94명(25.44%), 전문대학 1만 2,070명(7.85%) 순으로 많았다.

〈표 5〉 외국인 유학생 수(2020)

	전문대학	기능대학	일반대학	대학원	기타	계	유형 (%)
국립	5		14,349	8,698	651	23,703	15.42
공립	3		580	225	0	808	0.53
사립	12,062	9	85,868	30,171	1,074	129,184	84.05
계	12,070	9	100,797	39,094	1,725	153,695	100.00
학제(%)	7.85	0.01	65.58	25.44	1.12	100.00	

자료: KEDI(2021d). KEDI 교육통계 〉 대학통계 〉 설립별 2020년 설립별 외국인 유학생 수.
1. 학위과정 및 비학위과정(어학연수생, 교환연수생, 방문연수생, 기타연수생, 교육과정공동운영생)의 외국인 유학생수 포함.
2. 기타는 그 밖의 학교 유형의 합계.

외국인 유학생의 졸업 후 현황을 살펴보면(KEDI, 2020), 본국으로 귀국하는 학생은 13.3%, 국내취업은 13.4%, 국내진학 17.1%였다. 그리고 나머지 56.2%는 미상으로 조사됐다. 외국인 유학생 중 국내에 잔류하는 학생은 10명 중 3명 정도이고 이중 취업자는 1명 남짓하여 외국인 유학생의 취업률이 높은 편은 아니다.

〈표 6〉 2020년 국내 학위과정 외국인 유학생 졸업 후 현황

구분	계	졸업 후 상황			
		본국귀국	국내취업	국내진학	미상
명	1,547	205	207	265	870
비율 %	100.0	13.3	13.4	17.1	56.2

자료: 연도별 국내 학위과정 외국인 유학생 졸업 후 현황 중 2020년 자료 발췌.
출처: KEDI(2020) 교육통계분석자료집: 고등교육통계편, p. 37.

전문대학의 학생 연령과 외국인 유학생 비율을 살펴본 결과, 전문대학 학생 구성의 다양성은 매우 낮은 편이다. 대졸 청년 취업난으로 U턴족이 증가하고 있는 추세이기는 하나 여전히 학령인구가 학생자원의 대다수를 차지하고 있고, 외국인 유학생의 비율도 일반대학에 비해 낮은 것으로 나타나고 있다. 따라서 성인학습자와 외국인 유학생 자원 확보를 위한 대학과 지자체 단위의 정책적 노력이 필요할 것이다.

전문대학의 교원

전임교원 확보율은 대학교육의 질을 측정하는 주요 지표 중 하나로 지난 10년간 전임교원 확보율은 전문대학과 일반대학 모두 증가하였다. KEDI(2020e)의 자료를 살펴보면, 일반대학의 전임교원 수는 2010년 6

만 835명에서 2021년 7만 3,362명으로 1만 2,527명 증가하였고, 같은 기간 재학생 기준 전임교원 확보율은 2010년 73.2%에서 2021년 87.4%로 14.2%p 높아졌다. 전문대학의 전임교원 수는 같은 기간 1만 2,386명에서 1만 1,898명으로 488명으로 감소하였고, 재학생 기준 전임교원 확보율은 54.3%에서 63.4%로 9.1%p 증가하였다. 전임교원 확보율은 일반대학이 전문대학에 비해 2021년 기준 24%p 높고 지난 10년 간 더 빠른 속도로 높아졌다.

〈표 7〉 전문대학과 일반대학의 전임교원 확보율

연도	일반대학		전문대학	
	전임교원수	교원확보율	전임교원수	교원확보율
2010	60,835	73.2	12,386	54.3
2011	63,677	74.2	12,747	54.5
2012	67,807	77.3	12,926	56.6
2013	69,561	78.3	12,869	57.3
2014	71,208	79.0	12,775	57.5
2015	72,454	80.7	12,851	58.8
2016	72,607	82.1	12,712	59.6
2017	73,128	84.4	12,670	60.9
2018	72,889	84.6	12,454	60.3
2019	72,015	84.2	12,195	58.8
2020	72,286	85.1	12,042	59.2
2021	73,362	87.4	11,898	63.4

자료: KEDI(2021e). KESS 교육통계서비스 〉 대학통계 〉 연도별 전임교원확보율.

전임교원 확보율을 대학 유형별로 살펴보면(주휘정 · 양정승, 2021), 폴리텍대학은 118.38%, 전문 3년제 이상 69.95%, 전문 2년제 이상 62.91%로 폴리텍대학이 타 유형의 전문대학에 비해 전임교원 확보율이

〈표 8〉 전문대학 유형별 전임교원 확보율 차이 분석

구분		수	평균	표준편차	최대	최소	F	비고
전임 교원 확보율	전문 2년제	66	62.912	6.521	46.477	78.250	84.500***	b
	전문 3년제 이상	65	69.953	19.463	53.733	183.763		b
	폴리텍대학	24	118.380	32.125	83.330	200.000		a

주 1) p〈.001***, p〈.01**, p〈.05*

2) 비고는 Scheffe 검증 결과 집단 표기.

출처: 주휘정 · 양정승(2021). 학령인구 감소 시대 고등직업전문기관의 역할 강화 방안 연구, p. 4.

높았다.

대학재정지원 사업 및 구조개혁의 주요 지표로 전임교원 확보율이 활용되면서 대학의 전임교원 확보율은 점차 높아졌다. 그러나 여전히 전문대학에서 전임교원의 강의담당 비율은 전체 강의 총학점의 절반 수준이다. 대학알리미의 전문대학 교원의 강의담당비율을 2018년도 자료를 기반으로 분석한 결과 총 학점의 전임교원 강의담당 학점은 47.06%이고, 비전임교원은 52.94%를 차지하였다. 시간강사 담당학점 비율은 29.22%, 겸임교원은 19.61%였다.

전임교원 확보율은 교육의 질과 학생 진로지도 등과 관련된 주요한 문제로 일정 수준 이상의 전임교원을 확보하는 것은 필수적이다. 그러나 전임교원 위주의 학사 운영으로는 빠른 직업환경 변화에 대응한 학과 신설, 비정규 교육과정 개설 등에 효율적으로 대처할 수 없는 한계도 있다. 따라서 전임교원 확보 및 활용의 유연성 확보할 수 있는 지점에서 전임교원과 비전임교원의 역할 분담이 필요할 것이다.

〈표 9〉 전문대학 교원의 강의담당비율

2018년 기준	전임교원	비전임교원				
		계	겸임	초빙	시간강사	기타
%	47.06	52.94	19.61	3.58	29.22	0.53

주: 대학알리미 2018년 전문대학 교원강의 담당비율 학교별 자료.

전문대학 졸업자의 취업과 임금

전문대학 졸업자의 취업과 임금을 살펴보면(KEDI, 2021f), 취업률은 폴리텍대학(기능대학), 전문대학, 일반대학 순으로 높다. 2019년 기준 폴리텍대학 졸업자가 가장 높아 80.0%, 전문대학은 70.9%였고 일반대학은 63.3%로 가장 낮았다. 폴리텍대학의 취업률은 2015년 83.2%에서 최근 5년 간 낮아지는 추세로 3.2%p 감소했다. 같은 기간 전문대학 취업률은 2015년 69.5%에서 1.4%p 높아졌고 일반대학은 1.1%p 감소하였다.

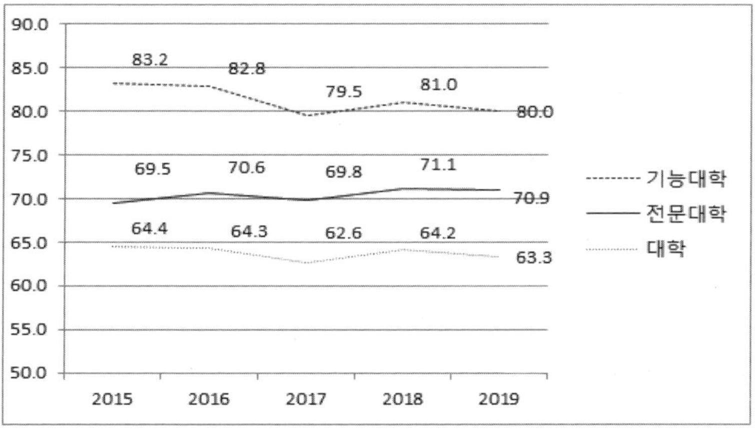

자료:KEDI(2021f). 교육통계. https://kess.kedi.re.kr/index.

[그림 2] 대학, 전문대학, 기능대학 취업률(2015~2019)

우리나라의 학력별 상대임금을 OECD 평균과 비교하여 살펴보면 다음과 같다(OECD, 2021). 중졸 이하는 OECD 평균 82, 우리나라 79, 전문대학은 OECD 평균 120, 우리나라 108, 대학은 OECD 평균 143, 우리나라 136, 대학원 석・박사는 OECD 평균 187, 우리나라 182였다. 비교국 중 전문대학 졸업자의 상대임금이 가장 높은 국가는 독일로 138, 다음으로 프랑스 125였고, 영국과 미국은 각각 118, 111로 OECD 평균에 못 미쳤다.

전문대학과 폴리텍대학의 취업률이 일반대학에 비해 높긴 하지만 상대임금이 일반대학과 대학원 석박사 과정에서 훨씬 높기 때문에, 전문대학보다 일반대학의 선호도가 높을 것으로 예상된다.

〈표 10〉 25-64세 전일제 상용직 교육수준별 상대임금(2019)

	중졸 이하	후기중등	전문대	대학	대학원 석・박사	전체
Australia	88	102	109	126	140	125
France	95	–	125	141	196	153
Germany	80	111	138	161	175	162
Korea	79	–	108	136	182	133
United Kingdom	75	–	118	143	164	144
United States	74	–	111	163	231	173
OECD average	82	–	120	143	187	153

주 : 후기중등=100.
자료: OECD(2021). Education at a Glance, p. 93.

전문대학에 대한 재정지원

전문대학에 대한 재정지원 국내외적으로 비교하면 다음과 같다. 먼저

OECD(2020)의 비교분석에 따르면, OECD 평균 전문대학 전일제 학생 1인당 재정지출액은 ppp환산 US 1만 2,422달러였다. 우리나라는 5,791달러로 OECD 평균의 절반에 채 미치지 못하는 수준인 반면 일본은 1만 3,617달러로 OECD 평균을 상회하였다. 주요국 중 영국과 프랑스가 각각 1만 9,093달러, 1만 5,359달러로 재정지출이 많았다. OECD 평균은 일반대학 대비 70.72%를 전문대학 재학생에 지출하였고, 지출 비중이 가장 높은 국가는 프랑스로 일반대학 1만 7,442달러의 88.06%를 전문대학 학생에 지출하였다. 일본은 일반대학의 67.38%, 독일은 61.04%인 반면 우리나라는 일반대학의 절반에 못미치는 48.47%를 전문대학 학생에 지출하였다. 비교국 중 호주가 일반대학 대비 전문대학 학생에 대한 재정지출 비율이 가장 낮아, 47.04%였으나, 지출액은 1만 943달러로 우리나라의 1.9배에 달하였다.

〈표 11〉 전일제 학생 1인당 교육기관의 총 지출(2017)

(단위: ppp환산 USD)

국가	전문대학		일반대학	고등교육 전체	전체 (R&D 제외)
	전문대학	일반대학 대비(%)			
Australia	10,943	47.04	23,261	20,436	14,314
France	15,359	88.06	17,442	16,952	11,638
Germany	11,284	61.04	18,487	18,486	10,436
Japan	13,617	67.38	20,209	18,839	-
Korea	5,791	48.47	11,948	10,633	8,400
United Kingdom	19,093	65.54	29,131	28,144	22,291
United States	-		-	33,063	29,153
OECD average	12,422	70.72	17,566	16,327	11,234

자료: OECD(2020). Education at a Glance, p. 280.

우리나라의 고등교육 재정지원 사업 현황을 살펴보면(한국사학진흥재단, 2018), 사업 수는 2018년도 기준 전체 1,912개로 이 중 일반대학은 1,481개, 전문대학은 430개로 집계되었다. 지원금액은 일반대학 3,064억 원, 전문대학 1,149억 원으로 일반대학에 72.73%, 전문대학에 27.27%를 투자한 것으로 나타났다. 그러나 이를 다시 재학생 1인당 평균액으로 산출하면, 일반대학 166만 원, 전문대학 282만 원으로 나타났다. 그리고 지자체의 대학재정지원은 지역별 편차가 있는데(한국사학진흥재단, 2018) 5개 권역 중 전문대학에 대한 재정지원 비율이 가장 높은 곳은 경남과 강원으로 각각 193억 원, 146억 원을 지원하였다. 그러나 서울은 일반대학에 집중 투자한 반면 전문대학의 투자는 거의 이루어지지 않았다.

〈표 12〉 '18년 지자체 고등교육 재정지원 현황

(단위: 개, %)

구분	학교 수	재학생 수	사업 수	지원금액 (억원)	비율	재학생 1인당 (만원)
대학	178	1,844,297	1,481	3,064	72.73	166
전문대학	124	407,443	430	1,149	27.27	282
대학원대학	1	136	1	0.3	0.01	221
합계	303	2,251,876	1,912	4,213	100.00	187

출처: 한국사학진흥재단(2018). 2018 고등교육 재정지원정보 분석보고서. p. 137.

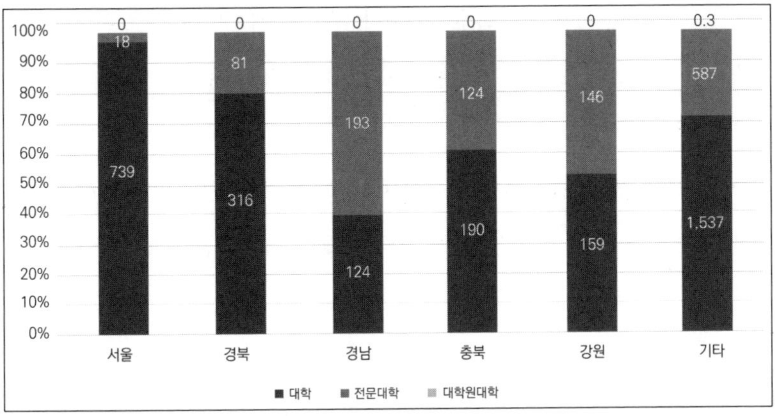

출처: 한국사학진흥재단(2018). 2018 고등교육 재정지원정보 분석보고서. p. 142.

[그림 3] 지역별 · 학제별 지자체 재정지원 비율(단위: 억원, %)

3. 일본의 사립대학 공립화 사례

공립화의 배경

일본 정부는 저출산 고령화와 경제 침체기를 겪으면서 늘어난 정부지출에 따른 국민 부담 증가로 광범위한 행정조직 효율화 개혁을 단행하였다. 일본 각의는 2000년 「행정개혁대강(行政改革大綱)」을 발표하였고 여기에는 고등교육 부문의 독립행정법인화 관련 사항도 포함되어 있다. 이 행정개혁대강에 따라 지방정부는 독립행정법인 제도 도입을 검토했고, 그 결과 지방독립행정법인법에서 2003년 7월 '공립대학 법인 제도'를 창설하고 2004년부터 사립대학의 공립화를 본격적으로 추진하여 왔다.

'공립대학 법인제도'가 법제화되면서 일본의 국·공립대학은 공립대학법인, 지방독립행정법인 그리고 국립대학법인 3가지 형태를 띤다. 정부가 전적으로 지원하던 특수법인이나 대학 등에 대해서 독립행정법인화를 추진하며 각 조직의 자립운영을 촉진하였고, 국립대학법인화와 함께 지방에서의 독립행정법인화도 추진하였다. 2000년대 중반 국립대학법인화는 우리나라에서도 크게 주목한 바 있으나, 지방에서의 공립대학화에 대한 논의는 최근 문부과학성의 성과 발표를 통해 점차 드러나고 있다. 일본의 공립화제도가 도입된 이후, 2021년 5월 기준 현재까지 88개 대학(79개 법인)이 법인화하였다(文部科学省, 2021a).

일본의 공립 대학법인 유형과 재정 확보

일본 공립대학은 지역 곳곳으로 확산하고 있다. 과거 일본의 공립대학은 도쿄권 6개교, 나고야권 7개교, 오사카권 14개교, 그 밖의 지역 71개교로 오사카권역에 30% 정도가 집중되어 있었다. 그러나 1990년대 이후 공립대학의 설치가 지방 전역으로 확대되어 현재는 약 70%의 공립대학이 지역에 설립되어 있다(文部科学省, 2021a).

일본 지방자치단체는 사립대학의 공립법인화를 추진할 시에 공립대학법인과 지방독립행정법인 2가지 중 하나를 선택하여 법인을 설치할 수 있다(文部科学省 2021b). 국립대학 법인은 각 대학의 설치를 법률로 규정하고 있지만 공립대학 법인은 지방의회의 의결을 거쳐 설치한다. 법인의 이사장이 학장을 맡거나 경우에 따라서는 별도의 이사장을 선임할 수 있다. 공립대학 법인은 설립단체장이 중기목표 6년을 수립하고, 독립적인 인증평가위원회가 평가를 실시한다. 지방독립행정법인은 중기목표 3~5년을 수립하고, 지방 독립 행정법인 평가위원회가 평가를 실시한다.

이 같은 공립대학 법인화를 통해 지방자치단체는 각 지역의 특징과 요구에 맞는 대학 교육을 실시할 수 있고 중장기적인 계획을 수립할 수 있다. 그리고 별도의 평가위원회를 통해 교육의 질을 관리할 수도 있다. 한편, 사립대학은 공립대학으로 전환함에 따라 등록금에 대한 의존도를 낮추고 대학 재정을 안정적으로 확보할 수 있게 된다. 이러한 안정성을 바탕으로 공립대학의 네임밸류를 활용하여 지역 학생자원을 보다 경쟁력 있게 확보할 수 있으며, 지역 협업기반의 인재양성 기관으로서의 역할을 주도적으로 맡을 수 있게 되었다.

〈표 13〉 공립법인, 지방독립행정법인, 국립대학법인 유형 비교

	공립대학법인	지방독립행정법인	국립대학법인
법인설립	• 의회의 의결을 거쳐 국가 등이 허용 ※ 도도부 현이 설립하는 경우는 총무· 문부과학 대신의 공동 인증	• 의회의 의결을 거쳐 국가 등이 허용 ※ 도도부 현이 설립하는 경우에는 총무 대신의 인가	• 각 대학 (법인)의 설치를 법률로 규정 ※ 법률에서 일률적 법인화
구성원의 임명	• 이사장 = 학장으로 한다(단, 지방 공공 단체의 선택에 따라 별도로 이사장을 임명하는 일도 가능) • 이사장이 학장인 경우 임명(해임)는 "심사 기관" 선정(신청)에 따라 설립 단체의 장이 실시 • 이사장이 학장이 아닌 경우에 대해서도 같은 절차를 거쳐 이사장이 실시 • 교원의 임명에 대해서도 대학의 의향을 존중하는 절차를 규정	• 이사장의 임명(해임)를 설립 단체의 장이 한다.	• 이사장 = 학장으로 한다 • 학장의 임명(해임)는 "학장 심사 회의 '의 전형(신청)에 따라 문부 과학 대신이 실시
운영조직	• 운영 조직을 법령으로 규정 (구체적인 구성원 심의 사항은 정관으로 규정) – 경영 심의 기관, 교육 연구 심의기구를 설치 – 이사회 등 기타 기관은 설립	• 구체적인 운영 조직은 정관 등에서 규정	• 운영 조직을 법령으로 규정 (구체적인 구성원 심의 사항은 정관으로 규정) – 경영 심의 기관, 교

	단체의 판단에 따라 정관 등 으로 설치		육 연구 심의기구를 설치 – 특정 중요 사항을 의결하는위원회를 설치
목표·평가	• 설립 단체의 장이 중기 목표를 수립 (법인 의견을 배려) • 중기 목표 기간은 6년 • 지방 독립 행정법인 평가위원회가 평가(인증 평가 기관의 전문적인 평가)	• 설립 단체의 장이 중기 목표를 수립 • 중기 목표 기간은 3 ~ 5년 • 지방 독립 행정법인 평가위원회가 평가	• 문부과학 대신이 중기 목표를 수립(법인 의견을 배려) • 중기 목표 기간은 6년 • 국립 대학 법인 평가위원회가 평가
신분	비공무원형	업무내용에 따라 판단	비공무원형

출처: 文部科学省(2021b). 「公立大学法人」制度の概要.

일본 지자체가 공립대학을 운영하는 재원은 기본적으로 지방세와 지방교부세로 구성되어 있다. 공립대학을 설치한 지자체는 대학에 소요되는 비용을 교부세액 산정 시 기준 재정 수요액에 산입하고, 지방교부세는 지자체 고유의 재원으로, 그 용도는 지자체의 자체적인 판단에 따라 활용 가능하다. 지방공공단체는 대부분 지방교부세로 대학 운영비를 지출하고 있다(文部科学省, 2021c).

정부에서 지방자치단체에 학생 수에 따라 지방교부세를 교부하면 지방자치단체는 예산에 따라 공립대학 법인에 대해 교부금을 교부한다. 사립대학에서 공립대학으로 전환하며 변경된 재정 수입원을 공립도쿄이과대학의 사례를 통해 살펴보면 다음과 같다(諏訪東京理科大学, 2015). 공립화 전의 사립대학의 수입은 보조금, 학생납부금, 기타 수입으로 구성된다. 그러나 공립화 이후에는 지방자치단체 교부금을 주 재원으로 하며 교부금은 학생 수를 기준으로 보통교부세 기준 재정수요액으로 지원받아, 재정자원을 안정적으로 추가 확보할 수 있게 되었다.

항목	사립대학 1,165,747,500엔		공립대학 2,127,469,000엔
보조금 등	사립대학등 경영경비보조금 [산정요소] 전임교원수 전임직원수 비상근직원수업시간 수 학생 정원 수 등 인증평가 수수료 실제 지출액 190,239,000엔	⇒	지방자치단체 교부금 [재원금] 보통교부세기준 재정수요액 [산정요소] 학생 수 1,583,958,000엔
학생 납부금	입학료 수업료 시설비 기부금 975,580,500엔	⇒	입학료 수업료 543,511,000엔
그 밖의 수입	수수료 잡수입	⇒	수수료 잡수입

[그림 4] 사립대학에서 공립대학으로의 전화에 따른 수입 구성의 전환

주: 공립대학 지방자치단체 교부금은 학생 1인당 지방교부세 단위비용 1,758,000엔(이과계)로 재학생 수를 곱하여 산출.

출처: 諏訪東京理科大学(2015). 今後の諏訪東京理科大学のあり方に関する報告書. p. 57과 p. 58 자료 통합하여 작성.

나가노현 공립스와도쿄이과 대학의 사례[1)]

공립스와도쿄이과 대학은 스와 단기대학에서부터 출발한 지역 유일의 이과계 대학이다. 지역 학술진흥과 지역에 정착할 기술자 양성을 목적으로 6개 시정촌(오카야시, 스와시, 치노시, 시타스와쵸, 후지미쵸, 하라쵸)이 대지와 건물을, 나가노현이 시설비를 부담하여 공간을 마련하였고, 학교 운영은 도쿄이과대학 학교 법인이 맡았다(諏訪東京理科大学, 2015).

1) 공립스와도쿄이과대학 홈페이지 참조(https://www.sus.ac.jp).

도쿄이과대학은 스와대학과는 전혀 별개의 사립대학이지만 협정을 맺고 단기대학의 제조 관련 전공에 정보, 통신, 지능 등의 새로운 분야를 접목하고, 공학과 경영학의 융합교육을 실시하며 지역대학의 교육과 연구를 지원하였다. 그리고 2002년 4월에는 4년제 대학으로 전환하였고, 2006년에는 대학원과정을 설치하며 지역 대학 발전을 도모해 왔다.

저출산의 영향으로 여타의 지방사립대학이 겪고 있는 경영난과 마찬가지로 스와도쿄이과대학은 입학자 수의 감소로 경영 악화에 직면하였고 공립화를 추진하기에 이르렀다. 공립화는 첫째, 지역 자치단체가 운영에 직접 관여하여 밀접하게 지역 공헌이 가능한 구조로 전환하고, 둘째, 공립대학에 대한 사회적 신뢰를 부여하고 교육과 연구에 충실할 수 있도록 지원하며, 셋째, 학생에게는 학비 부담을 경감하여 보다 안정적으로 학업에 임할 수 있도록 하는 데 목적을 두었다. 이 같은 공립화 목적 달성을 통해 지역 학생을 유치하고 지역 활성화에 기여할 수 있기를 기대하였다.

스와대학은 구체적으로 교육부문의 혁신으로 FD(faculty development) 위원회를 설치하고 교원의 교육활동을 조직적으로 관리하여 교육의 질을 향상시키는 데 역점을 두었다. FD위원회는 교과목의 학습계획서(syllabus)를 점검하고, 수업평가, 수업참관제도, 포트폴리오 등을 작성하는 업무를 담당하였다. 산학협력 부문의 혁신으로 지역연계 종합센터를 설치하고 하부조직으로 산학연계센터, 평생학습 센터, 고교-대학 연계 센터를 설치하여 지역 기업, 주민 그리고 고등학교와 연계하여 대학의 다양한 수요자의 요구에 부응하고자 노력하였다. 또, 지역 공립대학의 주요 역할 중 하나인 지역의 고등교육 기회 확대를 위해 지역민을 대상으로 추천입학제도를 확대하였고, 지역과 연계한 활동을 다수 수행하였다.

공립화 성과(文部科学省, 2021d)로 먼저, 입학자가 증가하여 지역 내 학생의 지원 비율은 2016년 2.8명 2017년 5.3명에서 공립화로 전환된 2018년에는 7.9배로 확대되었다. 또, 지역 내 입학자 비율은 2016년 6.2%, 2017년 4.1%였으나 공립화로 전환된 2018년에는 4.1%, 2019년에는 4.2%, 2020년에는 3.1%로 낮아져 입학생의 출신학교가 전국구로 확대되었다.

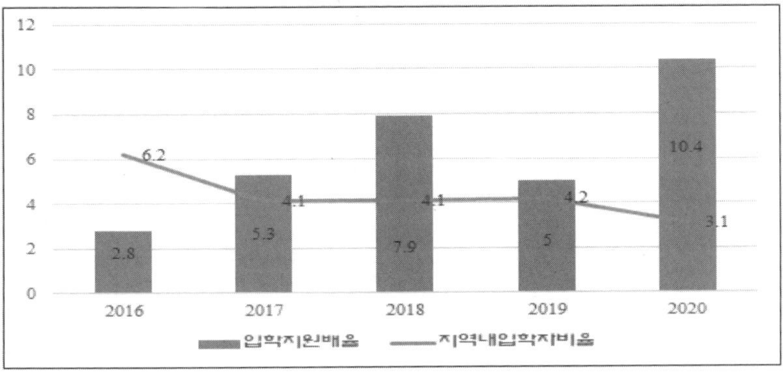

[그림 5] 스와도쿄이과대학 입학지원배율 및 지역내입학자 비율

자료: 文部科学省(2021d). 私立大学の公立化に際しての経済上の影響分析および公立化効果の見える化に関するデータ.

앞서 살펴본 바와 같이 그간 대학의 재정은 주로 학생의 등록금에 의존하여 왔으나 지방정부 분담금 증가로 학교 운영의 질을 높였다(文部科学省, 2021d). 운영비 교부금은 사학조성금으로 2016년 161,041천엔이었으나 공립화로 전환된 2018년에는 1,195,969천엔, 2019년에는 1,425,174천엔으로 증가하였다. 또, 설립 단체로부터의 보조금으로 충당하는 행정서비스 실시 비용 역시 학교법인일 때에는 0엔이었으나 법인화가 이루어진 2018년 968,358천엔, 2019년 981,203천엔으로 증가하였다. 자기수입률은 2016년에는 90.4%에서 공립화 이후 2018년에는 42.5%, 2019년 37.2%로 개선되었다. 그러나 공립화로 인한 지역주민 1인당 부담액은 2018년 4.97천엔, 2019년 5.07천엔으로 증가하여 지역주민이 지역대학 살리기 위한 재정을 공동으로 부담하는 형태로 변화되었다.

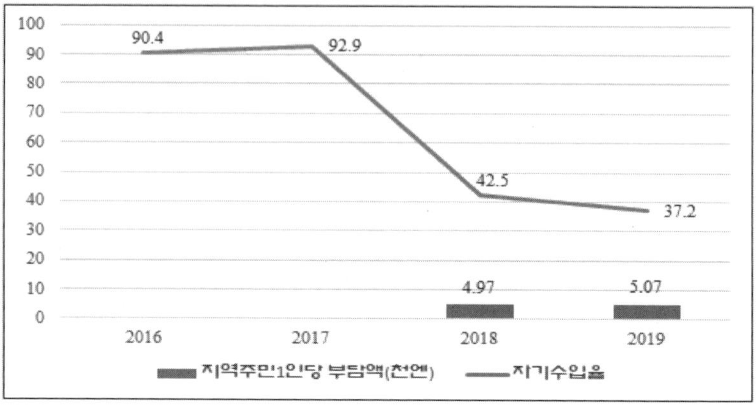

[그림 6] 스와도쿄이과대학 공립화 전후의 지역주민 1인당 부담액 및 자기수입률

자료: 文部科学省(2021 d). 私立大学の公立化に際しての経済上の影響分析および公立化効果の見える化に関するデータ.

4. 전문대학 혁신의 방향과 과제

지역 고등직업교육 거버넌스 구축의 방향과 과제

먼저, 광역권 단위의 고등직업교육 거버넌스를 구축해야 할 것이다. 직업교육과 훈련은 일반대학에 비해 짧은 시간의 교육투자를 통해 사회 진출을 목적으로 한다. 그러나 시・도 단위 지자체로 나뉜 교육거버넌스 체계로는 광역권역 내에서 통합적인 정책을 시행하기 어렵다. 초・중등 교육거버넌스와 달리 직업교육은 산업과 일자리 연관성이 높기때문에, 경제권역의 중요성이 크다. 예를 들면, 경남과 부산을 두 지역으로 나누는 것보다 부울경을 아우르는 메가권역으로 직업교육훈련 거버넌스를 구축하면, 지역의 산업과 일자리 상황 그리고 교육훈련 기관의 수요에 따라 지역 내 미스매치를 해소하고, 수도권이나 타 지역으로의 전출을 최대한 줄일 수 있을 것이다. 광역경제권 내 직업훈련 이동이 빈번하기 때문에 서울, 부산, 대구, 광주, 대전과 같은 광역 경제권에 위치한 시도에서의 직업훈련 유입이 유출보다 크게 나타나고 있어(안우진 외, 2019) 지역 단위의 직업교육거버넌스가 구축될 수 있도록 정책적으로 접근해야 한다.

둘째, 직업교육-산학협력-일자리 연계 거버넌스 체계를 구축해야 한다. 직업교육 분야에서의 산업과 일자리 그리고 교육 간의 유기적 연계가 중요함에도 불구하고 각 부처별 중점 사안에 따라 거버넌스 체계가 분산되어 있거나 구심점이 없어 상호 분리된 상태이다. 고용노동부 주도의 지역인적자원개발위원회와 교육부 주도의 지방대육성법에 근거한 지자체-대학 간 협업체계 운영을 지원하는 지역협업위원회, 산업교육 진흥 및 산학연협력 촉진법에 근거한 국무총리 산하의 산학협력위원회 등 각종 위원회와 중앙부처 사업이 제각각이다. 지역에 대한 높은 이해를 가진 지자체를 중심으로 중앙정부의 정책이 상호 시너지 효과를 창출할 수 있도록 지역단위에서의 직업교육—산업-일자리 3자 간의 협력적 거버넌스를 구축해야 할 것이다.

셋째, 수직·수평적 교육 및 훈련기관 간 협력적 네트워크 구축이 뒷받침되어야 할 것이다. 직업계고 졸업자가 대학교육을 이어나갈 수 있도록 고교와 대학 간 연계가 강화되어야 한다. 현재 직업계 고교에서 시작한 고교학점제가 좋은 예가 될 수 있을 것인데, 전문대학에서 직업계 고교와 연계하여 진학 가능성을 현실화해야 지역 학생 유입이 가능할 것이다. 그리고 수평적 협력 네트워크의 구축도 중요한 문제다. 이미 일반대학에서는 지자체 단위, 국립대학 한 협력 네트워크를 구축하고 공동교과목 개발, 비학위 교육프로그램을 운영하며, 대학의 강점을 상호 결합하는 시도가 이어지고 있다. 전문대학에서도 지역별 폴리텍대학과 연계를 통해 대학 간 연계 협력 고등직업교육 네트워크를 구축되어야 할 것이다.

고등직업교육 재정지원의 방향과 과제

먼저, 정부책임과 공공성을 강화한 고등직업교육 통합 모델로의 전환을 고려해야 할 것이다. 지금까지와 같은 양적 지표 중심의 대학 구조개혁으로는 전문대학이 먼저 정원조정 대상이 되어 고등직업교육의 질을 담보하기가 더욱 어려워 질 것이다. 그러므로 고등직업교육의 공공성을 높일 수 있는 방법을 적극적으로 고민해야 한다. 고등직업교육의 공공성 강화는 결국 거버넌스와 재정지원의 문제로 일본의 사례를 참조할만 하다. 인구소멸 위기의 일본 지역대학은 전면적인 교육과정 개편, 산학협력 센터 설치, 지역 인재 우선 선발 등의 자구책을 마련하였고, 공립화를 통해 지자체는 행·재정적 지원을 통해 대학이 안정적으로 교육·연구에 매진할 수 있도록 지원하였다. 이미 국립대학의 국립대 법인화를 추진한 경험이 있는 일본과 같은 공립법인화를 선택하지 않더라도, 중앙정부와 지자체가 직업교육의 공공성 강화를 위한 협력적 논의가 필요할 것이다.

둘째, 전문대학을 직업교육의 거점으로 재정지원사업의 재구조화가 요구된다. 등록금 동결과 학생 수 감소로 인해 등록금 의존도가 높은 사립전문대학은 교육투자의 제약이 크고, 교육부 중심의 재정지원사업에 대한 의존도가 높다. 고용노동부, 중소벤처기업부, 지자체 등 재직자, 실업자를 위한 각종 재정지원사업에 전문대학이 관심을 갖고 참여해 왔으나 크게 확대되지는 못했다. 교육부 재정지원사업과 달리 사업평가 및 재원 활용 방식이 달라 대학 인프라에 대한 투자는 제약이 크기 때문에 타 부처 사업 참여에 한계가 많다. 이 때문에 재정지원 사업 규모에 비해 직업교육의 질 제고를 위한 인프라 재원은 한정적이다. 그러므로 각 지자체의 직업교육 수요와 일자리 여건을 고려하여 재정 투자의 우선순위를 설정하고, 지역 전문대학 요구 기반 재정지원사업으로 재구조화해야 할 것이다.

셋째, 전문대학에 특화된 로컬크리에이터 등 창업지원을 위한 재정 확대를 고려해야 한다. 대학창업에 대한 논란도 다수 있지만, 창업은 종류가 다양하다. 혁신적 창업뿐만 아니라 모방적 창업도 있고, 지역에서 생산되는 자원과 혁신 아이디어를 결합한 창업 등, 창업의 범위는 넓다. 지역의 골목상권은 소상공인 중심이고, 소상공인은 지역 위기에 가장 취약한 계층이다. 지역 전문대학을 중심으로 로컬크리에이터를 육성하고 소상공인에게 적합한 기술개발을 통해 체계적으로 창업할 수 있도록 지원해야 할 것이다. 최근의 위기 극복 방안으로 청년층뿐만 아니라 실업자, 전직자가 전문대학 수준의 질 높은 직업교육과 창업지원으로 경쟁력 있는 소상공인으로 성장할 수 있도록 재정지원이 확대되어야 할 것으로 보인다.

고등직업교육 확대의 방향과 과제

먼저, 전문대학이 취·창업의 거점 역할을 할 수 있도록 성인 대상의 교육을 확대해야 할 것이다. 전통적인 학령인구 대상의 전문대학 교육이 아닌 성인학습자를 대상으로 한 교육으로 더욱 확대해 나가야 한다. 재직자, 예비창업자, 실업자 등 다양한 직업교육 수요에 대응할 수 있어야 한다. 중소기업은 대기업과 달리 직원교육을 다양하고 체계적으로 편성, 제공할 여력이 없다. 전문대학이 재직자 직업능력개발을 위한 중소기업 연수원이나 소상공인 창업 인큐베이터로서의 역할을 할 수 있도록 성인 학습자의 수요와 학습패턴에 맞는 교육 프로그램, 커리큘럼, 교육 방법 등을 적극적으로 개발해야 할 것이다. 동시에 정부와 산업계는 교육비 지원, 학습휴가제 등의 직업능력개발 지원도 확대해야 할 것이다.

둘째, 적극적으로 외국인 유학생을 유치할 수 있도록 지자체 단위 정책이 요구된다. 일본과 비교하더라도 유학생이 적고, 특히 전문대학 재학생의 비율이 낮은 편이다. 우리나라의 전문대학 재학생은 전체 유학생 중 7.8% 수준밖에 되지 않는다. 일본은 심각한 인력 난에 외국인 유학생 30만명 유치 정책을 수행하여 왔다. 우리나라 외국인 인력활용은 석박사

고급인력과 생산인력으로 양분되어 있고 수도권 대학에 주로 몰려 있다. 그러나 지역의 전문대학 수준의 기술인력은 부족한 편이고 고령화에 따른 노인돌봄 분야의 수요도 증가하고 있다. 따라서 보건 의료분야 등 우수한 외국인 노동력 확보 차원에서 전문대학 특화형 외국인 유학생 유치를 적극적으로 유도해야 할 것이다. 이는 지자체 단위의 조례 제정 등, 지자체가 중점 추진해야 할 사안일 것이다.

셋째, 전문대학을 중등학교와 일반대학을 연계하는 브릿지 역할을 강화해야 할 것이다. 학교밖 청소년, 중등학력자, 보호시설, 이주배경 청소년 등을 대상으로 한 직업교육지원이 필요하다. 의무교육과정은 사설검정고시 학원이나 독학으로 중학교, 고등학교 과정을 이수해야 하고, 정규교육을 받기 어렵다. 고등교육 접근성 강화를 위해 전문대학이 비학위 과정으로 고등학교 기초과목을 개설하고 전문대학 학교교육 과정을 일정 수준 이수하면 학점을 부여하고 고등학교와 전문대학 졸업자격을 부여하는 과정을 운영해 볼 수 있을 것이다. 이주배경청소년이나 중도입국 청소년의 경우 우리나라의 높은 고등학교 교육 수준을 따라가기 어렵고, 여가부, 지자체 단기 프로그램으로 한국어 수업 과정은 다수 있으나 기초학력 관련 과정은 매우 소수로 도움을 받을 수 있는 곳이 없다. 따라서 이러한 가구배경으로 인해 학업을 지속하기 어려운 학생들을 전문대학에서 고교-전문대학 브릿지 과정을 운영하여 사회진출을 지원할 수 있도록 하는 역할을 전문대학이 맡아야 할 것이다.

전문대학 교육과정 및 교원 운영 혁신의 방향과 과제

먼저, 전문대학의 학과 개편의 유연성을 높여야 한다. 전문대학의 교육과정은 직업이나 자격과 밀접한 연관이 있다. 오늘날과 같이 직업세계가 빠르게 변화하고, 직업사회의 요구도 다각화되고 있는 상황에서는 전문대학의 학과 개편도 유연하고 빠르게 진행되어야 한다. 때로는 사회 수요보다 앞서 학과를 개편・운영하여 새로운 일자리를 창출할 수도 있다. 대학구조조정과 맞물려 폐과는 교원면직까지 이어져 법적 다툼의 소지가 되고 있다. 따라서 신규 학과 설립, 학과 통폐합에서 전임교원의 재배치와 역량개발을 위한 재교육, 그리고 신규 교원 임용 등, 전반적인 전문대학 교원의 역할과 학과 운영 방식의 혁신을 꾀하여야 할 것이다.

둘째, 직업교육의 K-Mooc나 지자체 단위 연합교육프로그램을 운영하고 전임교원의 부담을 덜어 주어야 할 것이다. 전문대학 커리큘럼과 운영의 영세성을 극복할 수 있도록 국가 단위에서의 교육과정을 확대하는 방안을 고려해 볼 수 있다. K-Mooc 기반 온라인 교육과정이 아니라면 교양교육과정, 전공계열별 전공기초 교과목 그리고 비교과 프로그램을 지자체 단위에서 공동으로 운영하여 프로그램 개발, 활용의 효율성을 높여야 할 것이다. 일반대학에서 연합프로그램이 확대되고 있는 점을 고려하면 전문대학도 교육과정 운영을 위한 대학 네트워크를 적극적으로 구축할 필요가 있다. 전문대학 강의학점의 절반을 비정규직 교원이 담당하고 있는 현 실태를 고려하면, 각 대학별로 다수의 비전임 강좌를 개설 운영하기 보다는 온라인 수업을 활용하되, 전문대학의 현장중심교육의 특수성을 고려하여 오프라인에서의 실습과 학습지도는 각 대학에서 실시할 수 있도록 효율화하는 방안도 고려해야 할 것이다.

셋째, 전문대학의 교원 인력 운영의 효율성을 제고하고 실습교육을 강화하기 위해서 전문대학과 훈련 프로그램 간을 연계하여야 높은 전임교원의 부담을 낮출 수 있을 것이다. 전문대학과 폴리텍대학 간 연계를 통해 전문대학은 이론중심 교육을, 폴리텍대학은 실습위주의 교육을 실시하는 구조로 교육과 훈련을 결합하는 방안도 가능할 것이다. 또, 초·중등교육에서 보조교사제를 활용한 것처럼 전문대 교원과 직업훈련교사 간의 연합 수업도 가능할 수 있다. 예를 들어 교육과정 개발과 총괄은 전임교원이 그리고 비전임교원이나 훈련교사가 보조적으로 현장실습이나 학생지원 서비스, 교과 연계 비교과 프로그램 운영 등을 실시하는 것이다.

대학 구조개혁평가에서 적용하고 있는 바와 같이 일정 수준 이상의 전임교원 확보율을 상정하고 제한 조치를 두는 것을 최소한의 교육의 질 관리 차원에서 필요한 조치일 것이다. 그러나 동시에 교육과정 및 전임교원 운영의 유연성을 확보하기 위해서는 대학이 전적으로 전임교원에만 의존할 수 없다. 그러므로 전문대학의 교원 학생의 기초핵심교육과정과 진로취업 등 학생의 교육 지원과 같은 대학 고유의 역할에 집중하고, 새로운 변화에 대응하는 직업분야의 기술과 숙련 현장교육은 직업훈련교사나 직업인을 적극적으로 활용할 수 있는 열린 구조로 전환되어야 할 것이다.

참고문헌

김선희. (2018). 전략관계적 접근(Strategic Relational Approach)을 통한 대학 구조개혁 정책 변동 분석. 국가정책연구, 32(4), 27-57.

김영선. (2008). 일본의 행정개혁 2000년대를 중심으로. 한국지방자치단체국제화재단. 해외연구보고서 2008.

안우진 · 김미란 · 정재호 · 최영섭 · 윤수린 · 명유진 · 강인순. (2019). 지역별 일터-학습터 관계의 특성 연구. 한국직업능력연구원.

유혜미. (2020), 2001년 이후 한국의 노동생산성 성장과 인적자본: 교육의 질적 개선 효과를 중심으로. BOK 경제연구 제2020-10호.

주휘정 · 양정승. (2021). 학령인구 감소시대 고등직업전문기관의 역할 강화 방안 연구. 한국직업능력연구원.

최강식 · 이보경. (2017). 대학정원정책을 중심으로 본 한국의 대학구조개혁정책의 변화와 쟁점. 교양교육연구, 11(1). 313-363.

통계청. (2020). 2020년 출생사망통계잠정결과. https://www.kostat.go.kr

한국사학진흥재단. (2018). 2018 고등교육 재정지원정보 분석보고서. 한국사학진흥재단.

KEDI(2020). 교육통계분석자료집: 고등교육통계편. 한국교육개발원.

KEDI(2021a). KESS 교육통계서비스 〉 교육통계 〉 교육통계 〉 테마통계 〉 시계열통계 〉 전문대학설립별 학생수. https://kess.kedi.re.kr/index

KEDI(2021b). KESS 교육통계 서비스 〉 테마통계 〉 시계열통계 〉 대학설립별 학교수. https://kess.kedi.re.kr/index

KEDI(2021c). KESS 교육통계 서비스 〉 테마통계 〉 주요지표 〉 대학통계 〉 연도별 신입생충원현황. https://kess.kedi.re.kr/index.

KEDI(2021d). KESS 교육통계 서비스 〉 교육통계 〉 대학통계 〉 설립별 2020년 설립별 외국인 유학생 수 https://kess.kedi.re.kr/index.

KEDI(2021e). KESS 교육통계 서비스 〉 테마통계 〉 주요지표 〉 대학통계 〉 연도별 전임교원 확보율. https://kess.kedi.re.kr/index.

KEDI(2021f). KESS 교육통계 서비스 〉 테마통계 〉 주요지표 〉 취업통계 〉 연도별 취업률 및 진학률(2015~2019년). https://kess.kedi.re.kr/index.

OECD(2020). Education at a Glance 2020. OECD: Paris.

OECD(2021). Education at a Glance 2021. OECD: Paris.

諏訪東京理科大学(2015). 今後の諏訪東京理科大学のあり方に関する報告書. 諏訪東京理科大学.

文部科学省(2021a). 公立大学基礎データ(공립대학기초 데이터). https://www.mext.go.jp/a_menu/koutou/kouritsu/detail/1284429.htm.

文部科学省(2021b). 「公立大学法人」制度の概要(공립대학제도의 개요). https://www.mext.go.jp/a_menu/koutou/kouritsu/detail/1284493.htm.

文部科学省(2021c). 公立大学の財政(공립대학의 재정). https://www.mext.go.jp/a_menu/koutou/kouritsu/detail/1284493.htm.

文部科学省(2021d). 私立大学の公立化に際しての経済上の影響分析および公立化効果の見える化に関するデータ(사립대학 공립화의 경제적 영향분석 및 공립화 효과의 가시화에 관한 데이터). https://www.mext.go.jp/a_menu/koutou/kouritsu/1412396.htm.

〈홈페이지〉

公立諏訪東京理科大学(공립스와도쿄이과대학). https://www.sus.ac.jp/

VI

미래 직업교육과 자격

정동열(한국산업기술대학교)

Ⅵ. 미래 직업교육과 자격

정동열(한국산업기술대학교)

1. 들어가며

4차 산업혁명을 시작으로 기술의 변화, 산업의 변화, 직업의 변화, 직무의 변화 등 동시다발적인 변화가 이루어지고 있다. 다양한 변화로 사회의 벽이 허물어졌듯, 직업교육과 일반교육, 직업교육과 직업세계의 벽도 허물어지고 있다. 디지털 전환에 따라 기존에는 대부분의 업무가 아날로그 형태로 이루어졌다면 이제는 업무 내용, 업무 방식, 기술 접근 방식 등이 모두 디지털로 전환되어 가고 있다. 개인과 기업 모두 얼마나 디지털과 접목이 잘 이루어지는가가 사업의 핵심이 되고 있다. 세부적으로 기술적인 측면에서는 빅데이터 기반의 인공지능(AI), IoT기반의 전자제품, 센서기술 등을 활용한 무인자동차 등 다양한 새로운 산업이 등장하고 있다. 생산 방식 측면에서는 빅데이터와 로봇 기술 등을 활용한 스마트공장 등 기존 사람의 힘으로 일하고 제어하던 생산 방식이 자동화되었으며, 나아가 AI가 제어하는 상황에 이르고 있다. 일하는 방식에서는 클라우드 기반의 사무환경, 데이터 시각화 기반의 보고환경 등의 변화가 이루어지고 있다. 다양한 변화 속에서 노동시장으로 새롭게 진입하는 청년층에 대한 지원과 기존 노동시장을 유지하고 있던 숙련인력의 노동전환 지원을 위하여 직업교육의 역할이 강화되고 있으며, 이를 검증할 수 있는 자격의 중요성이 커지고 있다.

직업교육(Technical and vocational education and training, TVET)은 직업생활을 위한 지식이나 기술을 습득하는 활동을 의미한다. 이때 직업교육에서는 이론적 내용과 실무적 내용을 모두 포함하여 교육·훈련이 이루어지며 정규학교, 훈련기관, 일터 등 다양한 곳에서 이루어진다(UNESCO, 2005). 직업교육이라는 용어는 국가에 따라 직업·기술교육(technical education, technical-vocational education, TVE), 직업교육훈련(vocational education and training, VET), 직업 및 기술교육(career and technical education, CTE), 산업인력교육(workforce education, WE), 산업현장교육(workplace education, WE) 등과 같이 다양하게 사용되고 있다(Hollander & Mar, 2009).

직업교육의 역할은 개인적 관점과 국가적 관점으로 볼 수 있다. 개인적 관점에서는 개인의 능력을 향상시켜 노동시장에 진입할 수 있는 기준에 도달할 수 있도록 한다. 또한, 노동시장으로 진입한 후에도 직업교육을 통한 직업능력 향상으로 임금 상승이나 승진, 보다 나은 직장으로의 직업이동을 가능하게 한다. 즉, 직업교육 개인의 능력을 향상시키고, 이를 증명할 수 있도록 함으로써 고용을 촉진하는 역할을 하고 있다. 국가적 관점에서 볼 때, 각 국가에서는 국가적인 차원에서 필요한 인력을 확보하여 노동시장으로 공급하기 위해 직업교육을 강화하고 있다. 이 밖에도 개인이나 국가차원에서 인력수급불일치를 해소하는 역할을 하고 있다. 인력수급불일치는 숙련인력의 공급 측면에서는 과잉·과소교육, 과잉·과소자격 등이 발생할 수 있고, 숙련인력 수요 측면에서는 과잉숙련·

과소숙련, 숙련퇴화 등이 발생할 수 있다(Cedefop, 2010). 이 때 직업교육을 통해 개인은 숙련형성을 하여 고용과의 연계를 강화할 수 있고, 국가는 직무에 따른 직무능력표준을 제시하여 과소・과대 공급을 예방할 수 있다.

이렇게 직업교육과 자격의 역할은 전통적인 노동시장에서 노동시장을 형성, 유지하는 데 중요한 역할을 수행해 왔으며, 최근 4차 산업혁명을 시작으로 빠른 기술・사회 변화속에서 그 역할이 보다 중요해지고 있다. 특히, 기존 학문 중심의 교육을 담당했던 대학이 미래 변화를 대비하고 입직 이후 지속적으로 요구되는 역량 개발을 위한 직업교육을 지원해야 하는 역할까지 책임져야 하는 상황이다. 따라서 본 저서를 통해 대학의 직업교육 역할에 대해 보다 구체적인 방향을 모색하고자 하였다.

2. 사회·기술변화와 직업세계, 직업교육의 변화

디지털 전환에 따른 사회 변화와 기술의 변화는 기존에 경험하지 못한 다양한 변화를 야기하고 있다. 이에 따른 직업교육과 자격 측면에서의 변화를 보면 다음과 같다.

디지털 전환은 과거 기술 및 산업의 발전과정과는 다른 양상으로 우리 사회에 반영되고 있다.

첫째, 과거 기술의 발달이 산업으로 연계되고 다시 일상생활로 접목되기까지 일정 시간이 소요되었다면, 최근 변화는 산업의 변화, 교육의 변화, 일상의 변화가 동시에 이루어지고 있다. 즉, 새로운 기술이 소개되면 양산되기까지의 기간이 매우 짧으며 업그레이드 주기 역시 매우 빠르다. 이로 인해 생존을 위한 변화 대응, 직업을 갖기 위한 변화 대응, 일자리 내에서 디지털 변화를 받아들이기 위한 대응 등 전방위적 대응이 필요하게 되었다. 이로 인해 직업교육에서도 3년 과정인 특성화고, 일반적으로 2년 과정인 전문학사, 4년 과정인 학사과정과 같은 장기 직업교육뿐만 아니라 시급하게 필요한 기술 등을 빠르게 배울 수 있는 단기 과정의 필요성이 증대되고 있다.

둘째, 과거 기술 변화는 특정 산업에 국한되어 반영되었던 데 반해, 현재의 디지털 전환은 산업 전반에 변화를 야기하고 있다. 즉, 과거에는 특정 기술 중심으로 발달하여 기존에 없던 새로운 산업에 종사하는 새로운 인력이 필요한 경우가 대다수였다. 그러나 현재의 변화는 소비자에게 전달되는 최종 생산품의 변화도 있지만, 그 이전에 생산 과정의 변화, 생산 기술의 변화, 기존 생산품에 디지털 요소가 가미되는 등 모든 산업에서 변화를 받아 들여야 하는 상황이다. 예를 들어 빅데이터를 통한 AI 기술이 정보통신분야에서 개발되었으나 동시에 스마트팩토리, 헬스케어 등 제조업부터 마케팅 등에 이르기까지 광범위한 사업으로의 변화가 이루어진다. 이로 인해 디지털과 연관이 적을 것으로 생각되는 제조업 분야 등에서도 디지털 전환(Digital Transformation)이 이루어지고 있다. 따라서 전 산업에 걸쳐 영향을 미치는 디지털 기술에 대한 공통 과정 운영, 특정 산업에 영향을 주는 응용기술 등에 대한 구분과 교육 대상 확대 등이 요구되고 있다.

셋째, 기존 숙련인력과 청년층으로 대변되는 노동시장에 신규 진입하는 신규인력간의 차이가 줄어들고 있다. 즉, 전방위적 변화로 인해 기존 인력 역시 기본선(zero base)에서 새로운 디지털 기술을 익혀야 하기 때문에 신규 인력과 차이가 없게 되었다. 예를 들어 과거 금형의 경우 금형 기술이나 설계 기술의 개발이 이루어질 경우 기존 숙련 인력이 향상 훈련을 통해 업무를 습득하는 형태였다. 그러나 3D프린팅 기술이 도입되면서 노동시장에 신규 진입하는 청년이나 기존 숙련 인력이나 동시에 새로운 기술을 습득하고 적용해야 하는 상황에 놓이게 되었다. 이로 인해 과거 벤처창업과 같이 청년층의 디지털 기반 창업 등이 다시 활발해 질 수 있는 터전이 만들어지고 있다. 이러한 변화는 새로운 일자리 기회가 늘어난다는 측면에서 청년층에게는 기회가 될 수 있으나, 기존 숙련 기술 이외의 신기술을 습득해야 하는 재직자 입장에서는 위기가 될 수 있다. 따라서 직업교육이 일터에서 직업교육기관으로 돌아오는 수요에 대한 대응이 필요하다.

넷째, 디지털 전환에 따른 일자리의 변화가 가속되고 있다. 신기술이 도입되면 새로운 일자리가 늘어나던 과거와 달리 최근 디지털 전환은 기술 도입과 동시에 일자리의 잠식이 동시에 나타나고 있다. 기술에 따른 일자리 대체가 가능한 행정사무분야, 가공분야 등은 기계나 기술이 대체하게 되었고 대체가 불가능한 상위 수준의 인력과 대체로 인한 이익이 기술·기계 개발 비용보다 낮은 수준의 인력만이 남게 될 것으로 예측된다. 이러한 디지털화로 인해 인력 대체가 나타남으로 인해 중간수준의 일자리가 줄어드는 현상이 발생하고 있다. 따라서 직업교육 관점에서 노동전환으로 표현되는 일자리를 잃거나 직무전환이 필요한 재직자에 대한 대비가 필요하다.

직업교육과 관련하여 대학 교육의 방향이 변화하고 있다. 최근에는 대학교(university) 수준에서의 직업교육도 강화되고 있다. 즉, 일반적으로 학문 중심의 교육이 이루어지는 대학교와는 다르게 최근 대학을 통해 직업교육을 실시하는 트렌드가 확산되고 있다. 이로 인해 4년제 대학과 전문대학이 유사한 학과나 교육내용을 다루는 경우도 발생하게 되었다. 예를 들어 미국의 경우 전문대학이나 대학에서 동시에 간호교육을 제공하는 경우가 해당한다. 이는 대학의 교육 수준이 하향되었다는 것보다는 직업생활에 도움이 되는 쪽으로 대학교육이 변화하고 있다는 것으로 판단할 수 있다(Grubb, 2006). 이러한 노력에도 불구하고 여전히 대학 수준에서의 교육은 현장에서 필요한 직업교육이 아닌 학문 중심의 교육이 이루어지고 있는 한계가 있다(OECD, 2010). 즉, 대학에서의 교육은 아카데믹한 특성을 갖는 고차원적인 교육을 하고 있으며, 직업교육은 수단으로서 낮은 수준의 교육이라고 보는 경향이 있다(Baethge, Solger, & Wiek, 2007; Mayer, 2003). 그러나 직업분야에서 최고의 전문가가 되기 위해서는 현상에 대한 이해나 분석을 할 줄 아는 "know why" 뿐만 아니라, 이러한 지식을 현실에 적용하고 문제를 해결할 수 있는 "know how"가 동시에 필요하기 때문에, 현장과 연계된 대학 교육이 강조되고 있다(Rauner, 2011). 또한, 대학과 현장의 연계를 위해 Rauner(2011)은 대학교육과 도제제도를 연계하는 병행과정(dual track), 대학 교육 프로그램을 통해 학사학위와 기술자격을 통합하여 수여하는 통합과정(integrated track), 현장에서 경험을 쌓고 경력이 쌓였을 경우 대학의 학사학위 시험을 응시할 수 있는 과정(accelerated track) 등을 대안으로 제시하였다.

최근에는 학령기 인구의 감소, 학문중심에서 교육중심으로의 변화와 같은 대학 정체성의 재검토, 평생학습을 위한 대학의 역할 확대, 전문대학에서의 석사학위 과정 개설 등 고등교육과 고등직업교육의 역할 다변화가 이루어지고 있어 대학 교육을 기반으로 한 직업교육의 재편이 기대된다.

디지털 신기술에 대한 직업교육을 위해서는 기술에 대한 접근을 구체화하여야 한다. 디지털 전환과 관련된 인식 및 기술교육이 활발하게 이루어지고 있으며 정부나 민간 측면에서 막대한 지원을 하고 있다. 그러나 디지털 관련 기술이나 인력양성, 인력 활용 측면에서 인력 양성 측면이나 인력 활용 측면에서 두 가지 오류가 계속적으로 발생하고 있다.

첫째, 디지털 기술과 생산의 결과물(end product)을 혼동하고 있다. 대부분의 디지털 기술의 적용 결과는 새로운 생산품이 아닌 기존 생산품 또는 공정과정에서의 부가가치를 높이는 형태이다. 따라서 디지털 신기술에 대한 학습 결과는 다양한 산업에 적용이 가능하나 이에 대한 이해가 부족하다. 즉, 빅데이터를 기반으로 한 딥러닝 기술을 배울 경우 제조업에서 스마트공장 운영, 자동차 산업에서 공정 개선 등의 분야에 취업하여 활용할 수 있으나, 아직까지 딥러닝은 프로그래밍 업계로만 진출할 수 있다는 오해가 있다.

둘째, 디지털 신기술에 대한 기술 수준을 구분하지 못하고 있다. 모든 기술은 수준에 따라 구분되고 수준을 기준으로 양성을 담당하는 기관, 프로그램, 양성 기간 등이 설정된다. 그러나 아직 디지털 신기술에 대한 세부적 접근이 부족하여 직업계고등학교부터 대학원까지 유사한 내용의 유사한 교육이 이루어지고 있다.

변화된 역량을 함양하기 위하여 일터에서 직업교육기관으로의 재진입이 활발해지고 있다.

최근 첨단기술의 발달, 계속교육의 필요성 등으로 인해 직업인들의 계속직업교육(continuing vocational education and training) 중요성이 증가하고 있다. 따라서 학령기 이후의 성인이 고용유지, 이・전직, 퇴직 준비 등을 위해 대학으로 재진입하여 교육을 받는 경우가 있다(CEDEFOP, 2011). 해외 주요국에서는 대학의 재학생 구성 비율에 있어서 학령기 인구가 차지하는 비율은 점차 줄어들고, 성인 참여 비율은 점점 증가하는 추세를 보이고 있다. 실제로, 2000년을 기준으로 고등직업교육기관의 학습자 연령대를 보면, 미국의 경우, 25~40세가 56%를 차지하며, 영국은 25세 이상이 50% 이상을, 호주는 30대 이상이 40% 이상을 차지함으로써 이들 국가들의 대학은 평생 직업교육기능을 수행하고 있다. 이와 같이 좀 더 나은 직장으로의 이직이나 재취업 등을 위해 직업교육을 받고자 하는 수요가 증가함에 따라 고등직업교육기관에서는 비학위과정, 성인학습자 대상 과정 등을 통해 직업교육 요구를 수용하고 있다. 즉, 이들 기관에서는 대학이 더 이상 취업을 준비하기 위하여 취업 전 마지막 교육이 아닌 취업 이후에도 계속 교육으로서의 역할을 수행하고 있다.

지금까지의 학교로의 재진입은 대부분 대학을 통해 이루어지고 있다. 대학을 통한 교육은 일부 학위 취득 후 이・전직을 위하여 직업생활을 중단하고 학교로 재입학하는 경우가 있을 수 있으나, 대부분의 경우 직업생활과 학업을 병행하는 형태로 교육을 받게 된다. 고등직업교육기관의 재교육 형태로, 미국의 경우는 디플로마/자격증 과정, 직업과정, 성인과정 등을 개설하여 재교육 요구를 수용하고 있다. 또한, 한국의 경우도 이밖에도 한국에서는 학사학위전공심화과정, 주문식교육 등을 통해 재직자의 재교육을 돕고 있다. 영국의 FE colleges에서는 국가과정(HND, HNC), 국가직업과정(GNVQ, NVQ), 민간전문자격과정 등을 운영하고 있으며, 호주의 경우, TAFE에서는 단기훈련과정 등을 운영하고 있다.

기업의 입장에서는 기업에서 필요로 하는 직무능력을 향상시키기 위해 직업교육기관과 연계를 통해 재직자의 재교육을 실시하고 있다. 세부적으로 기업에서 고등교육기관과의 협력을 통해 특정학과를 계약학과로 지정하거나, 맞춤형 교육과정을 운영하도록 하여 필요로 하는 직무내용을 습득할 수 있도록 한다. 이 밖에도 기업 자체적으로 사내대학을 만들어 재직자들이 일과 학업을 병행할 수 있도록 하며, 이때 교육내용은 기업에서 활용할 직무중심으로 구성하여 기업과 재직자 모두가 win-win할 수 있도록 하는 경우가 있다.

이와 같이 학교로의 재진입을 통한 직업교육은 개인의 능력 향상을 통해 학위취득의 기회뿐만 아니라, 직장 내에서 입지를 강화할 수 있고, 향상된 능력을 바탕으로 이직, 재취업의 가능성이 높아진다는 장점이 있다. 또한 일터에서는 고용주 입장에서 지속적인 능력향상을 통한 직무성과 향상을 가져올 수 있으며, 자체적으로 해결할 수 없는 최신 기술 등의 교육을 대학이라는 기관을 통해 전문적으로 향상시킬 수 있다는 정점이 있다.

기술변화와 이에 대한 다양한 방식의 직업교육변화가 이루어지고 있음에도 여전히 직업교육의 현장성 강화 문제가 논의되고 있다. 특히, 학교 중심의 직업교육이 이루어지고 있는 국가에서는 모든 산업 현장에서 통용될 수 있는 일반적인 내용의 교육을 제공하고 있다. 또한, 빠르게 변화하는 기술이나 현장을 반영하지 못하고 이론적인 수준에서의 직업교육이 이루어지고 있어, 이수자의 고용에 어려움이 있다. 이러한 문제를 해결하기 위해 최근 현장 중심의 교육과정 구성이나 운영에 대한 논의가 이루어지고 있다.

교육부 LINC 사업 등 산학협력관점에서 산업현장 목소리를 반영한 교육과정 설계・운영이 이루어지고 있으나, 여전히 한계가 발생하고 있다. 대다수 대학에서 산업계의 인력수요 의견을 수렴하여 교육과정을 설계하고 교과, 비교과 과정을 운영하고 있으며, 산업계 퇴직자 등을 교원으로 활용하여 산학협력 추진, 취업처 발굴 등을 하고 있다. 그러나 여전히 학문 중심의 대학교육과정을 유지하고 있으며, 일부 수업 내용의 개편으로 흉내내기식 현장 교육이 이루어지고 있다. 또한, 교수 중심의 수업, 학생 지도로 변화되는 현장의 목소리를 반영하기에 한계가 있다.

교육의 운영 방식에서는 정답이 정해져 있는 교육 운영으로 학생이 직접 문제를 정의하고 다양한 방식의 해결책을 모색하는 교육이 이루어지지 못하고 있다. 산업현장의 문제를 바탕으로 교육이 이루어지는 직업교육의 기본 가정에도 불구하고 여전히 학문중심 직업교육에 현장의 사례를 제시하는 수준에 머무르고 있다. 최근에는 문제해결형 학습(PBL)이 도입되고 있으나, 교수자가 문제와 답을 정해 놓고, 학습자가 정해진 답을 찾아 가도록 유도하는 교육으로 학생의 창의성이나 현장중심의 문제해결에 한계가 있다.

3. 미래 직업교육과 자격의 과제

대학의 직업교육 역할 재정립이 필요하다. 2000년대 초반부터 대학은 기존 학문을 가르치고 석·박사 인력을 배출하는 역할에서 산업현장이 요구하는 인력을 배출하는 기관으로 변모해가고 있다. 이 과정에서 연구중심대학과 교육중심대학으로 구분하는 등 대학의 역할과 교육의 목적을 변화시켜 나아가고 있다. 향후 교육중심 역할에서 한걸음 더 나아가 현장에서 필요로 하는 인력을 즉시 투입시킬 수 있는 직업교육 관점의 역할 재정립이 필요할 것이다.

이를 위해 **대학은 교육의 끝이 아닌 직업교육의 시작이라는 패러다임 전환이 필요하다.** 지금까지 대학은 전통적인 학제인 6-3-3-4제도의 마지막 단계로 인식하였다. 즉, 대학은 학령이의 청소년이 진학하는 마지막 단계로써의 교육에 초점을 두어 이전까지 배운 내용을 마무리하고 취업 역량을 키워 직업세계로 진출시키는 마무리 역할을 수행해 왔다. 그러나 앞으로의 대학은 고교단계까지 배운 내용을 바탕으로 직업세계로 진입하는 첫 번째 관문 역할을 수행해야 하며, 입직 이후에서 지속적으로 왕래하며 직업능력을 향상시키는 배움터로서의 역할을 수행하여야 한다.

현장 중심의 직업교육 과정 설계

대학에서 직업인 양성을 위해서는 학문중심 교육이 아닌 직업 중심의 직업교육과정 설계가 필요하다. 직업교육을 통해 현장이 필요로 하는 인력을 양성하기 위해서는 학문중심의 교육이 아닌 현장이 요구를 교육과정으로 설계할 수 있는 역량이 필요하다. 예를 들어, 전통적인 기계 관련

학과에서는 4대 역학 등 이론 중심으로 과정을 설계하였다. 또한, 졸업 후 취업 분야를 타겟팅하지 않고 해당 전공이 배울 수 있는 모든 내용을 백화점식으로 전달하고 이후 학생들은 취업분야를 선택하여 비교과 활동, 외부 훈련 등을 통해 세밀한 기술을 습득하였다. 그러나 향후 직업인 양성의 목적을 바탕으로 취업 분야를 명확히 설정하여 그에 맞는 인력이 양성될 수 있도록 교양, 전공필수, 전공선택 등이 설계될 수 있도록 할 필요가 있다. 이는 기존 반도체 관련 학과에서 반도체 설계, 반도체 장비 운용, 반도체 생산 공정관리 등 다방면을 고려하여 기초과목만을 교육하고 이후 세부 분야는 학생 스스로 학습하거나 취업 후 숙련을 쌓아야 하는 경우가 있었으나, 이제는 학생의 수준, 지역 산업 현황, 산업체 현황 등을 종합적으로 고려하여 직업 중심으로 교육이 이루어지도록 하여야 한다. 이 과정에서 내용 전문가인 교수뿐만 아니라 교육과정 설계 전문가가 함께 설계에 참여하여야 한다.

지역산업과 연계한 직업교육 과정 설계와 운영이 필요하다. 최근 디지털 전환, 탈탄소 추진 등으로 인하여 지역의 산업구조가 전면적으로 변화하고 있다. 석탄을 기반으로 하는 충남지역의 화력발전소 인근 산업, 내연기관 중심의 자동차 산업이 활성화되었던 울산지역 등은 지역산업이 재편되고 있다. 이 과정에서 대학은 연구기능을 바탕으로 지역 산업의 재편을 지원하고, 새롭게 창출된 인력 수요를 뒷받침하기 위한 직업교육 활성화가 이루어져야 한다. 또한, 디지털화로 인하여 아날로그 중심의 직무에서 디지털화된 직무로 직무 전환이 이루어지는 재직자를 위한 전환교육 등에 적극적으로 참여할 필요가 있다. 이를 위해 대학은 지자체, 산업계, 공공기관, 지역인적자원개발위원회 등과의 긴밀한 협조가 필요하다.

산업현장의 요구 직무역량에 따라 교육과정의 세분화와 모듈식 교육과정 설계가 필요하다. 4년 내외의 짜여진 학위과정 동안 전체 커리큘럼을 이수하고 졸업하는 학생 이외에 단기적인 수요에 기반을 둔 직업교육을 위해서는 세분화된 모듈식 교육과정을 설계하고 운영하여야 한다. 다양한 기술의 요구, 구직자 또는 재직자의 사전 경험 등을 분석하면 기존 짜여진 교육과정이 아닌 각자의 요구에 맞는 과정 설계가 필요하다. 교육과정의 모듈화 경우 특정 직무 단위로 교육과정을 세분화하고 학생이 자신의 진로경로에 맞도록 모듈을 구성해 교육을 받는 것으로, 모듈 구성에 따라 다양한 직업에 맞는 교육이 이루어질 수 있다. 특히, 이러한 방식은 탈산업화 시대에 다직무 수행을 필요로 하는 직업적 요구를 반영한 인력 양성이라는 측면에서도 장점이 있어 자칫 공통능력만을 주입해 특색 없는 인력이 양성될 수 있는 문제를 해결할 수 있다. 단, 모듈 구성을 위해서는 직무나 산업관점에서 모듈이 유기적으로 작동되도록 하여야 한다. 과거 모듈식 교육과정의 실패 원인을 보면, 모듈끼리의 연계를 고려하지 않고 개별적으로 구성하였다. 이로 인해 모듈을 선택하여 하나의 과정을 만들 때, 모듈간 중복, 모듈간 수준차이 등 문제가 발생하였다. 따라서 설계자가 주도하여 전체 모듈의 개요를 구성하고 각 모듈의 교수자에게 해당 모듈의 위치, 역할, 수준 등을 사전 안내하여 전체 모듈이 유기적으로 운영될 수 있도록 할 필요가 있다.

실무 인력 배출을 위한 교육 방식 변화

직업교육의 목적은 현장에서 필요한 직업능력을 향상하기 위한 것이다. 따라서 실무인력 배출이라는 관점에서 교육훈련의 방식을 변화시킬 필요가 있다. 이 때 대학에서는 학습자에게 정해진 답을 주입하는 것이 아닌 답을 아직 밝혀내지 못했거나 다양한 해결책이 존재하는 실무형 교육내용을 도입하여 함께 교육훈련을 만들어간다는 가정 하에 접근해야 한다.

기존 문제기반 학습(Problem based)에서 현장 문제 중심의 교육(Problem centered)으로 교육 패러다임 전환이 필요하다. 직업교육의 현장성 강화를 위하여 최근 문제기반의 학습 방식이 확산되고 있다. 이는 이론 중심의 전달이 아닌 산업현장에서 발생할 수 있는 특정 문제 상황을 가정하고 해결해 가는 과정에서 학습할 수 있도록 지원하는 방식이다. 실무 능력 배양 측면에서 긍정적인 방식이나, 실제 교육 현장에서는 교수자에 의해 '잘 짜여진' 문제를 '잘 짜여진 해답'에 접근하는 형태로 이루어지고 있다. 현장중심의 직업교육 강화를 위해서는 만들어진 문제가 아닌 현장에서 실제 발생하고 있는 문제를 해결하는 방식을 도입하여야 한다. 답을 찾아 가는 과정에서 교수자와 학습자가 관련된 이론이나 기술 등을 함께 연구하고 해결책을 찾으며, 결과물이 다시 현장으로 적용될 수 있는 선순환 문제중심 교육훈련이 이루어져야 한다. 또한 결과물을 찾는 과정에서 다른 학습자나 다른 팀과 해결 방식의 차이, 해결 결과물의 질적 비교 등을 통해 성찰하는 이점도 함께 얻을 수 있다.

직업교육에서의 산업현장 참여가 확대될 필요가 있다. 위에서 제시한 현장의 문제 제기뿐만 아니라 현장 전문가나 이미 해당 문제를 해결한 경험이 있는 선배 재직자 등을 직업교육의 과정설계자나 교강사로 참여시킬 수 있다. 또한 이미 앞서가고 있는 선도기업이 후발주자인 추격기업에게 기술을 전수하거나 함께 교육훈련을 운영하는 등 다양한 산업의 참여를 대학이 설계하고 현장의 참여를 지원하는 노력이 이루어져야 한다.

온·오프라인 병행 교육 확대와 현장에서의 교육 운영이 필요하다. 코로나 19 이후 온라인 교육에 대한 반감이 완화되었으며, 시·공간적 제약을 뛰어넘는 이점을 적극 활용하는 사례가 늘어나고 있다. 직업교육에서 고질적인 문제로 지적되었던 재직자의 교육훈련 시간 할애 문제를 해결하고 언제, 어디서나 교육훈련에 참여할 수 있는 온라인 방식의 확대가 필요하다. 특히 메타버스를 활용한 디지털 트윈, AR/VR을 활용한 시뮬레이션 훈련이 가능해지고 있다는 점에서 다양한 교육훈련 장소 확보와 적용이 가능할 것이다. 또한 온라인 교육과 병행하여 산업현장에서 직접 교육을 진행할 수 있는 다양한 접근도 필요하다.

디지털 전환에 따른 기초역량 강화

디지털을 포함한 신기술분야의 필요역량 수준을 세분화하여야 한다. 디지털 교육의 목적을 명확히 하고 학제에 따른 디지털 인력의 수준 체계를 수립할 필요가 있다. 이를 통해 학제 기준으로 중복 교육이 발생하지 않도록 할 필요가 있으며, 학력 등 역량 체계에 따라 적합한 교육이 이루어질 수 있도록 체계화 할 필요가 있다. 그러나 현재까지의 국내 디지털 신기술 분야 능력은 수준 세분화가 되어 있지 않아 입직을 준비하는 청년 입장에서 어느 수준까지의 교육을 받아야 하는지 혼란을 겪고 있다. 따라서 빅데이터 등 디지털 신기술 분야의 인력양성 및 직무 수행을 위한 세분화된 기준 마련이 필요하다. 이는 직무 수행 시 직무 내용 및 난이도에 따른 직무수준이 존재하나, 디지털 신기술 분야는 신기술 도입에 초점, 수준 세분화가 가능한 정도의 산업 규모 미확보 등으로 수준 논의가 미흡하다.

따라서 디지털 역량 수준 기반 재설계 및 자격기반 경력경로 설계가 필요하다. 기존 디지털 신기술 관련 자격은 필요 역량을 규명·검정하였으나, 향후 역량 내용 및 수준을 종합적으로 검토하여 세분화 필요가 필요하다. 실제 정보통신분야의 디지털 신기술분야 자격은 현재 높은 수준(기사 등)에 초점을 두고 있으며, 하위등급에 적합한 자격이 부재하다. 따라서 입직수준을 포함한 특성화고, 전문대졸업생, 타전공자의 디지털 분야 직무능력 확인 등을 위한 공통직무자격을 신설하고 이들의 공통직무능력이 추후 관련 산업기사·기사 자격으로의 연계가 이루어질 수 있도록 한다면 우수 인재로 성장하는 데 역할을 할 수 있다.

디지털 리터러시 중심의 직업기초능력 강화가 필요하다. 4차 산업혁명에 따른 디지털화로 인하여 직업기초능력의 하나로 디지털 리터러시 중요성이 증대되고 있다. 이때 디지털 리터러시는 디지털 기기를 다룰 수 있는 기술적 능력뿐만 아니라 이를 통해 정보를 검색하고, 비판적으로 수용하며 목적에 맞는 형태로 재창조하여 사용하는 능력을 의미한다(Gilster, 1997). 디지털 신기술 도입이 산업 전반에 걸쳐 얕고 넓게 퍼져나갈 것으로 예상되며 특정 직무에만 국한되는 것이 아닌 모든 직무가 아날로그에서 디지털화된다는 점에서 볼 때, 직업기초능력 교육 측면에서 디지털 리터러시의 중요성은 매우 높다. 이를 위해서는 각 전문분야의 전문적 직무수행능력과 차별화되는 기초 수준의 능력 정의와 평가가 필요하며, 향후 모든 직업인에게 공통적으로 필요한 디지털 역량을 규명하고, 평가하기 위한 수단으로 디지털 분야 공통직무능력 자격 신설도 검토할 필요가 있다.

평생직업교육을 위한 고용서비스와의 연계

현장교육기반 경력사다리 연계를 위한 다양한 경로를 설계 · 지원해야 한다. 고졸 취업자, 전문학사 취득후 취업자, 대졸취업자 등 노동시장으로 진입하는 시기나 배경은 다양하다. 다양한 배경을 지닌 직업교육희망자들이 후진학, 편입학, 계약학과 등 다양한 제도를 통해 재교육이 이루어질 수 있는 경로를 설계하여야 한다.

경력개발경로 설계와 연계된 직업교육이 필요하다. 대학은 입직 시점을 기준으로 교육훈련과 직업세계를 연결하는 연결고리의 역할을 수행해야 한다. 이는 졸업 이후 직업세계로 전이된다는 의미뿐만 아니라 입직 후에도 대학으로 돌아와 직업능력을 향상시키는 지원을 해야 한다는 것이다. 따라서 직업교육관점에서 대학은 구직자나 재직자가 스스로 원하는 경우에 찾아와서 교육훈련을 받는 단순 교육훈련제공 기관이 아닌 경력개발경로 관점에서 언제 어떤 교육을 어떻게 제공할 수 있는지 안내하는 경력개발경로 설계자로서의 역할을 동시에 수행하여야 한다.

재직자의 경력설계를 지원하기 위한 경력설계검진을 지원해야 한다. 지금까지 대학은 개인의 희망에 따라 교육을 제공하고 정해진 이수 기준에 따라 시험을 통해 졸업장, 이수증을 제공하는 수준이었다. 향후 개인에게 적합한 교육훈련이 어떤 것인지를 판단하고 알려줄 수 있는 경력설계검진까지를 담당해야 한다. 역할 수행을 위해서는 대학에서 전공분야의 교수설계자, 교수자뿐만 아니라 개인의 경력개발을 지원할 수 있는 고용서비스 전문가까지를 확보하고 지원해야 한다.

역량 인증을 위한 자격제도 개선

유연하고 융합적인 산업의 변화에 대응하기 위하여 자격의 유연성이 높아져야 한다. 전통적인 산업에서는 정형화된 기술인력이 요구되었으며, 이들을 양성하고 인증하기 위하여 규격화된 자격운영이 이루어졌다. 그러나 산업이 세분화되고 다양한 기술이 조합된 형태의 직무가 증가함에 따라 자격의 유연성을 높여야 한다는 요구가 늘어나고 있다. 즉, 과거에는 대학의 학과 단위로 특정한 직업인을 양성하고 자격은 특정 직업을 나타내는 크기와 내용으로 구성되었었다. 그러나 최근에는 교육내용이 세분화되고 융합전공, 연계전공 등으로 새로운 직업에 대응할 수 있는 체계를 갖추게 되었으며, 이로 인해 자격 역시 기존 직업 수준에서 직무수준으로 세분화될 필요가 있다. 또한, 세분화된 개별 자격을 유닛화하여 융합직업에 맞게 조합할 수 있는 유연화가 필요하다.

다양한 경험이나 경력을 자격으로 인정할 수 있는 선행학습인정제도(RPL)의 확대가 필요하다. 평생직업능력개발을 위해서는 직업생활을 유지하면서 습득한 직무경험, 교육훈련의 결과물, 자격증 등을 체계적으로 정리할 필요가 있다. 또한 불필요한 교육훈련이나 자격증 취득의 중복문제를 방지하기 위하여 이미 확보한 직업능력을 체계적으로 관리할 필요가 있다. 현재 학점은행제와 같은 제도를 통해 일부 관리가 되고 있으나, 향후 국가적 관점에서 자격, 학력, 교육훈련, 일경험 등을 관리하고 이를 조합하여 원하는 자격을 취득할 수 있는 선행학습인정제도 운영이 필요하다. 또한 이를 위해 대학에서는 개인의 직무경력 관리 컨설팅, 부족한 능력에 대한 보충 학습 기회 등을 제공하는 역할까지 확대하여야 한다.

자격의 검정 방식의 다양화와 과정평가 중심으로의 개편이 필요하다. 자격은 지식이 아닌 실제 일을 할 수 있는 능력을 평가하는데 목적이 있다. 따라서 자격에서 검정하고자 하는 내용을 정확하게 배웠는지, 배운 내용을 적용할 수 있는지를 판단하는 것이 중요하다. 따라서 기존 검정형 방식에서 과정평가형으로 변경하여 자격 내용에 맞게 학습하고 실제 행할 수 있는지를 판단하는 방식으로 전환이 필요하다. 또한 수행 가능성을 평가하기 위하여 서술형이나 일부 작업을 대체하는 방식에서 작업장 중심으로 확대할 필요가 있다. 실제 작업환경 구축이 어렵거나 위험한 경우, 검정을 위한 재료비 등이 많이 소모되는 경우는 AR이나 VR, 메타버스 등을 활용하여 시뮬레이션 할 수 있는 방식을 도입할 필요가 있다.

자격의 통용성을 확대할 필요가 있다. 자격은 특정한 기업이나 산업, 한 국가에서만 적용될 경우 중복 취득, 불필요한 스펙 경쟁 등으로 변질될 우려가 있다. 따라서 자격의 설계 및 인증 과정에서 국가 표준, 국제 표준 등에 기반하고 다양한 산업이나 국가간 공유가 될 수 있도록 관계자 간 협의가 필요하다. 대학의 경우 공학인증에 기초하여 엔지니어 자격 설계에 적극 관여하고 자격이 국외에서도 통용될 수 있도록 상호인정에 대한 노력을 할 필요가 있다.

4. 마치며

대학에서의 직업교육 강화는 시대와 산업계의 요구이며, 필연적으로 바뀌어야 하는 패러다임 전환이다. 그러나 여전히 대학에서는 직업교육을 바라보는 관점이 전통적인 학문교육과는 반대되는 개념으로 인식하고 직업교육을 특성화고, 전문대학이나 훈련기관의 역할로 오해하는 경우가 있다. 또한, 대학에서의 직업교육은 학령기 인구 감소에 따른 새로운 시장 중 하나로 여기는 편협한 시각이 여전히 존재한다. 앞으로 사회와 기술의 빠른 변화에 대응하고 평생직업능력개발의 시대를 준비하기 위하여 대학에서도 직업교육체계의 대전환이 필요할 것이다.

대전환을 준비하는 과정에서 대학은 대학만의 노력이 아닌 산업계, 노동계, 지역사회, 타 직업교육훈련기관 등과 유기적으로 소통하며 학문과 실무를 연계하고 교육과 현장을 연계하는 조율자 역할을 수행하도록 노력해야 한다.

참고문헌

Baethge, M.; Solga, H.; Wieck, H. 2007. Berufsbidung im Umbruch-Signal einse uberfalligen Aufbruchs. Berlin: Friedrich-Ebert-Stiftung.

Cedefop. (2010). Linking credit systems and qualifications frameworks: An international comparative analysis. Publications Office of the European Union.

CEDEFOP. 2011. Vocational Education and Training at Higher Qualification Levels.

Grubb,W. N. (2006) Vocationalism and the Differentiation ofTertiary Education: Lessons.

Hollander. A. & Mar, N. Y. (Towards Achieving TVET for All: The Role of the UNESCO-UNEVOC International Centre for Technical and Vocational Education and Training. International Handbook of Education for the Changing World of Work, part 1, 41-57.

Mayer, K, U. 2003. Das Hochschullwesen. Reinbek.

OECD. 2010. Learning for Jobs. Paris: OECD.

Rauner, F. 2011. THe Apprenticeship Approach: A Way to Overcome Damarcations between Vocational and Higher Education. Foreign Language Teaching and Research Press.

UNESCO. 2005. Revised Recommendation Concerning Technical

and Vocational Education (2001). In: UNESCO, ed. Normative Instruments Concerning Technical and Vocational Education. Paris: UNESCO.

3부
디지털 전환 시대의 교육

Ⅶ

고등교육 온라인 교육시스템 시장현황과 변화전망

이삼열(연세대학교 행정학과 / 언더우드국제대학)

Ⅶ. 고등교육 온라인 교육시스템 시장현황과 변화전망

이삼열(연세대학교 행정학과 / 언더우드국제대학)

1. 들어가며

COVID-19는 고등교육 생태계에 태풍과 같은 효과를 주었다. 태풍이 올 때마다 땅과 바다에 큰 피해를 입히기도 하지만 큰 비를 내리고 바다를 뒤집어 바다생태계를 풍부하게 하는 유익한 점도 있다. 코비드도 그와 같이 약 2년에 걸쳐 한국의 고등교육을 멈추는 수준까지 피해를 입혔다. 특히 2020년, 대학에 입학한 학생들은 거의 모두가 대면수업을 한 번도 해보지 못하고 동아리활동이나 학교 선배들과 어울릴 수 있는 기회를 갖지 못한 채 2학년을 마치고 있다. 특히 남학생들은 코비드를 맞아 군 입대를 하기도 했지만 여학생들의 경우 이도 여의치 않아 꼼짝없이 곧 3학년을 맞이하게 된다. 하지만 꼭 단점만 있는 것은 아니다. 먼저 온라인 수업에 대해서 부정적이었던 대학의 교육시스템이 반강제적으로 온라인 체제로 변화할 수밖에 없었던 점이다. 또한 몇 백 명씩 강당에 모아놓고 토론없이 일방적인 강의로 지속되던 강의들이 온라인으로 전환되면서 온라인에서 강점을 보이게 된 것이다. 지금에 와서는 왜 진작 온라인으로 전환하지 않았는지 궁금해 하기도 한다.

이 글은 고등교육 온라인 교육시스템의 수립과 실행을 연세대학교의 사례를 들어 설명한다. 많은 대학들의 속내를 속속히 알기도 어렵고, 연세대학교의 사례가 일반화가 될 수 있다는 희망도 가져보면서 연세대학교의 사례를 중심으로 사례분석을 실시하고 시사점을 도출하고자 하였다.

2. 온라인 수업의 등장과 대학 교육

현재, 대학에 입학하는 학생들에게 온라인 수업은 그리 낯선 수업방식이 아니다. 어려서부터 사교육에 노출되고 온라인 사교육 시장이 활성화된 우리나라에서 온라인 교육은 매우 익숙한 교육 방식이다. 이러한 온라인 교육의 역사는 교육방송으로까지 거슬러 올라갈 수 있다. 글쓴이도 대학입학 공부 시 '서한샘 선생의 국어 특강'을 들었던 경험이 있다. 교육방송에서 사교육시장으로 온라인시장이 발전한 것으로 이해할 수 있다. 특히 큰 강의실에 수용할 수 있는 학생의 수가 제한되었기 때문에 이익극대화를 위한 묘안으로 온라인시장이 형성되었다고 할 수 있다. 온라인 강의의 경우 한 사람 학생이 더해질 경우 한계비용이 '0'에 가깝기 때문에 더 많은 학생을 모을수록 수익이 높아진다. 이로 인해 소위 가장 인기 있는 '1타 강사'의 경우 천문학적인 수익을 올릴 수 있는 기회가 생기고, '1타 강사'를 여러 온라인 플랫폼에서 스카웃하는 현상도 벌어진다. 사교육시장의 온라인교육이 일방적인 강의전달에 그치는 것은 아니다. 대학생들을 고용하여 게시판에 질문을 올리면 이에 답변해 주는 것으로 일종의 조교 시스템도 원활히 작동시켰다. 사교육시장의 온라인 강의는 매달 수강생 수로 평가받기 때문에 강의의 질 관리에 크게 신경을 쓸 수밖에 없다. 강의의 내용, 발음, 판서, 강의교재 등 모든 것이 수강생에 의해 판단받고 수강생은 이를 계속 수강여부에 고려하기 때문에 온라인 강의 팀은 매달 엄청난 스트레스에 노출될 수밖에 없다. 매달 '프로듀스 101'에 출전해 평가를 받은 시스템이라고 이해하면 맞을 것이다. 매우 전문화된 시스템이라고 할 수 있다. 이에 비해 대학은 온라인 강의의 무풍지대에 있었다고 해도 과언이 아니다. 대학 교육에서 온라인 교육은 특정 유형의 대학에 특화되어 있는 교육방식이었다. 먼저 한국방송통신대는 온라인 교육에 특화되어 있었다. 과거 서신에 기반을 둔 교육을 진행했던 한국방송통신대학대는 TV를 통해 교육을 실시하였으며 또한 이를 온라인으로 그대로 옮겨갔다. 그렇기 때문에 국립인 한국방송통신대는 온라인에 최적화된 시스템을 가지고 있다. 다음으로 온라인 교육에 최적화되어 있는 대학은 사이버대학교이다. 사이버대학교는 정규대학에 출석하기 어려운 이들을 대상으로 고등교육을 제공할 수 있는 경로로 발전하였다. 정보통신환경의 발전과 더불어 사이버대학교도 매우 발전하였다. 하지만 방송통신대와 사이버대학교들의 존재에도 불구하고 온라인 교육은 두 종류의 대학교에만 한정되어 있었다. 학교분류에 의한 제도적 한계가 있었기 때문에 기존 대학들은 온라인 교육에 관심이 상대적으로 적었다. 또한 사이버대학교를 별도로 설립하여 온라인 고등교육시장을 동시에 공략할 수 있었기 때문에 차별화 전략으로 두 학교 유형 간, 구별을 철저하게 하였다. 사이버대학교는 온라인으로만 강의를 하지만 기존의 대학은 대면수업을 한다는 점에서 질적인 면을 강조한 것이다. 예를 들어 고려사이버대학교, 한양사이버대학교, 경희사이버대학교, 숭실사이버대학교 등이 이러한 예에 속한다.[1] 하지만 이런 상황은 코비드 이후 큰 의미가 없어졌

1) 현재 개설되어 있는 4년제 사이버 대학교는 건양사이버대학교, 국제사이버대학교,

다. 모든 대학교의 수업이 전면 온라인으로 변경되면서 '사이버대학교화' 되었다는 말이 생겨났고, 사이버 대학교 수준으로 등록금을 낮춰 등록금을 반환해 달라는 요구가 잇따랐다. 사이버대학교가 일반대학교보다 낮은 등록금과 온라인 교육으로 학생들을 유치하는데 성공하였는데, 일반대학교의 수업이 온라인으로 전환되면서 사이버대학과의 차별성이 사라지게 되었기 때문이다. 또한 온라인 교육으로 최적화된 사이버대학교의 수업방식과 갑자기 온라인으로 전환된 일반대학교의 수업은 형식과 내용면에서 큰 차이가 있어 수업의 질에 대한 불만으로 이어졌다.

3. 국내외 MOOC와의 경쟁

이미 해외대학교들은 온라인 전환을 마친 경우가 많았다. 언어적 한계로 인해 한국인들이 접근이 가능한 플랫폼은 영어로 강의를 제공하는 플랫폼으로 한정할 수 있는데 이 경우 미국이나 영국의 대학이나 기업이 제공하는 프로그램이다.

미국이나 영국 대학의 경우 일찍부터 온라인 교육을 실시해 왔다. 먼저 온라인 대학으로 큰 영향력을 높였던 피닉스대학(University of Phoenix)을 꼽을 수 있다. 2010년 기준 학생 60만명 수준으로 성장했던 피닉스대학은 2015년에는 학생 227,000명으로 감소하였다.[2] 피닉스대

디지털서울문화예술대학교, 서울디지털대학교, 숭실사이버대학교, 한양사이버대학교, 경희사이버대학교, 글로벌사이버대학교, 부산디지털대학교, 서울사이버대학교, 원광디지털대학교, 화신사이버대학교, 고려사이버대학교, 대구사이버대학교, 사이버한국외국어대학교, 세종사이버대학교, 한국열린사이버대학교 등이다. 2년제로는 영진사이버대학교, 한국복지사이버대학교 등이 있다.

2) Desert News 2015년 4월 25일 "The Rise and Fall of the University of Phoenix" https://www.deseret.com/2015/4/25/20563390/the-rise-an--fall-of

학은 영리대학으로 기존 대학의 온라인 프로그램 제시와 자체적인 관리 부실 및 사기 등의 혐의로 인해 몰락하였다. 하지만 온라인 교육의 가능성에 눈을 뜨게 해준 대학이라고 할 수 있다. 특징적인 온라인 대학으로는 Western Governors University, Liberty University, Purdue University Global 등을 들 수 있다.

이와 대조적으로 기존의 대학들과 기업들도 온라인 교육의 중요성에 대해 인식하고 온라인 수업을 MOOC의 형태로 제공하고 있다. 먼저 edX로 하버드와 MIT가 협력하여 6천만 달러의 자본금으로 설립한 비수익형 기관이다. 하버드와 MIT를 포함한 전 세계 다수 대학의 수업을 제공하고 수업 수강 완료시 유료로 edX명의의 인증서를 발급한다. 최초에는 전 세계에 무료로 양질의 교육기회를 제공하려고 의도하였지만 이를 유지하는 데 어려움을 겪고 점차 유료화하였다. 많은 수업들이 청강은 여전히 무료이지만 마이크로학위를 받거나 장기간 수강하기 위해서는 비용을 지불해야 한다.[3)]

[그림 1] COURSERA 누리집

-the-university-of-phoenix.

3) edx.org 홈페이지 설명 참조.

Coursera는 스탠포드대학교 컴퓨터학과 교수인 Andrew Ng과 Daphne Koller가 설립한 것으로 벤처캐피털의 2천 2백만불 투자로 시작된 수익형 기관이다. 누구든지 무료로 수강하는 것을 목표로 강좌를 제공하는데 Coursera는 스스로 교육 콘텐츠를 생산하지 않고 파트너대학들과 협력하여 콘텐츠를 제공받는다. 2021년 현재 약 200개의 기관과 협력하고 있고 약 3,000개의 강좌를 제공하고 있다. 강좌수강은 무료이지만 'Guided Project'는 $9.9, 'Specialization'은 $39, 온라인 학위는 $9,000부터 시작하는 등 학생이 단순 수강 외, 편익을 얻기 위해서는 비용을 지불해야 한다.[4]

Udacity는 벤처캐피털의 투자로 시작된 수익형 교육기관이다. 강의를 수강하는 것은 무료이나 인증서 발급이나 피드백 등을 받기 위해서 비용을 지불해야 한다. 또한 나노학위 등을 받기 위해서도 비용을 지불해야 하는데 한 달에 $399부터 시작한다. Udemy는 2010년에 설립된 수익형 교육기관이다. 2021년 현재 183,000개 이상의 강의를 제공하고 있으며 최소 17,000원부터 강의를 수강할 수 있다. 주로 직업교육과 관련된 콘텐츠를 제공하고 있다. 국내에는 국가평생교육진흥원에서 제공하는 K-MOOC이 있다. 한국형 MOOC으로 기획되어 국내 대학들이 참여하고 있는데 2021년 현재 참여대학은 140여 개를 넘고 무료강좌가 900개 가량, 수강신청자는 200백만명을 돌파하였다.[5] 하지만 정부 주도로 만들어지고 각 대학에게 주어지는 인센티브가 부족하여 기대만큼 활성화되지 못

4) Jacob Eckstein "How Coursera Makes Money" Investopedia 2021년 5월 30일. https://www.investopedia.com/articles/investing/042815/how-coursera-works-makes-money.asp.

5) KMOOC 홈페이지 참조.

한 상태로 평가된다. KCOW (Korea Open Course Ware)는 한국교육학술정보원에서 제공하는 것으로 국내외 대학 및 기관이 자발적으로 공개한 강의동영상 및 강의자료를 무료로 제공하는 서비스이다.

[그림 2] K-MOOC 누리집

[그림 3] KCOW 누리집

해외 MOOC 서비스들은 언어적 장벽과 학위 취득 시 비용 등의 문제로 국내대학들과의 경쟁관계에 있지 않다. MOOC를 통한 학위나 자격증 취득은 미국 등에 취업하기 위해서는 어느 정도 도움이 되지만 국내 취업 시장에서는 큰 도움이 되지 않기 때문이다. 또한 비용적인 측면에서도 큰 이점을 갖고 있지 못하다. 특히 해외 MOOC 서비스들은 영어로 제공되는 것이 대부분이기 때문에 영어에 능숙하지 못하면 강의내용을 제대로 습득할 수 없는 점도 큰 장벽이라고 할 수 있다. 국내 MOOC 서비스도 국내 대학에 크게 자극을 주지 못하였다.

K-MOOC은 해외 MOOC 서비스에 대항하기 위하여 정부 주도로 만들어졌지만 어느 정도 수준에 정체해 있는 상태로 유지되고 있다. 대학이 적극적으로 협력해야 할 인센티브가 부족하여 기존의 대학을 대체할 수 있는 체계 등을 갖추지 못하였다. KCOW도 크게 다르지 않은 상황이다.

4. 대학교 수업의 온라인 전환과 문제점

대학교 수업은 자동으로 온라인으로 전환되지 않는다. 온라인 교육으로 전환하기 위해서는 다양한 준비가 필요하기 때문이다.

먼저, 온라인 수업에 알맞은 LMS(Learning Management System)가 필요하다. 대부분의 대학들이 갖고 있던 LMS는 온라인 수업용으로는 부적합한 것으로 일부 자료를 올리거나 짧은 동영상을 올리는 용도로는 적합하지만 전면 온라인교육을 위해서는 적합한 시스템이 아니다. 그렇기 때문에 온라인 수업으로 전화하기 위해서는 LMS를 전면적으로 개편해야 했다. 오랜 시간과 예산이 필요한 작업이다.

두 번째, 실시간 온라인 강의나 동영상 강의를 시청할 수 있는 충분한 서비스 용량과 대역이 필요하다. 온라인 강의 초기 빠르게 전환한 대학들은 Zoom이나 WebEx 등을 활용해 실시간 강의를 실시할 수 있었다. 또한 충분한 서비스 용량과 대역 구매를 위해 예산을 투입했다.

세 번째, 실시간 강의의 경우 기존의 강의 내용을 그대로 활용할 수 있었지만 동영상 강의의 경우 이를 녹화할 수 있는 스튜디오와 영상 강의실 등의 시설이 태부족하여 이의 확충이 필요했다. 동영상 촬영 수요는 많지만 학교의 인프라가 충분히 갖추어지지 않아 이의 확충에 상당한 시간과 예산이 투입되었다. 전용 스튜디오 등을 활용하지 못하는 경우 강의 질의 문제가 제기되기도 하였다.

네 번째, 동영상 강의의 경우 기존에 사용하였던 강의 자료에 포함되어 있었던 내용들의 저작권 문제의 해결이 필요하다. 교과서를 사용하는 경우 대면강의에서는 문제가 없지만 동영상으로 전달되는 경우 새로운 저작권 구입이 필요하기 때문이다.

다섯 번째, 온라인 강의나 동영상 강의에 익숙하지 않은 교원들에 대한 교육이 필요하다. 대면에 필요한 강의 능력을 갖춘 교원들이 온라인 강의나 동영상 강의에 필요한 강의 능력을 갖추기 위해서는 학습과 경험이 필요하다.

이를 모두 정리하면, 온라인 강의 전면 전화를 위해서 대학이 필요했던 것은 예산과 시간인데, 대학이 이 두 가지를 갖추지 못한 경우가 많았다. 먼저 코로나로 인한 전면 온라인 교육결정이 2020년 2월에 내려지면서 대학들은 충분한 시간을 가질 수 없었다. 허겁지겁 온라인 교육으로 전환했던 대학에게 부족했던 것은 시간이었다. 이로 인해 2020년 1학기는 교수나 학생 모두 정신없이 코로나의 공포에 사로잡혀 보낸 학기였고 온라인 교육이 서서히 틀을 잡기 시작한 것은 2학기부터였다. 또한 10년 이상 등록금이 동결되면서 대부분의 대학들은 추가로 IT 인프라에 투자할 여력을 지니고 있지 못하였다. 코로나로 인해 많은 학생들이 휴학을 하는 상황에서 대학의 재정은 대규모의 IT인프라 투자를 위한 여유를 지니지 못하였다. 설상가상으로 2021년부터는 학령인구가 대학입학정원보다 적은 시기까지 도래하면서 정원을 채우지 못하는 대학교가 속출하는 상황에서 더욱더 재정적 투자 여력을 갖지 못하였다.

5. 연세대학교 사례 분석

국내 대학 중 비교적 여유로운 재정을 갖춘 연세대학교도 2020년 2월 갑자기 전면 비대면 교육이 결정되고 나서 불 난 호떡집과 같은 상황이 되었다. 앞에서 언급한 문제점들을 연세대도 고스란히 갖고 있었기 때문이다. 일반대학교와 사이버대학교를 동시에 운영하고 있는 대학들은 온라인 수업 운영에 관한 IT인프라와 운영노하우를 갖고 있지만 연세대는 그러한 인프라와 노하우를 갖고 있지 못하였다.

비대면 교육을 위한 LMS의 부재와 구축

연세대가 운영하고 있던 YSCEC은 YSCEC 2.0으로 업그레이드되었지만 원래 기능은 오프라인 정규강의를 보조하는 웹 보조 강의실이었다. 이러한 역할과 성능의 제한때문에 실시간 교육은 빠르게 계약을 한 ZOOM을 통해 이루어졌고 동영상 강의는 일부 YSCEC을 통해 서비스되었지만 성능문제로 큰 어려움을 겪었다. 그래도 ZOOM 활용을 빠르게 결정해 수업 시작 전에 계정을 제공하고 이를 활용토록 한 것은 매우 재빠른 움직임이었다고 판단된다. 2020년 1학기 중에도 아직도 학교에서 공식적으로 활용하는 온라인회의프로그램이 결정되지 않아 교수들이 제각기 다른 프로그램을 활용하는 대학의 이야기도 심심치 않게 들을 수 있었기 때문이다.

연세대는 2020년 2월에 4년 임기로 서승환 총장이 취임을 취임하자마자 코비드 상황에 대처해야 했다. 다른 대학교와는 다르게 학교 지도부 교체 시기에 코비드가 터져 매우 어수선한 상황에서 비상상화에 대처해야 했다. 다행스러운 것은 서승환 총장이 선거공약으로 '대학의 Digital Transformation'을 공약했다는 것이다. 특히 대학의 시스템 중 학사시스템, 연구시스템, 행정시스템, 강의시스템 중 강의시스템의 확충에 관심을 두고 Y-EdNet을 설립할 것을 공약했다. 일반적으로 총장에 선출된 후 많은 경우 공약을 실행하기 어려운 경우가 많은데 서승환 총장의 경우 코비드로 인하여 Y-EdNet을 외부환경의 급격한 변화로 실행하게 되었다. 이에 외주기관을 선택하고 시스템을 구축한 뒤 2021년 3월 기존 YSCEC 2.0의 데이터를 이관하고 교내 구성원을 대상으로 개통한 뒤를 시스템의 안정성을 확인하였다. 이후 2021년 9월 Y-EdNet을 LearnUs로 바꾸고 이를 일반인 대상 비학위 전문 및 공개강좌를 중심으로 공개하였다. LearnUs는 'Learning Ubiquitous Sqaure'의 약자로 '어디에나 존재하는 학습 광장'을 의미한다고 한다. 현재 LearnUs에서는 전문과정 / 공개과정 / 국제과정 / 학위과정 등으로 나누어 강의를 제공하고 있다. 전문과정은 전문분야별로 전문적인 내용을 학습할 수 있는 강의를 제공하며 '연세-네이버 데이터사이언스 교육과정'은 그 중 하나이다. 전문과정은 유료로 제공되고 있다. 공개과정은 일반인들에게 로그인 없이 무료로 제공되는 강의로 매주 짧은 강의들과 전문과정에서 제공되는 강의들의 견본을 제공한다. 국제과정은 영어로 제공되는 강의들로 앞으로 지속적으로 업데이트될 예정이다. 학위과정은 강의 수료시 학위를 딸 수 있는 강의들로 기존의 연세대 LMS를 업그레이드한 것이다.

[그림 4] 연세대학교 LearnUs 누리집

[그림 5] 연세대학교 LearnUs 전문과정

온라인 교육 파트너의 모색과 확보

대학은 재정적으로 어렵기 때문에 IT인프라에 투자할 여력이 그리 크지 않다. 연세대는 우리은행, 네이버와 2021년 5월 3자 간 업무협약을 체결하고 연세대 전용 스마트캠퍼스 구축과 공동 서비스 개발키로 하였다. 스마트캠퍼스는 먼저 교육시스템에 먼저 적용된다. 예를 들어 조별 화상채팅, 과제물 공동 제작 및 공유, 비대면 오피스아워 등이 제공될 예정이다. 네이버가 기업용 협업도구로 개발한 '네이버웍스'를 바탕으로 협업기능을 도입할 예정이라고 한다. 이에 더하여 교육 콘텐츠 개발에도 협업할 예정이다.[6]

또한 교내외 인근 상권에서 모마일 기반으로 결제가 가능한 금융 기능을 제공하고 다양한 교내 편의서비스를 제공할 예정이다. 현재 Learn-Us에서는 네이버를 활용한 인증서비스를 제공하고 있고, 앞으로 연세구성원 전용 디지털화폐인 연세코인 서비스 등도 제공할 예정이다.[7] Learn-Us의 안정적인 출범을 위해서는 우리은행과 네이버와 같은 파트너의 확보가 매우 중요했다. 대학이 지닌 정보통신기술의 한계와 금융적인 한계를 고려할 때 안정적인 기술 및 금융 지원을 조기에 확보하는 것은 매우 주효했다. 네이버와 우리은행은 지금은 투자로 인한 수익이 그리 크게 보이지 않지만 연세대와 스마트캠퍼스를 구축하여 이를 비즈니스 사례로 삼아 사업영역을 향후 안정적으로 확대할 수 있는 기회를 가졌다고 할 수 있다.

---

6) 매일경제 2021년 5월 6일자. "연세대 · 네이버 · 우리은행 '국내최초' 스마트캠퍼스 위해 손잡는다."

7) 테크월드뉴스 2021년 5일자. "연세대-우리은행-네이버, 스마트캠퍼스 사업 MOU 체결."

가장 중요한 파트너는 연세대가 주도하여 만든 공유대학 네트워크이다. 보통 이러한 네트워크가 정부지원금을 바탕으로 이루어지는 것에 반해 공유대학 네트워크는 대학들이 자발적으로 형성한 네트워크여서 매우 새로운 시도라고 할 수 있다. 현재 온라인 공유대학에 참여하고 있는 대학은 한남대, 광운대, 덕성여대, 동국대, 명지대, 숙명여대, 전남대, 충북대, 포항공대, 상명대, 한동대, 계명대, 이화여대, 청주대, 한밭대, 연세대 등이다. 일단 2021년 1학기부터 22명의 교수가 공동 진행하는 4개 과목을 운영하였다. 특히 연세대와 충북대는 생물학실험 교육용 가상현실 콘텐츠도 공동개발하고 있다. 2학기부터는 18개 대학의 공유할 수 있는 공통과목을 개발하고 있는 중이다.

이와 유사하게 고려대와 한국외국어대, 한양대, 성균관대, 경희대는 디지털 교육 콘텐츠 및 기술 공유 등을 중심으로 혁신공유교류협정을 맺었다. 9개 거점국립대학교도 2020년에 원격수업 학점교류 시스템 KNU9를 구축하고 18개의 강좌를 개설하였다. 지방 전문대학들도 유사하게 '6UNICON (6 University Consortium)'을 개설하고 협력모델을 모색하고 있다.[8]

연세대가 주도한 공유대학 네트워크의 특징은 일단 학교의 규모가 다양하고, 수도권과 지방 대학이 섞여있고, 사립대와 국립대가 포함되어 있고, 정부 주도가 아닌 대학 자체가 주도한 사업이라는 점이다. 앞으로 관건은 협력을 통해 얼마나 양질의 강의콘텐츠를 확보하고 참여대학에 가시적인 이익이 생겨날 것인가? 일 것이다.

8) 한국경제 2021년 3월 1일자 "연세·동국대 등 9개교 온라인 공유대학 연다."

온라인 강의와 유휴 강의실의 전환

연세대는 이전부터 대규모 강의를 온라인 강의로 전환하려는 시도를 하였다. 특히 2~3백명이 한꺼번에 수강하는 수업의 경우 대면강의의 강점이 나타날 수 없기 때문에 동일한 분반을 대규모로 편성하기 보다는 온라인강의로 개설하고 재원을 조교인력에 투입하는 것이 보다 효과적이라는 지적이 늘 있어 왔다. 실제 이러한 유형의 강의 중에 교수와 학생 간 토론이 거의 일어나지 않기 때문에 온라인수업으로 전환해도 크게 다름이 없기 때문이다. 하지만 앞에서 지적한 바와 같이 사이버대학교와 다르게 일반대학교의 경우 대면강의를 강점으로 내세우고 차별화하기 때문에 이를 도입하기에는 어려움이 있었다. 특히 학생들의 경우 온라인 강의를 들을 경우 동일한 내용을 훨씬 더 저렴하게 수강할 수 있는 여지가 많기 때문에 반발이 있을 것을 우려하였다. 등록금이 10년 이상 동결된 상황에서 학생들의 등록금 인하 요구가 빗발칠 수 있다는 우려도 온라인 강의 시행에 어려움을 주었다. 그러나 코비드가 이를 모두 해결해 주었다. 현재 온라인 강의가 가장 효과적으로 이루어지고 있는 수업은 학생들이 대규모로 수강하는 기초과목들이다. 예를 들어 수강생이 매우 많은 통계학개론, 경제학개론 등과 같은 과목은 교과서가 매우 표준화되어 있기 때문에 큰 무리 없이 온라인 과목으로 전환될 수 있었다. 관건은 학생들의 학습진도를 점검해줄 수 있는 역량 있는 조교가 충실히 제공될 수 있느냐?일 것이다. 조교의 양과 질이 학습의 질을 좌우할 수 있기 때문이다. 대형강의가 온라인 강의로 전환되면서 코로나 이후에도 대형강의를 대면강의로 돌릴 가능성은 거의 없다. 현재 공유된 연세대학교 2022년도 1학기

수업개설 계획을 보면 100~299명 규모의 교과목은 비대면 수업을 원칙으로 하고, 300명 이상 교과목 등 전체 온라인으로 운영될 계획이다.[9] 학생들도 대형강의의 경우 온라인 강의를 선호하기 때문에 대형강의실을 다른 용도로 사용할 예정이다. 이는 실리콘벨리의 기업들이 코비드 상황에서 재택근무가 늘어나면서 여분의 사무실을 매각하고 재원을 다른 용도로 사용한 것과 유사하다.[10] 수도권의 대학은 늘 공간부족으로 곤혹스런 상황에 처해 있다. 먼저 이공계 프로그램의 팽창으로 연구 및 실험공간의 확보가 일차적인 문제로 떠올랐다.

연세대의 경우도 만성적인 공간부족 문제를 겪어왔다. 공과대학의 경우 제1공학관, 제2공학관, 제3공학관, 제4공학관, 공학원 등의 공간을 갖고 있지만 늘 추가공간에 대한 수요가 제기되었다. 특히 정부연구개발 수주에 공간 제공 등이 주요한 평가기준으로 사용되는 경우가 많아 대형과제 수주를 위한 공간수요가 늘 강하게 제기되곤 하였다. 필자가 속해있는 사회과학대학도 늘어나는 교수를 위한 교수연구실이 부족하여 큰 문제로 떠올랐고 학생 자치 공간 및 협업 공간에 대한 수요도 지속적으로 상승하였다. 학생들도 과거 도서관 열람실 같은 곳에서 공부하는 것보다 스타벅스 같은 분위기를 지닌 열린 공간에서 공부하는 것을 선호하고, 늘어가는 조별활동 등을 원활히 할 수 있는 협업공간의 확대를 원하고 있다. 활용률이 떨어지는 대형강의실들을 다른 용도로 전환하면 캠퍼스 내 증가하는 공간수요를 어느 정도 충족시킬 것으로 기대된다.

---

9) 연세대학교, 2022-1학기 학부 수업 편성 지침. 연세대학교 교무처 학사지원팀-5220 (2021년 10월 27일).

10) 아주경제, 2020년 6월 22일자. '"사무실 안 삽니다" 실리콘벨리 발 탈 사무실 열풍...한국에도 상륙'.

'탈 캠퍼스 중심의 대학 인프라로의 전환'에서 '스마트형 대학으로의 전환'

LearnUs를 담당하고 있는 연세대 송민 교수는 연세대가 코로나로 인해 '탈 캠퍼스 중심의 대학 인프라로의 전환'을 거쳐 궁극적으로 '스마트형 대학으로의 전환'해야 하는 분기점에 있다고 지적한다. 코비드에 대응하는 '탈 캠퍼스 중심 인프라로의 전환'은 환경변화에 수동적인 적응이라고 한다면, '스마트형 대학으로의 전환'은 새로운 고등교육 모형을 추구하는 것이라고 할 수 있다. 연세대학교에게 LearnUs는 이러한 새로운 고등교육 모형의 추구라고 할 수 있다. '스마트형 대학'이 무엇을 의미하는지 현재로서는 구체적인 계획을 확인할 수는 없지만 현재까지 시도해보지 못했던 공유대학 네트워크와 함께하는 공생을 추구하는 유연한 교육모델이기 때문이다. 또한 대학이 주도한 변혁프로그램이라는 점에서 정부지원금에 의존하지 않아 지속가능성이 높을 것으로 기대된다.

6. 앞으로의 과제 및 시사점

연세대의 LearnUs 모형은 국내 다른 대학들이 시도해보지 못한 모형이라는 점에서는 눈여겨 볼 필요가 있다. 하지만 LearnUs 모형도 많은 문제를 갖고 있는데 이는 탈출구를 찾고 있는 다른 대학에도 공통적으로 적용될 수 있을 것이다.

LearnUs의 성공여부는 세 가지에 걸려 있다. 먼저 자체 콘텐츠 경쟁력 확보다. 완성도 높은 강의가 시의적절하게 업데이트되어 사용자가 원하는 방법으로 제공되어야 한다. 두 번째는 경쟁플랫폼의 위협이다. 세 번째는 국내 대학 간 시너지를 창출하는 것이다.

먼저 자체 콘텐츠 확보가 가장 중요한 요소이다. 온라인에 올린 강의는 대면강의와는 달리 외부에 공개되기 때문에 강의내용과 형식이 모두 평가받게 된다. 기존의 대학강의도 강의평점이 공개되지만 온라인 강의는 수강생 수에 의해 객관적으로 결정되기 때문에 '프로듀스 101'에 매일 나가는 정도의 평가가 이루어진다. 이러한 강의를 준비하고 만들기 위해서는 전문가의 도움이 필수적이다. 양질의 콘텐츠를 만들기 위해서는 선제적인 투자가 필수적인데 현실은 그러지 못하다. Coursera나 edX가 초기에 막대한 자금을 선제적으로 투입하여 플랫폼을 구축하는 것은 IT인프라에 대한 투자도 있지만 우수한 콘텐츠를 생산·확보하기 위한 투자 때문이기도 하다.

한국의 대학들은 선제적 투자를 위한 재원을 갖고 있지 못하다. 자체적인 재원이 없다면 두 가지 방법이 있는데 하나는 외부의 투자를 유치하는 것이고 다른 하나는 우수한 플랫폼과 협력하는 것이다. 외부의 투자는 영리목적을 갖고 있기 때문에 충분한 이익을 창출해야 하는데 국내시장은 복수의 플랫폼이 활동할 수 있는 공간이 충분하지 않다. 2021년 교육기본통계에 따르면 고등교육기관의 신입생 충원율은 84.5%로 2020년 대비 3.1%p 하락하였다. 특히 일반대학의 정원 내 입학생 수가가 30만 명 이하로 떨어져 신입생 충원율이 94.9%에 그쳤다. 정원 내 입학생이 30만 명 이하로 떨어진 경우는 2010년 이후 처음이다. 특히 수도권 쏠림현상이 더욱 심화되면서 지방대의 충원율은 더욱 곤두박질할 것으로 예측된다. 이런 상황에 IT인프라투자는 생각할 여지도 없다. 그렇다면 남은 선택지는 우수한 플랫폼과 협력하는 것이다. 현재는 국내에 고등교육기관이 협력할 수 있는 주도적인 플랫폼이 없어 LearnUs가 상생모형으로 작동할 수 있을지 여부가 앞으로의 전망에 큰 영향을 끼칠 것이다. 공유대학 네트워크가 확대되고 공동으로 생산한 양질의 콘텐츠가 다수 확보되고 이를 공유대학 네트워크가 활발히 활용할 수 있도록 플랫폼이 성장해야 한다.

〈표 1〉 고등교육기관 신입생 충원 현황

(단위 : 명, %)

연도	고등교육기관			학부					
				일반대학			교육대학		
	정원 내 모집인원	정원 내 입학생 수	신입생 충원율	정원 내 모집인원	정원 내 입학생 수	신입생 충원율	정원 내 모집인원	정원 내 입학생 수	신입생 충원율
'21년	**707,822**	**597,844**	**84.5**	**313,614**	**297,628**	**94.9**	**3,594**	**3,585**	**99.7**
'20년	712,609	624,299	87.6	312,655	309,060	98.9	3,587	3,579	99.8
'19년	718,543	635,068	88.4	313,884	310,229	98.8	3,584	3,574	99.7
'18년	723,322	640,098	88.5	314,024	311,125	99.1	3,589	3,585	99.9
'17년	731,596	648,246	88.6	317,367	313,276	98.7	3,587	3,584	99.9
'16년	744,073	669,369	90.0	322,379	318,803	98.9	3,588	3,582	99.8
'15년	758,950	690,029	90.9	331,854	327,644	98.7	3,588	3,584	99.9
'14년	779,177	706,052	90.6	340,447	333,707	98.0	3,583	3,578	99.9
'13년	773,485	721,173	93.2	341,151	336,066	98.5	3,586	3,584	99.9
'12년	793,832	739,493	93.2	342,004	339,376	99.2	3,589	3,583	99.8
'11년	802,239	756,105	94.2	331,586	329,356	99.3	4,059	4,053	99.9
'10년	783,600	739,258	94.3	329,045	325,537	98.9	4,104	4,502	109.7

* 출처: 교육부 '2021년 교육기본통계 주요 내용.'

두 번째는 경쟁플랫폼의 위협이다. 현재 온라인 강의를 제공하는 플랫폼은 다양하다. 한국방송통신대와 사이버대학 등이 있고, 각종 연구소나 협회 등도 온라인 교육프로그램을 제공하고 있다. 그리고 글로벌 MOOC도 한국에 진출하고 있다. COURSERA의 경우 홈페이지의 시작이 한글로 되어 있어 현지화에 노력하고 있음을 알 수 있다. Udemy의 경우 한국인이 만든 강의콘텐츠를 전면에 내세우는 등 현지 마케팅을 강화하고 있다. 일반대학의 경우 이미 한국방송통신대와 사이버대학 등과 경쟁을 해왔기 때문에 학위에 있어 차별화가 되어 있지만 대면강의가 온라인 강의로 옮겨갈 경우 이러한 차별화요소가 지속적으로 유지될지 알 수 없다. 온라인강의 시장에서는 새로운 경쟁원리가 작동할 것이기 때문이다. 이런 이유로 일반 대학이 대면강의로 전면적으로 복귀하게 되면 기존의 변화동력을 모두 잃게 되어 고등교육변화의 물결에서 더욱 밀려날 것이다. 앞으로 더 나아가기도 뒤로 물러나기도 어려운 매우 곤혹스러운 상황이라고 판단된다. 해외 MOOC는 국내 대학의 대체제가 되기는 어려울 것으로 예상된다. 일단 언어장벽이 존재하고 한국어로 된 강의들은 다른 플랫폼에서도 충분히 접근하기 때문이다. 해외 MOOC는 영어로 된 콘텐츠에 강점을 지니고 있기 때문에 해외 주요 대학의 학위와 연계되지 않는 한 유의미한 위협이 되지는 않을 것이다. 오히려 가장 위협적인 플랫폼은 수많은 콘텐츠가 실시간으로 무료로 제공되는 YouTube일 것이다. 또한 Meta로 이름을 바꾸어 메타버스에서 새로운 공간을 창조하려는 Facebook이 가장 강력한 위협이 될 가능성이 매우 높다. 메타버스 상에서 고등교육도 당연히 이루어질 것이기 때문이다.

세 번째로 한국의 고등교육시장은 협력구조로 갈 수밖에 없다. 몇몇 대학만 과실을 독차지하고 나머지 대학들이 고사하도록 내버려두는 것은 고등교육 생태계를 무너뜨리기 때문이다. 소위 SKY 대학에서 배출한 박사들이 부임할 수 있는 대학이 무너지는 것은 SKY 대학원의 붕괴를 의미한다. 지속가능한 모형이 아니다. 그렇기 때문에 LearnUs의 모형은 국내 고등교육 기관이 서로 상생할 수 있는 모델로 지향점을 삼아야 한다. 오히려 경쟁력은 일반인 대상 강의와 영어로 된 강의에서 강화할 필요가 있다. 결국 고등교육시장의 경쟁은 국내가 아닌 아시아 나아가 세계 시장을 상정해야 할 것이다.

[그림 6]에서 확인할 수 있는 바와 같이 국내 학위과정의 유학생 수는 2015년부터 꾸준하게 늘고 있다. 코비드 상황에서도 학위과정 외국인 유학생 수는 2019년 100,215명으로 10만 명을 넘어선 후 2020년 113,003명, 2021년 120,018명으로 지속적으로 증가하였다. 이는 국내 고등교육 기관의 경쟁력을 보여주는 것으로 항상 50%를 넘었던 중국학생의 비율이 49.8%로 떨어지고 베트남학생의 비율이 20.8%를 넘어섰다. 전체 외국인 유학생의 94.4%는 아시아 출신으로 아시아 고등교육시장에서 확장한 여지가 많음을 알 수 있다. 향후 대면 수업을 위해 국내로 오는 유학생들뿐만 아니라 온라인 교육을 자국에서 수강할 수 있도록 하면 더욱 확장이 가능할 것이라고 판단된다. 또는 이를 하이브리드로 온라인 교육과 대면교육을 혼합하는 방식도 고려할 수 있을 것이다. 갈림길에 선 대학은 혼란스러울 수밖에 없다. 재정적 여력이 없는 상황에서 상당한 규모의 투자를 하지 않으면 뒤처질 수밖에 없는 상황에 내몰렸기 때문이다. 이러한 위기가 한국의 고등교육이 아시아와 세계무대로 진출할 수 있는 천금같은 기회로 활용될 수 있어야 할 것이다. 아무 것도 하지 않는 것은 선택지에 없다.

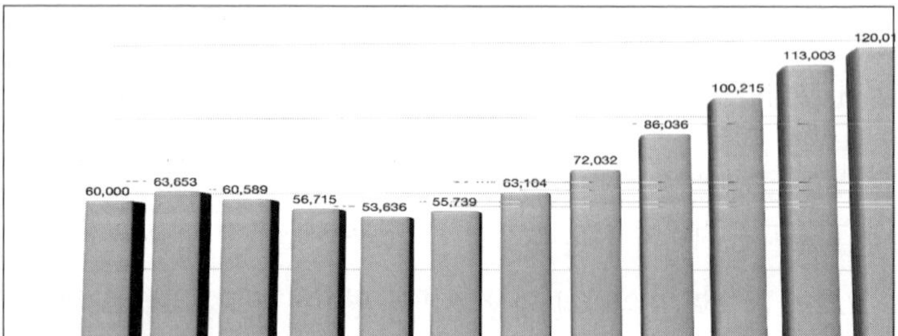

출처: 교육부 '2021년 교육기본통계 주요 내용'

[그림 6] 학위과정 외국인 유학생 수

Ⅷ

교육혁신과 인공지능AI

조영임(가천대학교)

Ⅷ. 교육혁신과 인공지능AI

조영임(가천대학교)

1. 프롤로그

2016년에 개최된 세계경제포럼(world economy forum)에서 포럼의 창립자이자 회장인 클라우스 슈밥(Klaus Schuwab)은 지금까지 인류가 경험해 보지 못한 빠른 전환으로써의 지능정보기술이 시작되고 있다고 발표하였다. 4차 산업혁명은 클라우드 슈밥의 발표가 큰 이슈를 일으키면서부터 시작되었다고 해도 과언이 아니다. 우리나라에서는 2016년에 구글에서 개발한 인공지능 알파고(AlphaGo)가 바둑에서 인간 최강자로 알려진 이세돌 9단에게 이김으로써 큰 충격을 주었고, 이로 인해 우리나라에서는 인공지능에 대한 관심과 4차 산업혁명에 대한 관심이 고조되기 시작했다. 인공지능과 정보통신 기술의 비약적 발전으로 가속화되는 4차 산업혁명은 개별적으로 발달해 왔던 각종 기술 사이에서 융합이 이루어지면서 기존의 산업혁명과 비교되지 않을 정도의 빠른 속도로 발전하고 있다. 따라서 인공지능 기술이 핵심적인 기술로 등장하는 로봇 등의 기술이 이제 영화나 소설 속의 이야기가 아닌 현실이 되고 있다. 자율자동차, 인공지능 서비스 로봇, 드론, 사물 인터넷, 3D 프린팅, 바이오테크놀로지 등 창의적인 기술이 이제는 우리 실생활의 다양한 분야에서 폭 넓게 활용되고 있다. 이처럼 4차 산업혁명은 사회의 다양한 분야에서 엄청나게 빠른 속도로 다양한 분야에서 융합적으로 변화를 가져오고 있으며, 디지털 전환(digital transformation) 시대라는 용어로 사회 각 분야의 변화를 주도하고 있다. 결과적으로 사회 전 분야에서 총체적인 영향을 받을 것으로 예상하는데 이러한 변화는 과거 변화의 패턴이나 경로와는 다르게 발전 속도나 양상이 매우 파괴적이라는데 주목해야 할 것이다. 이러한 4차 산업혁명의 엄청난 발전 속에서 인공지능 기반 교육으로 우수인재 육성 환경을 구축이 무엇보다 필요할 것이라는 것은 쉽게 예상할 수 있는 사항이다.

현재, 국내에서는 입학자원이 줄고 있기 때문에 적은 수의 인재가 입학해도 높은 인재 수준의 인재가 육성될 수 있도록 하는 교육혁신이 필요하다. 즉, 인재육성 생산성 제고 노력이 필요하다. 인재육성 생산성도 보장하면서 교육의 질적 향상이 가능하도록 교육과정이나 방법을 설계한다면 가장 이상적이겠지만 이것이 어떻게 가능할 것인가? 최근, 이에 대응하는 방법으로는 인공지능 기반 교육, 온・오프라인 교육 조화가 해결방안이 될 수 있다는 주장이 대두되고 있다. 최근 팬데믹 현상(pandemic)으로 인해 비대면 교육에 익숙해지고 일반화됨에 따라 온라인으로 가능한 교육은 온라인으로 하고, 오프라인 교육이 필요한 것은 대면으로 진행하는 이른바 교육 수단의 하이브리드화 주장이 교육 방식의 대세로 받아들여지고 있는 추세이다. 이는 특히, 최근 메타버스 등 가상현실과 가상인간이 사이버 상에서 현실의 인간과 소통하는 현상의 리얼리티가 확보되고 있는 상황이므로, 정보통신 인프라가 갖추어진다면, 인공지능을 활용하여 교육격차를 해소할 수도 있을 것이다. 따라서 이번 장에서는 4차 산업혁명에 따른 여러 사회적 변화 중에서 교육혁신 분야에 대해 다양한 현상, 국내외 교육사례 등을 통해 디지털 전환시대, 인공지능을 통한 교육혁신의 가능성과 시사점 등에 대해 살펴보고자 한다.

2. 4차 산업혁명과 교육혁신

4차 산업혁명이 위기인가 기회인가?

4차 산업혁명을 논하기에 앞서 디지털 혁신과 디지털 전환은 어떤 차이점이 있을까? 한마디로 디지털 혁신은 지금과는 전혀 다른 방식으로 바뀌는 것을 말한다. 첫 번째 산업혁명에서는 증기력이 세상을 변화시킨 혁신 기술이었다. 2차 산업혁명에서는 조립 라인이, 3차 산업혁명에서는 컴퓨터가 그 자리를 차지했다. 이제 4차 산업혁명에서는 디지털이 혁신 기술이다. 인공지능, 머신러닝, 사물인터넷(IoT) 네트워크, 고급 분석, 로봇 공학같은 지능형 디지털 기술에는 업무 방식과 비즈니스 운영 방식, 기업이 고객 및 세상과 상호작용하는 방식 등을 획기적으로 변화시킬 잠재력이 있다는 것을 의미한다. 디지털 전환은 더 나은 결과 달성, 최적화된 성과 및 비즈니스 프로세스 실현을 목표로 비즈니스의 모든 영역에 지능형 기술을 통합하는 비즈니스 전반을 말한다. 디지털 전환은 과거에 했던 방식을 바꾼다. 예를 들면 종이나 문서로 된 것을 웹이나 앱 방식으로 전환하든가, 대면이어야 하는 것이 비대면으로 전환된다거나 하는 비즈니스적인 전환을 말한다. 교육에 있어서 디지털 전환은 무엇을 말하는 것일까? 과거 교육방식이 대면교육, 오프라인 전달교육, 시험에 의한 평가,

교사와 학습자 관계 정형화 등이었다면, 비대면 교육, 온라인 교육, 다양한 평가방법, 교사와 학습자 관계 유연성 등으로 교육이 바뀌어가는 것을 말하는 것을 의미할 것이다. 그렇지 않아도 4차 산업혁명시대를 맞이하여 교육에서의 디지털 전환시대 전환을 목전에 두고 있었으나, 팬데믹 현상으로 한때 우리나라 교육에 커다란 위기 요인으로 작용하였다. 그러나 최근에는 오히려 이로 인해 새로운 교육 시스템을 디자인할 수 있는 좋은 계기가 되고 있다. 이유는 기존의 교육 방식의 문제들을 분석해보고 새로운 기술을 활용하여 혁신적인 교육 모델을 창조할 수 있을 것이라는 분석 때문이다.

이보다 앞서 미네르바스쿨은 사회가 요구하는 학습자의 역량 향상을 목적으로 전통적 캠퍼스 기반 교육을 탈피한 대안적 교육 모델로 2016년부터 제시되었다. 미네르바스쿨은 교수와 20명 이내의 학생들이 온라인에서만 수업함으로써 공간의 제약을 벗어났다. 학생들은 4년의 교육과정 동안 전 세계 7개 도시(샌프란시스코, 서울, 하이데라바드, 베를린, 부에노스아이레스, 런던, 타이베이)를 돌아다니며 이를 캠퍼스 삼아 다양한 학습 환경과 직접 마주하고 체험적 지식을 습득한다. 이렇게 미네르바스쿨은 캠퍼스 없는 대학, 온라인 대학, 스타트업 대학 등 혁신적 교육모델로 주목받고 있을 뿐만 아니라 하버드대학보다 들어가기 어려운 대학으로 유명해졌다. 바로 이러한 점 때문에 사회적 변화에 맞춰 혁신하고자 하는 우리나라 대학에 혁신 모델이 되고 있다. 무엇보다 청년 일자리 문제가 심각한 상황에서 스타트업 대학으로 떠오른 미국의 미네르바스쿨은 기존 대학이 가지고 있던 교육 중심 모델을 벗어나 행동하고 도전하는 기업가정신 교육을 함양하는 새로운 대학 혁신 도전 모델로 주목을 받으며 미래 고등교육의 대안으로 떠오르고 있다. 4차 산업혁명으로 교육의 혁신은 예견되었으나 팬데믹 현상으로 온라인 교육의 발전 속도가 앞당겨지면서 선행적으로 운영된 미네르바스쿨의 성공스토리를 분석해보지 않을 수 없다. 또한 다양한 IT 중심의 인공지능 학습자 맞춤형 교육 시스템들이 대거 등장하면서 교육시스템, 교육모델, 교육의 질적 변화 등 교육시장을 바꾸어놓고 있어서 교육의 위기가 아닌 기회로 작용하고 있음을 누구도 부인할 수 없다. 미네르바스쿨은 최소 전면 온라인 대학이라는 것 외에, 교육학습 방법 측면에서 성공적이며 혁신적이다. 미네르바스쿨은 능동학습이라는 이름으로 수업을 듣고 받아 적는 형태의 학습이 아니라 학습자가 진취적이고 주도적으로 학습해야만 하는 구조로 수업을 설계하였다. 이를 위해 플립러닝을 통한 온라인 기반 실시간 상호작용 학습 환경을 구축하고, 전 세계적으로 흩어져 있는 7개 국가 도시에서의 생활을 통해 경험 기반의 프로젝트 중심 학습이 가능하도록 하였다는 점이다. 이와 같이 미네르바스쿨의 성공요인과 혁신사례는 많은 자료에서 찾아볼 수 있으며, 단지 온라인 교육이라서가 아니라 온라인을 어떻게 성공적으로 혁신시킬 것인지 교육학습 방법이 중요함을 알 수 있다. 4차 산업혁명시대에는 디지털 전환을 통해 온라인으로 교육시스템이 변화되더라도 여전히 교육학습방법의 중요성은 강조해야 한다는 점이다. 요약하면, '교육내용의 변화'와 '교육 방법의 변화'를 어떻게 조화롭게 교육에 적용하느냐가 4차 산업혁명시대 교육혁신에서 매우 중요함을 미네르바스쿨의 사례를 통해서도 확실히 알 수 있다.

4차 산업혁명 시대 인재에게 필요한 역량과 교육

4차 산업혁명이 가져올 사회적 변화 양상은 삶의 기반이 디지털화되는 비중이 높아질 것이라는 점이다. 기존의 인간관계, 의사소통의 방식이 상당히 디지털화되리라는 것은 예측할 수 있는 일이다. 현재도 인터넷, SNS, 모바일 기기 등으로 의사소통 매체가 상당히 디지털화되고 있지만 앞으로 그 비중이 더욱 높아질 것이다. 또한 인공지능 기반의 기계들에 의해 인간의 노동이 상당히 대체될 경우 인간은 그동안 누리지 못하였던 많은 여가를 갖게 될 것이다. 앞에서 설명한 미네르바스쿨은 대학 졸업자가 자신의 삶과 전문 영역에서 필요한 역량을 충분히 갖추고 있지 못하다는 고등교육이 가진 문제를 지적하며 실용적 지식(practical knowledge) 습득에 교육이념을 맞추고 있다. 학습자가 졸업 후 개인적·직업적으로 성공한 삶을 살도록 리더십, 다른 사람과 일하는 능력, 폭넓게 적용할 수 있는 사고, 글로벌 시티즌십 등 네 가지 영역에서 능력을 갖추는 것을 교육목표로 한다. 학습자가 갖추어야 할 핵심역량으로 비판적 사고, 창의적 사고, 효과적 의사소통, 효과적 상호작용을 제시하였다. 또한 핵심역량 습득을 위한 학습목표로서 세부역량을 마음의 습관(habits of mind)과 기초개념(foundational concepts)의 두 가지로 나누었다. 마음의 습관은 '연습을 통해 자동화되는 인지적 스킬'을 의미하며, 기초개념은 '폭 넓게 적용될 수 있는 기초적 지식'을 의미한다. 학습목표로 구현된 세부역량 중심으로 1학년 교육과정은 공통필수인 4개의 기초강좌(cornerstone courses)로 구성된다. 이후의 재학기간에 기초강좌에서 다룬 핵심역량과 세부역량을 재구성한 심화 과목을 통해 실용적 지식을 습득하도록 한다. 요약하면, 미네르바스쿨 교육 모델은 실용적 지식의 습득이라는 교육이념을 중심으로 교육목표, 핵심역량, 학습목표, 강좌가 모두 상호 연결되는 특징이 있다. 학습자에게 특정 영역의 교육내용을 가르치는 것보다 학습자가 어떤 역량을 습득할 것인지에 집중하는 미네르바스쿨의 교육이념을 일관성 있게 잘 반영한다고 볼 수 있다. 물론 미네르바스쿨이 4차 산업혁명 시대 디지털전환의 대표적 교육방식이라고 확신하기는 어렵고 이과중심의 교육이라는 비판도 있지만, 기존 '교육내용의 변화'와 '교육 방법의 변화'를 읽고 차별화를 도모했다는 면에서는 시사하는 바가 크다고 볼 수 있다.

지금까지 설명한 미네르바스쿨의 경우와 4차 산업혁명관련 다양한 문헌분석을 통해, 함양되어야 할 교육 내용의 혁신으로 다음과 같이 몇 가지 교육내용을 정리할 수 있다.

첫째, 지능정보사회에서 자유롭고 적극적으로 생활하기 위한 디지털 리터러시(digital literacy)가 강조되어야 한다. 이미 의사소통의 매체는 오프라인의 소통을 넘어서 인터넷, 모바일 기기, SNS(social network service) 등으로 디지털화되고 있으며, 가상현실(virtual reality, VR)과 증강현실(augmented reality, AR) 등의 발달은 디지털 세상의 비중을 더욱 높일 것이다. 최근에는 메타버스(metaverse) 등장으로 가상세계와 이를 활성화시키는 분야에 대한 연구가 매우 활발하고, 실제 교육현장과 같은 상황을 연출시킴으로써 현장감 있는 교육의 효과를 발생시킬 수 있는 데까지 이르렀다. 앞으로 세상과 소통하는 방식은 더욱 디지털화될 것이며 이러한 디지털 리터러시는 교육현장에서 자라나는 학생들뿐만 아니라 평생교육을 지향하는 성인에게도 강조될 필요가 있다.

둘째, 디지털 시민의식(digital citizenship)의 함양이 필요하다. 기존 인류의 시민의식은 오프라인 세상에 맞도록 형성되어 왔다. 한 마을 수준의 시민의식에서 국가 수준을 넘어 최근 세계시민의식(global citizenship)이 강조되고 있다. 하지만 이제 새로운 디지털 세상에 맞는 디지털 시민의식이 형성되고 공유될 필요가 있다. 이는 우리 사회구성원 모두에게 공유되어야 하며 학교는 이러한 내용을 전수하는 기능을 담당해야 한다. 특히 최근 인공지능 등 첨단 기술의 개발과 활용에 있어서 윤리적 문제가 다양하게 제기되고 있는 상황인데, 첨단과학자들에게도 이러한 디지털 시민의식의 기준과 내용이 구체화할 필요가 있다. 스마트시티에서 강조하는 부분이 리빙랩(living lab)으로 시민의 역량과 활동을 강조하고 있다. 앞으로는 리빙랩이 오프라인 공간이 아닌 메타버스 가상공간으로 확장될 것이며, 가상공간에서의 시민의 활동이 더욱 중요해질 것이다.

셋째, 디지털화되는 세상에서 인간의 존엄과 가치를 인정할 수 있도록 인류애에 기반을 둔 인문적 소양(humanity)을 더욱 강조하여야 한다. 기술의 진보는 기본적으로 인간 노동의 상당 부분을 인공지능과 같은 기술이 대체할 것으로 예측할 수 있다. 노동의 감소는 소득의 감소와 여가의 증가로 이어질 수 있다. 특히 우리나라의 생산가능 인구에 해당하는 청장년층은 대부분 일상의 시간을 노동으로 활용하고 있다. 학령기의 청소년들도 시간의 대부분을 공부의 스트레스 속에서 생활하고 있다. 미래에 대한 중요한 역량은 여가를 문화적으로 누릴 수 있는 인문학적 소양과 인간에 대한 따뜻한 감성(휴머니티)이라고 할 수 있다. 또한 인공지능과 같은 기계에 의한 노동의 대체는 해당 기술을 소유한 소수의 사람이나 기관에 의한 부의 독점을 초래하고, 이는 결과적으로 승자독식(winner takes all)의 사회구조가 더욱 강화될 것이다.

한 예로, 최근 카카오는 플랫폼 비즈니스로 엄청난 부를 창출하여 삼성을 앞지르고 우리나라 최고의 부자로 등극하였다. 플랫폼이라는 누구도 이용하지 않으면 안되는 시스템을 독점함으로써 승자독식한 대표적 사례가 되고 있다. 이처럼 4차 산업혁명 시대에는 경제적·사회적 양극화는 더욱 가속화될 것이며 이는 교육의 양극화로 귀결될 수 있다. 따라서 더불어 잘 살 수 있는 인류애에 기반을 둔 교육복지 체제를 강화해야 한다. 카카오의 예에서처럼, 플랫폼은 사용자가 있어야 부를 창출할 수 있는 것이다. 세상에서 사용자가 없는데도 부를 창출하는 것은 없다. 특히 4차 산업혁명시대에는 사람, 기계, 시스템 들이 상호 연관되어 있기 때문에 인과관계가 없는 부의 창출은 불가능하다. 따라서 이것이 디지털 전환시대 부를 독점했음에도 인류를 위해 나누어야 하는, 인류에 대한 교육과 휴머니티를 교육 내용에서 더욱더 강조해야 하는 이유이다.

넷째, 예측할 수 없는 변화가 더욱 가속화될 것으로 본다면 변화에 대응하는 유연한 민첩성(agility)을 길러주어야 한다. 특히 우리나라의 학교 교육은 정답만 맞추는 방법을 가르치는 교육에 집중하고 있어서 학생들은 문제의 정의, 문제 해결 방법, 결과의 평가 등에 있어서 새로운 것에 대한 유연성을 기르지 못하고 경직된 학습을 하고 있다. 이를 극복하기 위해 대안으로 플립러닝, PBL(problem based learning) 등이 개발되어 교육현장에서 활용되기도 하여왔다.

그러나 이러한 교육 방법과 더불어 다양한 실패 경험을 통해 배울 수 있도록 하는 것도 민첩성을 길러줄 수 있는 교육 방법으로 주목할 필요가 있다. 인공지능은 학습을 전통적으로 지도학습, 비지도학습, 강화학습으로 구분하고 있다. 즉, 정답을 알려주는 지도학습과 정답을 알려주지 않고 스스로 해결해 나가는 비지도학습, 중간단계의 강화학습이 대표적이다. 물론 최근에는 전이학습 등 더 많은 학습방법이 개발되어 학습 알고리즘의 전성기를 형성하고 있다. 이처럼 인공지능도 다양한 학습 알고리즘을 통해 성능향상을 꾀하고 있는데, 인간은 어떠한 학습 알고리즘을 통해 학생들을 교육시키고자 하는지에 대해 면밀한 성찰과 분석이 필요하다. 특히 다양성과 연결성이 강조되는 4차 산업혁명시대에는 보다 다양한 학습 알고리즘(방법)과 학습 콘텐츠(내용)가 제시되어야 할 것이다.

다섯째, 한정된 사고의 틀을 바꾸는 인간 고유의 창의성(creativity)을 길러줘야 한다. 앞서 설명한 대로 인공지능은 주어진 문제나 영역에서 최고의 성능을 발휘한다. 이유는 최고의 성능을 산출하기 위해 다양한 학습과 데이터를 활용하고 있기 때문이다. 그렇다면 인간은 '교육'이라는 대 전제를 두고 학생들을 위한 어떠한 학습 알고리즘을 어떠한 목표를 두고 개발할 것인가가 중요한 이슈가 된다. 즉, 창의성을 위해 기존 교육 방식(집합 교육, 일대일교육, 주입식 교육, 실험교육 등)을 그대로 할 것인가 아니면 온라인과 오프라인의 하이브리드 방식을 추구할 것인가를 선택해야 할 것이다. 지식과 기술의 융・복합을 통한 창의적인 산물은 결국 인간에 의해 만들어진다. 인공지능에 의한 교육은 인간의 제한된 역량을 보완하고 파트너십을 통한 교육의 협력 파트너이다. 학생들에게 합리성을 뛰어넘는 창의적 역량을 계발시키도록 하려면 교육자인 인간은 먼저 교육의 목표를 정하고, 인공지능과 협력할 수 있는 방안을 고민해야 한다. 이렇게 해야 하는 이유는, 인공지능이 가장 최선의 정답을 산출하도록 설계된 알고리즘이지만 보다 정확한 정보와 학습이 필요하다. 개인 맞춤형 정보를 바탕으로 객관적이고 일반적이며 보다 합리적인 분석이 이뤄지도록 교육 현장과 인공지능의 협력 관계 설계가 섬세하게 이뤄질 때 최상의 성과를 제공한다. 이것이 4차 산업혁명시대 미네르바스쿨이 적극적으로 교육현장에 도입한 인공지능기반 교육 혁신의 주요 내용이다. 교육 내용과 교육 방법의 변화는 이미 예견된 것이며, 이 둘의 조화를 어떻게 어떤 목적을 위해 이루어나갈 것인가가 미래 우리가 고민해야 할 중요한 이슈이다. 교육 내용과 교육 방법의 부조화는 부작용을 초래할 것이다. 예를 들면, 온라인 교육으로 인해 학습의 집중도(온라인상에서 집중시간 감소) 저하, 학습의 익명성(온라인상에서 나를 알아보지 못함) 발생 등이 예상될 수 있는 부작용이다. 4차 산업혁명과 디지털 전환으로 인해 과거에 비해 수많은 교육 방법과 교육 내용에 있어서, 경우의 수가 존재하게 되므로, 적절한 조화를 통해 교육의 극대화를 위해 더욱 최적의 교육 내용과 방법을 고민해야 할 것이다. 그러나 아마도 인공지능이 이러한 복잡한 문제에 대한 솔루션을 제공해줄 것이다. 이것이 인간과 인공지능의 파트너십이 필요한 이유이다.

4차 산업혁명과 교육 시스템 변화

4차 산업혁명이 교육 분야에 가져올 충격은 예상을 훨씬 뛰어넘을 것이다. 학교의 역할을 재규정하는 것으로 시작하여, 교육과정, 교수·학습 과정, 평가방식, 교사의 역할 등 총체적인 전환이 요구된다. 미네르바스쿨은 결국 대학교육을 혁신하는 과정에서 고정관념을 깨고 근본적인 부분을 고민하도록 하게 한 점, 그리고 이를 통해 앞으로 모두가 함께 살아가며 학습할 수 있는 환경을 어떻게 만들어야 할 것인지를 보여주었다는 점에서 시사점을 던지고 있다. 또한 앞에서도 설명했듯이 향후 대학의 교육 혁신 혹은 교수학습 전문가들은 단순히 새로운 기술을 도입하는 것에 집중할 것이 아니라 어떻게 하면 효과적인 교육을 할 수 있을지에 대한 탁월한 선택과 실천적 고민을 기울여서 최적화된 교육 환경을 조성해야 한다는 것과 일맥상통하는 것이다. 미래 사회에 맞는 교육 시스템을 구축하기 위해서는 교육 시스템 자체의 변화도 중요하지만 교육제도의 변화도 중요하다. 혁신적인 교육 시스템을 운영하는 기반이 되는 제도적 변화가 함께 이루어져야 하는 이유는 교육은 교육제도의 틀 안에서 운영되기 때문이다. 제도적 변화의 가장 핵심적인 요소로 교육제도 운용의 철학, 학교제도, 입학제도, 학교 시설의 변화도 함께 이루어져야 할 것이다. 교육 시스템의 혁신을 성공적으로 수행하기 위해서는 정책적으로 고려해야 할 사항들이 있다. 먼저, 장기적 관점에서 새로운 교육 시스템을 디자인하고 구현해야 한다. 이를 위해서는 실험적 접근을 통해 성공사례를 만들어 가는 것이 중요하다. 성공사례는 교육 시스템 개선의 과정에서 중요한 동력으로 작용할 수 있기 때문이다. 또한, 교육제도의 유연성을 마련해야 한다. 교육의 성공 사례를 만들어가기 위해서 학교제도, 교육과정, 교육평가 등에서 제도적으로 개선해야 할 부분을 우선 선별하여 법령 개정을 추진해야 한다. 교육 시스템의 혁신을 위해서는 교육 주체의 신뢰를 얻는 교육정책의 확실한 리더십이 필요하다. 교육 분야에서는 이념과 철학에 따라 정책적 갈등이 지속되어 왔으나, 장기적인 관점에서 교육 정책을 추진하고 참여하는 것이 필요하다. 즉, 교육주체의 신뢰를 얻을 수 있는 오픈 플랫폼 기반의 교육정책이 지속적으로 제공되어야 한다.

미래 교육 시스템의 혁신을 위해서는 교수・학습 활동의 중요한 주체인 교사의 역할에 대한 근본적인 변화가 필요하다. 교사의 새로운 역할에 대한 개념정립을 통해 교사가 갖추어야 할 역량에 대해 재정의하고, 이에 따라 교사 양성교육의 내용, 임용방식, 재교육의 과정에 모두 혁신적인 변화를 시도해야 한다.

인공지능을 활용한 교육의 필요성

4차 산업혁명에 따른 교육혁신을 위해서는 여전히 무엇을 어떻게 가르쳐야 하는가가 고민되지 않을 수 없다. 인공지능이 교육현장에서 중요하게 활용될 것이라는 것은 이미 예측할 수 있는 사실이다. 인공지능을 활용하면 빠르고 효율적으로 교육 현장에서 좋은 결과를 산출할 수 있을 것이다. 기존 교육 관련 프로그램으로는 지원하지 못했던 다양한 교사와 학생간의 활동이 가능해질 것이다. 현재 인공지능은 엄청난 양의 빅 데이터와 딥러닝(deep learning) 등 강력한 학습 알고리즘을 사용하여 견고한 예측 시스템을 개발하고 있기 때문이다. 또한 인공지능은 데이터 분석을 포함하는 일련의 프로세스로 효율성을 높일 수 있기 때문이다. 이러한 이유로 인공지능을 기존 프로세스를 보다 지능적으로 만드는 기술, 응용 프로그램 및 소프트웨어, 그리고 다양한 예측과 이를 활용하는 기술 전체를 통칭한다고 볼 수 있다. 그렇다면 이러한 인공지능을 교육혁신분야에서 어디에 어떻게 활용할 수 있을 것인가? 왜 인공지능이 필요한가? 이유는 먼저, 교육현장이 더 이상 교실에 머무르지 않기 때문이다. 즉, 증강현실, 가상현실, 메타버스, 사물인터넷 등 기술의 발달로 한정적이었던 교육현장의 제한이 없어지면서 도서・벽지의 제한없이 원하던 환경에서 동일한 품질의 교육이 가능해지기 때문이다. 또한 인공지능은 학생 개개인의 학습능력을 파악하여 데이터를 종합한 후 최적의 성과를 내기 위한 결론을 실시간으로 도출하기에 매우 효과적이기 때문에 개별화 학습 및 맞춤형 교육이 실현되어 학생들의 개인별 학습 성과가 향상될 수 있기 때문이다. 학업성취도 향상 측면에서 보면, 다양한 학습 도구들이 학습자 및 교사 모두 만족하는 인공지능 서비스가 확산되고 있기 때문이다. 이러한 학습 도구들은 언제 어디서나 쉽게 접할 수 있어서 교육의 접근성과 품질의 객관성을 동시에 담보할 수 있게 될 것이기 때문이다

인공지능 기반 교육을 통해 얻는 유익은 무엇일까?

먼저, 학습자 측면에서 보면, 인공지능은 학습자에게 자료수집, 기초분석, 시각화 등 작업을 도와 학습자가 고차적인 사고 활동, 실제 및 가상적 체험, 교사 및 학습자 간 상호작용에 더 많은 시간을 사용할 수 있도록 지원할 수 있을 것이다. 교사 측면에서 보면, 실시간 수업 현황을 교사에게 보고하고, 문제에 대한 여러 대안을 제시하여 교사에게 의사결정을 할 수 있도록 여러 학습 관점에서 지원할 수 있을 것이다. 교육업무 측면에서 보면, 교사의 행정적 업무를 보다 효율적으로 도와 시간을 단축시킴으로써 교수학습의 질 향상에 많은 시간을 투자하도록 지원할 수 있을 것이다. 이러한 교사와 학습자, 그리고 교육업무 측면에서 모두에게 유익한 방법을 제공하고 있는 인공지능 기반 교육을 마다할 이유가 있을까? 최근 글로벌 교육기술 시장조사기관인 메타리(Metaari)에 따르면 에듀테크 시장에서 향후 5년간 급성장이 예상되는 이러닝 분야는 로봇 교사(44.6%)와 인공지능 기반 교육(41.9% · 디지털 교육 콘텐츠에 인공지능 기술을 접목해 개인 맞춤형 교육 서비스를 제공해주는 프로그램)이다.

특히 한국의 경우 사교육 시장이 개인별로 특화된 교육을 거의 전담하는 상황에서 공교육을 되살릴 수 있는 강력한 도구로 '인공지능 기반의 맞춤형 교육'이 주목받고 있다. 특히 공교육에서 인공지능 활용은 무엇보다 학습 소외 학생들이 발생하지 않는 데 초점을 맞출 수 있는 장점이 있다. 팬데믹 현상으로 인해 도입된 반강제적인 온라인 수업으로 학생 간 학습 격차가 큰 사회적 문제로 떠올랐다. 그러나 인공지능 기술을 교육에 잘 접목하면 수업에 흥미를 잃고 제때 따라오지 못하는 학생들을 도와줄 새로운 대안을 찾게 될 것이다. 이처럼 온라인 교육에 익숙해져가는 학생들은 새로운 뉴 노멀(new normal)로서의 교육에 순응하고 있다. 교육현장, 교육방식의 새로운 변화에 순응하고 있으며, 이제는 교육내용의 차별화를 통해 교육의 질적인 부분에서의 변화에 순응해 나가야 할 타이밍이다. 이것이 인공지능 기반 교육이 필요한 이유이다.

인공지능을 활용한 교육의 사례

인공지능을 활용한 교육의 해외 사례를 들면, 미국 매사추세츠공대(MIT) 출신인 살만 칸이 2014년에 만든 칸랩 스쿨(Khan lab school)은 미래 학교의 모델로 대표되는 성공 사례다. 칸랩 스쿨은 모든 학생에게 동일한 교육과정을 제공하지 않는다. 그 대신 인공지능이 추천한 맞춤형 교육으로 개인별 교육 과정에 중점을 둔다. 학년 자체 구분이 없기 때문에 중학생도 실력이 부족하면 초등학교 수준의 내용을 배우게 된다. 반대로 실력이 월등하면 상급 단계의 학습 진도를 소화하게 된다. 칸랩 스쿨 학생들은 관심사와 학습 수준에 맞는 다양한 수업을 골라 듣는 과정을 통해 자신만의 학습 목표를 스스로 설정하고 도달하는 즐거움을 느끼게 하는 방식을 강조하고 있다. 이를 위해 단순한 강의식 수업이 아닌 문제해결형인 PBL 중심으로 하여 학생이 주도적으로 수업에 참여하도록 유도함으로써 학생들의 관심도를 극대화시킨다. 현재 세계 각국에서는 초·중·고 및 대학 현장의 디지털 교육 대전환을 위한 다양한 시도가 이뤄지고 있다. 글로벌 에듀테크 시장을 주도하고 있는 미국만 하더라도 민관이 협업하는 '인공지능 융합 교육' 논의가 활발하게 이뤄지고 있고, 이미 공립·사립·대안학교 등에서 폭넓게 선택할 수 있는 여러 형태의 에듀테크 서비스가 발표되고 있다. 미국뿐 아니라 영국, 핀란드 등 교육 선진국으로 거론되는 주요 국가에서는 민간 기업이 만든 교육용 로봇이나 인공지능 기반 학습 소프트웨어 등을 공교육에 적극적으로 활용하도록 장려하고 있다. 즉, 공교육과 사교육이 인공지능 융합교육을 성장시키려는 선의의 경쟁을 하고 있도록 정책적으로 장려하고 있다. 영국에선 현지 초등학교 1,200여 곳이 학생의 학습 진도를 실시간으로 확인해주는 '서드 스페이스 러닝(third space learning)'을 도입한 바 있다. 교사는 이 시스템이 제공하는 학생별 학습 데이터를 통해 수업을 따라오지 못하는 학생을 확인하며 수시로 교육 난이도를 조정한다. 심지어 미국은 교육용 오픈마켓에서 학교가 필요로 하는 에듀테크 서비스를 구매해 수업에 적용하기도 한다. 사실, 우리나라는 공교육에 민간 기업의 에듀테크 활용을 사교육 조장 우려를 걱정하여 제한하고 있는 상황이다. 이러한 상황이 오픈 플랫폼을 이용하는 해외 사례와 대비되는 점이 아닌가 생각한다.

HTHT 형태의 하이브리드 교육

최근 교육부에서는 미래 교육혁신 기반 조성을 위해 그린스마트 미래

학교 계획을 추진해 2025년까지 18조 5,000억원에 달하는 예산으로 40년이 넘은 노후 학교 건물 중 2,835개동(약 1,400개 학교)을 개축 또는 리모델링하려고 한다. 또한 국내 몇몇 교육대학원에서 현직 교원에게 인공지능 융합교육 석사과정을 통해 향후 5년간 매년 1,000명씩 선도 교사 5,000명을 양성할 계획도 수립하였다. 앞으로 우리나라도 오픈 플랫폼 형태로 인공지능 미래 교육을 다양한 에듀테크를 교육현장에서 적극적으로 활용해 지식을 학습하고, 이를 기반으로 창의적 교육을 추진해야 할 것이다. 이러한 형태를 교육학 분야에서는 '하이브리드 러닝(hybrid Learning)'으로 정의할 수 있으나, 4차 산업혁명시대에는 그러한 '하이브리드'를 인공지능 기술의 적극적인 활용과 더불어 교사와 학생의 최적화된 앙상블로 인해 교육효과를 극대화시킬 수 있도록 하는 오픈 플랫폼 기반 교육체제, 이것을 진정한 하이브리드 교육이라고 정의해야 할 것이다. 하이브리드 러닝의 일환으로 HTHT(High-Touch, High-Tech)라는 인공지능(high tech)이 지원되는 맞춤학습체제(adaptive learning system)를 활용하여 학생 개개인이 각기 다른 수준과 속도로 학습할 수 있게 하면서 교사는 학생들이 협력하여 문제를 해결하는 프로젝트 학습을 통해 21세기 역량을 키워주는 동시에 학생과 교사간의 보다 인간적인 관계(high touch)를 형성하여 학생 개개인에게 가장 필요한 지도, 상담, 연결을 제공한다는 학습개념이 등장하였다. 이미 세계 도처에서는 HTHT 학습의 무한한 가능성을 확인하는 혁신이 시작되고 있다. 아리조나 주립대학교(arizona state university)에서는 65,000명의 학생이 12개 기초과목에서 맞춤 학습체제로 학습하고 있으며, 이로 인해 대학수학 과목의 이수율이 20.5% 향상되었고 수학과목에 기초가 없었던 학생들의 경우

28.5%나 증가하였다고 한다. 인도의 마인드스파크 소프트웨어(Mind-Spark software)에서는 중학생들에게 수학과목의 민간 맞춤학습체제인 MindSpark을 방과 후 시행한 결과, 매우 괄목할 만한 성적향상을 가져왔으며 특히 저학력 학생에게 더욱 효과적이었다고 한다. 미국의 몰티모어 교육구에서는 STAT(students and teachers access tomorrow) 이니셔티브를 통하여 175개 학교, 111,000명의 학생들에게 맞춤 학습체제를 도입한 바 있다. 이처럼 HTHT 방식의 하이브리드 러닝 자체가 앞으로는 대세로 교육현장에서 활용될 것으로 보이며, 이미 세계 리더들, 에듀테크 기업들, 교육 전문가 등을 중심으로 협력하고 있다. 최근에는 이러한 협력을 바탕으로 다양한 형태의 글로벌 확대 방안이 수립되어 베트남, 동남아시아, 아프리카 등으로 교육의 오픈 플랫폼이 확대 추진 중이다.

인공지능 여성교육 현황

평생교육 차원에서 여성과학기술인육성재단(WISET)은 2020년부터 여성 인공지능 콘텐츠 지도사 양성과정을 진행 중이다. 인공지능 콘텐츠 지도사 자격증을 부여하는 약 한 달간의 프로그램으로, 인공지능의 콘텐츠를 생활 속에서 개발할 수 있도록 지도하는 자격증부여와 관련된 교육이라, 경력단절여성 또는 재취업을 원하는 여성들에게 특히 인기다.

2020년 2월 WISET이 발표한 '2018년도 여성과학기술인력 활용 실태조사'에 따르면, 과학기술분야 여성 인력 신규 채용 및 재직자 비율은 각각 28.9%와 20%를 기록했다. 공공・민간 연구기관 여성 관리직 비율도 각각 2014년과 2012년부터 증가 추세를 유지하고 있다. 하지만 2018년 과학기술분야 전체 관리자 3만 5,216명 중 여성 관리자는 3,535명으로

10%를 차지하여, 90%를 기록한 남성 관리자 비율과 큰 차이를 보였다. 이는 2019년도 국가 연구개발(R&D) 사업 조사·분석 결과 내용과도 비슷하다. 과학기술 분야를 포함한 전체 국가 R&D 연구 인력 중 여성 연구자 인력이 5년 연속 증가하는 추세를 보였으나, 전체 R&D 연구자 비율에서 여성 연구자는 약 17.5%에 그치는 수준이다. 전체적으로 낮은 여성 R&D 비율을 인공지능 콘텐츠 지도 및 개발하는 분야에서는 여성의 탁월한 역량을 발휘할 수 있다. 이유는 인공지능 콘텐츠는 여성들의 섬세한 감성과 휴머니티가 필요한 영역이므로 상대적으로 여성에게 유리하다고 판단되기 때문이다. 최근 메타버스 영향으로 가상인간 로지가 인기다. 해외에서는 이미 가상 인간 모델들이 활발하게 활동하고 있다. 이외에도 이케아 하라주쿠점에서 생활하는 영상으로 화제가 된 일본의 이마(imma), 2018년 타임지의 인터넷에서 영향력있는 25인으로 선정된 릴 미켈라(Lil Miquela), 영국 출신 사진작가 카메룬 제임스 윌슨이 만든 모델 슈두(Shudu) 등이 대표적이다.

그러나 최근 화제가 되는 가상 인간들은 왜 모두 여성일까?

사람들이 여성의 이미지나 음성을 더욱 편하게 느낀다는 점과 이미지 활용도가 남성보다 폭넓다는 점 그리고 소비자와 소통에 강점을 보이는 인플루언서 중 상당수가 여성이라는 점도 영향을 미쳤기 때문이다. 물론 인스타그램에서 여성들이 소통을 더 많이 한다는 점도 한몫을 하고 있다. 가상 모델이 자연스러움을 보여주는 과정은 결국 일상생활을 구현하는 과정에서 드러나는데 이런 배경에 여성이 더 적합하기 때문이며 패션 등 모델의 활동 분야에 여성의 이미지가 더 다양하게 활용될 수 있다는 점도 반영된 결과일 것이다. 여성 교육자들은 인공지능이 여성과 더욱 잘 맞는 분야이므로 여성들의 일자리 창출에 기여할 것이라고 기대하고 있다. 이처럼 인공지능은 생활속에서 다양하게 창조되고 실제로 활용되고 있다. 앞으로는 인플루언서 뿐 아니라 사람과 구분이 어려운 가상 교사, 가상 지도사, 가상 학생 등이 등장하여 메타버스 상의 교육현장에서 학생들을 지도하고 학습할 날이 멀지 않은 것이다.

팬데믹 현상으로 인해 온라인 원격교육이 앞당겨 실현된 것은 사실이나, 4차 산업혁명의 영향으로 기술발전 속도와 맞물려서 물리적 공간이 아닌 가상공간에서 인공지능 세상이 펼쳐지고 있는 것이다. 그래서 컴퓨터과학자들은 가상공간의 지능화가 앞으로 인공지능의 주요 기술개발 키워드가 될 것이라고 전망하고 있다.

그래서 '공간의 발견'을 적극 모색하고 있다. 교육 공간, 삶의 공간, 주거 공간 등 공간이 창조하는 지능적 영역은 디지털 전환시대 매우 중요한 요소가 된다. 이처럼 향후 중요한 영역으로 부상하는 '교육 공간'에서 학습자들과 교사들의 소통이 인공지능 기반 교육이 아니면 절대 불가능한 일이며 교육적 효과 또한 인공지능기반이 아니면 확신하기 어려울 것이다. 왜냐하면 인공지능은 철저하게 인공지능이 동작하는 '환경'기반으로 매우 최적의 '정답'을 제공해주는 도구이기 때문이다.

인공지능 교육의 전망

앞서 설명한대로, 인공지능을 활용하면 학습자가 모두 자신의 공간에서 원격 수업에 참여한다고 하더라도 모두 다 최상의 교육을 받을 수 있음을 전제로 한다. 최상의 교육을 만들기 위해 교육의 주체에서 기존 교사의 역할을 사람과 인공지능이 파트너십을 형성할 수 있게 된다. 인공지능이 잘 할 수 있는 것과 사람이 잘 할 수 있는 것이 나뉘어지면 최고의 교육을 만들기 위한 최상의 협업이 가능해질 것이다.

기존 교사의 일을 나누어 받은 인공지능의 일은 학습자의 상태를 면밀히 살펴보고 판단하는 것부터 시작한다. 먼저 학습자가 집중력을 발휘하고 있는지, 졸고 있는지, 연속으로 정답을 맞혀 칭찬을 해주어야 할지, 부주의한 실수로 맞힐 수 있는 문제를 틀렸는지, 고도로 발전된 센서인 카메라, 마이크, 키보드, 마우스의 움직임을 모두 데이터로 수집해서 분석한 결과로 학습자의 상태를 정확하게 진단한다. 진단 내용을 교사에게 실시간으로 전달하면서 인공지능이 추천하는 처방을 함께 알려준다. 이것을 최근에는 디지털 트윈이라고 하여, 실제 공간과 동일한 공간을 만들어서 시뮬레이션하고 이를 통해 최적의 상태를 실시간 전송하는 기술이다. 즉, 디지털 교육 트윈이 가능하게 될 것이다. 사람으로서 교사는 동시에 다수를 관찰하기 어려우나 인공지능의 디지털 교육 트윈기술을 통하면 어떤 학생도 소외되거나 낙오되지 않게 지도할 수 있고 학습이 가능하다. 교사는 적시에 적합한 내용으로 학습자와의 대화를 통해 데이터에 기반한 처방을 하면서, 앞서 설명한 HTHT 기술의 구현이 실현되는 것이다. 학습자에게 관심을 갖고 학습자가 좋아하는 교사에게 배울 때 학습이 더 용이해지며, 인공지능과의 협업을 통한다면 효과가 극대화된다. 즉, 인공지능과 교사의 파트너십을 통해서 모든 학습자가 안방에서 모든 교사로부터 관심을 독차지하여, 결과적으로 교육 만족도가 상승하게 된다. 교사와 인공지능의 파트너십을 통해 학습자에 대한 진단과 처방의 빅데이터가 쌓이면 더 많은 분석을 통해 최상의 교육환경이 형성되어 교육의 효율성이 상승된다. 교사와 인공지능과의 파트너십은 학습자에게 적절한 난이도를 선정하고 이에 맞추어 콘텐츠를 생성하고 선별하는 역할을 담당한다. 이런 과정 속에서 인공지능은 학습자에게 직접 전달하기 전에 교사와의 실시간 협력을 통해 최적의 상태를 항상 유지한다. 그러나 현재 학습하고 있는 내용의 중요성을 인지시키거나 사전에 충분한 학습이 되어 있어야 하는데 그렇지 못한 부분에 대한 진단과 처방에서는 인공지능이 미처 학습되지 않았을 수 있다. 교사는 이 경우에 발생할 수 있는 예외상황에 개입함으로써 인공지능과 파트너십의 완성도를 높인다. 이 부분이 인간과 인공지능의 상호협력 부분이며 앞으로 더욱 중요하게 부각되는 HCI(human computer interaction) 영역이다. 어떠한 콘텐츠로 어느 학습자에게 교육시킬 것인가를 학습자 맞춤식으로 실시간 교육을 하게 되므로 기존 집합교육에서 발생하는 문제점을 해결할 수 있을 것이다. 교육혁신은 인터넷 서비스로서의 기존의 장점들은 그대로 활용하되, 더욱 다양한 교육 콘텐츠를 활용하여 인공지능과 파트너십을 통해 최적의 콘텐츠를 선별하고 활용하는 능력에 좌우된다고 확실하게 말할 수 있다. 이러한 장점은 인터넷만 연결된다면 지역과 시간의 한계를 극복해 교육격차를 해소할 수 있다는데 있다. 교육 콘텐츠를 잘 개발하고 확보하며 인공지능과의 파트너십 방법이 확실히 터득된다면, 전국 지역 어디는 물론 글로벌하게 전 세계 어디나 강남이나 스탠퍼드 대학의 학생과 동일한 수준의 교육을 모두 다 받을 수 있을 것이다. 이것이 4차 산업혁명이 교육에 적용되는 가장 큰 장점이며 매력적인 부분이라고 생각한다.

인공지능 경제적 영향

미국 국립표준기술연구소(NIST) 관련 보고서에 따르면 초기 단계인 인공지능은 향후 10년 동안 글로벌 생산성을 수조 달러 향상, 서비스 중심 경제로의 전환을 가속화 할 것으로 보인다. 위험관리, 자율주행 자동차, 운송 네트워크, 의료 등 경제 분야 전반에 걸쳐 사용되고 있다. 인공지능 개발은 거시경제의 다양한 측면에서 국제 무역도 영향을 미칠 것이다. 인공지능의 생산성을 증대하면 경쟁력 향상, 교역이 늘어난다. 인공지능은 경제 성장에서 서비스의 가치를 제고, 서비스 비중 확대도 예상된다. 인공지능은 공급망 리스크 관리 개선, 지능형 제조 촉진, 인공지능 언어번역 등 다양한 방법으로 통상 전반에 직접 영향을 미치고 있다. 인공지능의 발전과 확산은 소득 불평등과 일자리 손실 증가를 포함한 사회 경제적 전환 비용을 초래할 가능성이 있다. 이러한 결과는 사전에 결정되지는 않겠지만 정책적 대비가 요구된다. 인공지능은 또한 개발도상국에 영향을 미칠 수 있다. 인공지능 분야 선도국은 일부 제조업 분야에서 개발도상국의 비교 우위를 침식할 가능성이 있다. 개발도상국의 기술 부족은 국가 간 인공지능 격차를 더욱 심화시킬 수 있다. 최근 인공지능은 표준화 기술 선도로 패권국가의 위상을 확보하려는 경향이 매우 강하다. 특히 미국, 영국, 독일, 일본, 중국 등 인공지능 선도국 중심으로 경쟁이 치열하다.

3. 글로벌 교육혁신

4차 산업혁명시대 핵심역량

2010년 이후 점차 시작된 4차 산업혁명을 통해 현실세계의 모든 것을 디지털세계로 옮겨놓기 위한 시도들이 시작되었다. 더 나아가 가상 공간과 물리적 공간을 실시간으로 연결하는 사이버물리시스템(cyber physical system)이 현실화되면서 모든 산업에서 수많은 변화들이 일어나게 되었다. 단순히 과학기술 분야뿐만 아니라 교육환경과 산업의 구조, 일자리 등의 분야에도 커다란 영향을 미치고 있다.

4차 산업혁명시대의 핵심역량은 무엇일까? 과거에는 주어진 업무를 문제없이 해결하는 '테크니션(technician)'이 주목받았다면, 미래에는 더불어 자원관리능력을 갖춘 '전방위적 인재'가 각광을 받을 것이라고 한다. 즉, 단순히 주어진 문제를 해결하는 문제해결능력 뿐만 아니라 정의되지 않은 문제를 발굴하고 정의하는 통찰력, 그리고 문제의식을 바탕으로 타인의 공감을 이끌어낼 수 있는 리더십이 핵심역량이 될 것이라는 이야기다. 2016년 세계경제포럼에서는 기초능력, 기본적 직무기술, 직능을 넘나드는 직무기술의 3가지 측면에서 바라볼 수 있다고 설명하였다. 내용을 옮기자면, 첫 번째 역량인 기초능력은 직무와는 관계없이 사회인으로서 갖추어야 할 기본적인 소양을 의미한다. 이는 다시 인지유연성, 창의성, 논리력, 문제인식 감수성, 수리력, 시각화능력 등이 포함하는 인지능력과, 신체능력에는 육체적 힘과 신체동작의 정교함 등이 포함되는 신체능력으로 구분할 수 있다. 두 번째 역량인 기본적 직무기술은 업무내용관련기술과 업무처리관련 직무기술 부문으로 나눌 수 있다. 업무내용 관련기술에는 능동적 학습, 구술표현력, 독해력, 작문표현력, ICT이해도 등이 포함되며, 업무처리 관련 직무기술에는 능동적 경청, 비판적 사고, 자기 모니터링과 타인모니터링 등이 포함된다. 직무를 수행하는데 있어 주도적으로 의견을 정리하고 개진하는 표현역량뿐만 아니라 타인과의 상호작용을 통해 새로운 가치를 창출할 수 있는 사회적 역량이 필수적으로 요구될 것이다. 세 번째 역량인 직능을 넘나드는 직무기술은 사회관계 기술, 체계적 기술, 자원관리 기술, 테크놀로지 관련기술 등으로 나눌 수 있다. 사회관계기술에는 협동기술, 감성지능, 협상력, 설득력, 서비스지향성, 타인교육훈련기술 등이 포함되고, 체계적 기술에는 판단력과 의사결정력, 체계분석력 등이 포함된다. 자원관리기술에는 재무자원관리, 물질자원관리, 인적관리, 시간관리 등이 포함되며, 테크놀로지관련기술에는 장비유지 및 보수, 장비작동 및 제어, 프로그래밍, 품질관리, 기술 및 UX(user experience) 디자인, 기술적 문제해결 등이 포함된다.

4차 산업혁명시대 적합한 글로벌 인재형

이처럼 4차 산업혁명으로 인해 새로운 기술들이 산업현장에 적용되어 감에 따라, 미래사회의 요구에 부응하는 인재교육양성 및 교육을 중요하게 부상하고 있다. 몇 가지 산업현장의 예상되는 변화를 설명하면 다음과 같다.

4차 산업혁명 시대를 맞아 기업 간, 조직 간의 물리적 경계가 약화되고 생산자와 소비자의 엄격한 구분이 사라지는 등 전통적인 노동환경으로의 변화가 예상된다. 제도적으로 경직된 조직구조가 유연해지고 기업간의 물리적인 경계가 모호해져 인력의 잦은 이동이 발생하기 때문에, 언제든지 재교육을 통해 즉시 전력화할 수 있는 이른바 온디맨드 교육 플랫폼이 각광받고 있다. 급변하는 시장 상황에 따라 적재적소에 인력을 재배치하여 기업의 경쟁력을 강화하는 인사전략이 보편화되고 있다는 의미이다. 디지털 네트워크기반의 온디맨드 경제가 도래함에 따라, 빅 데이터,

인공지능 등 새로운 IT기술전문가의 수요가 늘어나며, 대다수의 노동자는 직접적인 생산보다는 시스템의 관리·감독의 역할을 수행하게 될 것이다. 클라우드 인프라의 확대로 인하여 많은 인력들이 언제 어디서나 업무를 수행할 수 있게 되어, 직업과 노동의 경제가 모호한 노동의 일상화 확대, 라이프 스타일 관련 교육시장의 확대, 창의적 역량 중시 등의 사회적 분위기를 가속화되고 있다는 이야기다. 전통적인 일터가 오피스에서 공공장소나 자택, 더 나아가 가상의 공간으로 확장되면서, 관리·감독 없이도 스스로 발전하는 자기주도형 인재를 찾고 고용을 유지하는 인사관리가 기업의 핵심역량으로 자리잡고 있다. 절대적인 근무시간의 중요성보다는 창의적 업무 성과를 중시하는 기업풍토가 자리잡고 있다는 이야기다. 따라서 미네르바스쿨이나 미국의 칸랩 같은 오픈형 온디맨드 교육 플랫폼이 중요할 수밖에 없을 것이다. 이미 미국은 4차 산업혁명시대의 도래에 대비하여 인공지능을 경제성장 및 국가안보의 핵심기술로 판단하고, 인재를 조기에 양성하여 인공지능 선도국가로서의 입지를 다지기 위한 노력을 해 왔다. 백악관의 과학정책실은 2016년 10월, 인공지능 정책관련 권고안인 '인공지능의 미래를 위한 준비(Preparing for the Future of Artificial Intelligence)'를 발간하며, 학제 간 융합지식을 가진 연구자 및 전문가가 미래사회의 핵심축이 될 것이라고 하였다. 특히, 오바마정부는 획일적인 교육의 한계를 인정하고, 학생·학부모·학교의 자율성 확대를 통한 창의성 교육을 강조했다. 이러한 노력들이 오늘날 미국이 4차 산업혁명시대의 중심국이 될 수 있는 원동력이라고 판단된다. 즉, 4차 산업혁명은 국가의 경쟁력을 더욱 강화시킬 수도 있고 국가 간 더욱 격차를 발생시킬 수도 있다. 어느 쪽에 설지는 각 국가가 선택할 일이다.

인공지능과 대학교육

인공지능은 세계 경제와 일자리를 변화시키는 파괴적인 기술로 대학의 미래에도 중대한 영향을 미칠 것이다. 최근 네이처메거진 팟캐스트에 출연한 마크 도드슨(Mark Dodgson) 호주 퀸즈랜드대 혁신연구교수 겸 ICL(Imperial College London) 객원교수는 인공지능 기술이 대학 교육을 어떻게 바꿀 수 있는지, 대학이 학생을 평가하는 방법, 과학적 연구에 어떤 도움을 주는지 설명했다. 한편, 리 크로닌(Lee Cronin) 스코틀랜드 글라스고 대학(University of Glasgow) 교수는 인공지능을 강조하면서도 단지 도구 일뿐이라고 폄하하기도 하였다. 이렇게 그가 말한 이유는 인공지능이 교육에 미치는 잠재적 영향에 대해 대학이 필요로 하는 것은 창의력을 인공지능이 평가할 수 없다는 가정에 기반을 둔다. 그러나 제프리 페르켈(Jeffrey Perkel) 네이처 테크놀로지 편집자는 딥러닝을 포함한 인공지능 기술이 5차 산업혁명으로까지 예견되는 생명공학 분야에서 가장 중요하고 인기있는 주제임을 지적하면서, 향후 인공지능이 과학연구를 지원하는 강력한 도구이며 대세임을 강조했다. 이처럼 인공지능을 중심으로 하는 고급 인력양성인 대학교육에서 반대론자와 찬성론자들이 논쟁을 벌이고 있으나, 중요하고도 분명한 점은 인공지능과 인간의 파트너십이 교육의 성패를 좌우한다는 점이다. 따라서 논쟁보다는 인간과 인공지능의 파트너십의 모델개발을 통해 실천하면서 평가지표를 산출해 나가는 것이 앞으로 4차 산업혁명시대 교육의 진정한 방향이 될 것이다.

인공지능의 극대화 일곱단계

사이언스 모니터(the science monitor)지는 인공지능의 효용 극대화를 위한 7단계를 다음과 같이 설명했다. 즉, 인공지능의 효용 극대화를 위해서는 7단계를 레퍼런스 아키텍처(reference architecture)를 갖추어야 한다는 것으로 이해될 수 있다.

(1) 글로벌 인공지능 확산

광범위한 분야에서 인공지능을 도입하려면 새로운 투자, 비즈니스 모델 개선 및 교육 인력이 필요하다. 기술 확산의 결여는 프런티어 기업과 후발 기업 간의 업종 내에서 생산성 격차를 확대한다. 관련 지식을 개발하고 인공지능과 같은 기술을 활용하기 위해 자본을 효율적으로 배정하는 데 따르는 문제도 있다. 경제 전반에 걸쳐 기술 확산 속도와 깊이를 높이려면 바람직한 정책이 필요하다. 여기에는 노동 시장의 유연성 증대, 개방성과 경쟁, 모험 자본 등도 포함될 수 있다.

(2) 교육 및 기술 개발

인공지능 기술의 유익을 얻으려면 교육 및 훈련이 핵심이다. 인공 지능은 과학, 기술, 공학, 수학(STEM)은 물론 사람들이 인공 지능과 함께 작업할 수 있게 해주는 더 광범위한 기술을 요구한다.

관련 기술 개발은 글로벌 협력이 요구된다. 정부와 산업계는 다른 국가, 특히 개발 도상국에서 파트너십을 발전시킬 수 있는 기회를 제공해야 한다.

(3) 사이버 보안

사이버 보안은 인공지능의 경제사회적 활용에 핵심이 될 전망이다. 한 지역의 낮은 사이버 보안은 다른 지역에도 영향을 미칠 수 있다. 이에 정부 차원 사이버 보안 전략을 개발할 필요성이 있다. 미국 국립표준기술연구소(NIST)의 중요한 인프라 사이버 보안 개선 프레임 워크는 사이버 보안 활동과 사이버 보안 위험평가 및 관리 사업을 위한 공통 조직 구조를 제공한다. 영국, 일본, 호주, 중국은 사이버 보안 전략을 개발했다.

사이버 보안 표준은 인공지능 기술 개발과 협력에 장벽이 될 수도 있다. 예를 들어, 중국은 사이버 보안을 중국 고유의 사이버 표준 개발을 위해 정당화하고 있다. 베트남은 사이버 보안상의 이유로 서비스를 국내에 한정한다. 사이버 보안 전략의 기초를 형성할 수 있는 적절한 국제 표준이 필요하다. 무역 협정은 미국-멕시코-캐나다 협약(USMCA)에서와 같이 사이버 보안 표준의 협력과 사용을 장려해야 한다. 다른 국가의 역량 구축은 또한 사이버 보안 관여 전략의 일부분이어야 한다.

(4) 개인 정보보호

개인 정보를 인공지능 학습에 사용하려면 강력한 개인 정보보호 규칙이 필요하다. 동시에 개인 정보보호 규칙은 국가 간 데이터 흐름에 대한 불필요한 제한을 피할 필요가 있다.

국가 및 지역이 개인 정보보호 규칙을 개발함에 따라 개인 정보보호 시스템의 상호 운용성을 보장하기 위한 메커니즘이 필요하다. 무역 협정이 중요한 역할을 할 수 있다.

국가 간 데이터 흐름을 지원하기 위해 OECD 기존 원칙을 토대로 글로벌 개인 정보보호 원칙을 더욱 발전시킨다. 글로벌 개인 정보보호 원칙에 따라 국내 개인 정보보호 법률 및 규정을 개발하고 구현한다.

미국-EU 개인 정보보호 협의 등 다양한 개인 정보보호 정책 간에 상호 운용성을 구축한다. 데이터의 글로벌 자유로운 흐름을 보장하되 국내 개인 정보보호 표준을 보호하기 위해 필요한 경우 데이터 흐름 제한을 제한한다.

(5) 데이터 접근성

정부는 공개적으로 보유한 데이터에 쉽게 접근 할 수 있다. 정부 기관, 연구원 및 민간 부문에서 데이터 세트를 공유하기 위해서는 일관성 있고 투명하며 표준화 된 거버넌스 프레임워크가 필요하다. 예를 들어 미국 연방 정부는 연방 데이터 관리, 사용 및 액세스에 일관된 접근 방식을 제공하는 것을 목표로 하는 연방 데이터 전략의 개발을 포함해 전략적 자산으로 데이터를 개발하는 데 진전을 보였다.

데이터 접근에 대한 국제적 프레임 워크는 정부 데이터에 대한 전 세계 접근 비용을 최소화하기 위해 필요하다. OECD는 데이터 거버넌스 프레임워크를 개발하고 있다. 국제 표준화기구(ISO)는 데이터 거버넌스 원칙을 가지고 있다. USMCA에는 미래의 무역 협정 확대에 필요한 데이터 공개 약속이 포함된다.

(6) 지적 재산권 프레임워크

인공지능 훈련을 목적으로 데이터를 이용할 때 유연성을 제공하는 저작권에 대한 공정한 사용 예외를 포함해 지원하는 지적재산권 프레임워크가 필요하다.

범태평양 파트너십을 위한 포괄적이고 진보적 협정(Comprehensive and Progressive Agreement for Trans- Pacific Partnership, CPTPP)에서 당사국은 적절한 저작권 예외 필요성에 동의하는 쪽으로 조치를 취했다. 저작권 및 관련 권리 시스템에서 적절한 균형을 달성해야 한다고 주장했다.

(7) 인공지능 윤리원칙

인공지능에 대한 신뢰를 발전시키기 위해서는 인공지능 프로세스와 결과가 윤리적이어야 한다. 윤리적 인공지능을 개발할 필요성은 미국, EU 및 기타 정부에서 제기됐다.

국제 협력이 없는 경우, 인공지능 윤리 지침은 데이터 액세스 및 인공지능 사용에 차별적 영향을 미치는 현지 표준 및 규범만을 반영할 수 있다. OECD는 인공지능 가이드라인 초안을 지난 달 도출했다. G20도 이 문제 해결에 관심을 기울이고 있다. 공통 기준에 따라 인공지능 시스템이 윤리적으로 구축되는지, 윤리적 결과를 창출하는지를 결정해야 한다. 이는 테스트 표준 등 무역 문제를 야기한다. 이러한 프로세스 문제는 국제 무역 협상의 일부가 되어야 한다.

EU의 인공지능 규제안

인공지능을 이용한 교육혁신의 마지막 내용으로 EU의 인공지능 규제(안)을 설명하고자 한다. EU에서 인공지능에 대한 포괄적 구속력 있는 규제안을 2021년 4월 21일에 공개하였고 총 12개 주제와 총 85개 조항으로 구분되어 있다.

〈표 1〉 EU의 인공지능 규제안(2021. 4. 21. 발표)

순번	주제명		세부 내용
1	범위 및 정의		AI 사용과 관련한 신규 규제의 적용 범위를 정의하고 규정에서 전반적으로 사용하는 용어를 정의함
2	금지대상 인공지능 목록		유럽 내 사용이 금지된 AI 목록을 제시하며, 위험 기반 접근 방식에 따라 (i) 용인할 수 없는 정도의 위험, (ii) 고위험, (iii) 낮거나 최소한의 위험을 야기하는 AI, 세 가지로 구분하고 있음
3	고위험 AI 시스템		인간의 건강과 안전 또는 기본권에 높은 위험을 초래하는 AI 시스템에 대한 특정 규칙 명시하고 있음
4	일부 AI 시스템에 대한 투명성 의무		(i) 인간과 상호 작용하거나, (ii) 생체 인식 데이터를 활용하여 감정을 감지하거나, (iii) 콘텐츠를 생성 또는 조작하는 시스템에 적용되는 일부 AI 시스템의 조작에 관한 투명성 의무사항에 대해 명시하고 있음
5	혁신 지원 조직		혁신적이고 미래 지향적인 법적 프레임워크를 만들기 위한 규제당국의 규제 샌드박스를 설정 등에 관한 지원 조치에 대해 명시하고 있음
6	거버넌스 및 실행	거버넌스	회원국과 위원회의 대표로 구성된 유럽 인공지능이사회(이하 '이사회')를 설립 등 EU 및 회원국 차원의 거버넌스 시스템에 대해 명시하고 있음
7		EU 자립형 고위험 AI 시스템 DB	고위험 AI 시스템에 대한 EU 차원의 데이터베이스 구축(집행위원회가 운영함)을 통해 위원회 및 국가 당국의 모니터링 작업을 촉진하고자 한다는 내용을 명시하고 있음
8		시판후 모니터링, 정보 공유, 시장 감시	시장 출시 후 AI 관련사고 및 오작동에 대한 사후관리에 관한 의무사항 명시
9	행동 강령		고위험AI 시스템 제공자가 지켜야 할 행동 강령을 수립하여 명시하고 있음
10	처벌, 권한위임 및 최종조항	기밀 유지 및 처벌	위반 시 처벌 등의 모든 당사자의 의무를 강조하고 규정 시행 중에 획득한 정보 교환에 대한 규칙에 대해 명시함
11		권한위임 및 위원회절차	위임 행위 및 권한 이행 규칙에 대해 명시함
12		최종조항	규정의 정기적인 평가 및 검토에 대한 정기 보고서 작성의 의무, 규제 적용시점에 과도기 기간을 지정 등에 대한 조항 안내

이 규제안의 목적은 인공지능이 사람의 안전이나 인권에 위협을 가하는 것을 방지하려는 것이 핵심 내용이다. 구체적으로 4대 주요 목적을 설명하면 첫째, EU 시장에 배포 및 사용되는 인공지능 시스템이 안전하고 기본권 및 EU 가치에 관한 기존 법률을 존중할 것을 보장하기 위함이다. 둘째, 인공지능에 대한 투자와 혁신을 촉진하기 위한 법적 안정성을 보장하기 위함이다. 셋째, 인공지능시스템에 적용되는 기본권 및 안전 요구사항에 대한 기존 법률의 거버넌스 및 효과적인 시행을 강화하기 위함이다. 넷째, 합법적이고 안전하며 신뢰할 수 있는 인공지능 애플리케이션을 위한 단일 시장 개발을 촉진하고 시장 분열을 방지하기 위함이다. 이 규제안의 대상은 EU내 인공지능 시스템을 출시하거나 서비스를 도입하는 모든 제공자, EU 내에 위치하는 인공지능 시스템의 사용자, 인공지능 시스템이 생성한 결과물이 EU 내에서 사용되는 경우로 제3국에 위치한 인공지능 시스템의 제공자 및 사용자 등이다. 이 규제안은 발효 후 24개월 후부터 적용하게 되어 오는 2023년 4월부터 발효된다. 현재 국내에서는 이 규제안의 발효로 인해 우리 기업들이 받는 무역장벽을 해소하고자 다양한 노력을 하고 있다.

4. 정리하며

인공지능은 4차 산업혁명의 주요 핵심기술이며 미래 선도 기술의 화두임을 누구도 부인할 수 없다. 디지털 혁신과 디지털 전환, 이 두 단어의 관계는 디지털 혁신을 통한 디지털 전환이라는 점이다. 4차 산업혁명은 디지털 전환으로 불린다. 그렇다면 디지털 혁신이라는 인공지능, 빅

데이터, IoT 등의 다양한 IT 기술들을 바탕으로 디지털 전환이 발생할 것이라고 내포하는 말이다. 이러한 기반 하에 미래 사회의 트랜드는 다양한 분야별 변화를 예측하고 있다. 먼저 사회적 측면에서는 초고령 사회, 다양성, 도시양극화, 지역불균형, 개인화 및 언택트 강조, 가치관 및 사고의 변화를 예측하고 있다. 기술적 측면에서는 인공지능과 자동화 확산, 모빌리티 혁명 등이 예측되고 있고, 경제적 측면에서는 저성장시대, 경제양극화, 공유경제확산 등이 예측되고 있다. 환경적 측면에서는 대표적으로 지구 온난화심화를 들 수 있고, 정치적 측면에서는 세계적 불안요인 증대와 정부역할의 변화를 들 수 있다. 교육은 어느 나라 어느 시대나 중요한 요소이나, 특히 4차 산업혁명시대 디지털 전환시대에는 교육의 혁신적 전환이 중요하다. 왜냐하면 미래 사회의 트랜드를 읽고 그 시대적 변화에 맞는 인재양성을 위한 교육방법과 교육내용이 우선적으로 중요하기 때문이며, 그러한 변화를 읽을 수 있고 적응할 수 있는 인재양성이 무엇보다 중요하기 때문이다. 최근 메타버스 등장으로 디지털 세계에는 인공지능 기술의 발전 속도와 더불어 무한 기술로 발전하고 있다. 교육이 이제는 더 이상 교육공간을 교실로 한정하지 않으며, 교육내용과 교육시스템을 정형화하지 않는다. 심지어 교사와 학습자도 인간이 아니어도 상관없다. 이제 교사와 학생들은 자유로운 메타버스 가상공간에서 물리적 공간과 가상공간의 하모니를 통해 창의적이며 가장 최적의 맞춤형 교육이 제공되길 원하고 있다. 이러한 '교육 공간'의 새로운 발견은 그동안 2차원적 교육이 다차원적 교육으로 디지털 전환되고 있음을 의미한다. 우리는 이미 그러한 변화의 트랜드를 경험하고 있고 변화의 선상에 놓여 있으며, 선진국들은 이미 저만치 앞장서 달려가고 있다. K-12교육, 대학교육, 그리고 평생교육에 이르기까지 교사와 학습자가 만족할 수 있는 교육을 인공지능과 4차 산업혁명이 어떻게 파트너십을 형성하여 모두를 만족시키며 이루어나갈지를 진정으로 고민하고 개발해야 할 것이다. 이것은 선택이 아닌 필수이기 때문이다.

↘ 참고문헌

이혜정, 임상훈, 강수민. (2019). 4차 산업혁명시대 대학교육혁신 방안 탐색: 미네르바스쿨 사례를 중심으로, 한국방송통신대학교 원격교육연구소, 15(2), 59-84.

이명구, 박도휘, 강민영. (2019). 2025 교육산업의 미래: 기술혁신과 플랫폼, 공유경제를 중심으로, 삼정 KPMG 경제연구원, 제110호.

이주호. (2019). Education 2030. 발표자료.

박수정. (2020). AI와 코로나가 펼치는 교육의 디지털전환, 소프트웨어중심사회, 포커스2, 45-51.

유한구. (2020). 코로나와 4차 산업혁명을 넘어: 대학교육 혁신의 과제, 과학기술정책포커스, Future Horizon, 17-21.

장상현. (2021). 인공지능의 교육적 활용과 교육플랫폼, 지능정보기술동향, 창간호, 59-66.

조영임 (2021). 인공지능 (AI) 표준 및 글로벌 정책 동향, TBT 대응협의회 발표자료.

EU 규제안 (2021). Regulation of the european partiament and of the council.

4부
대학원 교육과 과학기술 인재육성

IX

대학원 교육의 현황과 정책 방향

이석열(남서울대학교)

Ⅸ. 대학원 교육의 현황과 정책 방향

이석열(남서울대학교)

1. 프롤로그

우리나라는 고등교육 수준이 높아짐에 따라 대학원 교육에 대한 관심이 증폭되고 있으며, 4차 산업혁명 시대를 맞이하면서 고급전문인력의 수요가 증가함에 따라 교육체제의 중심이 대학원으로 이동할 것으로 전망되고 있다. 우리나라 대학원은 학부교육 못지않게 그 동안 상당한 양적 팽창을 이루어 왔다. 대학원 수는 1970년에 비해 18배 이상 증가해서 약 1,170여 개이고, 재학수도 42배가 증가해서 약 278,000여 명에 이르고 있다. 하지만 우리나라 대학원은 이러한 양적 팽창에도 불구하고 지식 창출의 역량 및 여건이 선진국에 비해 미흡한 것으로 평가되고 있다.

우리나라의 대학원 체제는 크게 일반대학원, 전문대학원, 특수대학원으로 분류되고 있다. 일반대학원은 '학문의 기초 이론과 고도의 학술 연구'를 목적으로 하고, 전문대학원은 '실천적 이론의 적용과 연구 개발'을 목적으로 하고, 특수대학원은 '직업인 및 일반 성인을 대상으로 성인계속교육'을 목적으로 하고 있다. 그러나 이들 대학원 체제와 구조는 분리되어 있지만 교육의 내용과 방식은 현실적으로 구별이 용이하지 않다.

대학원 정책

대학원 교육은 국가 미래 성장 동력을 이끌어 나갈 창의적인 고급인력의 원천이다. 이처럼 대학원 교육은 국가경쟁력 제고의 핵심 분야로 등장하고 있다. 하지만 대학원의 수준을 글로벌 수준으로 높이기 위한 여건 및 역량을 개선하기 위한 제도적·정책적 노력은 미흡했다고 볼 수 있다. 교육부는 2013년 9월에 '고등교육 종합발전 방안'을 통해 고등교육 발전 방향과 정책 추진과제를 수립하였다. 이 중에서 '대학원 체제 개선을 통한 대학원 질 관리' 방안을 제시했다. 여기에서 대학원 학위 및 학사 운영 관리 강화, 대학원 정원 관리 및 설치기준 강화, 대학원 평가 실시, 대학원 정보공시 체계 구축, 대학원 통합관리 거버넌스 구축 등을 표방했다. 교육부는 2014년 5월에 '대학원 질 관리를 위한 제도 개선 방안'을 통해 대학원 실태에 대한 분석 결과 및 제도개선 성과를 바탕으로 대학원 질 관리 체제 구축을 추진하고자 했다. 하지만 아직 대학원 교육의 질 확보를 위해 교육·연구의 여건 및 성과를 종합적으로 점검하고 이를 행·재정지원 등과 연계를 하지는 못하고 있다(반상진 외, 2004; 서정헌 외, 2006; 신현석 외, 2016; 이석열 외, 2018).

그 동안 충분하지는 않지만 지난 십수 년간 대학원 연구비의 지속적인 증가와 BK 등과 같은 대학원 차원 인력양성사업의 수행은 사회가 수요로 하는 석·박사 인력의 공급에 어느 정도 기여한 것은 사실이다(이정미 외, 2018). 하지만 기본적으로 대학원 교육을 국가전략 차원의 공공재로 보기보다는 대학원생들이 개인적으로 경력을 관리할 목적으로 고급지식을 배우는 과정으로 인식하는 것 같다(민경찬, 2018). 그 동안 정부

차원에서 대학원 수준의 고급인력양성에 대한 종합적 관점에서의 큰 정책이나 미래 전략이 제시되지 못하고 있다.

이제라도 대학원이 학사운영을 충실하게 운영하고, 대학원의 질 제고를 할 수 있는 방안을 마련하고 추진할 필요가 있다. 대학원의 혁신 방안을 도출하기 위해서는 대학원 관련 각종 통계 및 현황 분석이 선행되어야 하고, 이를 바탕으로 대학원 교육의 질 제고를 위해서 개선해야 할 과제를 탐색해 볼 수 있을 것이다.

2. 통계로 본 현황과 문제점

대학정보공시 통계로 본 대학원 현황

대학정보공시는 학생·학부모, 기업체, 정부에 대학의 기본 운영현황과 교육·연구성과 등의 주요 정보를 신속·정확하게 제공하고 있다. 정보공시는 학생과 학부모 등 소비자의 알 권리 충족을 위해 14개 분야의 62개 항목으로 구성되어 있으며, 4월, 6월, 8월, 10월 및 수시로 구분하여 연 4회 공시하고 있다. 이석열 외(2019)의 연구에서 대학원 정보공시와 관련이 있는 항목을 일반대학원, 전문대학원, 특수대학원의 설립별, 규모별, 지역별로 구분해서 분석하였다. 또한 이석열(2020)의 연구에서 대학원의 현황과 문제점으로 논의했다.

대학원 현황을 살펴보면, 2020년 기준 일반대학원 186개교, 전문대학원 180개교, 특수대학원 803개교 등 총 1,169개 교가 있다. 2008년과 2020년을 비교해보면, 대학원 수가 396개 교가 증가하였고, 이중 특수대학원 296개 교로 가장 많이 증가한 것으로 나타났다.

<표 1> 대학원 일반 현황

(단위: 개교)

학교종류	2008	2011	2014	2017	2020
일반대학원	154	170	177	184	186
전문대학원	112	148	169	186	180
특수대학원	507	543	646	756	803
계	773	861	992	1,126	1,169

주) 당해년도 4월 1일 기준.

현재 대학원은 사립대학과 수도권에 집중화되어 있으며, 특수대학원의 비중이 상대적으로 매우 높은 편이다. 사립대학의 비율이 79.8%이고, 수도권의 비율은 51.3%이며, 특수대학원은 68.4%를 차지하고 있다. 그 동안 대학원 수의 증가는 **대학원 설립이 비교적 용이한 특수대학원 위주로 증가했다고 볼 수 있다. 특수대학원 수는 2008년** 507개였는데, 2020년 803개까지 늘어났다. 설립유형별로도 사립대학의 대학원수가 급격히 증가했는데, 2008년 622개에서 2020년 931개로 늘어났다. 지역별로는 수도권 지역에 중심으로 집중적으로 설립되었는데, 2008년 400개에서 2020년 601개로 증가했다.

반면에 대학원 입학정원은 증가에서 지난 10년간 점차 감소하는 현상을 보이고 있다. 입학정원을 보면, 2008년 대비 2020년 입학정원은 6,809명 증가한 129,007명이고, 2017년 대비 439명 감소하였다.

<표 2> 대학원 신입생 충원 현황

(단위: 명, %)

학교종류	구분	2008	2011	2014	2017	2020
대학원 전체	입학 정원	122,198	128,409	130,890	129,446	129,007
	입학자 수	115,145	127,025	124,912	119,320	126,990
	신입생 충원율(%)	94.2	98.9	95.4	92.2	98.4

일반대학원	입학 정원	56,430	58,988	63,437	63,810	64,261
	입학자 수	55,032	62,086	65,057	62,792	66,982
	신입생 충원율(%)	97.5	105.3	102.6	98.4	104.2
전문대학원	입학 정원	11,047	14,795	16,369	14,769	14,637
	입학자 수	10,213	15,044	13,641	11,443	11,420
	신입생 충원율(%)	92.5	101.7	83.3	77.5	78.0
특수대학원	입학 정원	54,721	54,626	51,084	50,867	50,380
	입학자 수	49,900	49,895	46,214	45,085	45,327
	신입생 충원율(%)	91.2	91.3	90.5	88.6	90.0

주) 당해년도 입학정원, 전년도 9월 및 당해년도 3월 학기 신입생 기준.

정원 내 대학원 신입생 충원률은 2008년 94.2%에서 2020년 98.4%로 증가한 것으로 보이지만 일시적인 현상일 수도 있다. 2018년의 통계를 보면(이석열 외, 2019), 일반대학원, 전문대학원, 특수대학원 모두 정원 내 신입생 충원율이 지속적으로 감소 추세를 보이고 있다. 일반대학원의 경우, 입학정원은 증가 추세를 보이는 반면 정원 내 지원자 수는 점차 감소하는 경향을 보이고 있다. 전문대학원의 입학정원은 2008년부터 2014년까지는 증가하였으나 이후 감소 추세를 보이며, 정원 내 지원자 수도 점차 감소하는 경향을 보이고 있다. 특수대학원의 입학정원은 감소 후 비교적 유지 추세를 보이며, 정원 내 지원자 수는 점차 감소하는 경향이다. 이러한 경향은 박사학위과정보다 석사학위과정에서 심각한 편이다. 최근 석사학위과정의 신입생 충원율은 2014년 87.7%에서 2018년 80.5%로 감소했다. 반면에 박사학위 충원율은 2014년 78.8%에서 2018년 80.8%로 상대적으로 안정적 상황이다. 더 큰 문제는 이러한 현황이 일반, 전문, 특수대학원 공히 나타나고 있지만, 일반대학원에서 그 정도는 가장 심한 정도로 나타나고 있다는 점이다. 일반대학원은 2008년

97.5%에서 2018년 81.8%까지 내려갔다. 또한 **재학생 충원율 역시 가파르지는 않지만 떨어지고 있는 상황이다.** 일반대학원과 특수대학원의 경우 재학생 충원율이 급속히 감소하는 패턴을 보이고, 전문대학원의 경우 아직까지 비교적 안정적 상황을 보이고 있다.

외국인 재적학생 현황을 살펴보면, 2008년 이후 지속적으로 상승하고 있고 상승 폭도 높은 것으로 나타났으며, 석사과정 외국인 재적학생의 상승이 두드러지게 나타났다. 2008년은 12,509명에서 2020년에는 25,643명(205.0%p) 증가한 38,152명으로 급격한 상승세를 나타나고 있다. 대학원 유형별로 보면, 2008년 대비 2020년 외국인 재적학생 수는 일반대학원이 17,537명(184.8%p)이 증가하였고, 전문대학원이 2,554명(127.4%p)이 증가하였으며, 특수대학원이 5,552명(548.1%p)이 증가하여 가장 높은 증가율로 나타났다. 다만 이석열 외(2019)의 연구에 의하면 현재 **대학원 석사과정에 재학하고 있는 외국인 학생은 인문사회계열의 비율이 압도적으로 높은 편이다.**

〈표 3〉 대학원 외국인 재적 학생 현황

(단위: 명)

학교종류	구분	2008	2011	2014	2017	2020
대학원 전체	전체	12,509	19,035	21,522	26,068	38,152
	석사	9,163	14,544	15,815	18,755	24,996
	박사	3,346	3,762	4,484	5,841	11,091
	석박사통합	–	729	1,223	1,472	2,065
일반대학원	전체	9,491	14,269	15,773	18,347	27,028
	석사	6,498	10,187	10,592	11,775	15,156
	박사	2,993	3,388	4,021	5,233	10,075
	석박사통합	–	694	1,160	1,339	1,797
전문대학원	전체	2,005	2,574	3,251	4,080	4,559
	석사	1,652	2,165	2,725	3,339	3,275

	박사	353	374	463	608	1,016
	석박사통합	-	35	63	133	268
특수대학원	전체	1,013	2,192	2,498	3,641	6,565
	석사	1,013	2,192	2,498	3,641	6,565

주) 당해년도 4월 1일 기준.

중도탈락 학생 현황은 2008년 5.3%에서 계속적으로 소폭 상승하여 2014년 5.9%를 계속 유지하여 2020년에도 5.9% 수준으로 나타났다. 석사과정 중도탈락 학생 현황이 소폭 낮아진 반면, 박사과정과 석박사통합 과정은 지속적으로 중도탈락 학생 현황이 증가한 것으로 나타나고 있다. 대학원 유형별로 보면, 2020년 기준 일반대학원이 6.2%로 가장 높게 나타났고, 특수대학원이 5.9%, 전문대학원이 4.7% 순으로 나타났다.

〈표 4〉 대학원 중도탈락 학생 현황

(단위: 명, %)

학교종류	구분	2008	2011	2014	2017	2020
대학원 전체	재적학생 수	306,197	330,179	330,942	317,106	320,596
	중도탈락 학생 수	16,185	17,848	19,467	19,400	18,787
	중도탈락 학생 비율	5.3	5.4	5.9	5.9	5.9
일반대학원	재적학생 수	134,453	147,062	151,991	152,326	153,156
	중도탈락 학생 수	7,790	8,378	8,983	9,291	9,523
	중도탈락 학생 비율	5.8	5.7	5.9	6.1	6.2
전문대학원	재적학생 수	25,921	38,961	45,548	44,232	40,505
	중도탈락 학생 수	1,036	1,620	2,193	2,253	1,923
	중도탈락 학생 비율	4.0	4.2	4.8	5.1	4.7
특수대학원	재적학생 수	145,823	144,156	133,403	129,796	125,460
	중도탈락 학생 수	7,359	7,850	8,291	7,856	7,341
	중도탈락 학생 비율	5.0	5.4	6.2	6.1	5.9

주 1) 재적학생 전년도 4월 1일 기준, 중도탈락 학생 전년도 3월 1일 ~ 당해년도 2월 28일 기준
주 2) 대학원대학의 경우 2008년 자료 부재로 2011년 이후 포함되어 있음.

대학원의 전임교원 강의담당비율은 2008년 71.6%에서 지속적으로 상승하여 2020년에는 3.8% 상승한 75.4%로 나타났으며, 대학원 유형별로 차이가 큰 것으로 나타났다. 일반대학원의 경우 전체 강의의 83.6%를 전임교원이 담당하는 반면, 특수대학원의 경우 전임교원 강의담당비율이 58.0%로 일반대학원과 차이가 크게 나타났으며, 전문대학원은 특수대학원보다는 높으나 일반대학원보다는 낮게 나타났다. 이러한 결과의 원인은 전문대학원의 경우 외부 전문가에 의한 강의 비중이 높을 것으로 추정되며, 특수대학원의 경우 야간이나 주말에 수업이 이루어지고 있어 전임교원에 의한 강의담당비율이 낮은 것으로 추정된다. 이석열 외(2019)의 연구에서 지역별로 보면 2018년 기준 전임교원의 담당비율은 수도권 대학은 46.6%, 비수도권 대학은 67.8%로 나타나 시간 강사 자원이 풍부한 수도권 대학일수록 그리고 특수대학원의 경우에 시간강사들이 많았다.

대학원 졸업생 수는 매년 증가해서 2020년 기준으로 99,207명이여서 10만 명에 육박한 수준이다. 일반대학원 졸업생은 완만한 증가 후 감소세이고, 전문대학원 졸업생은 급격한 증가 후 완만한 증가 추세를 보이고, 특수대학원 졸업생은 완만한 감소 추세를 보이고 있다. 비율적으로 보면, 2020년 대학원 졸업생 중 석사학위 취득비율은 83.7%, 박사학위 취득비율은 16.3%로 나타났고, 2008년 대비 2020년을 비교해보면 박사학위 취득비율이 4.6% 증가한 것을 알 수 있다. 대학원 유형별로 살펴보면, 2008년 대비 2020년 일반대학원의 박사학위 취득비율이 6.9% 상승하였고, 전문대학원의 박사학위 취득비율이 1.2% 상승한 것으로 나타났다. 이석열 외(2019)의 연구에서 졸업생 진학 현황은 석사학위 취득자수 중에 진학률은 2008년 6.5%에서 2018년 4.7%로 감소했고, 특히 일반대

〈표 5〉 대학원 졸업생 현황

(단위: 명, %)

학교 종류	구분	2008		2011	2014	2017	2020	
		인원	비율				인원	비율
대학원 전체	전체	83,587	100.0	90,963	95,695	98,014	99,207	100.0
	석사학위 취득자 수	73,866	88.4	79,318	82,765	83,699	83,069	83.7
	박사학위 취득자 수	9,721	11.6	11,645	12,930	14,315	16,138	16.3
일반 대학원	전체	37,373	100.0	42,714	44,651	46,077	46,976	100.0
	석사학위 취득자 수	28,082	75.1	31,724	32,611	32,850	32,052	68.2
	박사학위 취득자 수	9,291	24.9	10,990	12,040	13,227	14,924	31.8
전문 대학원	전체	5,388	100.0	8,074	12,703	13,594	13,183	100.0
	석사학위 취득자 수	4,958	92.0	7,419	11,813	12,506	11,969	90.8
	박사학위 취득자 수	430	8.0	655	890	1,088	1,214	9.2
특수 대학원	석사학위 취득자 수	40,826	100.0	40,175	38,341	38,343	39,048	100.0

주) 전년도 8월 및 당해년도 2월 졸업자들의 당해년도 6월 1일 기준.

학원과 특수대학원이 지난 7년간 완만한 감소 추세를 보이고 있다.

이런 상황에서 2010년 이후 동결 기조를 유지하고 있는 **학부 등록금과는 달리 대학원 평균 등록금은 2008년 3,688.7천원에서 2018년 4,109.2천원으로 증가**하고 있다(이석열 외, 2019). 대학원 평균등록금은 전문 〉 일반 〉 특수 대학원 순서로 높다. 국공립 대학원의 등록금은 사립 대학원의 등록금의 40~50% 수준을 유지하는 편이다. 일반대학원, 전문대학원, 특수대학원 모두 전반적으로 재학생 1인당 평균 장학금이 2011년 이후 완만한 증가 추세를 보이며, 학자금 지원이 확대되고 있다.

우리나라 대학원 교육에 대한 국내 수요는 감소한 반면에 외국인 재학생의 수요는 증가하고 있다. 지난 10년간 외국대학과 학점교류 인원이 증가하면서 대학원의 국제화 경향을 보이고 있다. 일반대학원은 외국대학과 학점교류가 증가 추세이고, 전문대학원은 외국대학과 학점교류 증가 후 지난 2년간 감소 추세에 있다. 대학원(일반, 전문, 특수)의 외국인 재학생은 뚜렷한 증가 추세이고 특히 석사과정의 증가율이 높은 편이다.

통계에서 고려해야 할 점

앞에서 제시한 대학원의 통계 현황을 기초로 고려해야 할 점을 보면 다음과 같다. 현재 졸업생 진학률과 취업현황은 지속적으로 떨어지고 있는데 학부 등록금과는 달리 대학원 등록금은 계속 증가하고 있고, 이에 따라 대학원 교육의 효용성이 시간이 갈수록 낮게 인식되고 있는 데 그 원인이 무엇인가를 파악해야 한다. 왜 대학원 교육을 포함한 학사 후 교육훈련 수요는 늘어날 수 있는 기회적 상황임에도 불구하고, 오히려 대학원 진학자 수가 오히려 줄어들까? 학습자의 입장에서 볼 때 왜 대학원에 진학하는 것일까? 대학원 진학의 목적은 지난 10년 전에 비해 어떻게 변화되었는가? 이는 계열별, 대학원 유형별로 어떻게 다르게 나타나는가? 평생 교육시대에 대학에서 받은 교육만으로는 변화하는 직업적 요구에 대응하기 어려운 것은 분명하므로 대학원 교육을 포함한 학사 후 교육 수요는 늘어나는 것이 정상적이라고 볼 때 이러한 관점에서 현재 대학원 교육의 문제 상황에 대한 원인이 무엇인지에 대해 보다 체계적으로 분석해 볼 필요가 있다. 최근 정원 내 대학원 신입생 충원율, 재학생 충원율은 지속적으로 하락(전문대학원 재학생 충원율 제외)하고 있으며, 일반대학원의 경우가 가장 심각한 상황이다. 일반대학원 진학자들의 특성과 재학패턴, 진학 목적, 졸업 후 발달경로에 대한 추적 연구가 필요하다. 예를 들어 인문사회 vs. 이공계, 수도권 vs. 지방 등 관심 분야별로 이에 대한 분석이 이루어져야 한다.

특수대학원의 비율이 전체 대학원의 68.4%이고, 일반대학원이나 전문대학원보다 증가추세가 매우 높은 편이다. 대학재정은 2010년 등록금 동결 이후 대학의 재정상황이 악화되고 있는 가운데, 주로 수도권 사립대학을 중심으로 특수대학원 위주로 대학원 설립이 확대되었다. 특수대학원의 확대가 사회 환경의 변화와 재직자 교육의 강화 차원에서 확대된 것인지 아니면 대학 재정의 열악한 상황을 고려하여 확대된 것인지를 고려해 보아야 한다. 중요한 점은 특수대학원이 수요자의 요구를 반영한 교육의 질 관리가 제대로 되고 있는지를 점검할 필요가 있다. 재직자 교육이라는 특수대학원의 역할과 관련 그 기능을 확대하면서도 최소한의 질적 수준을 보장할 수 있는 방법은 무엇인가? 현재 특수대학원은 재직자 교육이라는 당초 목적을 제대로 수행할 수 있는 학사 운영 구조, 교육내용을 가지고 있는가? 특수대학원에 대한 교육의 질 보장은 현재 어떻게 이루어지고 있는가? 특수대학원의 운영방식과 교육내용에 대한 전면적 개편이 필요한 상황이다. 재직자들의 여건과 필요에 맞는 교육 내용과 교육의 제공방식 등에 대한 진지한 고민이 있어야 한다. 대학원 전임 강의 담당 비율은 증가하고 있으나 특수대학원은 전임교원 강의 담당비율이 52.1% 수준에 불과하다. 대학원에서 강의하는 교원의 확보는 교육의 질적 수준과 직접적으로 연결되는 중요한 문제로서 계열별, 설립유형별, 대학원 유형별, 지역별 대학원 교원 확보 수준에 대해 보다 정밀한 조사가 필요하다. 특히 강사 자원의 확보가 어려운 비수도권 대학에서 전임교원 담당교원 비율이 높은 것을 단순히 긍정적인 것으로 볼 것인지에 대해서는 별도의 분석이 필요하다.

고등교육 국제화에 다른 외국인 학생들이 급속히 증가하고 있다. 외국인 유학생들의 경우 상대적으로 교육비가 많이 들지 않는 인문사회계열 석사과정 중심으로 대폭 늘어나고 있다. 외국인 유학생을 제대로 선발하든지, 선발 기제가 좀 느슨하면 대학들이 책무성을 가지고 제대로 학생들을 교육·관리하든지 둘 중 하나가 되어야 하는데 현재는 이 2가지 모두가 잘 이루어지지 않고 있는 측면이 있다. 국가 수준에서 학부 과정뿐만 아니라 대학원 과정 수준에서도 최소한의 질 관리를 할 필요성이 커지고 있는 상황이라 할 것이다. 우리나라 인문사회 계열 대학원 석사과정에서 외국인 유학생들을 교육시킬 충분한 교육 인프라가 구성되어 있는가? 현재 이루어지고 있는 교육 국제화 역량 인증제가 이러한 문제를 제대로 다루고 있는가? 이러한 외국인 유학생들을 대상으로 한 최소한의 관리 상황과 질 보장 체제에 대한 실태조사를 실시할 필요가 있다.

3. 일반대학원의 현황과 문제점

일반대학원 현황 분석은 이석열, 이영학, 정진철(2019)의 연구에서 주요 내용을 토대로 제시하고자 한다.[1] 일반대학원 현황 분석 틀은 CIPP 접근모형(Context-Input-Process-Product evaluation model)에 의해서 이루어졌다. CIPP 모형은 평가의 5개 접근 중 관리지향평가 접근(management-oriented evaluation approach)에 속하는 접근모형이다(Fitzpatrick et al., 2004). 일반대학원의 현황 분석에서 CIPP 모형은

1) 이석열 외(2019)의 연구는 185개 분석 대상 대학원 중에서 106개 대학원(58.6%)가 자료를 제출했고, 이를 가급적 비율 중심으로 통계를 해석하였다. 이를 통해서 일반대학원이 어떻게 운영되고 있는지를 판단할 수 있는 기초자료를 제공하고 있다.

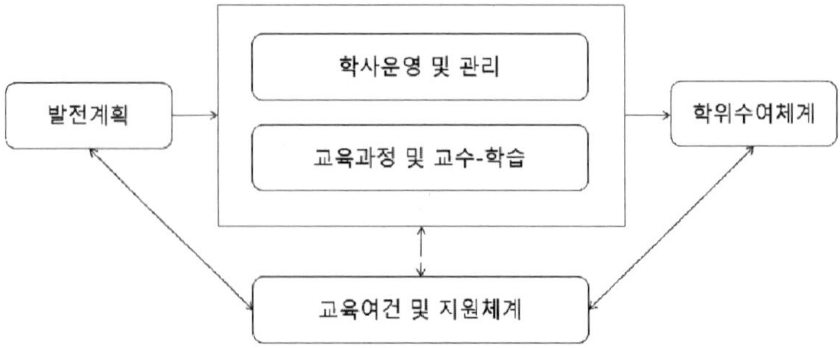

[그림 1] 대학원 기초 및 현황 분석 모형(CIPP모형)

[그림 1]과 같다.

대학원 발전계획

대학원 발전계획은 대학원이 별도의 대학원 발전계획을 수립하고 있는 대학원이 78.8%이고, 대학발전계획에 대학원 발전계획이 포함되어 있는 대학원이 21.2%였다. 대학원 특성화계획은 별도의 대학원 특성화계획을 수립하고 있는 대학원은 22.8%이고, 대학원 발전계획에 대학원 특성화 계획이 포함되어 있는 대학원은 61.4%였으며, 대학원 특성화계획이 없는 대학원도 15.8%로 나타났다. 전체적으로 대학원 특성화 계획은 약 85% 정도의 대학원이 수립을 하고 있는 것으로 나타났다. 대학원 자체평가는 별도의 대학원 자체평가를 실시하고 있는 대학원이 78.8%이고, 학부에 포함하여 대학원 자체평가를 실시하고 있는 대학원이 21.2%로 나타났다.

학사운영 및 관리

대학원 석사과정의 신입생 출신 내역을 보면, 자대출신의 비율이

43.2%이고, 타대출신의 비율이 56.8%로 나타났다. 추가적인 분석에서 서울과 충청권이 자대비율이 약 30% 중반인 반면 그 외의 지역은 50% 전후로 나타났다. 대학원 박사과정의 신입생 출신 내역을 보면, 자대출신의 비율이 64.3%이고, 타대출신의 비율이 45.7%로 나타났다. 하지만 권역별에서는 인천·경기에서 타대출신의 비율이 높았다. 대학원 석·박사통합과정의 신입생 출신 내역을 보면, 자대출신의 비율이 49.1%이고, 타대출신의 비율이 50.9%로 비슷하게 나타났다. 다만 권역별에서 서울에서 자대출신의 비율이 높았다.

대학원의 수료 요구학점은 석사과정의 경우 약 24학점~26학점이고, 박사과정은 약 34학점~40학점이며, 석·박사통합과정은 약 54학점~60학점 사이에 있다. 대학원 석사과정의 수업연한은 103개 대학원 중에서 4학기로 운영하고 있는 대학원이 97개(94.2%)이고, 8학기로 운영하는 대학원이 3개 대학원(2.9%)이었으며, 6학기로 운영하고 대학원은 2개(1.9%)로 나타났다. 전체적으로 대학원 석사과정의 수업연한은 약 94%가 4학기로 운영하고 있다. 대학원 박사과정의 수업연한은 99개 대학원 중에서 4학기로 운영하고 있는 대학원이 63개(63.6%)이고, 6학기로 운영하고 있는 대학원이 24개(24.2%)였으며, 5학기로 운영하고 있는 대학원도 6개(6.1%)로 나타났다. 대학원 박사과정이 석사과정과 같이 4학기로 운영되는 대학원이 약 64%로 6학기로 운영되는 대학원인 약 24%보다 훨씬 더 많았다. 대학원 석·박사 통합과정의 수업연한은 63개 대학원 중에서 8학기로 운영하고 있는 대학원이 54개(85.7%)이고, 9학기로 운영하고 있는 대학원이 3개(4.8%)로 나타났다. 전체적으로 대학원 석·박사 통합과정의 수업연한은 약 86%가 8학기로 운영하고 있다.

대학원에서 학점을 부여할 수 있는 최소한의 출석 기준은 2/3 이상인 대학원이 48개(45.7%)이고, 3/4 이상인 대학원이 46개(45.5%)였으며, 4/5 인 대학원도 3개(3.0%)로 나타났다. 전체적으로 학점부여를 위한 최소 출석기준은 대부분 대학원에서 갖고 있으며, 2/3 이상과 3/4 이상이 비슷하게 나타났다.

대학원 성적평가 방법은 95개 대학원 중에서 절대평가를 하는 대학원이 72개(75.8%)이고, 절대평가와 상대평가를 혼합하는 대학원이 16개(16.8%)였으며, 상대평가하는 대학원도 3개(3.2%)로 나타났다. 전체적으로 대학원 성적평가 방법은 절대평가 방식으로 이루어지고 있다. 대학원에서 학생이 타대학원에 동시에 등록할 수 있는 이중학적에 대한 규정이 없는 대학원이 76.9%였다. 그럼에도 대학원에서 학생이 타 대학원에 동시에 등록할 수 있는 이중학적으로 허용하고 있는 대학원이 40.7%였다.

교육과정 및 교수학습

대학원 논문지도에 대한 학점 부여는 대학원 간에 차이가 많았다. 석사과정의 경우, 학점을 별도로 부여하지 않는 대학원은 37.9%이고, 3학점을 부여하는 대학원은 21.4%, 2학점을 부여하는 대학원은 16.6%, 1학점을 부여하는 대학원은 14.6%였다. 대학원 박사과정의 경우, 학점을 별도로 부여하지 않는 대학원은 39.4%이고, 3학점을 부여하는 대학원은 17.2%, 6학점을 부여하는 대학원은 14.1%, 2학점을 부여하는 대학원은 12.1%, 1학점을 부여하는 대학원은 10.1%였다.

대학원 석·박사통합과정의 논문지도에 대한 학점 부여는 57개 대학원 중 19개(33.3%)가 학점을 별도로 부여하지 않고 있으며, 3학점 또는

6학점을 부여하는 대학원은 각각 11개(19.3%), 2학점을 부여하는 대학원은 6개(10.5%)였다. 석·박사통합과정의 논문지도에 대한 학점 부여는 대학원 간에 차이가 많았다.

대학원 석사과정에서 초과이수학점을 인정하는 경우는 44.4%, 인정하지 않는 대학원은 55.6%로 나타났다. 박사과정에서 초과이수학점을 인정하는 경우는 43.4%, 인정하지 않는 대학원은 56.6%로 나타났다. 석·박사통합과정에서 초과이수학점을 인정하는 경우는 41.2%, 인정하지 않는 대학원은 58.8%로 나타났다.

국외 대학원과 복수학위·공동학위 운영 협정을 체결한 대학원은 27개 대학으로 전체의 25.5%이며, 이들 대학원이 협정을 체결한 외국 대학은 274개로, 대학원 당 13개의 해외 대학과 협정을 체결하고 있었다. 해외 대학과 복수학위 또는 공동학위에 대한 협약을 체결한 27개 대학 중 실제 학위과정을 운영하는 대학원은 21개(77.8%)이다. 해외 대학과 복수학위 또는 공동학위 과정을 운영하는 21개 대학원은 평균 6.4개의 복수학위 또는 공동학위과정을 운영 중이다.

국내 대학간 타 대학원과 학점교류 협약을 체결한 경우는 52.8%이며, 협정을 체결한 대학원의 대학원 당 협정 체결 타대학원 수는 22.3개이다. 국외 대학간 외국 타 대학원과 학점교류 협약을 체결한 경우는 27.4%로 국내 대학간 학점교류의 절반 정도였다. 학점교류 실적이 있는 대학원 중 우리 대학 학생 중 외국 타 대학원에서 학점을 취득한 학생 수는 평균 15.0명이며, 외국 타 대학원 학생 중 우리 대학원에서 학점을 취득한 학생 수는 평균 21.6명이다. 학점교류에 의해 학점을 취득은 국내 대학원생이 외국에서 학점을 취득하는 사례보다, 외국인 대학원생이 국내 대학원에서 학점을 취득하는 사례가 더 많다.

학·석사 연계과정을 운영하는 대학원은 55.7%이고, 학·석사 연계과정을 운영 중인 대학원의 전공 수는 평균 33.9개이다. 협동과정이란 2개 이상의 전공이 연합하여 새로운 전공을 편성한 경우이며, 조사 대상 대학중 협동과정을 운영하는 대학 수는 50%이다. 협동과정을 운영하는 대학의 평균 전체 재학생 수는 127.5명이다. 협동과정을 운영하는 대학의 협동과정별 평균 재학생 수는 10.4명이다.

학위수여체제

석사과정은 105개 대학원 중 졸업시험을 필수로 운영하는 대학원은 석사과정이 92.4%, 박사과정이 95.0%, 석·박사통합가정 94.8%로 대부분 대학원이 졸업시험을 필수로 운영하고 있다. 석사학위 졸업논문을 제출하기 위해 사전에 학회지 등에 논문발표가 필요한 대학원은 석사과정이 11.2%, 박사과정이 58.1%, 석·박사통합과정이 54.5%로 나타났다. 석사과정에서 졸업논문을 제출하기 위해 사전 논문발표를 의무화한 10개 대학원 중 5개는 학진 등재(후보) 이상의 학술지에 논문을 발표하도록 하고 있다. 박사과정에서 졸업논문을 제출하기 위해 사전 논문발표를 의무화한 54개 대학원 중 37개는 학진 등재(후보) 이상의 학술지에 논문을 발표하도록 하고 있다. 석·박사통합과정에서 졸업논문을 제출하기 위해 사전 논문발표를 의무화한 30개 대학원 중 24개는 학진 등재(후보) 이상의 학술지에 논문을 발표하도록 하고 있다.

대학원 중에서 논문계획서를 공개 발표하는 대학원을 인문계열을 중심으로 보면, 석사과정이 44.8%, 박사과정이 54.3%, 석·박사 통합과정이 61.9%로 나타났다. 공개발표하지 않는 대학원은 58개(55.2%)로 공개발표하지 않는 대학원이 많다. 대학원의 논문심사위원 수는 석사과정이 3명이며, 이중에서 외부심사위원은 1명이 필수로 한 대학원이 12.6%였다. 박사과정은 58.2%가 외부심사위원이 필수이며, 이중에서 69.2%가 외부심사위원 2명이고, 30.8%가 1명이였다. 석·박사통합과정 논문심사위원 수는 5명인데 외부심사위원은 (52.4%) 필수이며, 2명을 선입하는 경우가 61.9%이고 1명이 38.1%로 나타났다.

학위논문 공개발표는 석사과정이 75.0%, 박사과정이 87.9%, 석·박사통합과정이 88.1%가 공개발표를 하고 있어 대부분 대학원이 공개발표하고 있다. 학위논문에 대한 표절검사의 의무화는 석사과정이 65.4%, 박사과정이 65.9%, 석·박사통합과정이 69.0%가 의무화하고 있어 전반적으로 ⅔가 학위논문에 대한 표절검사를 의무화하고 있다.

대학원생 지원 여건 및 지원체계

대학원생 인권 관련 규정 등을 제정하고 있는 대학원이 92.5%였으며, 이중에서 헌장의 형태로 제정한 대학원이 46.2%로 가장 많았고, 다음으로 규정의 형태로 제정한 대학원이 36.8%로 많았다. 대학원생 연구윤리에 대한 규정은 91.5% 대학원이 제정하고 있으며, 7.5%에 해당하는 대학원이 내규의 형태로 운영하고 있다. 대학원 학생회의 경우, 원우회 형태로 조직된 경우가 47.4%, 기타 형태로 조직된 경우가 7.4%이며, 대학원 학생회가 없는 경우도 45.3%나 되었다.

대학원생 논문발표 지원의 경우, 논문 발표시 경비를 지원이 37.4%이고 기타 형태기 124.1%이고, 대학원은 별도의 경비 지원이 없는 대학원도 48.9%로 절반 정도나 되었다. 대학원생의 학습법 제고를 위한 프로그램 중 연구윤리교육은 34.9%의 대학이 개설하여 가장 많았고, 다음으로 논문작성법(24.5%), 도서관 이용법(23.6%)의 순이였다.

일반대학원 행정실은 행정실이 단독으로 있는 경우는 33.3%, 통합행정실을 운영하는 경우 56.2%, 별도 행정실이 없이 일반행정에 대학원 행정을 포함하여 운영하는 경우는 9.5%였다. 일반대학원의 행정업무를 담당하는 직원 중 책임자가 일반대학원 업무만을 담당하는 대학원은 58.7%, 대학원에 소속되어 있으면서 다른 업무를 겸직하는 대학원은 26.9%, 타 부서에 소속되어 있으면서 대학원 팀장을 겸직하는 경우는 14.4%로 나타나 대부분 대학원에서 대학원 행정 책임자를 대학원 행정실에 두고 있다.

일반대학원에서 고려해야 할 점

우리나라의 대학원 학위과정은 사립대학이 70% 정도 담당하고 있으며 전국에 걸쳐 고르게 설치되어 있어서 사립대학을 통한 대학원교육 기회와 접근가능성이 제공되고 있다. 이런 과정에서 대학원에 대한 운영현황을 조사한 내용을 토대로 고려해야 할 점을 제시하면 다음과 같다.

첫째, 대학원 신입생 충원율 감소에 대한 대책을 마련할 필요가 있으며, 특히 지방의 대학원은 자대 출신의 의존율이 수도권보다 높다는 점에서 자구책이 강구되어야 한다. 석사과정은 서울지역의 대학원의 석사과정의 자대비율이 30%인데 반해 지방의 비율은 50%를 상회하고 있으며, 점차 수도권 대학원으로 이동이 높아지고 있다는 점을 고려해 보아야 한다.

둘째, 대학원 학사제도 구축 및 내실화를 위해서 지속적으로 규정 제정과 더불어 보완이 필요하다. 대학원 주요 학사제도(수료학점, 수업연한, 최소 출석기준, 성적평가)에 대한 규정을 대부분 갖추고 있고 대학유형별 차이는 크지 않고 있다. 하지만 이중학적에 대한 규정은 다수의 대학(75%)이 이중학적 규정을 갖고 있지 않으며, 40% 대학은 이중학적을 허용하고 있었다.

셋째, 학위논문의 질 관리를 위한 노력이 필요하다. 박사과정논문 외부 심사위원 참여가 필수가 아닌 대학이 40% 정도이며, 석・박사통합과정도 50%나 되고 있다. 학위논문 공개발표를 하지 않는 대학이 석사과정이 25%, 박사과정과 석・박사통합이 12%나 되었다. 또한 석・박사 학위논문의 표절검사를 의무화하지 않은 대학의 비중(35%)이 높았다. 박사과정 졸업논문의 논문발표를 의무화하지 않은 대학이 40%나 되었다. 향후 학위논문 공개발표와 표절 검사 의무화는 모든 대학원으로 확대해서 논문의 질 관리를 할 필요가 있다.

넷째, 대학원의 중요성에 비해 행정전문성이 미흡해서 이에 대한 개선이 필요하다. 일반대학원은 별도 행정실이 없는 대학이 10%이고, 다른 대학원과 통합운영하는 경우도 56%에 이르렀다. 대학원 행정실 책임자(행정팀장)가 겸직하지 않고 대학원에 소속된 대학의 비중이 60%에 그치고 있다.

다섯째, 대학원 교육여건 및 지원체제 개선이 필요하다. 대학원 인권관련 규정(헌장)이 마련되어 있지 않거나(8%), 내규(10%)로만 갖고 있는 경우가 있다. 연구윤리 규정이 갖추어지지 않은 경우(9%)도 있다. 대학원 학생회가 구성되지 않은 대학이 50%이고, 대학원생 논문발표 지원이 없는 대학이 50%나 되었다.

4. 대학원 운영과 발전 방안에 대한 설문조사

4차 산업혁명 시대에 대학원 교육제도 개선을 위해서 이석열(2020)의 연구에서 다루었던 주요 내용을 소개하고 이를 토대로 발전방안을 제시하고자 한다.[2)]

대학원에 대한 인식

대학원 교육에 대한 인식에서 교육의 중요성이 4.63으로 가장 높았고, 다음으로 출석, 휴・보강 등 수업의 적절한 관리와 논문지도의 충실성이 4.05로 나타났고, 상대적으로 낮은 항목은 대학원 교육의 질적 우수성 3.71, 수요자 중심의 강의 개설 여부 3.67, 강의 및 수업 방법 3.50으로 나타났다.

〈표 6〉 대학원 교육에 대한 인식

구분	평균	표준 편차	평균 순서
대학원 과정에서 교육의 중요성	4.63	0.63	1
다양한 강의의 개설 여부	3.68	0.94	8
교육과정의 체계적인 구성 정도	3.85	0.78	6
수요자(학생 혹은 사회) 중심의 강의 개설여부	3.67	0.86	9
대학원 과정에 적합한 강의의 수준 정도	3.88	0.75	5
강의 및 수업 방법의 다양성 정도	3.50	0.77	10
출석, 휴보강 등의 수업 관리 적절성 정도	4.05	0.79	2
논문지도 교육의 충실성	4.05	0.79	2
강의와 수업을 통해서 학생들의 연구능력 신장 정도	3.95	0.79	4
대학원 교육의 질적인 우수성	3.71	0.75	7

2) 이석열(2020)의 연구는 전국대학 대학원장과 한국대학평가원 대학기관평가인증 평가위원을 대상으로 대학원 교육제도 개선을 위한 설문을 진행하였고, 응답인원은 총 101명이 응답하였음(국・공립대학 18.0%, 사립대학 82.0%).

대학원 연구에 대한 인식에서 연구의 중요성이 4.63으로 가장 높았고, 다음으로 연구과제 참여가 연구능력 신장에 기여 정도가 4.14로 나타났으며, 상대적으로 낮은 항목은 연구과제 참여 기회의 충분성 3.58과 학생의 연구 환경의 충분성 3.53으로 나타났다.

〈표 7〉 대학원 연구에 대한 인식

구분	평균	표준편차	평균순서
대학원 과정에서 연구의 중요성	4.63	0.74	1
학생의 연구 환경(기자재 등)의 충분성	3.53	0.81	8
학생의 연구과제 참여 기회의 충분성	3.58	0.82	7
연구과제 참여가 연구능력 신장에 기여 정도	4.14	0.74	2
연구윤리 교육의 적절성	3.90	0.73	4
학생에게 학술지 논문 게재를 위한 지도 정도	4.02	0.81	3
졸업생의 학위논문 수준의 적절성	3.78	0.76	6
학생의 연구역량을 제고를 대학원 교육제도의 적합성	3.81	0.76	5

대학원 행정지원에 대한 인식에서 장학지원의 적절성이 3.69로 가장 높았고, 다음으로 행정지원의 적절성 3.49, 연구공간의 제공여부 3.40, 학습공간의 충분성 3.34순으로 나타났다. 대학원의 교육이나 연구에 대한 인식에 비해서 행정지원에 대한 인식은 상대적으로 낮게 나타나고 있어 대학원 행정지원에 대한 개선이 필요함을 알 수 있다.

〈표 8〉 대학원 행정지원에 대한 인식

구분	평균	표준편차	평균순서
대학원 운영에 필요한 행정지원의 적절성	3.49	0.88	2
대학원생을 위한 학습 공간의 충분성	3.34	0.84	4
대학원생을 위한 연구 공간의 제공여부	3.40	0.92	3
대학원생을 위한 장학 지원의 적절성	3.69	0.97	1

대학원 운영 제도에 관한 의견

대학원의 교육과정 운영 제도에 대한 인식에서 융합전공이 3.93으로 가장 높았고, 다음으로 학연산 협동과정 3.90, 학과간 협동과정 3.82, 복수학위과정 3.77순으로 낮게 나타났다.

〈표 9〉 대학원의 다양한 교육과정 운영 제도

구분	평균	표준편차	평균순서
2개 이상의 학과(전공)가 공동으로 설치·운영하는 학과간 협동과정	3.82	0.86	3
대학원과 외부 연구기관 또는 산업체가 협약을 체결하여 공동으로 설치·운영하는 학연산 협동과정	3.90	0.68	2
국내·외 대학이 공동으로 교육과정을 운영하고 학위를 수여하는 공동학위 또는 복수학위과정	3.77	0.83	4
국가, 지방자치단체, 산업체 등과 계약을 체결하여 설치·운영하는 계약학과	3.66	0.85	5
융·복합적 인재양성을 위해 2개 이상의 학과(전공)가 공동으로 설치 운영하는 융합전공	3.93	0.80	1

대학원의 질 제고를 위한 바람직한 학사운영 제도와 관련하여 석사과정과 박사과정의 수업연한 조정과 관련해서는 현행과 동일하게 '석사과정과 박사과정 각 2년 이상' 운영해야 한다는 것이 61.3%로 가장 높게 나타났고, 그 다음으로는 '석사과정 1년 6개월, 박사과정 2년 6개월 이상'으로 운영해야 한다는 것이 18.3%로 높게 나타났다.

〈표 10〉 석사과정 및 박사과정 수업연한 조정

구분	석사 1년 6개월, 박사 2년 이상	석사과정과 박사과정 각 2년 이상(현행과 동일)	석사 1년 6개월, 박사 2년 6개월 이상	기타 의견	계
N	13	57	17	6	93
%	14.0	61.3	18.3	6.5	100.0

대학원의 질 제고를 위한 바람직한 학사운영 제도와 관련하여 석·박사 통합과정 수업연한 조정은 현행과 동일하게 '4년 이상'이 적정하다고 응답한 결과가 66.7%로 전체 3분의 2로 가장 높게 나타났고, 그 다음으로는 '3년 6개월 이상'이 적정하다는데 23.7%가 응답한 것으로 나타났다.

〈표 11〉 석·박사통합과정 수업연한 조정

구분	3년 이상	3년 6개월 이상	4년 이상 (현행과 동일)	기타 의견	계
N	8	22	62	1	93
%	8.6	23.7	66.7	1.1	100.0

대학원의 질 제고를 위한 바람직한 학사운영 제도와 관련하여 대학원 수업일수 조정은 현행과 동일하게 '매 학기 15주 이상' 운영해야 한다는데 79.6%가 응답하였고, 그 다음으로는 '매 학기 15주 미만으로 축소'해야 한다는데 17.2%가 응답하였다.

〈표 12〉 대학원 수업일수 조정

구분	매 학기 15주 미만으로 축소 (예, 13~14주)	현재와 동일 (매 학기 15주 이상)	매 학기 16주 이상으로 확대 (예, 16~17주)	기타 의견	계
N	16	74	2	1	93
%	17.2	79.6	2.2	1.1	100.0

대학원의 질 제고를 위한 바람직한 학사운영 제도와 관련하여 대학원 통상 적정 휴학기간에 대해서는 '석사 4학기, 박사 6학기, 석·박사통합 6학기'가 적정하다는 의견과 '대학원 통산 휴학기간 폐지'가 적정하다는 의견 둘 다 31.2%로 나타났고, 그 다음으로는 '석사, 박사, 석·박사 통

합 모두 4학기'가 적정하다는 의견이 24.7%로 나타났다.

〈표 13〉 대학원 통산 적정 휴학기간

구분	석사, 박사, 석·박사 통합 모두 4학기	석사 4학기, 박사 6학기, 석·박사통합 6학기	석사, 박사, 석·박사 통합 모두 6학기	대학원 통산 휴학기간 폐지	기타 의견	계
N	23	29	10	29	2	93
%	24.7	31.2	10.8	31.2	2.2	100.0

대학원 수강신청 최대 교과 학점으로는 '최대 9학점'이 적정하다는 의견이 53.8%로 가장 많았고, 그 다음으로는 '최대 12학점'이 적정하다는데 44.1%로 높게 나타났다.

〈표 14〉 대학원 수강신청 최대 교과학점

구분	최대 9학점	최대 12학점	최대 12학점 초과	기타 의견	계
N	50	41	2	-	93
%	53.8	44.1	2.2	-	100.0

대학원 학·석사연계과정생의 대학원 과목 선수강 최대 인정학점으로는 '최대 9학점'이 적정하다는 의견이 49.5%로 가장 높게 나타났고, 그 다음으로 '최대 6학점'이 적정하다는 의견이 36.6%로 높게 나타났다.

〈표 15〉 대학원 학·석사연계과정생의 대학원과목 선수강 최대 인정학점

구분	최대 6학점	최대 9학점	최대 12학점 이상	기타의견	계
N	34	46	11	2	93
%	36.6	49.5	11.8	2.2	100.0

전문·특수대학원의 졸업생이 학위과정별 전공 선수과목의 인정학점을 조정하는데 적정한 수준에 대해서는 현행과 동일하게 '학위과정별로 9~15학점을 인정'해야 한다는 응답이 50.5%로 가장 높게 나타났고, 그 다음으로는 '학위과정별로 3학점을 감소한 6~12학점을 인정'해야 한다는 데 37.6%가 응답하였다.

〈표 16〉 전문·특수대학원 출신자의 학위과정별 인정학점

구분	학위과정별로 3학점 감소 (6~12학점)하여 학점 인정	학위과정별로 9~15학점 인정	학위과정별로 3학점 증가 (12~18학점)하여 학점 인정	기타 의견	계
N	35	47	9	2	93
%	37.6%	50.5%	9.7%	2.2%	100.0%

대학원의 동일 학위과정 신입학자의 전공 선수과목에 대한 학위과정별 인정학점의 조정과 관련해서는 현행과 동일하게 '학위과정별 9~15학점을 인정'하는 것이 적정하다는 의견이 50.5%로 높게 나타났고, 그 다음으로는 '학위과정별 6~12학점을 인정'하는 것이 적정하다는 의견이 34.4%로 나타났다.

〈표 17〉 대학원의 동일 학위과정 신입학자 학위과정별 선수과목 인정학점

구분	학위과정별로 3학점 감소 (6~12학점)하여 학점 인정	학위과정별로 9~15학점 인정	학위과정별로 3학점 증가 (12~18학점)하여 학점 인정	기타 의견	계
N	32	47	12	2	93
%	34.4	50.5	12.9	2.2	100.0

대학원 졸업이수학점 조정과 관련해서는 '석사과정 24학점, 박사과정

36학점, 석・박사통합과정 54학점 이상'으로 조정하는 것이 적정하다는 의견이 65.6%로 가장 높게 나타났다. 그 다음으로는 '석사과정 27학점, 박사과정 39학점, 석・박사통합과정 57점 이상'으로 조정하는 것이 적정하다는 의견이 15.1%로 높았다.

〈표 18〉 대학원 졸업이수학점 조정

구분	석사과정 21학점, 박사과정 33학점, 석・박사 통합과정 51학점 이상	석사 24학점, 박사 36학점, 석・박사 통합과정 54학점 이상	석사 27학점, 박사 39학점, 석・박사 통합과정 57학점 이상	석사 30학점, 박사 30학점, 석・박사 통합과정 60학점 이상	기타 의견	계
N	12	61	14	5	1	93
%	12.9	65.6	15.1	5.4	1.1	100.0

대학원 학위청구논문 제출연한 조정과 관련해서는 '석사과정 5년, 박사과정 8년, 석・박사통합과정 10년'이 적정하다는 의견이 47.3%로 가장 높게 나타났다. 그 다음으로는 '석사과정 6년, 박사과정 10년, 석・박사통합과정 12년'과 '학위청구논문 제출연한 폐지' 모두 23.7%로 나타났다.

〈표 19〉 대학원 학위청구논문 제출연한 조정

구분	석사과정 5년, 박사과정 8년, 석・박사 통합과정 10년	석사과정 6년, 박사과정 10년, 석・박사통합과정 12년	석사과정 7년, 박사과정 12년, 석・박사통합과정 14년	학위청구 논문 제출연한 폐지	기타 의견	계
N	44	22	4	22	1	93
%	47.3	23.7	4.3	23.7	1.1	100.0

대학원 교육 혁신 생태계를 위한 방향

대학원 교육이 직면하고 있는 문제에 대해서 '대학원 교육 및 연구여건 미흡'이 3.87로 가장 높게 나타났고, 그 다음으로 '대학원 정책의 부재'가 3.77, '대학원 교육의 질적 수준'이 3.74 순으로 나타났고, 상대적으로 낮은 항목은 '대학원의 양적 팽창'이 3.69, '대학원 운영에 대한 과도한 국가 규제'가 3.60이고, 끝으로 '대학원의 평가 기능 부재'가 3.46 순으로 나타났다.

〈표 20〉 대학원 교육이 직면하고 있는 문제

구분	평균	표준편차	평균 순서
대학원 정책의 부재	3.77	0.82	2
대학원 운영에 대한 과도한 국가 규제	3.60	0.96	6
대학원 교육의 질적 수준	3.74	0.79	3
대학원 교육 및 연구여건의 미흡	3.87	0.79	1
공급자 중심의 대학원 운영	3.70	0.84	4
대학원의 양적 팽창	3.69	0.90	5
대학원의 평가 기능 부재	3.46	0.91	7

대학원 과정의 질적 수준 제고와 사회적 수요 반영에 대해 향후 고려할 사항으로 바람직한 정도에 대해 긍정적인 응답 결과를 살펴보면, '융합전공 확대'가 4.04로 가장 높게 나타났고, 다음으로 '국내 학점교류 대학의 교과목 수강학점 허용 확대'가 3.91, '연계전공, 학제 간 공동 전공 확대 개발'이 3.91 순으로 나타났고, 상대적으로 낮은 항목은 '야간 또는 주말 수업 확대' 3.69, '수업은 학과 소속 캠퍼스에서 운영해야 한다는 원칙 폐지'가 3.56, 끝으로 '종합시험 응시자격의 상향 조정'이 3.46으로 나타나 종합시험 응시자격의 상향 조정은 재고할 필요가 있다는 것을 알 수 있다.

〈표 21〉 대학원 과정의 질적 수준 제고와 사회적 수요 반영의 바람직한 향후 고려사항

구분	평균	표준편차	평균 순서
이러닝(e-Learning) 등 정보통신매체를 활용한 수업 확대	3.71	1.03	7
야간 또는 주말 수업 확대	3.69	0.85	8
수업은 학과 소속 캠퍼스에서 운영 원칙 폐지	3.56	1.11	9
국내 학점교류대학의 교과목 수강학점 허용 확대	3.91	0.78	2
융합전공의 확대	4.04	0.78	1
공동 지도교수제 확대	3.88	0.76	4
산학 공동연구 학점제 확대	3.83	0.70	6
연계전공, 학제 간 공동 전공 확대 개발	3.91	0.78	3
학위논문 제출 자격으로 외국어 시험 운영 폐지(공인기관의 점수로 대체)	3.88	0.95	4
종합시험 응시자격의 상향 조정(석사 12학점, 박사 21학점, 석·박사통합과정 30학점 이상)	3.46	0.77	10

향후 대학원의 바람직한 방향을 위해 검토해야 할 사항에 대해 긍정적인 응답 결과를 살펴보면, '대학원 교육 및 연구에서의 학제 간 학습(interdisciplinary learning)의 확대'가 4.23으로 가장 높게 나타났고, 그 다음으로 '대학원의 국제협력 강화(4.16)', '사회변화에 맞는 새로운 대학원 인재상 구축(4.14)' 순으로 나타났다. 반면에 상대적으로 낮은 항목은 '전공 역량이외에 기본역량 개발(3.55)', '학부처럼 대학원에서 학생지도 체계화(3.51)', '디지털 대학원 신설(3.30)' 등이었다.

〈표 22〉 향후 대학원의 바람직한 방향

구분	평균	표준편차	평균 순서
사회변화에 맞는 새로운 대학원 인재상 구축	4.14	0.72	3
대학원에서 교육(teaching)의 기능 강화	4.00	0.69	6
학문의 영역(academic) 이외에 사회진출 영역(professional)의 강조	3.90	0.74	7
대학원 교육의 질을 위한 입학조건의 강화	3.45	0.92	11

전공 역량이외에 기본역량(essential transferable skills) 개발	3.57	0.77	9
대학원 계열내의 핵심 공통과정(core curriculum) 신설	3.74	0.78	8
학부처럼 대학원에서 '학생지도' 체계화	3.51	0.92	10
고등교육의 전반적인 생태계 변화에 대비(예, 온라인 교육 체제, 하이브리드 대학원 프로그램 개발 등)	4.12	0.76	4
대학원 수준에서 정부, 대학, 기업들의 상호협력 체계에 대한 재정지원사업 발굴	4.12	0.69	4
대학원의 국제협력 강화	4.16	0.65	2
대학원 교육 및 연구에서의 학제 간 학습 확대	4.23	0.65	1
디지털 대학원 신설	3.30	0.97	12

5. 선도적 교육모델 개발을 위한 대학원 발전 방향 모색

지금까지 논의한 내용을 토대로 대학원 유형별로 대학원 발전 방향을 제시해하면 다음과 같다.

일반대학원

일반대학원의 목적은 학문의 기초 이론과 고도의 학술연구로 되어 있다. 하지만 4차 산업혁명 등으로 표현되는 오늘의 시대는 일반대학원의 목적이 학문적인 활동에서 더 나아가 사회와 기업 등에 적합한 인재를 양성하기 위한 방향 설정이 필요하다. 대학원 교육도 두 가지의 인재상을 고려해서 학문(academic) 영역과 사회진출(professional) 영역이라는 두 개의 트랙으로 구분하여 운영할 필요가 있다(민경찬, 2018). 이제는 석사과정, 박사과정을 마친 학위취득자가 대학 내부에서 자리 잡기가 어려운 상황이며, 대학 사회 이외에서 고급 인력을 필요로 하는 곳에서 활동을 위한 준비도 중요해지고 있다.

대학원 학사제도는 4차 산업혁명 시대를 맞이하는 융합전공 확대, 국내 학점교류 확대 등을 포함하여 다학기제 운영(계절 학기를 정규 학기로 전환 등)을 검토해 볼 필요가 있다. 또한 대학원 학과(전공) 간 연계를 강화하기 위해 연계전공이나 학제 간 공동전공 확대 개발 도입도 고려해 볼 필요가 있다. 또한 대학원 주요 학사제도의 내실화를 위해서 수료학점, 수업연한, 이중학적, 재학연한, 최소 출석기준, 성적평가, 학점 당 수업시간 등에 대한 규정을 검토할 필요가 있다(이석열 외, 2019). 대부분 대학원에서 규정을 갖추고 있으나, 대학에 따라 특정 영역(이중 학적, 재학연한)에 대한 규정을 갖추지 않은 경우가 있고, 수업연한과 재학연한에 제한을 두지 않은 대학들도 있다. 예를 들어, 재학연한이 10학기 초과인 경우, 석사과정이 25%, 박사과정이 45%나 되고, 다수의 대학(75%)이 이중 학적 규정을 갖고 있지 않으며, 40% 대학은 이중 학적을 허용하고 있다(이석열 외, 2019).

수요자 중심의 대학원 교육과정 및 교수방법 운영도 생각해 보아야 한다. 대학원 교육과정은 대학 구성원과 사회의 다양한 요구를 반영할 수 있도록 유연한 교육과정과 교수방법을 운영하는 등의 제도적 보완장치가 필요하다. 대학원의 전공 간 연계 및 협력 체제를 활성화시키기 위해 공동연구지원시스템을 구축하고, 대학원 기능의 역할 분담을 통해서 대학원 교육 및 연구에서의 학제 간 학습이 확대되도록 대학원 교육과정의 모듈화도 검토해 볼 필요가 있다. 이렇게 되면 전문대학원 및 특수대학원과의 연계 학위과정 운영도 가능할 것이고 이를 위한 대학원 학사제도의 제도적 보완장치도 마련할 필요가 있다. 또한 대학원 교육에서도 빠르게 발전하는 기술 접목을 위해 예민하게 대응하기 위해서 새로운 교수방법의 혁신이 이루어져야 한다. 인터넷, 스마트폰, 인공지능(AI)을 비롯한 과학기술의 발전은 거꾸로 학습(flipped learning), MOOCs, 미네르바(Minerva) 대학들로 대변되는 고등교육의 전반적인 생태계에 변화를 가속시키며, 새로운 장을 열어가고 있다. 아마 이제 대학원도 '디지털 대학원'의 등장으로 온라인 교육을 통해 학위를 제공하기 시작하면서 '저비용 고효과' 시장을 형성하게 될 것이다.

일반대학원이 경쟁력을 갖추기 위해서는 대학원생 확보 및 지원을 위한 관리체제가 구축되어야 한다. 우수 대학원생을 확보하기 위하여 대학원생 선발 체제를 합리화하여야 하는 바, 전형방식을 다양화하고, 지원자격과 전공 변경을 확대하며, 전공영역의 구술고사를 실시하는 등의 방법을 고려해 볼 필요가 있다. 물론 일반대학원의 신입생 정원은 지속적으로 늘고 있고, 신입생 충원율도 2020년 104.2%로 높다. 하지만 재학생 충원율은 98.5%이고, 중도탈락률이 2020년에는 6.2%로 전문대학원(4.7%)이나 특수대학원(5.9%)에 비해서 높으며 비율이 계속 증가하고 있다. 이석열 외(2019)의 연구에 의하면, 대학원 인권 관련 규정(헌장)이 마련되어 있지 않거나(8%), 내규(10%)로만 갖고 있으며, 아직도 연구윤리 규정이 갖추어지지 않은 경우(9%)도 있었다. 학위과정에서 연구등록제를 운영하지 않는 대학이 30% 내외였고, 대학원 학생회가 구성되지 않은 대학이 50%나 되었으며, 대학원생 논문발표에 지원이 없는 대학도 50%나 되었다. 대학원생이 대학원 연구에 참여하는 기회를 확대하고, 국제화 요구에 부응하여 외국인 유학생에 대한 유인책을 강화할 필요가 있다. 우수 인력을 유치하기 위하여 FA(Friendly Advise) 등 다양한 지원 체계를 마련해야 하는데, FAS(Friendly, Attractive, Secure)로 약칭되는 대학원생 지원 프로그램에는 친근한 지도(Friendly Advise), 매력적인 복지와 장학금 지원 확충(Attractive Welfare) 및 사회진출 보장(Secure Career)에 주안점을 둘 필요가 있다.

전문대학원

전문대학원이 그 역할과 기능을 수행하기 위해서는 전문대학원의 목표와 기능을 명료화할 필요가 있다. 전문대학원의 목적이 전문 직업분야 인력의 양성에 필요한 실천적 이론의 적용과 연구개발이라고 했을 때, 과연 전문대학원 제도를 통하여 양성되어야 할 전문인은 어떠한 모습의 것인가를 생각해 보아야 한다. 이것이 바로 전문대학원이 지향하여야 할 교육목표 및 교육이념과 그에 상응하여 정체성 확립이다. 전문대학원 정원이 2014년 13,641명을 기점으로 줄어들어 2020년은 11,420명으로 8.4% 감소했다. 이는 전문대학원이 그 만큼 역할을 못하고 있음을 반증하는 것이다. 전문대학원은 실무에 종사하면서 현장 지향적으로 적용・분석하고 그에 부합하는 해결방안을 모색하며, 그것을 유효하게 실천할 수 있는 능력을 갖춘 전문가를 양성하는 것을 목적으로 해야 한다.

또한 앞으로 전문대학원에 적합한 분야를 구체적으로 명시하고, 전문대학원의 설립이나 학생 정원에 대한 기준을 강화하는 것이 필요하다. 전문대학원의 무분별한 양적 팽창을 방지하고 질 제고 차원에서 수월성을 추구하려면 설치 기준을 엄격하게 적용하는 것이 필요하다. 또한, 전문대학원 졸업생의 취업을 보더라도 2008년에는 79.1%였지만 2014년에 59.2%, 2019년 44.4%로 급속히 낮아지고 있다. 전문대학원은 전반적으로 입학정원 감소와 졸업생 취업률 감소에서 질적 수준을 제고할 수 있도록 전문대학원 간의 협력을 통해서 질적 수준을 높여 나가도록 해야 할 것이다.

또한 전문대학원의 질적 수준을 제고하기 위해서 전문대학원에 맞는 입학전형의 내실화와 다양한 전형자료를 활용할 필요가 있다. 전문대학원의 전형은 일반전형과 특별전형 중 선택할 수 있다. 일반전형의 경우 각 대학원에서 전공할 분야의 전공 지식, 외국어 시험, 그리고 면접 등으로 구성된다. 외국어 시험의 경우 일정한 자격 기준의 심사로서 공인된 TOEFL이나 TOEIC 등의 외국어 시험 성적으로 대체할 수 있다. 특별전형의 경우 주로 면접과 외국어 시험으로 구성될 수 있고 외국어 시험의 경우 일반전형과 동일한 방식으로 진행된다. 입학전형의 개선방안은 면접위주의 특별전형 형식보다는 전공시험이 첨가된 일반전형 형식으로 학생들의 입학을 유도하는 것이 바람직하다. 주간제 전문대학원의 경우 전일제(full-time) 학생들을 대상으로 하여 일반전형으로 하고, 주간+야간제 전문대학원의 경우 특별전형으로 유도하는 것이 바람직하다. 전문대학원의 입학전형 자료는 전 단계의 성적이나 필기시험의 비중도 있지만, 실기시험이나 경력 및 자격증 등 전문분야의 능력을 증명할 수 있는 요소를 강조하는 맥락에서 설정도 고려해 볼 필요가 있다.

전문대학원 교육은 다양한 분야의 고급 인력 수요를 효과적으로 반영하고, 기술인력 수요의 증가에 대응하는 적응 능력을 키우기 위해서 실천이론 중심의 교육과정을 지향해야 한다. 전문대학원의 설립 취지와 목적에 부합하기 위해서는 종래의 일반대학원이나 특수대학원에서 적용하고 있는 학점운영방식으로부터 과감하게 탈피하여 현장교육과 실습 및 실무 중심의 교육과정을 편성하여야 한다. 따라서 실천이론 교육중심의 교육과정을 구축하기 위해서는 현장과의 연계 교과목 및 프로그램을 개발하여야 할 것이다(김형관 외, 2004). 전문대학원의 입학자는 이미 취득하고 있는 학위의 전공영역에 구애받지 않기 때문에 다양한 영역의 전공자들이 함께 학위과정을 이수하게 되며, 특히 교육과정 자체가 매우 학제간 통합적 성격이 강하게 구성되어 있다. 이와 같은 교육과정을 이수함으로써 전문분야에 대한 다양한 경험과 폭넓은 시야를 갖출 기회가 주어지며, 학제간의 다양한 견해를 체험하게 됨으로써 실무적 전문가로 성장할 수 있는 장점을 갖추고 있다. 이를 위해서는 팀티칭이나 프로젝트 중심의 교과목 도입이 필요하다.

특수대학원

특수대학원은 「고등교육법」에 규정된 목적과 실제 기능에 맞게 정체성을 확립하는 노력이 필요하다. 교육목적만 다르게 규정되어 있을 뿐, 특수대학원의 교육과정은 학문의 이론과 학술연구를 목적으로 하는 일반대학원과 매우 비슷하게 운영되고 있다(이석열, 2007). 특수대학원의 문제를 해결하기 위해서는 무엇보다도 특수대학원의 정체성을 분명히 하고 강화할 필요가 있다(권대봉, 2004). 특수대학원의 본질적 기능이 성인의 계속 교육에 있다면 사회적 요구를 반영한 직무역량 강화를 통하여 학습자의 부가가치를 높이도록 해야 할 것이다. 특수대학원 본연의 목적에 적합한 직업을 위한 실무 중심의 교육과정을 갖추어야 한다.

학부의 학생모집이 점차 어려워지는 것처럼 대학원, 특히 특수대학원도 이미 새로운 국면에 접어들었다고 할 수 있다. 입학정원도 줄고 학생 충원율도 점차 하향세가 뚜렷하다. 특수대학원 입학 희망자는 주로 직무능력 향상을 위해 현장실무 중심으로 재교육을 받기 위한 재직자나 성인들이 대다수이다. 따라서 특수대학원에 입학하는 자원은 현직에 종사하는 재직자들이 많기 때문에 신규 인력을 양성하여 취업시켜야 하는 학부와는 성격이 다른 측면이 있지만, 대학 계열별 공급과 수요의 차이를 감안하고, 미래의 변화에 대비한 노동수요 변화 상황에 발맞춰 특수대학원이 특화·변화되지 않는다면 향후 노동시장과 산업계에서 특수대학원의 역할은 축소될 것이다(박세훈, 2018: 112).

특수대학원은 학부와 다른 대학원에 비해 학생선발, 교육과정 편성 및 운영, 수강지도, 시험 및 성적부여, 강의실, 수업시간, 출석과 결석 관리, 학위수여의 적정성 등 학사관리가 형식적으로 이루어지고 있다는 지적을 받고 있다(이석열, 2015; 정지선, 2009). 재직자의 경우 퇴근이 늦고 출장 등의 사유로 정시에 맞춰 등교하기 어려운 점은 인정하지만, 학생과 교수 간의 묵시적 타협으로 출석과 결석 관리, 단축수업, 평가방법 등에 있어 아직도 개선의 여지가 많다는 지적이다(박세훈, 2018: 115). 특수대학원이 정원에 비해 신입생 충원율과 재학생 충원율이 낮다 보니 학사관리가 느슨하게 운영될 수 있는 여지가 충분하다. 김지영, 장원섭(2017)은 특수대학원에서 학업을 병행하는 직장인들은 세분화되지 않은 커리큘럼, 학습자의 수준이 고려되지 않은 전공수업, 교수자의 자질 미흡 등 때문에 학습에 어려움을 겪는다고 주장하고 있는 바, 이는 학생들을 위한 체계적인 학사관리시스템이 갖추어져야 해결될 문제이다.

학사관리는 학생행정의 핵심적인 수단이다. 입학에서 졸업까지 학생의 모든 활동이 목적에 맞게 수행되도록 지원하는 역할을 수행해야 한다. 학사관리의 중요 요소는 입학, 수업 및 운영지원, 학위논문 지도이다. 특수대학원은 재교육 기능을 강조하는 만큼, 학부성적이나 필기시험위주의 일반전형보다는 면접과 실무경험 위주의 특별전형을 확대하는 것이 바람직하다. 입학자원이 부족한 현실에서 전형의 의미가 퇴색했지만, 대학원의 특성에 맞는 입학전형이 이루어져야 한다는 것이다(박세훈, 2018: 118).

특수대학원은 성인과 재직자의 재교육과 계속교육에 중점을 두고 현장 전문 인력을 양성하는 기능을 수행해야 한다. 전문화 사회에서 고학력자의 교육수요에 부응하는 work-to-school을 촉진하는 기능을 수행할 수 있도록 교육과정이나 수업방법, 교수자의 자원 등이 모두 바뀌어야 한다. 일반대학원이나 전문대학원과 구분되는 현장성 있는 교육과정을 개발해야 한다. 현장과 연계된 실무 위주의 특화된 교육과정을 개발해야 하며, 교육과정을 개발함에 있어 산업계의 요구가 충분히 반영할 수 있도록 해야 한다(박세훈, 2018: 118). 특수대학원은 이러한 양자 기능 즉, 현직을 잘 수행하기 위한 재교육이나 연수를 실시하거나, 노동시장에 진출하기 위한 인력양성 기능 수행을 위해서나 모두 실무역량을 강화하는 교육과정이 중요함을 말해주고 있다. 이를 위해 산학연 협동 프로그램을 강화하여 실무역량 제고를 위한 교육과정을 운영할 필요가 있다.

6. 마무리

지금까지 대학원 교육이 갖고 있는 일반적 문제와 아울러 체제 외적

변화요인 즉, 저출산 고령화 및 평생학습 사회의 도래, 산업 및 직종 변화에 따른 인력 수급 변화, 다문화 유입 등의 환경요인을 고려하여 발전 방향을 모색해 보았다. 특히 4차 산업혁명, 지식정보화 사회의 도래와 직종 구조의 변화라는 환경 변화에 부응하기 위해서 정부와 대학차원에서 마무리를 해보고자 한다.

정부차원

대학원의 경쟁력을 갖추기 위해서는 우선적으로 대학원 전공 신설, 정원 조정, 예산 편성 등의 이슈에서 대학원의 자율성을 높이는 노력이 있어야 한다. 현재 교수들이 체감하는 대학원 운영의 자율성은 낮은 편이다. 대학(기관) 차원에서조차 여러 법적, 제도적 규제(대학설립운영규정 등) 등으로 대학의 자율성은 계속 논의되고 있다. 이와 함께 향후 대학원 자율화를 위한 정부 차원의 획기적인 대책이 필요하다(이정미 외, 2018). 대학원 입학 수요가 감소하여 대학이나 전공에 따라 차이는 있지만, 내실 있는 운영을 통해 대학원의 질적인 발전을 도모할 시점에 와 있다. 이를 위해서는 정부와 대학이 대학원의 학사제도 개선 및 학생지도 내실화와 교수-학습 지원 체계를 개선하는데 자율성을 부여할 필요가 있다.

대학원과 관련된 문제점을 개선할 수 있는 효과적인 정책을 수립하기 위해서는 대학원에 대한 종합적인 분석이 가능하도록 데이터의 축적 방안이 마련되어야 한다(이석열, 2018). 무엇보다도 대학원의 현 실태에 관한 구체적·체계적 데이터의 확보 및 분석이 선행될 필요가 있다(이정미 외, 2018). 이를 위해서 대학원에 대한 기초 자료 축적에 대한 논의가 필요하다고 본다. 현재 대학정보공시의 대상 학교 유형은 대학, 전문대, 대학원대학, 그리고 대학원이다. 이중 대학원을 제외한 3개 유형은 독자적인 기관으로 간주하여 정보공시항목의 모든 항목을 대상으로 자료를 수집하지만, 대학원의 경우 대학과 통합 운영되는 기관으로 63개 정보공시항목 중에서 대학원이 독자적으로 작성 가능한 정보공시항목은 15개 항목으로 한정되고 있으며 정량항목은 13개이다. 이들 13개 항목은 학생 관련 항목, 교육과정 운영 관련 항목, 등록금 관련 항목으로 구성되며, 전임교원 관련 항목, 연구 관련 항목, 시설·설비 관련 항목은 대학의 자료와 연계하여 대학 전체 또는 계열 차원에서 분석만이 가능하다. 현재 대학원 정보공시만으로는 대학원에 대한 자료 축적에 한계가 있고, 대학원 교육의 과정은 블랙박스로 아직도 대학원에 대한 자료는 상당부분 드러나고 있지 않다. 대학원 개선정책도 담론이 아니라 데이터에 근거(Data-based) 하여 이루어져야 할 것이다.

그 동안 대학원의 양적 팽창에 비해 질적 수준에 대한 지적은 지속적으로 언급이 되어 왔다. 대학은 각종 평가를 통해서 질 제고를 위한 노력을 기울여 왔지만 대학원의 질 관리의 필요성과 시도는 이루어졌지만 제대로 평가가 이루어진 적은 없다. 현재 대학원과 관련된 평가는 프로그램이나 재정지원사업(BK21플러스 등)을 통해서 부분적으로 이루어졌지만 대학원 전체를 대상으로 하는 종합적인 실태 분석이나 평가는 이루어지지 않고 있다. 대학원 평가는 지난 2001년에 한국대학교육협의회에서 시행된 2주기 대학종합평가인정제 이후에는 이루어지지 않고 있다. 이 당시 대학종합평가에서 사용된 대학원 평가의 준거는 교육과정(20점), 수업 및 논문지도(36점), 교수(22점), 시설·설비(12점), 그리고 재정·경영(10점)의 5대 영역으로 구분해 총점 100점으로 구성되었으며, 교육 기능에 많은 초점을 두었다. 우리나라 대학원 평가를 보는 입장이 나누어지고 있다. 대학이나 현장의 입장에서 보면 대학원에 대한 질적 관리는 필요하지만 대학원까지 평가를 받아야 하는 부담과 더불어 평가결과의 활용에 대해서 입장 차이가 있다. 반면에 대학원의 질 제고를 강조하는 입장에서는 대학원이 학사운영을 충실하게 운영하기 위해서는 어떤 방식으로든 평가체제가 이루어져야 한다고 보고 있다. 대학원의 경우, 평가인증체제에 의해 기관인증이나 프로그램 인증 제도의 정착을 통해 대학원 교육을 위한 최소 수준의 질을 유지할 수 있도록 해야 한다는 입장이다. 대학원 평가체제를 수립해서 별도로 대학원을 평가하는 것이 부담스럽다면, 과거 대학종합평가인정제처럼 대학기관인증평가에서부터 해당 대학의 요청에 따라 대학원 평가까지 하는 방안이 있을 수 있다. 미국과 영국, 일본의 사례를 보면 평가인증제도를 통한 질관리가 정부 통제가 아닌 대학의 자율성을 크게 훼손하지 않는 범위 내에서 다양하게 이뤄지고 있다. 이는 대학 국제화에 관련된 질 관리 체제와도 연결될 수 있다. 평가체계는 대학원의 자율성과 책무성을 강화하는 방향에서 마련되어야 할 것이다.

정부차원에서 대학원생들을 위한 재정지원 정책이 지속성을 갖고 유지 또는 확대될 필요가 있다. 그 동안 대학원 연구비의 지속적인 증가와 BK 등과 같은 대학원 차원의 인력양성사업의 수행은 대학원생들을 지원하는 핵심이 되어 왔다. 하지만 학생들의 장학금 비율은 약 25%로 나타났고, 그 외는 연구과제 참여 인건비나 학자금 대출이 약 38%이며, 가족들의 부담도 17.1%에 이르고 있다. 하연섭(2012)에 따르면, 미국은 대학원 장학금에서 수업조교(TA), 연구조교(RA), 장학금이 차지하는 비중이 각각 18%, 31%, 28%인데 반해 우리의 경우에는 2%, 5%, 17%에 불과했다. 더욱이 통계에서도 보듯이 학부의 등록금은 '반값 등록금'이라는 정치적 이슈 때문에 등록금 인상이 안되고 있는 반면 대학원의 등록금은 계속 인상되고 있다. 우수한 학생들이 안정적으로 연구할 수 있는 환경이 조성되어야 한다. 결국 정부차원에서 대학원 차원의 인력양성사업의 확대가 필요한 실정이다.

대학차원

대학은 4차 산업혁명 시대에 대비한 고급 인재양성과 효과적인 인력 활용이라는 차원에서 대학원의 역할을 고민해 보아야 한다. 대학원의 정체성 확립이 필요하다. 대학원의 특성을 지닌 교육과정을 편성하고, 성인에 맞는 수업방법으로 자질 있는 교수자가 강의를 담당하는 질 높은 교육기관이 되어야 한다. 대학원의 공신력 회복을 위해 엄정한 학사관리도 수반되어야 한다. 대학원에 특성에 맞는 학위논문의 내실화 및 학생에 대한 체계적인 지도도 필요하다. 대학원이 경쟁력 강화를 위해서 정원 정책이나 재정지원 대책도 마련해서 책임경영이 가능하도록 독립채산제와 같은 제도와 정책을 검토해 볼 수 있다.

대학원생의 수업, 연구, 논문지도 등이 포함되는 대학원생의 전반적인 교육 및 연구 경험에 관한 실태를 면밀히 조사할 필요가 있다. 미국의 경우, 대학원 교육은 고등교육 연구 영역에서 지속적 관심을 받아왔으며(Baird, 1990; Berelson, 1960; Brink, 1999), 대학원 교육에 관한 연구의 대부분은 대학원생을 분석단위로 하여 대학원생의 성공적 학업수행에 영향을 주는 요인들을 탐색하는 데 집중되어 왔음을 주목할 필요가 있는 것이다(이정미 외, 2018). 주지하다시피 현재 소위 강사법으로 인해서 대학에서 점점 학문 후속 세대들이 대학 강단에 설 기회가 줄어들고 있다. 물론 학문 후속 세대가 모두 교수요원이 되는 것은 아니지만, 전혀 염두해 두지 않고 일반대학원을 진학하는 경우는 드물다. 이런 점에서 학문 후속 세대에 대한 진로개발이 대학원에서 이루어져야 하고, 더불어 교수요원이 되고자 하는 사람에게는 최소한의 교수법에 대한 교육이 이루어질 필요가 있다(이석열, 2018).

우리나라 대학원 교육과정은 "미국식도, 유럽식도 아닌" 어중간한 형태를 띠고 있다고 평가되기도 한다. 미국처럼 교육과정은 편성이 되어 있지만 운영상에서는 유럽처럼 연구실 중심의 혹은 연구 프로젝트 중심의 학습 방식을 택하는 편이다. 교육과정에 산업체 등 수요자의 요구를 반영하기 위한 노력은 과거에 비해 상당히 진전된 바가 있다. 하지만 여전히 사회적 수요와 대학의 교육과정 사이에는 다소 격차가 있다. 이러한 격차를 줄이기 위해서는 단순히 교수 개인의 노력에 의존하기보다는 제도적 차원에서 그러한 협력 활동이 다양화될 수 있도록 정책적 방향을 설정하는 것이 바람직하다. 따라서 대학과 산업체 기관 사이의 협력 방안을 학사운영과 교육과정 개선이 반영하는 것이 중요하다.

또한 향후 대학원 교육–연구의 질 개선을 위한 개선방안을 마련하고자 할 때 교육과 연구의 이분법적인 논의를 벗어나 교육과 연구의 통합 또는 연계 환경을 구축하는 데 초점을 맞출 필요가 있음을 시사하고 있다. 외국의 경우 교육–연구의 연계는 오랫동안 고등교육 분야에서 가장 기본적인 문제로 간주되어 왔으며(Clark, 1997), 교육–연구 연계 방식(Ramsden & Moses, 1992), 교육–연구 연계 모델(Schimank & Winners,

2000) 등에 관한 논의를 통해서 견고한 이론적 토대를 구축해 왔음을 주목할 필요가 있다(이정미 외, 2018). 대학원에서 연구와 교육은 결코 제로섬의 게임일 수 없다. 대학원의 연구가 교육의 질을 높이고 우수한 교육과정이 연구의 성과를 가져오는 포지티브 섬(positive sum)이 되어야 한다(이정미 외, 2018). 대학원에 진학하는 인적자원의 확보에 대한 노력이 필요하다. 이런 노력으로 우선 대학원생의 구성에 대해서 생각해 볼 필요가 있다. 졸업한 대학과 동일한 대학의 대학원에 진학하는 비율이 약 61%로 나타나고 있다. 이 비율은 과거보다는 낮아졌다고 볼 수는 있으나 앞으로 학부와 동일한 대학원 또는 석사과정과 동일한 박사과정의 대학원 진학하는 비율이 더 낮아질 필요가 있다. 타 대학으로 진학하는 비율이 높아지는 대학원의 풍토를 형성하는 노력이 필요하다고 본다. 대학원에서도 전공에 우수한 학생을 확보하기 위해서 주로 대학 내에서만 노력하고 있는데 시선을 외부로 돌릴 필요가 있다. 또한 대학원 전공과 학부 전공의 일치가 약 77%로 나타났는데, 향후 융복합 전공과 미래 사회의 적합성을 고려한다면 비율을 더 낮추어야 할 것이다. 이렇게 하기 위해서 현재 대학교원 임용에서 전공적부심에서 학부와 석사까지 동일 전공에 더 높은 점수를 주는 것도 수정이 필요한 시기라고 보여진다(이석열, 2018).

미국의 대학원이 20세기 후반 이후 큰 성공을 보인 것은 무엇보다 전 세계의 우수한 젊은이들이 미국 대학원에 진입하고 있기 때문이다. 우수한 학생을 모집하기 위해 중요한 것은 대학원 과정이 그러한 학생을 모집하고 양성할 수 있는 시스템을 갖추는 것이다. 이를 위해서 대학원이 우수한 인적 자원을 보유하기 위해서는 무엇보다 뛰어난 연구 및 교육 환경을 제공하고 행정적 인프라를 구축하는 것이 필요하다. 대학원 학생들이 쾌적하고 안전한 환경속에서 학업에 전념할 수 있도록 지원해야 할 것이고 무엇보다 대학차원에서도 장학금 지원 수혜율을 높일 필요가 있다.

↘ 참고문헌

권대봉. (2004). 특수대학원 운영의 문제와 개선방안, 대학교육, 130, 29-39.

김지영, 장원섭. (2017). 특수대학원에 재학하는 직장인의 학습체계와 모순에 대한 연구, 평생학습사회, 13(4), 1-23.

김형관, 이석열, 손희권, 신붕섭, 이은구, 김겸훈, 노명순. (2005). 전문대학원 현황 및 개선 방안 연구, 교육행정학연구, 23(1), 375-396.

민경찬. (2018). 대학원 발전의 비전과 혁신 방향, 대학원 교육의 도전과 혁신. 한국교육행정학회, 2018년 한국교육행정학회 추계학술대회, 3-37.

박세훈. (2018). 특수대학원 교육의 현실과 발전방향, 대학원 교육의 도전과 혁신. 한국교육행정학회, 2018년 한국교육행정학회 추계학술대회, 89-124.

반상진, 신현석, 이석열, 이은구, 김겸훈, 민병제. (2004). 대학원 교육의 질 제고를 위한 체제적 분석 연구, 교육행정학연구, 22(2), 255~277.

서정헌, 신현석, 반상진, 이석열, 조경덕. (2006). 대학원 교육 경쟁력 강화를 위한 대학원체제 개편 및 제도개선 시행방안 연구, 정책연구과제 2006-지정-02, 교육인적자원부.

신현석, 반상진, 안선희, 이석열, 박갑동, 이영학, 이호섭. (2016). 대학원 질 관리를 위한 진단 시스템 시범운영, 교육부.

이석열. (2020). 4차 산업혁명 시대의 대학원 교육과 발전 방안. 2020 고등교육현안 정책자문 자료집, 한국대학교육협의회, 99-133.

이석열, 이영학, 정진철. (2019). 대학원 혁신방안 수립을 위한 현황 분석 및 기초 연구, 세종: 교육부.

이석열. (2018). 학문후속세대 양성 교육의 현실과 발전방향 토론, 대학원 교육의 도전과 혁신, 한국교육행정학회, 2018년 한국교육행정학회 추계학술대회, 77-82.

이석열, 신현석, 반상진, 안선회, 이영학, 이호섭. (2015). 대학원 질 관리를 위한 평가시스템 마련 방안 연구, 교육부.

정지선, 이남철, 이기성. (2009). 고등직업교육을 위한 특수대학원 개선 방안 연구, 한국직업능력개발원.

하연섭, 문우식. (2012). 2단계 Study in Korea 추진 방안 설계. 교육과학기술부.

X

과학기술인재의 역할 변화와 향후 정책과제

홍성민(과학기술정책연구원 과기인재정책센터장)

X. 과학기술인재의 역할 변화와 향후 정책과제

홍성민(과학기술정책연구원 과기인재정책센터장)

1. 머리말 : 백년지대계를 바탕으로 10년을 바라보자

예로부터 교육은 백년지대계라고 했다. 그만큼 오랜 기간에 걸친 노력이 필요하다는 의미도 있지만, 긴 호흡으로 변화를 살펴보고 투자를 해야 한다는 의미로 받아들여진다. 시절이 워낙 바뀌어 요즘은 백년을 얘기할 수 없는 시대이긴 하다. 소위 디지털 전환이 본격 시작된 이후 기술변화부터 산업변화까지 10년이면 강산이 아니라 세상이 다 변하기 때문이다. 여기에 더해 앞으로 10년도 지나지 않아 우리나라 인구 자체가 줄어드는, 한 번도 경험하지 못한 노동 공급 충격까지 다가오고 있다. 교육의 역할이나 인재상의 변화에 대해 더 많은 논의가 나오는 게 당연한 격동의 시대를 맞이하고 있다.

과학기술인재의 역할 변화에 대해서도 이미 많은 얘기가 흘러넘치고 있다. 가장 대표적인 예는 특정한 지식이나 숙련에 집중하는 게 아니라 변화하는 세상에 맞춰 적응할 수 있는 변화대응역량 혹은 학습역량을 키워야 한다는 부분이다. 이는 과학기술인재뿐만 아니라 어떤 인재를 키우는 입장에서도 너무나 타당한 주장이다. 우리나라 교육의 기본 틀을 바꾸어야 한다는 백년지대계 입장에서는 더욱 그렇다. 그런데 지금 현재, 산업도 사회도 격동의 변화를 겪고 있는 이 때 졸업생들을 사회에 내보내야 하는 이공계 대학(원)들은 어떻게 변화에 대응해야 할까?

문제는 20년 후 과학기술을 이끌 인재도 배출해야 하지만, 지금 당장 산업계로 나아가 변화하는 세상에서 열심히 현업을 이끌 과학기술인재도 필요하다는 점이다. 현재 이공계 대학(원)의 연구와 교육 현황을 하나의 시각으로만 바라보지 말고 좀 더 넓게 노동시장과 연계하여 들여다보고 10년을 바라보는 정책이 기획되고 추진되어야 하는 이유이다. 백년을 바라본다는 구호에 머물러 정책과제를 제시하고 나서 그만이 아니라, 과학기술인력정책 자체의 기획이나 실행 측면에서도 지속적으로 학습하며 변화대응역량을 키우길 요구하는 시대라는 점에선 더욱 그렇다. 100년을 바라보고 10년씩 나아가는 틀을 만들어 놓아야 한다.

2. 과학기술인재의 역할 변화

이공계 대학(원)의 교육혁신을 논의하면서 과학기술인재의 역할 변화에 대해 이야기하기 위해서는 무엇보다 먼저 일자리 혹은 수요의 변화 양상에 대해 알아봐야 할 것이다. 그 관점에서 보면 두 가지 핵심 키워드가 있다. 바로 코비드19 팬데믹과 디지털 전환이다.

코비드가 이전의 세계적 유행 플루들과 전혀 다른 영향력을 미치는 이유는 여러 가지가 있을 수 있다. 전염성과 치사율이 같이 높은 데다가 돌연변이도 쉽게 나타나는 코로나 바이러스의 특이성이 주요한 원인이라는 점은 분명하다. 하지만 비대면 사회가 가능해진 최근의 급속한 디지털화와 기술발전과의 결합이 가져온 영향력도 크게 작용했을 수 있다. 디지털화가 급속히 진행되면서 사람들의 삶이 바뀌어가는 변곡점에 있을 때 코비드19가 발생하고 전혀 다른 세계를 가져올 거라는 예상이 쉽게 가능하기 때문에 급격한 사회 변화가 나타나는 것이다.

코비드19 팬데믹 이후 기업의 대응전략을 살펴보면 이러한 점이 명확히 나타난다. 디지털 기술을 기반으로 한 위기 대응의 효과성을 확인하고 디지털화를 더욱 빠르게 추진할 전망이기 때문이다. 업종별로 차이가 좀 나타나고 있지만, 전산업 평균으로 볼 때 77%의 기업이 디지털 전환이 더 긴급해졌다고 응답하고 있고, 가장 낮은 헬스케어 업종에서조차 58%의 기업은 디지털 전환이 시급하다고 응답하고 있다.

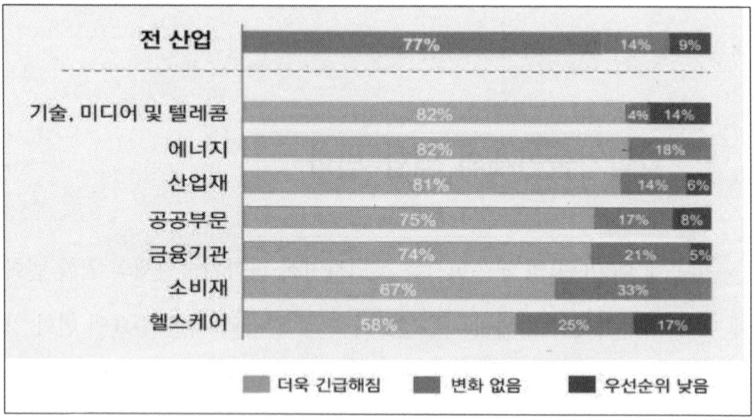

자료: BCG, COVID-19 BCG Perspectives, 2020.5; KIAT(2020.5)에서 재인용.

[그림 1] 코로나19 위기 발생 이후 기업들의 디지털 전환 우선순위에 대한 태도 변화

코비드19 팬데믹과 디지털 전환이 일자리에 미치는 영향은 비대면 사회의 진전과 원격 혹은 재택근무의 활성화, 프리랜서화 등 플랫폼 노동의 급격한 증가로 요약된다. 미국의 경우 코비드 팬데믹 이후 노동자의 62%

가 재택근무를 실시하고 있고 지속적으로 재택근무를 원하는 경우도 60%(KIAT, 2020. 5.)에 달한다는 조사 결과가 있다. 일본도 상공회의소 조사(2020. 7. 14.)에 따르면 대기업의 55.2%, 중소기업의 26.2%가 재택근무를 실시(내각관방 일본경제재생종합연구소 2020. 7.)하고 있다. 결국 디지털화에 따라 급속히 진행되던 일자리의 변화 가속화와 더불어 최근 기계와의 협업을 통해 일의 방식이나 고용관계의 변화가 다양하게 나타날 가능성에 주목(MGI(2018); WEF(2018); OECD(2018); 홍성민 외, 2019)해야 하는 시기이다.

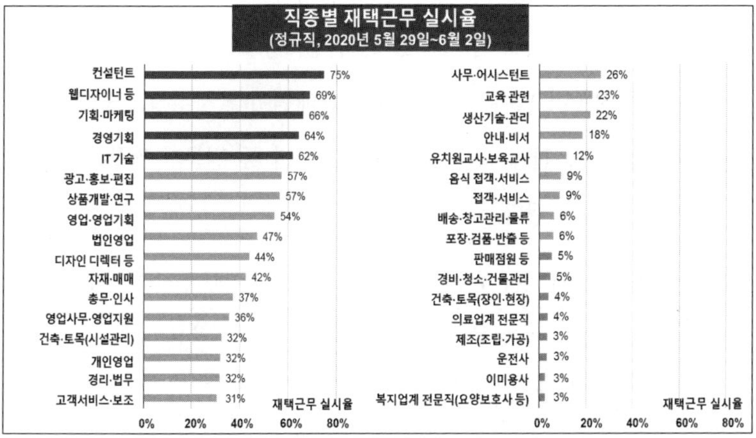

주: 전국 25~59세 취업자 2만명 대상 설문조사.
자료: 퍼슬종합연구소 「제3회 신종코로나바이러스가 재택근무에 미치는 영향에 관한 조사」(2020년 6월 11일 발표)를 토대로 작성; 내각관방 일본경제재생종합연구소(2020. 7)에서 재인용.

[그림 2] 일본 정규직의 직종별 재택근무 실시율

플랫폼 노동을 적용하기 더 쉬운 직종이나 업종이 있기 때문에 프리랜서의 가능성을 보여주는 척도인 재택근무로의 전환 속도에는 차이가 있다. 일본의 직종별 재택근무 실시율을 보면 컨설턴트(75%)나 웹디자이

너(69%), 기획・마케팅(66%), 경영기획(64%), IT 기술(62%) 등이 60% 이상의 매우 높은 수준을 기록한 반면, 현장 근로자들과 더불어 전문직 가운데서도 복지업계 전문가와 의료업계 전문직은 5% 미만의 매우 낮은 재택근무 실시율을 기록하였다. 우리의 주 관심사인 연구개발서비스업과 관련된 과학기술인력의 일자리는 프리랜서화 경향이 강화될 전망으로 일본도 상품개발 및 연구 직종의 재택근무율이 57%로 매우 높은 편에 속한다.

좀 더 자세히 2025년까지 수요가 증가하거나 감소하는 대표적인 직무 역할에 대한 경영자 조사 결과(WEF 2020)를 살펴보면, ICT 및 데이터 관련 전문직 수요 증가가 뚜렷한 가운데, 비즈니스 개발이나 전략 관련 전문직의 부각도 두드러지고 있다. 반면, 감소하는 직무 역량에는 서비스업 관련 직종이 많은 가운데 단순 판매원이나 사무직은 물론 회계, 재무 관련 전문직, 관계 혹은 인적자원 전문가 등 전문가 직무도 포함되고 있는 점이 눈에 띈다.

〈표 1〉 전 산업에 걸쳐 가장 수요가 증가하거나 감소하는 20개 직무 역할(job role)

순위	수요 증가	수요 감소
1	데이터 분석가 및 과학자	데이터 입력직
2	AI 및 기계 학습 전문가	행정 및 사무 비서
3	빅데이터 전문가	회계, 부기 및 급여 사무원
4	디지털 마케팅 및 전략 전문가	회계사 및 감사관
5	공정 자동화 전문가	조립 및 공장 노동자
6	비즈니스 개발 전문가	비즈니스 서비스 및 행정 관리자
7	디지털 전환 전문가	고객 정보 및 고객 서비스 직원
8	정보 보안 분석가	일반 및 운영 관리자
9	소프트웨어 및 응용 프로그램 개발자	메카닉 및 기계 수리공
10	사물 인터넷 전문가	자재 기록 및 재고 보관 담당자
11	프로젝트 관리자	재무 분석가
12	사업 서비스 및 행정 관리자	우편 서비스 사무원
13	데이터베이스 및 네트워크 전문가	판매 및 구매 대행사 및 중개인

14	로보틱스 엔지니어	관계 관리자
15	전략 어드바이저	은행 계좌 및 관련 사무원
16	관리 및 조직 분석가	방문 판매원, 신문 판매 및 노점상
17	핀테크 엔지니어	전자 및 통신 설치자 및 수선공
18	메카닉 및 기계 수리공	인적자원 전문가
19	조직 개발 전문가	훈련 및 개발 전문가
20	위험 관리 전문가	건설 노동자

자료: WEF(2020).

과학기술 관련 직무역할에 대한 증가뿐만 아니라 디지털 전환으로 대변되는 인공지능 등 정보통신 기술의 광범위한 적용에 따라, 기술인력의 직무 자체가 개별 프로젝트를 수행하는 전문기술자에서 비즈니스 가치를 창출하는 공동기획자로 변환되고 있다. 기술인력의 핵심 역량도 기술 전문지식을 넘어 기계와 다른 전공자를 포함한 다양한 협업체계 속에서 비즈니스를 창출할 수 있는 역량을 포괄하는 방향으로 강화되고 있다. 미래 과학기술인재는 과학기술과 관련된 기술적 역량뿐만 아니라 비즈니스 및 재무 통찰력, 상호작용 및 협업능력, 공감・창의력・열정 등 기초역량, 변화・불확실성에 대한 수용력 등을 갖추도록 요구받고 있는 실정이다. 기업의 기술인재 확보 전략도 빠르게 변화하는 기술 및 경제 환경에 대응하기 위해 과거의 직접 고용 위주인 '유인-개발-유지' 개념에서 지속적인 모니터링과 개선과정을 포함한 인재 활용 위주의 '접근(assess)-정렬(curate)-종사(engage)'개념으로 전환하고 있다(딜로이트, 2019).

〈표 2〉 미래 숙련분야의 업무 성과물에 대한 정의

미래숙련분야	업무성과 범위
민첩한 접근방식 및 사고방식	
비즈니스 공동기획자	고객관리, SLA 관리, 투자 포트폴리오 관리
가치실현 및 평가	IT 재무 전략, IT 프로세스 거버넌스 및 KPI 관리, IT 비용 관리

제품(서비스) 관리	상품전략, 상품기획, 제품 정의 및 구성
적응적, 다원적 실행	
경험 및 설계	고객일정관리
기술 아키텍처	기술전략관리, 플랫폼 관리, 아키텍처 관리, 혁신 및 지식 관리
데이터 및 인사이트	데이터 분석 및 인사이트, 데이터 관리, 지능형 보고
제품(서비스) 제공 및 운영	기민한 제공, 제품구축, 제품디자인,
지속적, 유연한 생태계 구축	
역량 연속체	인사전략, 인재성과관리, 리워드, 인재영입, 인재양성, 조직개편관리
생태계 및 플랫폼 조정	제3자 생태계 관리
보안, 위험, 위기관리	위험 식별, 위험 탐지, 위험 방지, 감사 및 규정 준수 관리, 보안장애관리

자료: Deloitte(2019).

3. 과기인재정책의 발전과정과 한계

우리나라 과학기술인력정책은 초기 경제성장을 이끌던 시기의 경우 산업기술인력 공급 중심에서 기술개발을 위한 과학자 양성 중심으로 변화하였다. 이공계 기피가 발생하기 이전인 제1기(1971~1990년)는 제조업 기반 고도성장기로 범용인력 양성과 인력 풀 확대 정책에 중점을 두었다고 할 수 있다. 제2기라고 할 수 있는 1995~2004년 사이에는 R&D를 위한 부문별 인력양성 정책 등 다른 주요한 산업 혹은 R&D의 하위 기반 가운데 하나로서 과학기술인력정책을 추진하였다. 이공계 인력 지원 특별법이 제정된 2004년 이후인 제3기는 이공계 기피 해소를 위해 대학중심 인력유인 및 R&D 지원에 초점을 두고 대학교수 및 출연(연) 연구자 등을 양성하는 정책이 중심이 되었다.

이공계 기피에 대한 대응을 중심으로 시작된 이공계 인력 육성·지원 기본계획(제2차 기본계획부터는 과학기술인재 육성·지원 기본계획으로 명칭 변경, 이하 과학기술인재 기본계획)의 경우 과학기술인재의 양성을 넘어 활용 및 성장지원까지 강조하는 추세로 변화하고 있으나, 여전히 대학 연구역량강화 정책 중심이다.

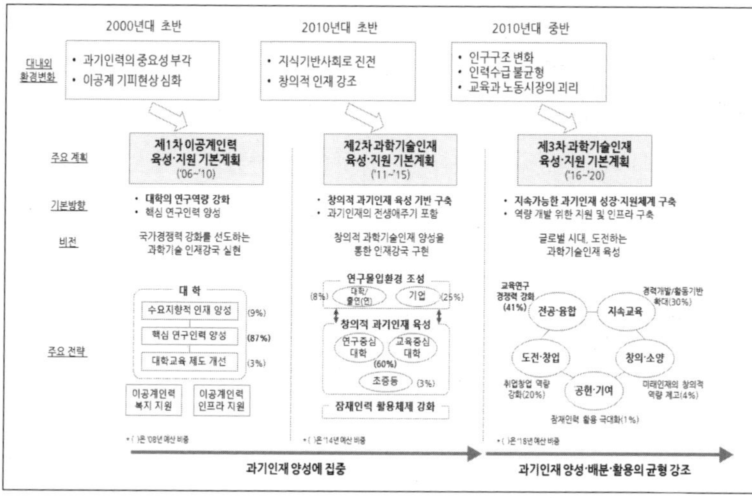

자료: 각 과학기술인재 기본계획의 내용을 정리; 홍성민 외(2019)에서 재인용.

[그림 3] 과학기술인재 기본계획의 변화(제1~3차)

이공계 대학(원)의 연구경쟁력 및 인력 유입 강화를 중심으로 하는 기조 유지 속에서 활용 및 일자리에 대한 강조가 지속 강화되고 있는 게 제3차까지 과학기술인재 기본계획의 주요한 흐름이다. 기본계획 중간연도를 기준으로 전체 예산의 87%가 핵심연구인력에 투입된 제1차 기본계획에 비해, 제2차 계획에서는 창의적 과기인재 육성 예산이 60%로 하락하였고, 제3차 기본계획에서는 교육 및 연구 경쟁력 강화 예산 비중이

41%까지 떨어졌지만, 여전히 가장 큰 부분을 차지하고 있다. 제3차 기본계획에서 두 번째로 많은 30%의 예산이 투입되는 경력개발/활동기반 강화 부분에서도 출연(연)을 중심으로 한 산업분야별 재직자 교육훈련이나 맞춤형 연구개발 지원을 실행하는 등 연구기관을 중심으로 한 투자가 많은 부분을 차지하고 있다.

3차에 걸친 과학기술인재 기본계획을 통해 15년 동안 과학기술인력 정책을 다양하게 추진해 온 결과, 분명히 대학의 양적 인력 배출, 논문 등의 양적 성과는 크게 강화되었다. 우리나라는 이공계 학사 이상 인적자원 배출 규모가 선진국을 상회하는 수준에 달하였고, 최근 15년간 SCI 논문 수에 있어서도 2020년 세계 10권을 유지하고 있다(과기정통부 외, 2020).

이러한 양적 성장에 비해 이공계 대학의 질적 경쟁력이나 산학협력, 산업계 수요 대응 역량 등에서는 15년 전 과학기술인재 기본계획을 처음 수립할 때의 문제의식이 해소되지 않고 계속 남아있는 한계가 뚜렷하다. 2021년 QS 세계 대학 순위를 살펴보면 우리나라에서 가장 높은 서울대학교가 36위에 머무르고 있고, 카이스트가 41위, 고려대학교 74위, 연세대학교 79위, 포스텍 81위, 성균관대 97위 등 총 6개 대학이 겨우 100위 안에 드는데 그치고 있다. 2021년 IMD 세계경쟁력 보고서에 따르면 우리나라의 수준급 엔지니어 공급 정도는 세계 37위에, 산학 간 지식전달 정도는 25위에 머무르고 있다. 학령층 인구 감소가 본격화되면서 대학 입학생 수도 문제가 되기 시작하였지만, 대학원의 경우 서울대 등 주요 연구중심대학에서도 자체 진학률이 낮거나 국내 출신의 정원확보가 어려워진 지 오래이다. 결국 지난 15년간의 과학기술인재 기본계획 등 대대적인 과학기술인력정책의 추진 결과 대학(원) 연구기반 확충은 성공했지만 연구의 질적 경쟁력 제고나 산업계 수요 대응, 우수 인재 유인 등 건강한 연구 및 교육생태계 구축 측면에서는 여전히 한계가 크게 나타나고 있다.

기존의 지속되는 문제 속에서 디지털 전환과 인구 감소 등 과학기술 인재수급 환경이 급변하면서 과학기술인재에게 요구되는 역할도 바뀌는 현재 시점에 수립된 제4차 과학기술인재 기본계획(2021~25)의 주요 내용은 다음 [그림 4]와 같다.

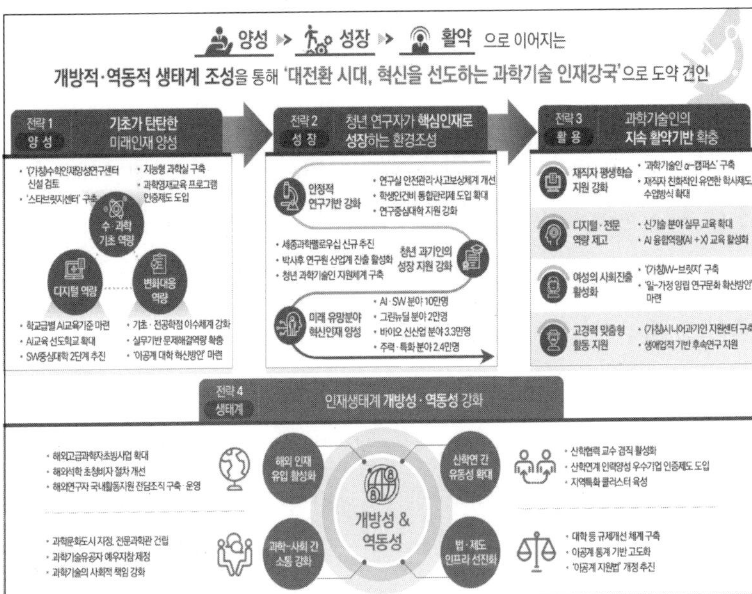

자료: 과기정통부(2021. 2. 26.).

[그림 4] 제4차 과학기술인재 육성·지원 기본계획('21~'25) 개요도

제4차 과학기술인재 기본계획은 새롭게 변화된 과학기술인재 수급환경에 맞춰 기초 교육을 강화하는 한편, 인재의 성장을 촉진하는 정책이나

인재생태계의 개방성과 역동성을 강화하겠다는 큰 방향에서 바람직한 측면이 많다. 이러한 목표나 큰 방향성에 비해 실제 과제 수준에서는 AI 등 새로운 분야에 대한 교육을 위한 투자를 늘리는 부분 외에 기존의 기본계획들과 큰 차별점을 찾기가 어렵다. 2021년 시행계획을 보면 여전히 안정적인 연구기반 강화 등 청년・연구자를 위한 투자가 전체의 60%를 차지하고 있는 점, 인재생태계 조성 분야는 전체 예산의 3%에 불과한 점도 이를 반증한다. 나아가 실무 교육이나 AI 등 디지털 교육 강화, 통계기반 강화 등 몇 가지 세부 내용 이외에는 기존 정책 기조가 그대로 유지되고 있다. 다시 말해 지난 15년간 계속되어 왔던 문제점들, 대학의 질적 경쟁력 미흡, 산학협력이나 인재수급 미스매치, 우수 인재 유인 약화 등이 앞으로도 지속될 수 있다는 우려를 낳는다. 여전히 대학이나 과학자를 중심으로 하는 정책이라는 점에서도 그렇고, 연구개발사업과 큰 차이가 없이 기술분야별 계약(contract) 위주로 추진되는 인력양성사업의 한계가 지속되는 점도 마찬가지이기 때문이다. 나아가 아무리 산학협력을 강조하는 정책을 추진한다고 하더라도 연구중심 대학 및 R&D 평가와 맞물려 과학기술인재가 노동시장에 진출할 때 맞닥뜨리는 대학 및 기업의 서열체제, 중소/중견기업의 과학기술인재에 대한 수요나 인력에 대한 투자의 한계 등의 문제가 지속되고 있기 때문에 그 효과성에 의문이 계속되고 있다.

무엇보다 인재수급의 환경 자체가 급변하고 있는 현실에서 인재의 성장경로나 수요 변화 등을 지속적으로 모니터링하고 기존 정책의 성과를 기반으로 정책 기획 과정으로 피드백할 수 있는 체제가 부족하다는 점이 가장 큰 문제일 것이다. 여전히 개별 인력사업에서 몇 명을 배출해 취업을 얼마나 시키고 있다는 정도 혹은 논문이나 특허가 얼마나 배출되었나를 파악하는 성과분석은 과학기술인재가 부딪히는 전체 노동시장의 문제나 진로 문제를 충분히 반영하지 못하는 단기적인 성과에 불과할 가능성이 높기 때문이다.

모니터링이나 과학기술인재정책의 기획체계를 개선하는 투자가 더 중요한 다른 하나의 이유는 연구개발투자와의 연계성 때문이다. 과학기술인재, 특히 석·박사 등 고학력 인재의 경우 인력양성사업 이외에 대학이 수행하는 연구개발과제에 의해서도 배출되는 측면이 강한데 이 부분에 대한 고려가 부족하면 미래 인재 성장에 적합한 과학기술인재정책의 수립 및 시행이 어려워진다.

예를 들어 R&D인력양성 사업으로 분류되는 사업을 통한 인력양성 성과는 다음의 〈표 3〉에 나타나듯이 박사 4천 여명, 석사 1.8만 여명 등에 불과하며 학사가 4.4만 여명으로 가장 많다.

〈표 3〉 2019년도 인력양성지원 대상사업의 학위별 인력양성지원 현황

부처	인력양성지원 대상사업	박사		석사		학사		기타		합계	
		인력	비중	인력	비중	인력	비중	인력	비중	인력	비중
과기정통부	SW전문인력역량강화(R&D)	-	-	11	0.1	19,742	93.8	1,294	6.1	21,047	100.0
	글로벌핵심인재양성지원(R&D)	28	35.9	48	61.5	2	2.6	-	-	78	100.0
	여성과학기술인육성지원(R&D)	2	50.0	-	-	2	50.0	-	-	4	100.0
	원자력안전연구전문인력양성사업(R&D)	1	5.6	13	72.2	4	22.2	-	-	18	100.0
	이공계전문기술인력양성(R&D)	67	2.0	387	11.5	2,837	84.1	83	2.5	3,374	100.0
	정보통신기술인력양성(R&D)	621	31.7	905	46.2	298	15.2	135	6.9	1,959	100.0
	소계	719	2.7	1,364	5.2	22,885	86.4	1,512	5.7	26,480	100.0
교육부	BK21플러스사업(R&D)	2,912	9.1	15,128	47.4	13,880	43.5	1	0.0	31,921	100.0
	산학협력고도화지원(R&D)	20	1.0	28	1.4	1,490	75.9	425	21.7	1,963	100.0
	학교기업지원사업(R&D)	-	-	-	-	341	17.6	1,594	82.4	1,935	100.0
	소계	2,932	8.2	15,156	42.3	15,711	43.9	2,020	5.6	35,819	100.0
산업부	산업전문인력역량강화(R&D)	105	1.6	1,172	17.8	4,322	65.5	997	15.1	6,596	100.0
	산학융합지구조성사업(R&D)	20	0.7	49	1.8	664	24.6	1,969	72.9	2,702	100.0
	에너지인력양성(에특)(R&D)	83	20.3	276	67.6	49	12.0	-	-	408	100.0
	에너지인력양성(전력기금)(R&D)	153	18.9	398	49.2	145	17.9	113	14.0	809	100.0
	소계	361	3.4	1,895	18.0	5,180	49.3	3,079	29.3	10,515	100.0
중기부	중소기업연구인력지원(R&D)	-	-	35	23.8	112	76.2	-	-	147	100.0
해수부	수산전문인력양성	7	28.0	11	44.0	7	28.0	-	-	25	100.0
합계		4,019	5.5	18,461	25.3	43,895	60.1	6,611	9.1	72,986	100.0

자료: 과기정통부 외(2021).

그런데 엄미정(2013)의 연구에 따르면, 2011년에만 해도 대학 수행 정부연구개발사업을 통해 12만여 명의 석·박사, 5만 명 이상의 포닥이 양성되는 결과가 나타났다. 알다시피 대학의 정부 연구개발활동 참여는 그 이후 더욱 늘어 2019년에는 5조원을 돌파한 상황이다. 다음 [그림 5]에서 나타나듯이 대학 연구개발비와 대학원생의 수는 기술분야를 막론하고 거의 비례관계를 보이고 있기 때문에, 대학 연구개발비 증가를 통해 이전보다 더 많은 석사 이상의 이공계 졸업생이 배출되었다는 점은 명약관화하다.

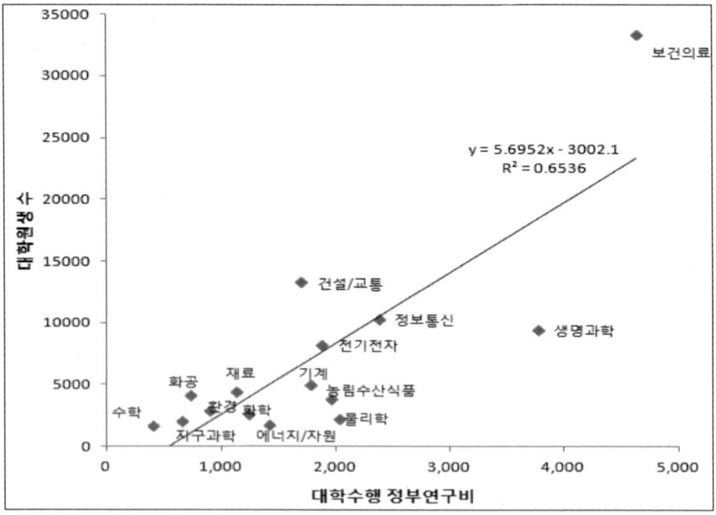

자료: 엄미정(2013).

[그림 5] 대학수행 정부연구비 대비 대학원생 수(2011)

대학 연구개발활동의 인재 배출 효과를 명확히 파악하고 고려하지 않을 경우 고학력 혹은 고도의 역량을 갖춘 미래 선도 기술개발 인재의 중요성이 더욱 커지는 현재의 수급환경 속에서 이들의 성장을 제대로 이끌

수 없는 공급초과의 노동시장 상황만 더 강화시킬 수 있다. 특정 분야의 고도 인력이 양성되지 않는다고 관련 인력을 다수 배출할 경우, 노동시장 공급 초과로 해당 분야 임금이나 근로조건은 약화되고 기업의 투자 의지도 줄어들어 우수 인재는 이 분야를 점점 더 기피하거나 탈출하게 되는 효과가 더 커질 가능성이 높기 때문이다.

이공계 박사를 중심으로 이들의 진로를 살펴보면, 연구자로 출연(연)이나 기업에 재직하는 경우는 적고, 대학에서 정규 교원 이외에 직업으로 머물고 있으며 희망하는 출연(연)이나 대학교원으로 진입하기 위해 노력하는 경향이 강하다는 부분이 다음 [그림 6]처럼 나타나고 있다. 대학 연구개발활동을 통해 지속적으로 연구개발에 종사하길 원하는 연구자 혹은 과학자를 희망하게 되는 특성이 강한데, 이들이 취업할 만한 좋은 일자리는 매우 부족한 게 과학기술인재 노동시장의 현실이다.

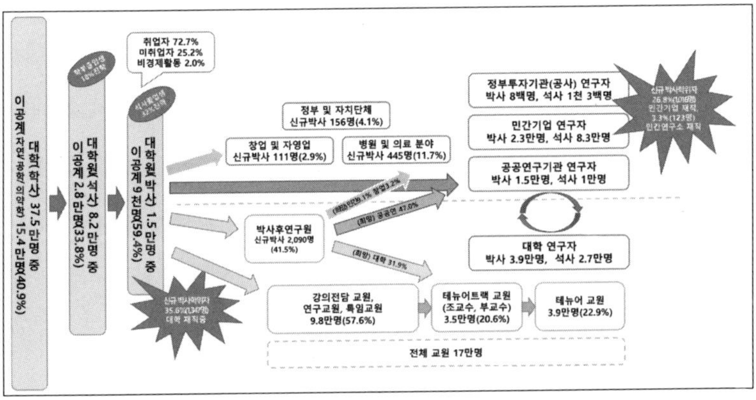

자료: 교육통계서비스(https://kess.kedi.re.kr); 대학알리미(https://www.academyinfo.go.kr/) (최종접속일 19. 11. 21.); 과학기술정보통신부 외(2019), 2017년도 연구개발활동조사보고서; 한국직업능력개발원(2018), 박사조사 등을 참고하여 연구진 작성.

자료: 홍성민 외(2020)에서 재인용.

[그림 6] 우리나라 이공계 박사의 진로 현황

이제는 과학기술인재 정책이 어떤 진로를 지향하는 인재를, 어떤 방법 혹은 수단을 통해 양성하는 게 바람직한 지 본격 고려하면서 정책을 기획하고 추진해야 하는 시점이다. 교수나 출연(연) 연구자로 대표되는 연구직 진로가 향후 더 늘어날 수 있는 한계는 분명한데, 대학 연구개발활동을 통한 인력양성 대부분은 연구직 경로에 초점을 맞출 수밖에 없는 부분이 있기 때문이다. 대학 유형별로 대학원생의 연구 여건이나 진로 차이가 심한데, 교원 능력에 기반한 개인 기초 연구의 확대는 대학원생의 진로에 대한 고려가 충분할 수가 없다. 대학 교원을 포함해 질적으로 우수한 연구자 양성 혹은 연구성과 자체를 위한 연구개발과 대학원의 석·박사 학생 등의 교육을 위한 연구가 동일하게 이루어지는 게 적합한가에 대한 고민도 필요하다.

미래 인재 성장을 촉진하는 기본 교육 및 현장학습을 위한 토대 구축이 과학기술인재 수급 환경이 변화하는 현 시점에서 더욱 중요해지는 요소임은 분명하다. 급변하는 경제, 사회 및 기술 환경 속에서 변화에 대응하는 역량, 지속적으로 학습하는 역량이 중요해지면서 상황이해나 해석, 상호협력 등 기본 역량을 배양하는 교육의 중요성이 점점 더 커지고 있기 때문이다. 나아가 프로젝트 기반 학습(PBL: Project Based Learning), 플립드 러닝(Flipped Learning) 등 실습과 현장에서의 경험 습득을 위한 교육 방식이 더욱 중요해지고, 지식전수보다 경험 속에서 스스로 학습하고 성장하는 교육이 강조되고 있다.

이런 의미에서 보면 이공계 대학(원)에서 이루어지는 석사 이상 고학력 과학기술인재의 양성 및 교육은 원래 연구개발활동과 함께 이루어지는 게 당연한 프로젝트 기반 학습이었으며, 이 경향이 이공계 학부 고학년까지 확대되는 추세인 점은 바람직하다고 할 수 있다. 하지만 연구개발 활동과 더불어 이루어지는 현장 학습임에도 불구하고, 기존 이공계 대학원의 교육이 미래 우수 인재의 성장에 적합한가 하는 문제는 계속 제기되는 게 현실이다. 대학 연구실에서 이루어지는 연구개발활동이 학습인가 저임금 노동인가의 문제의식이 최근에는 더욱 강조되는 가운데, 올바른 학습권에 대한 논의도 활발히 제기되는 실정이다.

특정 기술 개발 필요성이 부각될 때마나 대학을 통한 기술개발과 인력양성을 동시에 강조하면서 자금뿐만 아니라 인력의 쏠림 현상이 발생하는 부작용도 적절한 인재의 성장을 위한 기초 교육은 물론 이들의 현장 경력심화, 나아가 고도의 미래 인재로 성장해 나가기 위한 토대를 저해할 수 있다는 우려도 제기되고 있다. 무엇보다 다양하게 분화되거나 융합하고 심화되면서 지속적인 교육이나 경력심화를 요구하는 현재의 과학기술 인재에 대한 수요 다양성에 대응하는 게 점점 더 어려워질 가능성이 높다.

4. 과기인재정책의 개선 방향

R&D 인력양성사업의 변화 방향

현재 부처별로 다양하게 추진되고 있는 R&D 인력양성사업은 각 부처의 특성에 맞게 주요 기술분야나 대상 인력별로 연구개발 과제 혹은 현장 실무 교육훈련 형태로 추진되고 있다. 이를 정리하기 위해 부처별로 주요 지원유형에 따라 사업을 통합하여 추진하는 형태를 갖추었지만, 여전히 부처의 벽을 넘어 상호 연계되는 측면은 약하고 효과적으로 인재의 성장을 지원하는 형태로 체계화가 이루어지는 부분이 미흡하다고 할 수 있다.

디지털 전환 등 미래 인재의 수요 자체가 특정 기술개발을 위한 연구 수행만으로 자연스럽게 길러지는 게 아니라, 대학에서의 연구개발 과제의 수행과 더불어 인재성장에 초점을 맞춘 체계적인 현장학습이 지속적으로 이루어져야 할 필요가 있다. 연구지원 자체만으로 인재가 양성되는 게 아니라 적정한 교육과 연계되어 인재성장 중심의 사업추진체계 마련이 필요한 시점이다. 이를 위해서는 특히 기술개발 성과에 중점을 두는 연구개발사업과의 차별화된 성과, 특히 미래 인재의 주요한 역량 요소와 나아가 경력개발 및 심화 정도가 지속적으로 모니터링되며 제시되는 형태로 발전할 필요가 있다.

다양하게 추진될 수밖에 없는 인력양성사업의 경우 중복 제거나 효율화 관점을 강조하기보다 실제 필요한 질적으로 우수한 인재가 양성될 수 있는 기반이 마련될 수 있도록 사업 수행이나 지원방식의 개선에 대한 연구나 투자가 더 필요한 시점이다. 기술개발에 초점을 맞추는 연구개발사업과의 차별화된 성과지표나 과정지표 개발, 양성 목적에 따라 누가 어떻게 수행하는 게 바람직한가? 등에 대한 기획 작업 등이 좀 더 엄밀히 이루어져야 한다. 특히 성과파악이 어려운 교육훈련 성과에 대한 질적 지표와 실제 역량의 활용 현황 등을 모니터링하고 분석할 수 있는 수단을 다양하게 마련해야 한다. 발전된 IT 기술이나 빅 데이터 분석 등이 효과적으로 활용되어야 하는 대표적인 분야가 인력양성사업의 성과분석 부분이라고 판단된다.

결국 인재의 성장을 지속적으로 추적하면서 필요한 지원이 이루어질 수 있는 정책기반에 대한 종합적인 투자가 더 강조되어야 하는 시점이다. 과학기술분야 인재의 성장과 경력 등을 추적해 나가면서 [그림 7]처럼 경력단계별로 필요역량을 갖춰가며 미래 핵심인재로 성장해 나갈 수 있도록 진로 지도나 컨설팅이 전 생애주기에 걸쳐 이루어질 수 있는 투자가 필요하나, 분야별 양적 인재 공급에 더 주력하는 현재 인력양성사업에서 이러한 투자는 거의 이루어지지 못하는 실정이기 때문이다.

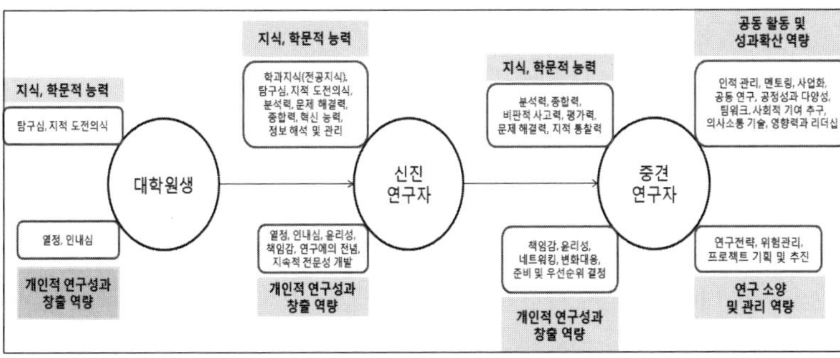

주: 음영 부분은 4개의 핵심 역량 영역을 표시하며 파란색 테두리 안의 내용이 개별 핵심 역량 요소를 의미함.

자료: 홍성민 외(2013) p. 121에서 재인용.

[그림 7] 경력단계별 과학기술인재의 핵심 역량 모형(예)

R&D 관련 인력양성 효과가 있는 사업을 갖고 있는 부처 간 상호 연계나 사업 시너지 효과를 발휘할 수 있는 조정체계도 중요하다. 무엇보다 석·박사 등 고학력 과학기술인재의 양성이 대학에서 이루어지는 주요 기술 분야별 연구개발활동을 통해 이루어지고 있다는 점에서 이러한 연구개발활동의 인력양성 효과를 모니터링하고 이를 감안한 과학기술인재 정책의 기획과 추진이 필요하다.

나아가 기술개발을 위한 대학의 연구개발활동은 포닥과 테크니션 등 고용된 전문 연구자를 중심으로 이루어진 전문적인 연구소 체제로 수행하도록 촉진하는 형태로 연구개발수행체계를 개선할 필요도 있다. 예를 들어 개방형 특화 연구센터 설립을 지원하고 대학의 연구소 체계를 강화하거나, 특화 분야별 연구장비 구축을 통해 핵심연구지원시설(Core-Facility)로 조성하고 이를 통해 다양한 연구가 전문 연구자를 중심으로 이루어질 수 있도록 펀딩 방식 개편 등 다양한 연구개발과제 수행 방법이 가능하도록 하는 혁신이 이루어질 수 있도록 제도나 투자방식 개선이 필요하다.

미래의 과학기술인재 양성을 위해서는 특정 기술분야를 위한 기술분야별 인재양성이 아니라 다양한 분야에서 기여할 수 있는 종합적인 역량을 갖추도록 해야 하므로, 인력양성사업을 넘어 주요한 인력양성 부처인 교육부의 대학에 대한 재정지원사업 및 대학 수행 연구개발투자와도 연계가 이루어질 수 있는 터전이 필요하다. 좀 더 나아가서는 부처 간 협업체계를 넘어 산학연관 전체의 의견을 조율하고 함께 노력해 나가야 할 부분과 정책과제를 도출하는 범사회적 협업 체계까지 마련하는 부분도 적극 고려해야 할 것이다. 디지털 전환으로 대표되는 최근 기술발전은 전 산업에 걸쳐 인재수요 자체의 변화를 가져오고 있어 개별 부처나 산학연이 각각 대응할 수 있는 수준을 넘어서고 있으므로 독일의 노동 4.0 체계처럼 산학연관의 전체 논의와 변화를 추진하는 노력 및 사회 각 영역에서 다양한 태도나 방식의 전환을 추진할 수 있는 동력을 마련해야 한다.

과학기술인력정책의 노동시장 및 경력개발 성과 모니터링 측면에서의 통계 기반 구축

과학기술인재정책의 다양한 혁신과 부처 간 연계, 이공계 대학(원) 교육혁신을 위한 기본 인프라로서 인재의 성장과 진로를 추적할 수 있는 기본 정보 시스템을 구축하는 한편, 이를 통해 교육혁신의 궁극적인 성과를 측정할 수 있는 역량측정 지표 개발 등이 마련되어야 한다. 이제는 인재정책 패러다임 자체가 지속적으로 변화하거나 다양한 분야로 수요가 넓어지는, 혹은 기술의 적용 영역이 점점 더 확대되어가는 시대이기 때문이다. 즉, 특정 기술개발이나 특정 기술분야에 한정한 인력수급이 아니라 움직이는 목표(moving target)에 맞춰 지속적으로 혁신을 이루어내면서 과학기술인재정책을 기획 및 수행하고, 그 성과를 다시 피드백 할 수 있는 체계 마련이 필요하다.

선진국 사례를 보면, 네덜란드의 경우 논문 작성 이외에 연구자의 다양한 역량(예: 교육, 멘토링, 리더십, 관리, 기업가정신, 지식 적용) 개발 기회를 제공하고 경력유형에 따라 차별화된 성과평가체계도 마련하고 있다고 알려져 있다. 이공계 인력 정보를 가장 포괄적으로 담고 있는 미국의 SESTAT는 물론, 일본이 경우에도 박사인재 추적조사와 연구인재경력정보 활용 지원 정책을 추진하면서 인재의 성장을 추적하고 지원할 수 있는 인프라 구축에 노력하고 있는 현실이다. 이에 비해 우리나라의 경우 이제 막 이공계 대학원이나 석・박사 졸업생에 대한 총조사 및 패널조사를 시작하고 있는 시점이므로 이에 대한 투자를 강화하고, 단순히 조사에 머무르는 게 아니라 과학기술인재의 역량개발 현황, 경력개발 및 심화 현황 등에 대해 종합적인 모니터링과 분석이 이루어질 수 있는 체계로 강화・발전시켜 나가야 한다.

좋은 일자리 창출을 지원하기 위한 R&D정책의 변화 방향

아무리 인력양성정책이 성공한다고 하더라도 우수한 인재를 지속적으로 끌어들일 수 있는 좋은 일자리, 수요처가 충분하지 않다면 과학기술인재정책이 효과적이라고 말하기 어려울 것이다. 정부 정책의 효과가 미치기 가장 어려운 부분 중 하나가 다시 말해 순전히 민간 기업의 몫으로 남겨져 있는 부분이 좋은 일자리 문제이지만, 미래 과학기술인재의 경력개발이나 심화를 위해서도 좋은 일자리를 꾸준히 창출할 수 있는 터전을 마련하도록 정부의 정책적 노력이 필요하다.

디지털 전환 시대를 맞이하여 더 중요해진 과학기술인재정책 분야는 기업의 디지털 기술변화 대응을 위한 인력전략을 효과적으로 지원하는 방향으로 기획되고 종합적으로 추진되어야 한다. 효과적인 기업 지원을 위해서는 범부처 대응전략 패키지 등을 구축해 기업의 대응 전략 유형별로 적절한 실행 가이드와 관련 컨설팅, 정부지원제도를 묶음으로 제공하는 종합적인 정책이 필요하다. 이는 미래 과학기술인재의 역할이 단순히 기술개발이나 지원자가 아니라 비즈니스를 창출하거나 생산성을 획기적으로 높이는 형태로 다양하게 기여하여야 하는 시대이기 때문에 더욱 그렇다. 디지털 전환과 관련된 기업의 인력분야 대응전략은 다음의 표와 같이 크게 세 가지 유형으로 정리될 수 있다.

파괴자 유형은 기존과 다른 비즈니스모델을 창출하는 비즈니스모델 혁신 유형으로, 이 분야에서는 신기술이 제품포트폴리오와 비즈니스모델을 변혁하게 되고 이를 위한 고숙련 핵심 인력의 성장과 확보가 중요해진다. 따라서 핵심 과학기술인재의 성장 촉진을 위한 역량향상 R&D, 다시 말해 현장에 대한 지식 확충을 위한 프로젝트기반 교육과 더불어 비즈니스모델까지 고려한 연구개발 기획과 실행이 특정 연구자만이 아니라 관련되는 투자자나 대학, 기업까지 함께 참여하는 종합적인 코크리에이션(co-creation)을 통해 이루어질 수 있도록 지원하는 방안이 중요한 정책 수단이 될 수 있다.

〈표 4〉 기업 상황에 따른 인력변화 대응을 위한 미래준비전략 조합

기업구분	유인	미래준비전략 조합					잠재적 산업군
		재교육	재배치	고용	계약	감소	
파괴자 (Core disruptor)	□신기술이 제품포트폴리오와 비즈니스 모델을 변혁 □시장 전체의 강한 성장세 □고숙련 인력 주도	●	●	◕	◑	○	□소프트웨어 □기술 □통신 □미디어
효율 향상자 (Efficiency enhancer)	□자동화가 인력을 대체 □느린/적당한 시장 성장잠재력 □중저급 인력 주도	◑	◑	◔	◔	●	□소매업 □금융/보험 □노동집약 제조업
인간-기계 협력자 (Human-machine collaborator)	□자동화가 노동력과 품질을 보완 □적당한/강한 시장 성장세 □중고급 인력 주도	●	◑	◑	◔	◔	□헬스케어 □고도 제조업 □자산관리

주: 아주 중요(●), 약간 중요(◕), 보통(◑), 중요도 낮음(◔), 중요도 아주 낮음(○).
자료: McKinsey Global Institute(2018); 홍성민 외(2019)에서 재인용.

효율 향상자 유형은 디지털 전환과 더불어 가장 많은 논란을 일으켜 왔던 기술이 인력을 대체하는 분야라고 할 수 있다. 이 경우 노동시장 유연화를 기반으로 한 생산성 강화가 필요해, 직장을 잃거나 전직을 해야 하는 사람들을 위한 직업안전망 강화가 같이 이루어져야 한다. 대표적인 예로 새로운 분야나 기존의 숙련을 활용할 수 있는 분야로의 직무 전환 훈련과 더불어 기본생활을 보장하는 실업급여 및 사회복지 지원정책이 맞물려 추진되어야 한다.

마지막으로 인간-기계 협력자 유형은 한동안 다양한 산업에서 디지털 전환이 이루어지면서 나타날 수 있는 대표적인 유형으로, 자동화나 디지털 기술이 기존 인력을 보조하면서 생산성을 높이는 역할을 하는 경우이다. 이 경우 기존 인력이 디지털 기술을 활용할 수 있는 기본 역량을 갖추면서 고도화될 수 있도록 하는 지원 정책이 중요해진다. 공대교육에서부터 디지털 역량을 키우는 방향으로 교육혁신을 추진하는 한편 ICT기반 재직자 역량향상이나 직무고도화 교육훈련을 강화하는 방향으로 과학기술인재정책이 추진될 필요가 있다.

근본적으로 좋은 일자리 창출을 위해서는 좀 더 제품혁신에 초점을 맞춰 다양한 새로운 사업기회의 발굴과 비즈니스 모델 혁신을 지원하는 비중이 증대될 필요가 있다는 점은 아무리 강조해도 부족할 것이다. 비즈니스 모델 혁신이나 인간-기계 협력을 통한 일자리의 질을 제고하는 방향으로 혁신정책이 추진되기 위해서는 기술개발 단계에서부터 다양한 이해관계자가 함께 그 기술의 활용과 사회경제적 효과까지 최적화하기 위해 고민하는 공동창의(co-creation) 중심의 기술혁신 지원이 필요한 이유이기도 하다. 미국 MIT는 대학과 기업뿐만 아니라 창업가와 벤처캐피털, (지역)정부가 함께 참여해 연구과제 기획에서 성과 확산까지 함께 고민하는 지역혁신생태계시스템의 발전을 촉진하고 있다. 우리도 공동창의 기반의 다양한 혁신시스템이 지역대학이나 연구중심대학을 중심으로 마련되도록 하는 지원 정책이 시급한 실정이다.

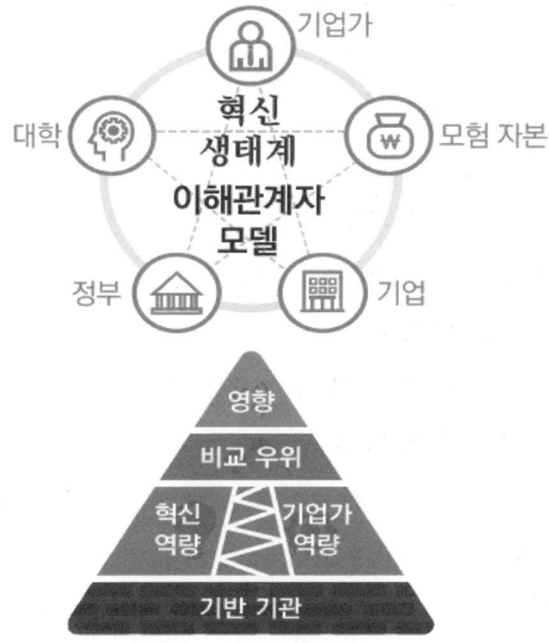

자료: OECD Workshop 발제자료(2018. 12)에서 정리; 홍성민(2019)에서 재인용.

[그림 8] MIT의 Co-creation을 위한 혁신 생태계 모델

참고문헌

KIAT. (2005.5). 포스트 코로나 시대 대비를 위한 산업기술 주요 이슈 분석, 한국산업기술진흥원.

과기정통부 외. (2020). 2020 국가과학기술혁신 역량평가.

과기정통부 외. (2021). 2019년도 국가연구개발 성과분석 보고서.

과기정통부. (2021. 2. 26.). 「제4차 과학기술인재 육성·지원 기본계획('21~ '25)」 수립.

내각관방 일본경제재생종합사무소(2020. 7), With 코로나바이러스, 포스트 코로나 시대의 기업전략, 한국산업기술진흥원 기술전략팀 번역.

엄미정. (2013). 연구개발투자를 통한 연구인력 양성 현황 및 개선방안, 한국과학기술기획평가원.

홍성민 외. (2013). 미래 과학기술 인재상과 이공계대학 지원정책의 전환방향, 과학기술정책연구원.

홍성민 외. (2019). 과학기술의 일자리 영향 분석에 기반한 좋은 일자리 창출 전략, 과학기술정책연구원.

홍성민 외. (2020). 4차 산업혁명 시대 과학기술 혁신인재 생애주기 성장지원체계 기반 강화 연구, 국가과학기술인력개발원.

홍성민. (2019). 전문 일자리 창출, 과학과 산업, 시민사회의 코-크리에이션(Co-Creation)이 필요한 때, STEPI Outlook 2019, 과학기술정책연구원.

홍성민. (2020). COVID-19가 과학기술 일자리에 미치는 영향과 대응방향, Future Horison+ 제47호, 과학기술정책연구원.

Deloitte. (2019). The future of work in technology.

IMD. (2021). World Competitiveness Yearbook 2021.

MGI. (2018). Skill Shift Automation and the Future of the Workforce, Discussion Paper, May 2018.

WEF. (2020). Future Job Survey 2020.

[폴리로그]

1. 토론에 앞서

본 내용은 서적작업에 공동으로 참여하고 있는 필자들이 웨비나를 통해 나눈 이야기를 정리한 것이다. 웨비나는 본 서적 작업 시 기획한 4개 영역 중 3개 영역에 해당하는 고등교육과 지방대학, 평생·고등직업교육, 디지털 교육혁신과 AI 등에 관한 내용을 중심으로 하였다. 원활한 토론을 위해 아래 각 영역별로 질문서를 작성하였으며, 관련 분야 원고 집필자 중심으로 우선 토론하고, 이후 모두가 참여하도록 하였다. 내용은 토론 상황임을 고려하여 구어체를 그대로 반영하여 정리한 점을 미리 밝혀둔다.

고등교육에 대한 질문

01. 국내외적인 상황을 고려할 때, 대학구조조정이 필요하다고 판단되는가? 필요하다면, 대학구조조정은 무엇이고, 어떤 내용이 되어야 한다고 생각하나?

02. 현재, 정부 주도적으로 대학구조조정이 진행되고 있다. 이에 대한 불만이 많다. 구조조정의 주체는 누가 되어야 한다고 생각하나?

03. 교육부의 대학구조조정은 '대학평가'를 통해 부실대학을 가려내고, 정원감축 및 퇴출을 추진하고 있다. 이 평가 과정에 전 대학이 서열화되고 있고, 대학 특성화가 훼손되고 있다고 주장한다. 이 주장이 설득력이 있다고 생각하나? 서열화를 피할 수 있는 방법은 없을까?

04. 정원감축을 인위적으로 하는 것이 맞나? 시장에 맡기라는 주장도 있다. 이렇게 할 경우, 문제는 없을까? 지금과 같은 정부주도형 정원감축 외에 다른 방법은 없을까?

05. 교육부의 대학재정지원사업(교육혁신지원사업 등)에 대하여 비판이 있다. 평가보고서 작성 시 평가가이드라인을 제시함에 따라 오히려 특성화를 훼손하고 있다는 지적이다. 재정지원사업의 올바른 방식은 무엇일까?

06. 대학 등록금은 13년째 동결이다. 물가인상률만큼 인상할 수 있도록 되어 있지만 정부의 대학구조개혁평가와 연계되어 있어 사실상 동결 상태이다. 이 때문에, 재정여력이 없어 미래를 위한 투자를 제대로 하지 못하고 있다. 특히, 정부는 대학장학금 증액요구, 대학입학금 폐지, 국가장학금 행정 부담 대학 전가, 강사법 제정 등 대학 재정 부담을 지속적으로 증가시켜 왔다. 뿐만 아니라 정부의 재정지원은 교육 분야로 한정하여 대학운영재원으로 사용하기 어렵다. 이런 환경을 타개하기 위한 대학 등록금 정책, 고등교육재정 정책, 어떻게 해야 하나?

지방대학에 대한 질문

01. 지방대학은 인구감소에 따라 대학 입학자원위기를 먼저 맞고 있다. 위기 대응을 위해 지방대학에 대한 배려가 필요하다는 주장과 함께 수도권 대학도 정원감축이 되어야 한다고 주장한다. 그러나 수도권

대학은 우수인적자원 수급이 절실한 시기에 우수대학의 입학자원 감축은 바람직하지 않다는 반론도 있다. 수도권 대학과 지방대학의 정원감축 문제 어떻게 접근해야 할까?

02. 지방 국립대학은 생존을 위하여 등록금 100%지원을 주장하기도 한다. 이러한 주장이 대학구조개혁에 합리적인가?

03. 지방사립대학 퇴출 과정에 설립자에게 일부 재산을 귀속하도록 하는 법안이 계류되어 있다. 제정 필요성이 있다고 생각하나?

04. 수도권대학과 지방대학의 교육격차는 무엇이고, 어떤 이유에서 발생하고 있다고 생각하나?

평생 · 고등직업교육에 대한 질문

01. 지방사립대 구조조정의 일환으로 평생·고등직업교육대학으로의 전환을 주장하기도 한다. 기존 규모를 축소하지 않고는 경영이 어려울 것으로 판단되는데 이러한 주장이 현실성이 있다고 생각하나?

02. 전문대학은 대학을 대학교로, 학장을 총장으로 명칭 변경한 바 있다. 뿐만 아니라 2년제 대학에서 심화과정을 통해, 3년제, 4년제 과정까지 도입하고 있는 것은 물론, 대학원 전문기술석사과정인 마이스터 대학까지 설치할 수 있도록 하였다. 지금과 같이 4년제 일반대학으로의 천이 등 지금까지 전문대학 전략이 적절한가? 전문대학의 평생교육기관 전환 주장은 허상이 아닌가?

디지털 교육혁신과 AI에 대한 질문

01. 인구감소시대 교육생산성제고를 위해 디지털교육, AI가 도움이 될 수 있다고 한다. 어떠한 방식으로 대학교육에 적용 가능할까? 현실성은 있나? 비용은 얼마나 소요될까?

02. 코로나19 전염병확산으로 인해, 대학에서 비대면 교육이 확산된 바 있다. 이러한 비대면 교육이 코로나 상황이 종료된 이후에도 지속될 수 있을까? 그리고 현재, 원격교육에 대한 학점 비중이 제한되어 있다. 그런 규제가 필요한가?

2. 토론문

박철우 | 첫 번째 논의 주제로, 질문 1번에 대한 내용을 토론하겠습니다. "국내·외적인 상황을 고려할 때, 대학 구조조정이 필요하다고 판단하시는가?" 하는 부분에 대해서 백정하 소장님과 이병욱 교수님 먼저 의견주실까요?

백정하 | 대학에 구조조정이라는 용어가 적절한지 모르겠으나, 구조조정을 구조개혁이나 대학개혁이라는 측면에서 보면, 대학 구조조정은 필요하다고 생각합니다. 지금까지 대학들이 구조조정을 계속 해오면서 발전해오고, 생존해 왔다고 개인적으로 생각합니다. 대학이 대내외적인 환경 변화에 대응하지 못하고 구조개혁을 하지 않았다면 지금까지 생존하지 못했을 것입니다. 대학이 발전과 생존을 위해서 앞으로도 구조개혁은

계속 이루어져야 되고, 이루어질 수밖에 없다고 생각합니다. 이 과정에서 구조개혁이 제대로 이루어지는 것이 필요하다고 생각해요. 이것이 제대로 이루어지지 않았을 때, 개별 대학의 소멸뿐만 아니라 대학이라고 하는 고등교육 기관의 소멸이라는 것까지도 예상할 수 있지 않을까 생각됩니다. 그래서 단순하게 학령인구 감소로 인한 입학정원 감축 측면에서 접근할 것이 아니라 개별 대학 및 고등교육의 발전이라고 하는 측면에서 구조조정은 계속되어야 한다고 생각합니다.

박철우 | "대학 구조 개혁은 필요하다."라고 이야기하셨는데, 이제 이병욱 교수님 의견듣겠습니다.

이병욱 | 네, 저도 대학의 구조개혁의 필요성에 대해서는 동의를 합니다. 다만, 대학의 구조개혁이라고 언급하는 것이 적절할지, 구조조정이라고 이야기하는 것이 바람직할지에 대해서는 목적과 뉘앙스에서 차이가 있기 때문에 개념 정리가 필요하다고 생각합니다. 우선, 대학 구조조정이라는 표현들을 하셨기 때문에 이것에 대해 좀 말씀을 드리자면, 크게 세 가지 측면에서의 구분이 필요합니다. 잘 아시다시피, 양적 구조조정이 있고, 질적 구조조정이 있을 수 있으며, 필요하다면 양적인 구조조정과 질적인 구조조정이 병행될 수도 있다고 생각합니다. 이것을 우리가 구분해서 논의를 할 필요성이 있다는 말씀을 드리고 싶습니다. 그리고 이러한 구조조정도 그 대학을 바라보는 시각의 주체에 따라서도 구분이 필요합니다. 우선, 외부자적 시각, 즉 국민들의 요구에 기반한 시각이라고 할 수 있겠죠. 그분들이 대학의 양적, 질적 구조조정에 대해서 어떤 견해와 생각을 갖고 있는가에 대해 고민해 볼 필요가 있을 것 같고요. 그 다음에

내부자적 시각인 대학 구성원들은 스스로에 대한 구조조정에 대하여 어떤 견해를 갖고 있는가를 검토해 볼 필요가 있습니다. 우선적으로 저는 양적 구조조정에 대해서는 국민들은 동의한다고 생각합니다. 그리고 질적 구조조정에 대해서도 '질적'이라는 것을 어떻게 정의하느냐에 따라 논란이 있을 수 있지만 수요자인 국민들은 대부분 동의를 하고 있다고 판단이 됩니다. 문제는 내부자인 대학의 구성원들의 시각이라고 생각되는데요. 이들은 대학 구조조정에 대한 인식의 이중성을 갖고 있다고 판단됩니다. 예를 들어 양적 구조조정에 대해서는 대학 구성원들도 인구 구조학적 변화와 산업구조 변화 등에 따른 인력의 수요와 공급 차원에서 각 분야의 인적자원을 얼마만큼 양성하여 배분, 활용할 것인가의 측면에서는 양적 구조조정이 필요하다는 것에 대해서는 동의를 하고 있지만, 본인들이 재직하고 있는 대학 또는 학과의 구조조정에 영향을 미치는 정책들에 대해서는 반대하는 경향을 보이고 있습니다. 반면 타 대학 및 학과의 구조조정에 대해서는 동의하는 주장을 하는 경우가 많습니다. 다시 말해 자기이해와 생계의 측면에서의 양적 구조조정에 대해서는 부동의를 하고 있지만 타 대학에 대한 구조조정에 대해서는 학자적 관점까지 동원하면서 동의를 하고 있다는 점을 지적할 수 있습니다. 질적 구조조정에 대해서는, 대학이 위치한 지역이나 수준, 그리고 환경에 따라서 논의의 초점은 달라지는 것 같아요. 일단은 자신이 재직하고 있는 대학에 대한 질적 구조조정에 대해서는 동의와 부동의하는 측면을 보이고 있지만, 타 대학에 대한 질적 구조조정에 대해서는 당연한 동의를 보이는 복잡한 견해들이 엉켜 있는 것이 아닌가라는 생각이 들거든요. 그렇기 때문에 양적 구조조정, 질적 구조조정, 그리고 양적 구조조정과 질적 구조조정을 병행하는 것은 대학의 발달 단계와 국가 발달 단계에 따라 어느 정도가 적정한가에 대한 정밀한 검토와 이를 내부 구성원들의 자발적 혁신을 통한 방안을 찾게 하기 위한 국가와 대학 자체의 가이드 라인을 정할 필요가 있다고 생각됩니다. 특히, 양적 구조조정과 질적 구조조정에 대한 구분 기준 설정, 개념 정의와 더불어 지금까지 말씀드린 대로 대학과 국가 발달단계와 수준에 따라 차별화된 목표와 전략을 세워 추진할 필요가 있다고 생각합니다. 그리고 다른 나라 대학과 비교의 측면에서도 어느 국가의 어느 대학을 대상으로 우리나라 대학의 어느 대학과 상대 비교를 할 것이냐에 따라 많은 논란이 있을 수 있기 때문에 단순 비교를 하는 것은 어렵다는 한계를 인정할 필요가 있습니다. 그러나 다른 국가 대학들의 다양한 사례와 정보를 기반으로 우리나라 대학들의 교육 목표와 수준은 어느 정도인가 라는 것에 대해서는 분명한 평가가 필요합니다. 이러한 평가 결과를 바탕으로 대학의 구조개혁이나 구조조정에 대한 내·외부 구성원들의 컨센서스를 형성해 나가는 것이 필요하다는 생각이 듭니다. 결론적으로 대학의 구조개혁과 구조조정을 논의할 때는 몇 가지의 전제와 구분을, 그리고 판단의 기준 등을 명확하게 설정해놓고 논의할 부분은 논의를 하고, 명료하게 밝힐 부분은 평가를 통하여 드러내 놓고 외부와 내부 구성원들이 서로의 상황을 인지한 상태에서 대학 구조조정에 대한 논의를 발전시켜 나가는 것이 필요하지 않을까라는 생각이 듭니다.

박철우 | 대학구조개혁에 대해서는 이석열 교수님께서도 오랜 동안 연구해 오셨는데 이석열 교수님! 의견 어떠신가요?

이석열 | 제가 생각할 때 두 번째 질문하고 연계되는 말씀인데, 가장 중

요한 것은 구조조정이라 할 때, 구조조정의 주체가 누구냐에 대한 부분이 너무 불분명하게 혼동되어 있지 않는가? 하는 생각이 듭니다. 사실 지금, 두 번째 질문하고도 좀 연관이 되어 있는데, 대학의 구조조정이라는 것이 정말 정부주도로 하는 것이 맞는 것인가? 에 대한 부분을 우리가 생각해 봐야 할 것 같고, 저는 대학의 생명은 어쨌거나 자율이 아닐까? 하는 생각이 들어요. 대학의 태동의 근본이 자율에서 태동되었던 그 성격을 고려할 때는 대학 구조조정 그 자체가, 주체가 결국 대학이 되어야 하는데, 우리는 자꾸 정부 주도로 되어 있는 이 상황이, 구조조정을 잘못된 방향으로 자꾸 걷게 하고 있지 않은가? 결국 우리가 구조조정에 대해 이야기하려면 주체, 누가하느냐? 에 대한 부분, 왜 하느냐? 어떻게 하느냐? 이러한 좀 세부적으로 명확하게 해야 한다고 생각합니다. 즉, 목적이라든지, 방법이라든지 이런 것들이 정확해야 하는데, 이게 정확하지 않은 상태에서 말하는 사람마다 다 달리 접근하고 이야기하니깐 늘 혼선과 혼동이 생기는 것 같은 생각이 들어요. 정말 처음에 이야기했던, 백정하 소장님이 이야기했던, 고등교육의 어떤 발전이라고 하는 측면을 염두에 두고, 지금 이병욱 교수님이 이야기했던 양적이든 질적이든 어떤 방법, 방향에 대한 것을 누가 어떻게 접근하느냐에 대한 것이 명확하게 우리가 이루어져야하지 않을까? 라는 생각이 듭니다. 저는 구조조정이라고 하는 말 자체가 주는 어감이 너무 외부에서 강압적인 느낌이 많이 든다는 생각이 들어요. 대학이 자발적으로 자기 대학의 어떤 발전과 경쟁력 제고를 위해서 대학이 노력해야 할 부분을 의미있게 구해주는 그런 용어로 바뀌어야 되지 않을까? 하는 그런 생각이 들면서, 구조조정이라는 말 자체로 벌써 10여년 이상 대학을 압박하고 있는데, 그 방식만 좀 바꾸고 싶을 뿐이지,

대학이 정말로 경쟁력을 제고하고, 질적 수준을 높이기 위해서 대학이 자율적으로 자발적으로 뭔가를 하는 부분은 뭔가 문제가 있지 않은가? 하는 생각이 듭니다. 우리가 학생을 두고 생각할 때도, 강압적으로 공부하라고 할 때는 공부하는 척은 하지만, 실제 제대로 공부하지 않는다는 거죠. 자기가 스스로 이제 내가 공부를 해야겠다는 자발적인 마음이 들 때는 누가 공부를 하라고 하지 않아도 공부를 한다는 것이죠, 그런 의미로 우리가 대학구조조정에 대한 방향이라는 이런 것들을 다시 한 번, 대학의 본질 측면에서 한 번 바라봐야 되지 않을까? 하는 생각이 듭니다.

이병욱 | IMF 시기를 거치면서 기업 구조조정이라는 용어를 자주 사용하였는데 그 연장선상에서 대학에 대한 '구조조정'이라는 용어를 제대로 된 개념 정의 없이 사용하고 있다고 생각됩니다. 대학의 설립 목적과 특성에 비추어 보았을 때는 '구조개혁'이라는 용어가 더 적절하다는 말씀을 드리고 싶습니다. 그러나 중요한 것은 구조조정이 되었던 구조개혁이라는 용어를 사용하던 현재와 미래 진행형인 학생수의 감소가 매우 큰 변인이 될 것입니다. 기업의 입장에서는 생산가능인력의 감소로 연결되겠지요. 이러한 측면에서 대학과 졸업생이 나아갈 사회가 이러한 충격을 어떻게 수용하고 대학의 교육력을 강화하고 질 관리를 해 나갈 것인가가 주된 관심사가 되어야 합니다.

박철우 | 저도 사실 그런 측면에서 대학 구조개혁이 무엇이냐? 하는 개념 정리를 좀 해야 된다고 생각합니다. 그리고 구조개혁의 방향이 정원감축하고 교육의 질, 아까 양적, 질적 말씀하셨는데 두 가지 측면으로 나눠서 생각해야 된다는 것이고요, 이러한 구조개혁은 자율성, 대학 자율성

에 기반을 두고 이루어져야 된다는 내용을 적었습니다. 전체적으로 여러 분들이 주신 의견과 거의 유사한 그런 내용으로 생각을 했던 것 같고요. 이석열 교수님께서 말씀하신 것처럼 지금 구조조정이 진행이 되고 있는데, 사실 교육부 주도로 되고 있잖아요. 교육부 주도로 되다 보니까 사실 재정지원하고 연계해서 대학 서열화가 되고, 특성화가 되지 않는다는 문제도 있습니다. 이 부분에는 동의를 하시나요? 교육부 지원 사업이 도움이 되느냐, 안되느냐, 아니면 오히려 서열화시키고 특성화를 못하게 하는 장애요인이 되고 있는 것이 아니냐? 하는 이 부분에 대해서는 어떻게 생각하시나요?

이병욱 | 저도 대학에서 근무하고 있지만 앞서 말씀하신 분들의 의견에 대하여 다소 비판적인 관점에서 말씀을 드리자면, 제가 교육부의 고등교육정책을 하고 있는 분들과 이 분야의 연구를 하는 분들과 이야기를 나누다 보면, 본인들의 자기변명일 수도 있겠지만 이런 얘기를 하더라고요. 자율성을 기반으로 해야 하는 대학교육에 대하여 오죽하면 정부가 나서서 그러겠냐라는 표현들을 많이 하시거든요. 그래서 제가 그 이유가 무엇이냐라고 물어보면, 대학의 자율성이라든가, 독립성에 대해서는 다들 동의는 하지만 과연 자정능력이 있냐라는 것을 대학 구성원들이 스스로 되돌아볼 필요성이 있다라는 점을 강조합니다. 대학 스스로가 자정능력 기반이 되어야, 자율성과 독립성이란 것도 보장받을 수 있는데 그렇지 않은 경우가 많다라는 지적이지요. 물론 제가 말씀드린 사항은 대학마다 학과마다 다를 수도 있고, 학문분야에 따라서도 차이는 존재합니다. 그래서 어떤 기준으로 갖고 말씀을 드려야 할지는 고민이 되긴 하지만 대학 구성

원 스스로가 생각해 보았을 때, 대학 이 과연 자정능력이 있냐? 없냐? 또는 있다고 한다면 어느 수준 정도일까? 없다고 한다면 뭐가 원인이고 문제냐 등에 대한 자기 검열과 반성이 있어야 되지 않을까라는 생각이 듭니다. 결국, 정부도 공식적으로는 대학에 자율성과 독립성이 필요하다고 인정은 하지만, '심판관에 의한 관리와 이에 기반한 지원은 필요하다' 이렇게 생각들을 하고 있는 것 같아요. 우리 대학들은 그렇지 않고 자정 능력이 충분하다라고 자신있게 이야기를 할 수 있는 상황과 수준이 되는지에 대한 고민도 함께 해 볼 필요가 있지 않을까라는 측면에 이런 말씀을 드립니다.

박철우 | 네 뭐 그 시각도 맞고, 그런 측면에서 보면 대학교육협의회가 역할을 제대로 하고 있는 것이냐? 이렇게 볼 수도 있는데 그렇죠? 네 어떻게 생각하세요?

백정하 | 대교협의 역할이 중요한데, 최근 들어 대학 현안에 대한 입장들이 다르기 때문에 의견을 하나로 모으기가 쉽지 않은 측면이 있습니다. 오히려 어려움은 점점 커지는 것 같습니다. 수도권과 지방, 대규모와 소규모, 국립과 사립, 국립대 내에서도 거점국립대와 지역중심국립대 등의 입장들이 조금씩 달라서, 이런 부분들을 조율하고 방안을 제시하려고 노력하고는 있습니다. 현재 구조개혁이 대학의 특성화를 훼손하고 있는가? 라는 문제와 관련해서는 지금의 대학 구조개혁 및 구조개혁평가는 학령인구 감소에 대비한 정원 감축에 초점을 두고 있다는 것이 문제입니다. 정원 감축에 대한 법적 근거가 없는 상태에서 진행되다 보니 정부도 직접적인 정원 감축은 못하고 대학재정 지원과 연계하여 정원 감축을 유도하

고 있는 상황입니다. 정부의 입장을 이해 못하는 것은 아니다. 무엇인가를 하지 않으면 안되는 상황이고, 하면 한다고 욕먹고 하지 않으면 안한다고 욕먹는 어려운 입장이다. 대학 구조조정과 정원 감축에 대한 정부의 관여와 관련해 대학이 자정 능력이 있는가가 매우 중요하다. 만약에 대학 내부에서 구조개혁과 변화하려는 시도가 일어나지 않는다면, 어느 시점에 임계치를 넘어가면 외부의 힘에 의해서 등 떠밀려 갈 수밖에 없는 사태가 발생할 수 있다. 그렇게 되면 바람직한 방향이라고 생각하는 쪽으로 갈 수도 있지만, 그냥 휩쓸려 갈 가능성이 많이 있어서 사전에 대비해야 합니다. 구조개혁의 주체와 관련해서는 정부와 대학이 역할 분담을 하고, 함께 가야합니다. 기본적으로는 개혁은 대학 상황을 잘 알고 있는 내부에서 자율적으로 특성화를 시도하고, 정부는 외부에서 미래 사회의 모습 등 발전 방향 및 정보를 제공하며 지원하는 당근과 채찍이 필요하다고 생각해요. 아쉽게도 현재 정부의 재정지원 및 대학평가는 대학 특성화를 촉진하지는 못하고 있는 것으로 생각됩니다. 대부분의 대학이 참여하는 기본역량진단평가는 일반재정지원사업이며, 대학도 특성화보다는 부족한 대학재정을 활용하는 측면에서 접근하는 경향이 있어요. 대학은 등록금 동결, 입학금 폐지 등으로 대학재정의 어려움이 심화되고 운영상의 문제가 발생하고 있습니다. 대학들이 평가에 참여하는 이유는 평가에서 선정되어 재정 지원을 받아 부족한 재정을 확충하는 것과 부실대학으로 낙인찍히는 것에서 벗어나기 위한 것이 큰 상황입니다. 문제는 정부의 평가에서 좋은 그 결과를 얻어서 재정지원을 받는다고 하더라도 그것이 대학의 생존이나 미래를 보장해주지 못한다고 하는 것이거든요. 대학들이 미래 사회를 대비하고 미래 대학을 준비해야 하는데, 대학 현실은 평가를 준비하며 보고서를 작성해야 한다는 것입니다.

박철우 I 지금 중요한 지적을 하셨는데 지금 대학 구조 개혁이 미래지향적이지 않다는데 공감하거든요. 모든 대학들이 정원감축에 초점을 맞춰, 대학 경영을 하다 보니까 오히려 미래를 준비하는데 소홀하다는 것이 문제이고, 대학 구조개혁 과정 중에 등록금 동결이라든가 아니면 정부 재정 지원을 받는데 초점을 맞추다 보니까 대학들이 특성화를 제대로 못하고 있는 것 같아요. 지금 뭔가 다양성 있는 미래를 준비할 수 있어야 되는데 너무 똑같이 천편일률적으로 교육부 지침에 따른 방향으로 몰려가는 것 아니냐? 그래서 그게 대학 구조 개혁의 방향이 바람직하지 않다는 것이죠. 그래서 우리 모든 교수님들이 다 이야기하시는 것처럼 대학 자율에 맡겨서 미래를 준비해야 될 필요가 있는데, 정부주도형으로 자꾸 가니까 여기에 반발하고 있는 것 같다. 근데 대학자율로 하고 있는 부분은 정원 감축부분이라든가 이런 것들은 대학 전체가 나서서 협업하기 힘드니까, 이 협업구조, 자율적인 생태계적 측면에서는 부족함이 있는데, 그것은 당연히 부족하다고 생각하는데, 대학 단위에서 해야 되는 이런 것도 정부의 주도적인 대학 구조 개혁 때문에 장애를 갖고 있다 뭐 이런 생각을 갖고 있거든요. 그래서 지금 5번 6번, 대학재정지원사업 하고 연계해서 이야기해보죠. 등록금 동결, 국가 장학금 이런 것들 정책과 연계해 가지고 대학의 특성화를 오히려 정부주도형 대학구조조정이 막고 있는 것 아니냐? 하는 이런 생각을 갖고 있거든요.

조정윤 I 바깥에 있는 사람이 한 말씀드릴까요?

박철우 | 네, 좋습니다.

조정윤 | 어떻게 보면 교육부가 대학을 관리하고 운영하는 데 상당히 영향을 미치는 현재의 교육부에 의한 대학 지배구조를 이대로 두고는 아마 지금 얘기하고 있는 우리가 그 어떤 그 상황에 대한 개혁, 이런 것들이 상당히 어려울 것으로 생각이 됩니다. 대학 자율적으로 정원도 좀 줄이고 개혁도 스스로 해나가고 하기는 우리 대학이 그런 내부의 힘을 좀 갖고 있다? 라고 얘기하기에는 좀 어려운 상황에 있는 대학들이 너무 많은 것이 아닌가? 싶어요. 그러니까 내부, 외부 부처를 비롯한 외부의 힘이 상당히 대학의 개혁을 이끌어내는 데는 여전히 효과를 갖고 있는데 지금과 같은 교육부 주도의 대학의 어떤 개혁, 이것을 위해 필요한 재정을 활용해서 대학 개혁을 리드하는 데는 상당히 한계가 있다고 봅니다. 다른 나라의 사례들을 좀 보면, 그때 사실 교육을 담당하는 교육부에 의해서 대학의 구조조정이 오랜 시간 지속되기보다는, 대학을 통해서 배출되는 인력을 활용하는 산업이라든지, 노동시장 쪽을 맡고 있는 이쪽 산업부라든지, 혁신부 이런 쪽에서 대학의 혁신을 주도하는 그런 역할을 하는 사례들을 저는 선진국에서 많이 봤던 것 같아요. 그러니까 교육 쪽에 있는 사람이 스스로 자기 발등을 이렇게 찍지 못하잖아요. 그죠? 그러니까 대학을 통해서 배출되는 인력들의 활용 쪽에 있는 사람들, 특히 어떻게 보면 교육결과의 효용이죠. 이런 관점에서 볼 때, 우리나라 입장에서 본다 그러면 산업통상자원부라든지, 기획재정부라든지, 뭐 중소벤처기업부라든지 이런 그 활용 쪽 위주로 해서 그런 부처들이 좀 리딩 롤을 하면서, 대학 구조조정, 개혁 이것을 좀 할 수 있는 개혁안을 만들면 좋지 않느냐,

이런 차원에서 우리가 여러 번 시도를 했지만, 대학 개혁위원회, 혁신위원회 이런 것도 많이 만들어서 운영을 해봤잖아요. 근데 여기에 그 참여하는 분들이 주로 어떻게 보면 교육 쪽 사이드에 계셨던 분들이 많은 것 같아요. 사실 보면, 교육부의 중요한 역할에 어드바이스를 하는 사람들이 교육 쪽에 전공분야를 갖고 계신 분들이 교육부 일에 상당히 많이, 오랜 시간 동안 교육부 쪽 정책에 관여하시고, 중요정책을 결정하는데 많은 역할을 지금도 많이 해오고 있다. 그러니까 지금 교육 쪽 맥락을 통해서 교육부가 계속 이런 식으로 같은 패턴으로 정책을 펴나가는 이런 상황을 계속할 것이냐? 이렇게 해서는 답이 안 나올 것 같다는 생각이 들어서, 그렇다고 해서 교육부가 자기들이 같이 일하고 있는 외부전문가들, 특히 교육 사이드에 있는 전문가들, 이분들 하고의 관계를 한꺼번에 끊을 수 있느냐? 그건 또 불가능한 이야기 같고, 더군다나 교육부가 국립대학을 비롯해서 중요한 대학들의 어떤 관리·운영, 경영 이쪽에 아주 깊숙하게 사람도 보내고 다 관리를 하고 있잖아요. 이런 현재의 지배구조 하에서 이게 교육부 주도로 계속 똑같은 패턴으로 이렇게 구조조정이 이루어지고 있는 이런 상황은, 우리가 기대하는 성과를 내기 매우 어렵다. 틀을 바꿔야 된다, 패러다임을 바꿔야 된다는 생각을 전 강하게 갖고 있습니다. 이런 생각의 바탕은 뭐냐면 학생들이 대학을 선택할 때, 대학을 보고 선택하기보다는 대학의 학과를 나와서 내가 어떤 노동시장의 어떤 조건으로, 어떤 대우를 받으면서 진입할 수 있을까를 학생이나 학부모가 생각을 하는 것 같아요. 왜냐하면 우리나라 대학은 들어가면 나오니까. 들어가면 거의 다 100% 나오니까, 학생과 학부모가 대학을 선택하고 학과를 선택할 때에는 대학이 아니고, 학과가 아니고, 거기 나와서 노동시장에 들어갈 때 그 상황을 본다는 것이죠. 그렇다면 노동시장 상황을 보고 대학을 선택하는 상황이라면, 그 다음에 우리 대학의 여러 가지 성과측정 목표를 보게 되면 결국 결과 중심으로 많이 하고 있는 그런 상황이고, 그럼 굉장히 중요한 의미를 갖고 있다고 생각해요. 그런 관점에서 본다면, 결국 학생들을 최종적으로 활용하는 그쪽에서 엔드유저 쪽 관점으로 대학의 구조개혁을 이끌어나가는 그런 접근이 필요하다. 외국사례를 보게 되면 이렇게 확신적 사례가 제대로 워킹이 된 형태는, 담당했던 부처가 중심이 돼서 하기보다는, 다른 세력들이 좀 확신적인 생각을 갖고, 그 생각을 탑 레벨에 있는 파워가 밀어줘서 구조 혁신을 이뤄내는 그래서 좋은 결과를 내는 사례들을 많이 봤거든요. 그런 그 큰 대승적 결단이 필요하지 않겠나 하는 생각이 좀 들어요. 대교협도 교육부 지원없으면 운영 안 되죠? 그렇죠?

백정하 I 박사님 말씀에 전적으로 공감을 하고요. 그와 관련해서, 과거에 교육인적자원부를 두고 인적자원 개발이라는 측면에서 접근했던 것을 생각해 봅니다. 단순하게 교육부만이 아니라 산자부, 노동부 등에서 이루어지는 것도 함께 논의하고 조정하는 컨트롤 타워 역할을 수행하는 조직이 필요한 거죠. 교육부가 사회부총리 겸 교육부장관으로 격상되었지만, 그런 역할은 못했던 것 같아요. 대학과 초·중등학교뿐만 아니라 모든 국민을 대상으로 교육 및 인적자원 개발이라는 측면에서 큰 그림을 가지고 방향과 대안을 제시하는 조직이 부처가 되어야 할지? 혹은 위원회가 되어야 할지?는 모르겠어요. 지금 국가교육위원회가 만들어졌지만, 그 곳에서 이런 역할을 수행하기는 어렵지 않을까? 생각됩니다.

박철우 | 이 자리에 교육위원회에 관여하시는 분이 이병욱 교수님하고 주휘정 박사님 두 분이 계시고요. 사실 거버넌스 문제는 더 깊게 다뤄 봐야 하는데, 더 듣고 싶은데 시간 관계상 조금 진행을 할게요. 왜냐하면 고등교육에 대해서는 좀 더 깊이 있는 내용을 다루고 싶은데 또 지방대학하고 뒤에 나와 내용을 다뤄야 하기 때문에, 지방대학으로 넘어가서 이야기를 좀 드려보겠습니다. 지방대학은 4가지 질문을 드렸는데요. 사실 이제 수도권 vs 지방 이렇게 이분화해 가지고, 수도권도 책임있는 감축이 필요하다는 내용과 재정지원 측면에서 이제 격차, 지방의 격차를 줄이기 위해서 지방대학에 투자가 필요하다는 것과, 지방대학 생존을 위해서 또 국립대학같은 경우에는 등록금을 무료로 해 달라 이런 이야기도 하고 있습니다. 특히 지방사립대학같은 경우, 퇴출 과정에 일부 재산을 귀속하게 해달라는 내용이 있는데 이와 관련해서 먼저 이영민 교수님, 지방대학 구조개혁 어떻게 접근해야 될까요?

이영민 | 제가 이야기해도 되나요? 아마 포럼 자료집에 내용들을 써놓으셨을 텐데, 제가 박철우 교수님이 말씀하신 그 내용을 작성하기 위해서, 기존에 나왔던 논문들을 많이 읽었습니다. 도대체 어떻게 해법을 내고 있는지를 … 제 생각에는 한 30편 이상을 읽어봤는데, 좋은 의견도 있고 우리가 좀 참고해야 할 의견도 있었는데요. 기본적으로 제가 봤던 것은 현실과는 좀 동떨어진 방안들을 많이 제안했다는 생각이 들었어요, 기본적으로. 그 이유가 뭐냐면, 목표가 불분명하다는 것도 중요한 문제점 중의 하나고요. 지방대학을 발전시킨다는 목표가 도대체 어떻게 발전시킨다는 것이냐?에 대한 목표 지향점이 분명하지 않아서, 그 부분도 이제

큰 문제점 중 하나라는 생각이 들었고요. 그 목표에 대한 구성원이나 지역사회의 구성원들이나, 대학의 구성원들이 그렇게 합의를 잘 하고 있지 않다는 생각이 들었습니다. 그리고 지방대학을 둘러싼 환경적인 여건이 사실은 가장 큰 요인 중에 하나에요. 그러니까, 과거부터 발전했던 역사적인 배경이나 현황들을 살펴보니, 결국에는 이게 수도권집중 현상하고 밀접하게 연관이 되어 있고요. 그러면 수도권집중 현상을 해소시켜야 되는데, 이게 굉장히 쉬운 문제가 아니라는 생각이 들었습니다. 결국에는 방향성을 찾는 가운데 이제 관심을 가졌던 것은, 지방 대학 학생들이 갖는 좌절감에 대한 부분이었고 집중했던 것이, 그 좌절감의 기본 원천을 이루는 것이 사실 일자리 문제였다는 생각이 들었어요. 지역 일자리가 제대로 된 것이 많이 있으면 지방대 문제가 심각할까? 뭐 이런 생각이 들었어요. 그래서 그런 쪽에 가장 문제의식이 들었고, 지방대학을 발전시키기 위한 방안도 다른 얘기 치우고 기본적으로 정부가 했던 기존의 재정지원사업이나 지방대육성법은 제가 볼 때 그런 방식으로 해가지고는 제대로 발전이 안 될 것 같다는 생각이 들고요. 그래서 제안드렸던 것은 결국에는 지방대학을 발전하기 위해서 결국, 큰 방향성은 자율적이고 자기 책무가 중요하다는 생각이 들었어요. 기본적으로, 자체적인 발전을 하기 위한 어떤 목표를 설정하고 구성원들간의 지역 사회 구성원들간 이해관계를 합의하는게 굉장히 중요하다는 생각을 했고요. 그런 바탕을 두고서 이제 발전전략을 짜가지고 하는 것도 굉장히 중요하다는 생각이 들었고, 그래서 기본적으로는 이게 대학을 대학의 문제로만 바라보면 이 문제가 해결될 수 없으니, 뭐 산업이나 창업이나 이런 얘기했듯이, 지역산업 하고 연계가 안 되면 지방대학의 운명이 상황이 좋지 않다 생각을 했고요.

결국에는 가는 방향이 지역밀착형 대학으로 갈 수밖에 없는 것이고, 그걸 클러스터로 만들든 개별 대학 중심으로 하든지 그런 부분들이 굉장히 중요하다 생각했고, 자체적으로 구성원들이 합의를 하면 기능들을 지금의 어떤 시민양성형 내지는 사회구성원 교육에 대한 부분보다는 직업 쪽에 초점을 두고, 평생 직업능력개발을 강화할 수 있는 형태로, 산업 그리고 맞춤형 인력을 양성하고 배출할 수 있는 기능 형태로 가는 수밖에 없고, 그런 것들에 대한 어쨌든 굉장히 구조조정이 필요하고, 근데 저는 정부가 지금 방식으로 재정 지원을 하는 것은, 쉽게 해결이 안 날 것 같다는 생각이 들고요. 끝으로 한 마디만 더 드리면, 이 문제를 보면서 그 지역균형발전 이런 쪽에서 접근하시는 분들도 계실텐데, 너무 지방대학과 지역균형발전의 간격이 너무 커요. 그러니까, 지역균형발전, 좋은 얘긴데 지방대 입장에서 보면, 그 중에 쓸만한 것은 그렇게 많지 않을 것 같다는 생각이 들었어요. 기본적으로는 필요한데, 이걸 통폐합하거나, 정원을 감축하거나 이런 방식으로 하는 방식을 통해서는 지방대학이 제대로 자리를 잡을 수 있을까? 하는 생각이 들었고, 저는 그래서 여기서 더 구체적으로 적지 않았는데 결국에는 특성화 형태로 갈 수밖에 없다는 생각이 들거든요. 그냥 과감하게 쳐버릴 수 있는 것은 쳐버리고, 특히 그 방향은 두 가지인데, 하나는 기초학문 보호나 지역사회 발전을 위해서 기본적으로 지방거점국립대가 제대로 자리를 잡아야 된다는 것이고, 그 외 분야의 지방사립대들은 산업 맞춤형으로 개편하는 게 필요하다는 생각이 들고, 산업 맞춤형으로 개편을 하는 과정에서 각종 구조 조정이 필요할 수도 있고요. 특성화 방향으로 가지 않으면 현재 상태로는 현재와 같은 방식으로는, 지방대학 문제를 해결하는 것은 난제가 아닐까? 어느 누가 해도 쉽지 않은 문제가 될 것이라고 생각합니다. 이상입니다.

박철우 | 이것 관련해서 이석열 교수님도 많은 생각을 갖고 계실 것 같아요, 지방의 대학에 계시니까. 말씀해주시죠.

이석열 | 일단, 앞서 이야기하셨던 것과 연관지어서 말씀드리면, 이병욱 교수님이 교육부관계자들과 얘기했을 때, 대학마다 그 차이가 많이 나고, 잘하는 대학도 있고 못하는 대학도 있고, 그 중간에 심판, 레퍼리에 대한 역할 얘기를 하셨는데, 저는 그런 생각이 들어요. 과연 대학이라고 하는 것을 과연 그게 가능할까? 우리가 자꾸 대학, 대학하면 하나로만 보고 얘기를 하는데, 사실 대학은 그 한 대학만 해도 그 안에 들어가면 너무 다양해요. 다양하고 오묘한 그 모든 것들을 우리가 대학이라고 하는 하나로만 봐 가지고 전체를 자꾸 보려고 하는 그 자체가 좀 무리가 있지 않을까? 영국에, 재정을 지원해 주는 기관인 HEFC(Higher Education Funding Councils)가 있는데, 지도교수님이 그곳에 가서 인터뷰를 했는데, 그 영국의 기관에 있는 분이 그랬데요. 어떻게 대학을 평가를 할 수 있다고 생각하느냐? 그 자체가 너무 무모한 것 아니냐?는 식으로..., 자기들은 재정지원 다 해주면서도 대학을 평가한다는 개념을 갖질 않는다는 거예요. 지금 우리나라처럼 계속 정부주도의 평가가 반복되다 보면 우리 고등교육의 발전은 이 수준에서 더 발전하기 어렵다는 생각이 들어요. 패러다임을 좀 바꿔야 된다고 말씀하셨는데, 정말 패러다임을 바꾸긴 바꿔야 된다는 생각이 듭니다. 그런 의미에서 우리가 대학을 대학답게 만드는 방향이 뭔가를 좀 생각하면서 패러다임을 고민할 필요가 있지 않을까 하는 그런 생각이 들고요. 그와 관련해서 지방대학 같은 경우에, 어쨌든

요번에 입학경쟁률 보고 지방대학들이 위기라는 소리가 많이 들리는데, 인구감소에 따라서 입학정원의 위기는 어쩔 수 없다는 생각이 들어요. 우리가 지방대학이 이 어쩔 수 없는 것을 어떻게 극복하도록 할 것이냐? 그와 관련해서 지방대학에 대한 배려는 필요하다는 생각이 듭니다. 그 필요는 결국 재정지원을 통해서 경쟁력을 강화할 수 있도록 해야 되는데, 어떻게 재정 지원을 해나갈 것이냐? 첫 번째는 이영민 교수님도 이야기하셨듯이, 대학 특성화는 정말 오래 전부터 얘기했던 부분인데 대학 특성화가 박철우 교수님도 말씀하셨듯이, 특성화가 오히려 거꾸로 가고 있는 지금, 이 작금의 상황을 바꾸고 대학 특성화가 이루어져야 할 부분이 있습니다. 그런 의미에서 대학 특성화가 어쨌든 지역 상생 개념으로 가야 되지 않을까 하는 생각이 들고, 이 상생의 개념으로 가는데서 중요한 것 중 하나는 지역대학 간의 협력체제가 이루어져야 된다는 거죠. 요즘 재정지원을 바탕으로 공유대학, 권역별 공유대학이 활성화가 되고 있는데 쉽지 않아요. 대학에서 이런 개념을 도입해서 협력체제로서 공유대학을 확대시키는 것이 쉽진 않지만, 이런 방향으로 가야하지 않을까? 하는 생각이 들어요. 지방 대학 같은 경우에는 어쨌든 입학자원의 감소를 보충할 수 있는 두 가지 방법 중에 첫 번째는 좀 더 평생교육체제를 통해서 성인교육을 유입시키는 방법이 하나가 있을 것이고, 또 하나는 외국인 학생을 유치하는 방법이 있을 것이라는 생각이 듭니다. 두 가지 방법이 기존의…, 들어가서 보면 단순히 학생을 유치하는 데만 급급했는데, 저는 가장 중요한 건 지방대학에 살아남을 때는 신입생을 충원하는 것이 중요한 게 아니라, 들어온 신입생을 졸업할 때까지 유지시키는 것이 가장 중요하다고 보거든요. 그렇기 때문에 유지를 시킬 수 있는 그런 교육의 어떤 체제를 좀 바꿔야 되지 않을까, 특히 외국인 학생 같은 경우도 신입생을 들여오지만, 그 학생들이 실제적으로 그 학교에 잘 정착할 수 있도록 얼마나 우리가 지원해주고 있는지에 대한 부분을 들여다보면, 그렇지 못하다는 거죠. 그러다 보니까 자꾸 지방에 온 외국인 학생들도 수도권으로 이탈하는 그런 상황들이 생겨서, 이런 측면이 총체적으로 좀 검토해야 될 부분이 아닐까 하는 생각이 들어요. 구조조정이든 뭐든 어떤 용어를 쓰든 간에 가장 근본적인 것은 대학이 대학답게 가도록 하는데 있어서, 교육부 주도이든 아니면 다른 산자부이든 어디든지 그쪽에서 지원한다고 하는 것은 그 방향성을 주도하는 것은 재정지원을 통해서 방향성을 제시하는 것이지, 어떤 획일화된 정원을 감축한다든지, 이러한 목적으로 대학을 끌고 가는 그런 의미가 아니거든요. 그래서 우리가 구조조정이든, 구조개혁이든 방향성에서 대학을 바라볼 때, 어떤 관점에서 대학을 바라볼지. 물론 대학들 중에서 정말 열악하고 그런 대학들이 있습니다, 그런 대학들은 시장의 논리에 의해서 기다리다 보면 정리가 되지 않을까 하는 생각도 들고, 이런 측면에서 조금 대학을 대학답게 가는 쪽으로, 지방대학도 지방 대학다운 방향으로 갈 수 있도록 우리가 방향성을 좀 잡아야 하지 않을까 하는 생각이 듭니다.

박철우 I 대학을 대학답게 와 닿는 것 같습니다. 사실 우리 이석열 교수님 얘기도 좀 더 듣고싶고 다른 분들 의견, 이것 관련해서 더 듣고싶은데, 조금 진행시키는 차원에서 좀 전에 말씀하셨던 것처럼, 그 이제 평생교육 지방대학의 위기를 극복하기 위해서는 평생교육기관으로 전환하는 건에 대해서 이제 일부에서 얘기를 하고 있어요. 그리고 말씀하셨던 것처럼 교육 생산성, 몇 명이 들어오더라도 훌륭하게 키워내는 게 중요하다는 부분이 있는데, 그것은 이제 그 혁신파트, AI 교육 쪽에서 좀 더 이야기 나눠 보기로 하고요. 지금 현재 평생 고등직업교육 분야의 이쪽 혁신, 전문대학 구조개혁 그리고 평생교육으로의 전환 이것이 유효할까? 대학 구조개혁에 유효한 수단인가? 하는 측면에서 이야기 좀 나눠 보고 싶어요. 이와 관련해서는 우리 주 박사님, 정 교수님 이야기해 볼까요? 네 먼저 주 박사님!

주휘정 | 지금 다 4년제 대학에 대해서 말씀을 주셨는데요. 지금 말씀주신 4년제 대학은 미래형 가정형으로 보고 계시구요, 사실상 전문대학은 현재 지금 현실이라고 볼 수 있습니다. 2000년도 초반에 29만 명에서, 현재 16만 명으로 13만 명이 정원조정이 되었습니다. 이 시기동안 사실상 4년제 대학은 만 명 이하로 줄어들었거든요. 그러니까 대학 서열 구조 속에서, 열악한 위치에 있던 전문대학이 구조개혁에 직격탄을 맞았고, 실상은 그런 상황임에도 불구하고 4년제는 아직까지도 대학 구조 개혁의 방향성에 대해서 논의를 하고 있다는 점이 좀 안타깝고요. 그런 점에 있어서 국가교육위원회의 경험을 조금 말씀드리면, 이쪽에서 논의하기를 직업교육 관련된 부분은 이제 더 이상 무슨 구조조정이나 어떤 재정 지원 사업으로 해결될 수 있는 문제가 아니라고 본 것 같아요. 그래서 이 문제들을 지역단위에서 직업교육을 직업 시민대학이란 어떤 모델을 만들어서 가자는 얘기가 있지만, 거의 현실성이 좀 떨어졌고, 재원 마련에 문제가 있었기 때문에 크게 논의는 되지 않았던 것으로 보입니다. 그런데 제가 생각한 어떤 방향성 같은 것들을 보면, 지역 균형발전이라는 4년제 대학

과의 연계와는 달리, 정말 지역에 인력수급이라는 문제가 전문대학에서 더 크게 발생하고 있다고 봅니다, 그렇다고 한다면 이런 지역 인력수급 차원에서 전문대학에 그 양만 줄이는 것으로 이 문제가 해결될 수 있는 것인가? 또 지난 20년간 전문대학의 경쟁인 폴리텍 대학이 급격하게 이제 설립이 됐고, 또 이 부분에서 사립대학, 사립전문대학, 폴리텍 대학 간 성과차이도 크게 나타나고 있기 때문에, 어떻게 보면 직업교육에 어떤 공공성강화를 위한 전략이 지금부터는 더 필요하지 않을까? 단, 이것이 국가가 책임져야 하는 부분에 대해서는 저는 의문을 갖고 있고, 이것은 지역 인력수급에 문제가 더 큰 상황이기 때문에 분명히 지자체와 교육부의 약간의 협력 그리고 전문대학 내에서 지역단위의 구조조정이 좀 가야 된다 이런 생각을 갖고 있습니다. 그리고 말씀주셨던 무슨 공립화든지 이런 부분은 현재 우리나라 사립대학법이 굉장히 공립화를 추진하기에는 많은 무리가 있는 것 같습니다. 근데 일본같은 경우가 최근 5년동안 급격하게 사립대학의 공립화를 추진하고 있습니다, 그런데 추진할 때에, 물론 일본이 국립대 법인화를 이전에 했기 때문에 경험치가 있어서 잘 하고 있는 것도 있겠지만, 일단 지자체에서 인재가 없다, 인력이 너무 유출된다는 점에서 그 국립법인을 두 가지 유형으로 현재 추진했고, 거의 80개 가까이, 전환이 5년 사이 이루어졌습니다. 이때 지자체에서 그 세 부담이 일정 수준 이상 있었고요. 이런 부분들을 감안한다면, 정말 사립전문대학이 살아나고자 한다면 지역 단위에서의 존재의미를 충분히 어필해야 한다고 생각합니다. 그렇지 못하면, 앞으로 구조조정은 정해진 수순이라고 생각합니다. 추가로, 단순히 이것을 교육부 주도로 공립화재정지원사업을 추진하는 것도 무리가 있다는 의견드립니다.

박철우 | 네, 감사합니다. 그런데 사실 지금 교육부의 전문대학 구조조정은 그냥 전문대학의 4년제 전환 쪽으로 계속 가고 있잖아요. 무한 경쟁 쪽으로 가고 있는 것 같은데. 좀 전에 말씀주신 것처럼 직업교육이나 지역산업맞춤형 교육체제로의 전환? 사실 이게 잘 되고 있는지는 잘 모르겠어요. 정 교수님 관련하여 또 얘기 좀 주시면 좋겠습니다.

정동열 | 대학의 구조조정이나 이런 이야기들을 앞에서 쭉 해주셨고, 주휘정 박사님도 해주셔서, 저는 고등교육에서 고등직업교육에 대한 내용들에 대한 원고를 작성하고 있다 보니까, 거기에서 제가 지금 학교에서도 재직자교육이라든지, 학교에서 할 수 있는 직업 교육, 4년제 대학에 할 수 있는 직업 교육에 대한 내용들을 하다 보니까 계속해서 고민이 되는 것들이 몇 가지가 있어서 그 내용을 원고로 좀 담아봤습니다. 일단은 고등직업교육 전환이라는 게 두 가지 관점에서 볼 수가 있을 텐데, 첫 번째는 기존 학생들에게 기존의 4년제라고 봤을 때 기존 학생들을 어떻게 직업과 연결시킬 수 있는 교육을 시킬 것인가?가 첫 번째 관점일테고, 이것은 모든 대학들이 교육을 시키는 과정에서 현장 중심이다, 현장과 소통을 해야 된다 이런 이야기를 통해서 교육과정도 개편하고 다양한 시도를 하고 있는 것 같습니다. 그게 이제 첫 번째 필요한 접근일 것 같고, 두 번째는 평생교육기관으로의 전환, 주 박사님 원고에도 그런 내용들이 있던데, 어떻게 하면 학교 밖에 있던 분들, 재직자들이든 아니면 재취업을 희망하는 사람들을 학교로 끌어들여서, 다시 교육시킬 것인가라는 것이 직업교육에 큰 두 가지 측면일 것 같은데요. 일단은 후자 중심으로 먼저 말씀드리면, 어쨌든 신산업이야기가 많이 나오고, 4차 산업혁명 얘기가 많이 나

오는데, 어쨌든 근로자들이 기존의 기술이랑 전혀 다른, 노동 전환을 하기 위해서는 4년제 대학에서의 접근이 필수적일 것 같다고 생각이 되는데, 제일 중요한 것은 그럼 지금의 대학교육에서 대학교육체계, 학점체계라든지, 이런 체계 내에서 어떻게 접근이 돼야 할지 우리가 고민을 해야 되는, 첫 번째 일 것 같습니다. 대학 체계 내에서 교육을 시켜야 될 것인지, 아니면 대학이 평생교육기관이나 훈련 기관처럼 단기과정 중심으로 해서 갈 것인가? 라는 것이 지금 논의가 되고, 그것이 해결되어야지만 교육 내용이라든지 교육의 방식은 자연적으로 따라 오는 것은 아닐까 이런 생각입니다. 한 10년 전부터 쭉 나오는 것이 융·복합 산업이 발전하면, 학위 과정으로 가는 4년짜리 통으로 과정이 가는 것이 아니라 모듈식으로 교육이 이루어져야 된다는 것은 지난 정부(박근혜 정부), NCS 얘기 나올 때 계속해서 나왔던 이야기인데, 과연 그런 것이 가능할까? 그래서 몇 년 전부터 많이 나오는 얘기가 마이크로 디그리로 가야 된다, 아니면 RPL을 활성화시켜야 된다는 이야기들이 나오고 있는데, 과연 현재의 교육에서는 그것을 따라올 수 있을 것인가? 라는 것이 첫 번째 고민인 것이고요. 또 두 번째 고민은, 이렇게 된다고 했을 때, 어쨌든 교육은 대학에서 교수님들이 교육을 시키셔야 될 텐데, 현재 교수님들, 학교에 있는 구성원들의 입장에서 이것을 받아들일 준비가 되어 있는가? 라는 것이 또 하나의 고민이에요. 제가 대학에서 재직자교육이라든지 이런 걸 하다 보면 마이크로 디그리 얘기도 하고 RPL 얘기도 하면, 교육을 하시는 분, 박철우 교수님 포함해서 이쪽 사이드 계시는 분들은 당연한 방향이다 얘기를 하시는데, 기존 교수님들 입장에서는 왜 이걸 해야 되나? 과연 대학의 역할이 이것이 맞느냐? 재직자들이 학교로 들어오는 것이 맞느냐? 라는 이런 반감이 계속 있으시고, 마이크로 디그리 아니면 모듈식 교육과정을 이해하시는 것은 기존의 교육이랑은 전혀 다른, 그냥 훈련기관에서 해야 되는 역할을 왜 우리가 하냐 하는 그런 비판 아닌 비판들이 있어서, 대학의 구조조정, 평생교육기관의 전환, 대학의 직업교육 이런 것들이 다 맞물려서 있는 것은 아닌가? 이런 생각이 듭니다. 그리고 두 번째는, 대학이 항상 고민을 해야 되는 게 직업교육을 한다고 하면, 고등직업교육 한다고 하면, 교육의 내용이라든지 가르치는 사람만의 역할이 아니라, 어쨌든 이건 국가 단위에서 고용서비스와의 연계가 되어야지만 가능한 부분이라고 생각을 하거든요. 예를 들어서 특성화고를 비롯해서, 고등학교를 졸업하고 취업하신 분들, 전문대학을 나와서 취업한 사람, 아니면 대학 졸업하고 나갔다가 다시 재교육을 받을 사람들이 우리의 입장에서는 충분히 많다고 생각을 하는데, 실제로 현장에 가 보면 그들은 전혀 교육을 받을 생각이 없더라고요. 거의 대부분이 없더라고요. 이것은 직업교육으로 해결해야 될 것이 아니라, 고용서비스가 먼저 이루어져야지만, 대학의 교육이랑 직업교육이랑 고용서비스가 다 맞물려져야지만, 고용서비스에서 먼저 이 분들에게 이런 내용의 서비스를 제공하고, 그러고 나서 고등교육으로 들어올 수 있게 연결을 시켜줘야 되는데, 그 연결 되는 것이 아직은 좀 많이 미흡하지 않은가, 그래서 대학이 아무리 본인들의 생각으로, 대학 생각으로, 아 우리 이렇게 바꾸면 사람들이 들어올거야 하는데, 근데 막상 열어보면 또 안 들어올 것 같아서 이런 것들을 어떻게 해결을 해 줘야 될까 하는 생각입니다. 특히나 좀 이런 말씀드리면 안 좋을 수도 있는데, 직업교육을 하시는 분들은 고용서비스를 너무 쉽게 생각하시는 것 같고, 고용서비스를 하는 사람은 직업교육을 너무 쉽게 생각하는 것 같아서, 이 둘의 화합이 먼저 이루어져야 되지 않을까 이런 생각을 갖고 있습니다.

박철우 | 네, 감사합니다. 이것에 대해서 조정윤 박사님이 의견 주시지요. 다음에 바로 이석열 교수님 의견을 듣고 싶습니다. 먼저 조박사님!

조정윤 | 예, 뭐 앞에서 얘기를 많이 하셔서 간단하게 의견을 좀 드리면, 평생직업교육체제로 대학, 전문대학이 변화되어야 한다는 부분에 있어서는 어쩔 수 없이 그 방향으로 갈 수밖에 없고, 정부의 재정 지원도 그 쪽으로 흐를 수가 있을 것 같아요. 그래서 그 쪽으로 가는 것이 저는 현재로서는 필요하고 바람직한 방향이 아니냐? 더군다나 이 TEVET (TEchnical Vocational Educational Training) 쪽에, 직업교육훈련 쪽에 이 부분은 시장실패가 당연히 예상되는 부분이고, 정부의 개입, 정부지원이 그 당위성을 가질 수 있는 파트이기 때문에 이런 차원에서도 정부재정지원을 잘 활용하고, 또 대학과 연결을 잘 시켜서 평생직업교육체제로 가는 데는 현재 필요성이 있고 앞으로도 이 부분은 확대될 수밖에 없지 않느냐 하는 생각을 해봅니다. K-digital 사업이 여러 가지 문제를 갖고는 있지만 결국 수준이 낮은 직업 교육 훈련보다는, 좀 수준이 높은 직업교육훈련을 하기 위해서는 기존의 대학에 그 역량을 활용할 수밖에 없는 상황이고 수순이라고 생각이 들고 그런 필요와 지방대학의 문제, 특히 대학들, 여러 가지 어려운 상황에 있는데 그 교육 수요를 맞추기 위해서는 이런 평생교육제체로 가는 것이 적절하다는 생각이 듭니다. 결과적으로 지방대학 문제가 이 지방소멸 문제하고 긴밀하게 연결이 되어 있는데 지방소멸 문제를 극복할 수 있을까? 시간은 지연 시킬 수 있을지? 모르

지만, 지방소멸이 되는 것은 거의 그 방향으로 가는 게 아닌가? 하는 생각이 드는 것이죠. 어떻게 시간을 좀 딜레이시킬 것이냐? 하는 그런 제한적인 요소가 지방 대학문제와 연결이 되어 있는 것이라고 생각이 듭니다. 이런 상황에서 그 예를 한두 가지 보면, 그 잘하는 영진전문대학의 경우에, 학생들 입학정원이 감축이 되니까, 이 사람들이 해외에서, 아세안 국가에서 해외 유학생을 유치하기 위해서, 엄청나게 큰 기숙사를 짓고 있더군요. 그래서 이 사람들이 유학생을 받아가지고 배출하는 게 어디냐면 국내 노동 시장이 아니고, 일본 노동시장이에요. 이미 영진전문대학이 일본 쪽에 IT쪽 대기업 포함해서 중견기업 중소기업들과 협력구조가 잘 되어 있어서 여기 들어온 학생들이 거의 100% 다 일본의 대기업이나 좋은 일자리로 가거든요. 근데 이런 수요는 계속 늘어나고 있는 상황이에요. 일본 쪽에서, 그러니까 영진전문대학이 살아남기 위해서는 아세안쪽 유학생을 받아서 일본 쪽 노동시장으로 넘어갈 수 있게 하는 거죠. 이렇게 될려면 결국은 중요한 게 뭐냐, 다른 그 지방 대학들도 서바이벌하기 위해서는 이들의 교육 역량이, 박철우 교수님께서 교육생산성이라고 했는데, 교육 역량이 글로벌 스탠다드에 버금 갈 수 있을 정도로 교육역량이 업그레이드가 돼야 된다. 그래서 지역의 노동시장의 한계를, 지역의 많은 싼 노동시장들이 있지 않습니까, 거기 안 가잖아요 애들이. 그렇죠? 그러니까 지역 노동시장의 수요에 맞춰서 지방대학이 운용되는 것은 매우 한계가 있는 조건이고, 결과적으로 지방 대학들이 지방 수요는 물론이고, 해외 수요 쪽으로, 수도권을 포함해서 이렇게 가려면 결과적으로 지방대학의 교육역량이 글로벌 스탠다드와 맞춰서 상당히 업그레이드가 돼서 양질의 인력을 생산할 수 있는 자체적인 역량에 대한 업그레이드, 그런 준비가 같이 가야 지방 대학 문제가 해결되지 않을까? 문제의 심각성이 줄어들지 않을까? 그렇지 않고서야 해결이 안 난다고 봅니다. 또 하나의 사례가 아주자동차대학에 있어서, 자동차가 전기자동차로 바뀌니까 내연기관을 포기하고 전기자동차 특성화 쪽으로 방향을 확 바꿔서 지금 그쪽으로 대대적인 홍보도 하고 그쪽 인력을 양성하기 위한 준비를 하고 있는 거죠. 이런 데에서는 결국 지금 전기자동차에 대한 인력이 좀 많이 필요한데, 고전압을 다루기 때문에 아무나 전기자동차를 만졌다간 큰 일 나죠. 그래서 특성화는 전국 단위의 학생들을 모집할 수 있는 좋은 아이템이라고 생각이 들고 이런 방향으로 움직여야 될 것 같습니다.

이석열 | 두 분 말씀하시는 것 들으면서 저도 많이 공감도 되고 도움이 많이 되었습니다. 덧붙여서 생각해야 될 부분 중에 하나는, 지방대학이 특성화를 하고 뭘 하려고 하면, 과거에 그 누리 사업 기억하실 거예요. 그 누리 사업이 좋았던 점이 대학과 산업체와 거기에 누가 거버넌스 역할을 했냐하면 지자체가 같이 연결이 되어 있었거든요. 저는 이 삼자 구조가 연결이 돼야지 지방대학이 나름대로 지역 특성화를 모색할 수 있다는 생각이 들고, 누리 사업이 중단된 게 지금 돌이켜보면 너무 참 아쉽다는 생각이 들어요. 지금까지 지속이 됐다고 하면, 뭔가 특색을 많이 만들어 내지 않았을까 하는 생각이 들고, 하나 더 말씀드리면 박철우 교수님께서 교육 생산성이라는 용어를 쓰셨는데 저는 조금은 약간 거부감이 들어요. 일단 교육에도 자꾸 생산성을 붙인다고 하면, 교육이 어떤 본질을 또 왜곡시키는, 노동시장에만 교육이 연결되는 그런 우려가 있어서, 저는 교육 생산성이라는 말 대신, 교육 소화력이라는 말을 쓰고 싶어요. 무슨 말

이냐면, 지금은 우리가 20대, 대학 적령기 학생에 맞춰서 교육시스템이 이루어지고 있는데, 20대 대학 적령기가 이제 무너지고 평생교육체계로 가려면, 어떤 학생이 들어오든지 간에, 그 학생을 그 대학에서 소화해서 그 학생이 가고자 하는 방향으로 요청해 나가면, 조금 비유적으로 얘기하면 소가 어떤 풀이든지 다 먹잖아요. 먹고 나서 되새김질을 하면서 그것을 어떤 에너지로 만들 듯이, 대학에도 어떤 학생이 들어오든지 간에, 그 학생이 잘 소화시킬 수 있는, 그런 의미에서 나노디그리 식이든 어떤 식으로든 만들어서 교육프로그램을 제공하는 방법도 있을 것이고, 또 기존의 방식도 있을 것이고, 또 다른 방법은 그것도 아닌 조금 더 옛날 서당식의 그런 방식도 있을 것이고, 저는 다양한 방식의 대학이 학생에 초점을 더 맞추고, 그것의 방법적인 것을 만들어서 그 대학이 살아남는 것이 중요하지 않을까? 하는 생각이 들어서 그런 부분을 좀 더 우리가 고민을 하면 어떨까? 하는 생각이 들어요. 그래서 조금 전에 제가 대학을 대학답게라는 말을 했는데, 그 대학마다 나름대로 어떤 의미와 특성을 살려야 된다는 생각이 들어요. 제가 이제 한국대학평가원 대학기관인증평가를 하러, 서울대학교에 평가위원으로 간적이 있었는데, 서울대학교 같은 경우는 대학기관인증평가랑 아무 상관이 없잖아요. 그렇지만 제가 가서 얘기한 것은 서울대학교는 서울대학교답게 의미로써, 제가 평가위원이지만 평가 지표에 맞게끔 많은 이야기를 나눴거든요. 그랬더니 그쪽에서 상당히 수긍을 하더군요. 그러니까, 그 기본역량진단의 병폐 중의 하나는 모든 대학을 원 샷으로 한꺼번에 평가 아닌 평가라고 하면서 접근한다는 것이죠. 그렇다보니, 이것은 평가도 아니고, 그렇다고 지금 모든 대학이 서울대학하고 다른 하위권의 모 대학을 똑같은 잣대로 해봤자 무슨 의미가 있겠어요? 아무 의미없는 것을 우리는 하나로 보고 자꾸 접근하니까 이런 문제가 생긴다는 거죠. 대학을 대학답게 가도록 하는 방향성에 대한 부분을 우리가 갖지 않으면 많은 문제가 생길 수 있다는 생각이 들어요. 그리고 지금 이 상황에서 벗어나지 못 한다는 거죠. 더욱이 기본역량진단의 가장 큰 문제점은 기본역량진단 전만 해도, 권역에 있는 대학 간의 협력 체제가 이루어졌거든요. 지금은 협력체제가 잘 안 이루어져요. 지방대학이 상생하려면 협력하면서 공유대학도 만들고 뭔가 그렇게 가야 하는데, 정보 공유가 안 되는 거예요. 정말 중요한 것은 정보 공유가 안 되고, 경쟁이 되고 있으니 그 안에서는 계속 아웅다웅 싸우고 있지만, 큰 틀에서 보면 정말 우리나라 고등교육이 발전하고 있느냐? 저는 정말 심각한 문제가 아닌가? 하는 생각이 들고, 그런 부분에 대해서 우리가 더 고민을 해야 하지 않을까 하는 생각이 듭니다.

박철우 I 감사합니다. 사실 제가 서적 작업을 하면서, 대학 구조조정 이렇게 이야기했지만, 사실 인구가 감소하기 때문에, 경제규모라든가, 앞으로 그 경제 축소에 따른 여러 가지 문제들을 해결하기 위해서는, 인적자원이 더 역할을 해야 된다는 생각을 해요. 그런 측면에서 이제 그 생산성, 이런 용어를 썼는데 우리 이석열 교수님께서 지적하신대로, 생산성을 기업단위에서 하는 것이다 보니까 교육적 측면에서 보면 부적절할 수 있다는 생각도 좀 들고요. 그리고 서적 작업할 때 대학 구조개혁, 그 구조개혁을 '시킨다.' 라든가 뭐 이렇게, 수동적인 용어를 쓰는 것도 자꾸 꺼려지더군요. 그래서 가능하면 긍정적이고, 능동적인 용어로 자꾸 바꾸려고 문맥을 보면서 그런 식으로 했던 적이 있습니다. 그 부분은 제가 새

겨든고요.

이석열 | 대학평가를 많이 다니면서 그건 있어요. 대학들이 잘 하고 싶은데 어떻게 하면 잘 하는지 방법적인 것들을 몰라서 시행착오를 많이 겪는 대학들이 있어요. 그런 대학들은 사실은 도움이 필요하죠. 그런 도움이 필요한 것들은 가서 도와주는 그런 기구나 어떤 그런 것은 필요하지만, 지금처럼 이 방식은 아니라는 생각이 듭니다.

박철우 | 네, 어쨌든 제가 대체용어를 못 찾았는데 소화력은 제가 깊이 고민해 보고요. 원래 생각했던 그 교육 생산성은 3단계로 봤어요. 대학에서 인재를 육성하는 측면, 노동시장에서 취업 처를 찾는 매칭, 그 다음에 갖춰진 역량을 발휘하는, 노동시장에서 역량을 발휘하는 이 세 가지 영역으로 나눠서, 인적자원 생산성이라 표현했습니다. 이 인적자원 생산성을 어떻게 우리 사회가 높여 갈 것인가? 하는 측면에서 사실 별도의 장을 작성하고 있는데 참고하고요. 특히 이제 학교 단위에서, 우수 인재를 육성하는, 또는 그 스스로 커나갈 수 있도록 토대를 만드는 쪽에 관련해서, 조영임 교수님과 이삼열 교수님이 원고를 작성해 주시거든요. 이야기 나눠주실까요? 조영임 교수님 먼저 해 주시죠.

조영임 | 감사합니다. 네, 저는 너무 재밌게 잘 듣고 있었는데요. 일단은 이쪽 그 질문 주신 것에 대한 말씀드리면 되지요?

박철우 | 네

조영임 | 첫 번째 주신 것이 AI가 도움이 되냐? 이런 말씀인데, 저는 일

단 당연한 것 같다는 생각이 되고, 우선 제가 원고에도 썼는데 지금 AI라고 딱히 명칭을 하지 않더라도 아마 다 알고 계신 미네르바스쿨 같은 경우가 저는 성공사례로 봅니다. 제가 책에도 썼는데, 이것이 성공한 이유가 서너 가지가 되는데, 그 중 대표적인 것이 공간 제약을 극복했다 이런 것이거든요. 공간제약이 없고, 그 다음에 온라인 교육, 휴머니티 그 다음에 여러 가지 환경에 대응하는 능력, 뭐 이런 4가지를 강조하면서 성공했던 케이스를 보고 있는데, 이것을 AI 관점에서 본다고 하면, 여기 온라인 교육이라는, 아까 제가 말씀드린 것이, 공간제약 해소 뭐 이것은 생각할 수 있는 것이지만, 온라인이라는 것 자체가, 우리가 지금도 그렇지만 이렇게 회의든 모든 일을 하는 것이 다 디지털화된 것이거든요. 그러면 AI를 활용할 수 있도록 지원해 줄 수 있다는 거죠. 그래서 디지털화 되면 그걸 바탕으로 분석도 하겠고 맞춤형 교육도 지원하고, 학습도구로 개발하고 학습자나 교사나 교육업무 같은 것, 여러 가지 행정업무라든지 많은 업무를 지원할 수 있기 때문에 저는 온라인 교육이 되는 순간에, AI의 도움이 될 수 있다기보다는, AI가 필수적으로 같이 접목되지 않으면 온라인이 성공할 수 없다, 과거의 e러닝 이라든지 조금 하다가 만 것들이 뭐냐면 그게 그냥 온라인으로만 끝났기 때문에 불편한 것이죠. 그래서 잘 성공을 못 했는데 거기에 AI가 들어가면서 디지털화가 활성화된다는 면에서 저는 앞으로 갈 거냐? 라고 또 물어보신다면 당연히 이것은 시장이 커질 수밖에 없다는 생각이 들고요. 그리고 저는 주신 질문에 대해서 한 번 생각을 해 봤어요. 현실성이 있는가? 하는 이런 질문도 주셨는데, 4차 산업혁명 시대에 필요한 인재가 뭐냐? 앞에서도 좀 많은 분들이 말씀하셨지만, 결국은 테크니션을 키운다기보다는 다양하게 전방위적인 인재,

저는 그런 표현을 썼는데, 다른 책에서 보니까 이런 표현이 있더군요. 그래서 아까 미네르바스쿨에서도 휴머니티도 있고 뭐 여러 가지 대응능력을 키운다고 그랬는데 여러 가지 교육방법 그 다음에 휴머니티 대응능력 기술은 물론 이런 것들이 모두 어우러진 인재양성하는 것이 핵심이고, 그것이 온라인을 통해서 굉장히 성공했기 때문에 저는 미네르바스쿨을 보면서 AI를 여기다 얹어서 더 성공할 수 있는 모델을 가면 좋겠다는 생각을 해봤습니다.

박철우 | 사실 그 온라인 교육하고 AI 기반 온라인 교육이 좀 다른 것이, 단순 온라인 교육의 경우는 그냥 송출돼서 장소의 문제를 해소했다는 차원이라면, AI가 게재된다는 것은 개인이 알고 있느냐? 모르느냐? 이것을 평가에서 그 모르는 부분을 커버링할 수가 있는 방법적인 툴을 제공한다는 측면에서 의미가 있다고 보거든요. 그렇죠?

조영임 | 예 맞아요. 그리고 학습자나 교사나 여러 행정 업무가 많잖아요. 가르치면서도. 그런 것들이 그동안 우리가 머릿속에서 수작업을 했던 것들이, 지금 강의가 디지털화 됐기 때문에, 그것을 가지고 AI가 많이 지원해 주는 것이죠. 지금 병원에서도, 저희 학교 길병원에서도 왓슨을 쓰거나, 닥터앤서라던가 이런 걸 쓰는 게 이게 100% 답을 준다기보다는, 예측을 할 수 있잖아요. 아무리 훌륭한 의사라도 그 의사를 서포트하는 것이죠. 의료적인 서포트를 해주기 때문에 의사들이 자주 이용을 해요. 마찬가지로 저희가 아무리 지식이 훌륭하고 교육적으로 했다고 하더라도, 이러한 여러 가지 AI를 이용한 자료가 우리를 지원해주면서 교육적인 어떤 지원 도구도 그렇게 좀 더 활성화가 될 거라고 생각을 합니다.

박철우 | 네 알겠습니다. 사실 코로나 19 때문에 온라인 교육이 확산됐는데, 오프라인 대학에서는 온라인 교육이 법적으로 제약도 있고 그렇잖아요. 어쨌든 이 기회에 상당히 혁신적인 교육 방법들이 많이 개발된 걸로 알고 있습니다. 이삼열 교수님 지금 원고 준비하고 계시는데 관련하여 말씀주시죠.

이삼열 | 오늘 학교에서 이 주제와 관련된 회의가 열렸는데요. 연대에서는 지금 코로나바이러스 팬데믹이 일어나고 나서, 총장님이 딱 그 해에 바뀌셨어요. 2월 달에 바뀌셨는데, 그 때 코로나가 뻥 터졌습니다. 그 전에 총장이 선거 공략이 뭐였냐면, 와이 애드넷이라는 것을 만들어서, 학교의 교육환경을 디지털트랜스포메이션을 하겠다는 것이 선거 공약이었는데, 그게 다들 늘 하던 얘기다, 그거 한 10년 전부터 하던 얘긴데 이번에도 그렇겠다고 생각했는데, 갑자기 코로나가 터지면서 그 계획이 급물살을 타게 되고 학교에서 우선순위가 그것으로 오게 되었습니다. 그러면서 어떤 일이 벌어지냐면, 처음에는 그 학교들이 다 인프라가 없었는데, 모두가 다 우왕좌왕 하다가 한 여름정도 돼서 16개 대학이 컨소시엄을 이루게 되어서 함께 공동으로 강의를 개발하자고 합의가 되었습니다. 그래서 이름이 저희가 쓸 때는 Yednet이라 했는데, 16개 학교가 공동으로 쓸 수도 있으니 이름을 LearnUs를 만들어서, 지금 출범을 한 상태입니다. 공식 출범은 지난 9월 1일 출범을 하였습니다. 일단은 제가 오늘 아침에 있었던 회의는 LearnUs 콘텐츠 심의위원회입니다. 저희가 갖고 있었던 가장 큰 문제점은 뭐냐면 연대만 하더라도 상당히 인프라가 좋다고 생각했는데, 작년 2월에 코로나 사태가 뻥 터지면서 학교 안에 스튜디오나 실

시간 강의, 또 강의를 녹화할 수 있는 시설들이 너무 없어 가지고, 한 학기 만에 한 20개 넘게 새로 신설하는 등 정신없이 시설을 보강했습니다. 그 다음에 상당수 대학들은 간간히 대면 수업도 할 수 있다고 되어 있는데, 저희 1학년 학생들은 모두 다 송도에 기숙사에 의무적으로 다 들어가야 하기 때문에, 일단은 대면 수업으로 시작하면 기숙사에 들어가야 하거든요. 기숙사에 들어가면 코로나 감염의 위험성 때문에 사실은 대면 수업을 전면 금지하고 있습니다. 지금도 코로나 때문에 백신 맞고, 일부 대학에서는 대면수업도 하는 경우도 있는데, 연대는 기숙사에 대한 우려 때문에 전면 비대면으로 운영하고 있습니다. 현재는 저희가 갖고 있던 LMS 시스템이 여름방학 때부터 LearnUs 시스템 전면으로 돌아가고 있습니다. 이것 보이시나요? 이게 저희가 지금 만들어 놓은 LearnUs 화면이구요. 다음에 제가 로그인 하게 되면, 여기에 보시는 것처럼 연세포탈이라고, 이건 학교에서 저희가 쓰는 것이고요. 여기 보면 전문과정, 공개과정, 국제과정, 학위과정, 이렇게 돼 있는데, 지금 쓰고 있는 것은 이 학위과정이 저희가 학교 수업에서 쓰고 있는 것입니다. 그 다음 전문과정들은 별도의 과정을 만들어 놓은 것들. 그 계약학과나 기획강의들이 들어가는 거구요. 공개과정은 일반인들 대상으로 풀어놓은 강의들이 있습니다. 국제과정은 영어로 된 과정들을 모아놓은 것인데요. 현재는 이 시스템을 활용하고 있는 쪽입니다. 아직은 통계가 없어서, 다른 학교 선생님들이 어떻게 움직이시는지 아직은 제가 잘 모르는데요. 현재로서는 이 시스템이 움직이고 있고, 연대 교수님들은 이미 한 300분 정도는 이 시스템으로 강의를 올리고 있습니다. 그런데 대학에서는 항상 먼저 투자하고 수익을 기다리냐? 작게 투자하고 돈을 좀 모아서 확대 투자냐? 로 늘 고민하는 것 같습니다. 투자금을 충분히 갖고 있지 못해 나타나는 현상인데요. 현재는 선생님들도 잘 알고 계신 것처럼, 교수들을 협력해서 구축해 나가고 있고, 이를 위한 인센티브들이 있는데요. 가령, 협력 네트워크에 들어와 있는 교수님들과, 3개 대학 같은 것, 조인트해서 강의를 개설하면, 3학교 모두 조인트 강의를 한 과목으로 인정해 주는 것과 초기 강의 셋업비용을 지원해 주는 인센티브들이 있습니다. 그리고 두 번째 고민은 학교에 강의실이 사용되지 않는 곳이 너무 많아져서, 연대에서는 앞으로 100명 이상의 강의는 모두 다 온라인으로 돌리겠다는 내부 방침을 갖고 있는 듯합니다. 그래서 현재 기획실이 갖고 있는 방침은 항상 신촌캠퍼스의 연구공간이 부족해서, 특히, 이공계의 연구공간, 그리고 교수 수가 늘어나면서 교수 연구실도 부족해지는 상황이었는데, 대형 강의실을 연구실이나 학생들 자치 및 협업 공간으로 변경하는 작업을 하겠다는 계획도 있다고 합니다. 일단 큰 강의실이 모두 다 연구 공간이나 학생들 공간으로 바뀌면, 학생들 대형 강의가 제도적으로 아예 없어지지 않을까 하는 생각도 있습니다. 그전에 정갑영 전 총장님께서는 경제학개론이나 뭐 이런 200명 300명씩 듣는 토론이 사실상 없는 수업들은 모두 다 온라인으로 돌리겠다는 얘기를 천명하셨다가 실행하지 못하신 적이 있는데, 코로나 때는 이게 그냥 자연적으로 압박이 되어서 조금 쉽게 해결할 수 있지 않을까 라는 생각이 있습니다. 그리고 제가 세 번째는 미네르바스쿨에 대해서 좀 코멘트 해 드리고 싶은 것은, 미네르바스쿨이 우리나라에 처음 들어올 때 연대를 파트너로 하려고 했습니다. 그래서 연대가 미네르바스쿨과 LMS를 공유할 수 있는지 문의했는데 비용을 지불해야 한다고 해서 협력이 중단된 적이 있다고 들었습니다. 미네르바스쿨이 원했던 것은 학교 공간과 이공계 실험실 및 수업 등이었습니다. 미네르바스쿨 관계자들과 얘기하면서 느꼈던 것은, 미네르바스쿨의 체제는 이공계 교육하고는 매우 안 맞다, 왜냐하면 기본적으로 실험실에 대한 접근이 원활해야 해서, 현재 제휴하고 있는 대학, 특히 이공계 실험실과 기초수업에 대한 접근이 가능해야 작동할 수 있는 모델이라고 생각됩니다. LearnUs를 얘기하면 공유대학 네트워크에 주목할 필요가 있습니다. 네트워크가 더욱 활성화되면 같은 플랫폼에서 강의들이 열리고, 학점들을 딸 수 있지 않을까? 생각합니다. 온라인 수업은 한 플랫폼을 사용하고 대면수업은 각자 대학에서 하는 방식입니다. 교육부에서 연대 사례를 듣고 유사한 사업을 지원하는 것으로 알고 있는데 잘 아시는 것처럼 교육부 지원 사업은 한시적이고, 금방 끝나니까, 대학이 자생력을 확보하는 것이 굉장히 중요하다고 생각합니다. 그러니까, LearnUs 같은 경우, 학위과정은 학교가 필요하니까 잘 돌아가는데, 비학위과정, 전문과정, 국제과정들은 이익을 얼마나 창출하느냐?에 따라 앞으로의 운명이 결정되지 않을까 생각합니다.

박철우 | 거의 시간에 맞게 전체적인 의견을 들었고요. 진짜 비대면 회의를 잘했다 라는 생각이 듭니다. 혹시 못 하신 이야기들이 있으면 짧게 해 주시면 좋겠습니다.

이병욱 | 대학의 위기가 이미 시작되고 있는 현 시점에서 오늘 개최된 웨비나가 큰 의미가 있었다는 생각이 들고요. 그래서 참여해주신 분들께 감사드립니다. 마지막으로 저는 다음과 같은 사항을 고민해 보아야 한다고 생각합니다. 저희들이 대학교육과 관련된 거버넌스의 기본적인 구조 자체를 교육부 vs 대학, 이렇게 두 가지로 설정해서 논의를 하다 보니까,

교육부는 소위 말해서 대학을 억압하는, 가해자로 인지하는 경향이 있고, 대학은 피해자라는 구도로 설정하여 논의를 하는 경향이 있습니다. 대학교육 혁신과 관련된 세미나들을 참석하다 보면 이러한 인식의 프레임에서 이야기하신 분들이 많이 있으시더라고요. 그러나 대학 스스로가 설립 이후 이때까지 무엇을 각자 해왔고, 현재 무엇을 하고 있으며, 앞으로 무엇을 해야 될 것인지에 대한 논의들을 전개하는 노력이 선행되어야 합니다. 대학교육 내실화와 미래를 준비하기 위한 주제와 대안이 담긴 내용을 가지고 다양한 형태의 세미나와 교류를 통해 대학교육에 대한 현실 인식과 미래 비전을 이야기하여야 합니다. 이러한 과정을 통해 대학 스스로가 해야만 하고, 할 수 있는 게 무엇인가라는 대안 제시와 실천을 통하여 대학이 사회를 위하여 이렇게까지 할 수 있으니까, 교육부를 비롯한 정부는 무엇을 할 필요가 있다는 역할을 능동적으로 제시하여야 합니다. 이러한 과정에서 교육부는 다양한 수준과 형태로 제기되는 대학교육에 대한 민원에 내성을 더욱 기를 필요가 있다고 생각됩니다. 제가 교육부 담당관에게 왜 정책입안자와 수행자들이 다른 것은 몰라도 대학에서 운영되는 수업들을 간섭하나? 대학 기본역량진단도 그렇고, 다양한 사업을 통해서 대학에서 이루어지는 수업에 간섭을 하기 시작하고 있거든요. 심지어 대학원 수업과 대학원 시스템도 평가해서 간섭하고 있는데 왜 그러한지에 대한 질문을 한 적이 있습니다. 이러한 질문에 대한 답변은 대학 수업의 질과 방식에 대한 민원이 많다는 거예요. 수업을 대충 하거나, 안하거나, 학부, 석사, 박사 과정의 수준 차이가 다름에도 불구하고, 동일한 내용으로 학부생 수업, 석사 과정생 수업, 박사 과정생 수업을 하는 교수님도 있고, 자신의 박사 논문을 중심으로 수업에 계속적으로 사용하는 등에 대한 많은 민원이 들어온다는 거예요. 그러나 대부분의 대학과 교수님들이 열심히 수업을 하고 있기 때문에 교육부가 이러한 민원에 대한 내성을 기르고 기다려 줄 수 있는 여유가 필요합니다. 따라서 앞서 말씀드린 대로, 대학이 주체성과 자주성을 가지고 스스로 무엇을 내실있게 할 수 있을까? 이를 위하여 교육부는 무엇을 구체적으로 지원해 주는 것이 적절한가 등과 관련된 이야기를 중심으로 논의를 풍부하게 해나가는 과정을 통하여 구조혁신과 구조조정을 스스로 실천할 수 있는 역량을 가지고, 보여줄 때 대학의 자율성을 견고하게 보장받을 수 있지 않을까 하는 생각이 들어서 마지막으로 말씀드렸습니다.

조정윤 | 과거에 있었던 일이 아직도 벌어지네요.

박철우 | 어쨌든 저희가 서적 작업을 시작을 하고, 또 이렇게 웨비나를 통해서 이렇게 공감대를 형성하려고 하는 것은 스스로, 사실 대학에 자기주도적인 혁신을 추구하자는 차원에서 이제 조그마한 씨앗으로 시작한 것이고요. 이게 조금 더 커져서 대교협을 또 움직여서 대학 전체가 참여하는 오픈 혁신포럼이 될 수 있기를 좀 희망해 봅니다. 저는 오늘 여러분들 이야기를 들으면서 좀 희망을 본 것이 있습니다. 이삼열 교수님, 제일 마지막에 또 발제하신 내용이 사실은 미래를 위해서 대학 구조개혁에 대한 대학혁신의 방향이 어디로 가야 되는지를 보여 주신 것이거든요. 또 이병욱 교수님 말씀하신 것처럼, 지금까지 교육부를 빌런(villain)으로 생각한 것도 맞는 것 같습니다. 그런데 이것이 한 10여 년 동안 이렇게 해오다 보니까, 어찌 보면 거기 길들여진 측면도 있고, 그래서 대학이 야생성을 좀 찾기를 희망해 봅니다. 이제 시간이 되어서 조만간 다시 또 이

모임을 만들어야겠다는 생각을 가지면서 마칠까합니다. 괜찮으시겠습니까? 네 감사합니다.

일동 | 모두 수고하셨습니다.

필자 약력

박철우 한국산업기술대학교(한국공학대학교'22.3) 기계공학과 교수

이영민 숙명여자대학교 행정학과 교수

백정하 한국대학교육협의회 고등교육연구소장

주휘정 한국직업능력연구원 연구위원

정동열 한국산업기술대학교(한국공학대학교'22.3) 산업융합학과 교수

이삼열 연세대학교 행정학과 & 언더우드국제대학 과학기술정책전공 교수

조영임 가천대학교 컴퓨터공학과 교수

이석열 남서울대학교 교양대학 교수

홍성민 과학기술정책연구원 과학기술인재정책 센터장

이병욱 충남대학교 기계·재료공학교육과 교수

조정윤 국제고용개발원 이사장